le Guide du routard

Directeur de collection et auteur
Philippe GLOAGUEN

Cofondateurs
Philippe GLOAGUEN et Michel DUVAL

Rédacteur en chef
Pierre JOSSE

Rédacteurs en chef adjoints
Amanda KERAVEL et Benoît LUCCHINI

Directrice de la coordination
Florence CHARMETANT

Rédaction
Olivier PAGE, Véronique de CHARDON,
Isabelle AL SUBAIHI, Anne-Caroline DUMAS,
Carole BORDES, André PONCELET,
Marie BURIN des ROZIERS, Thierry BROUARD,
Géraldine LEMAUF-BEAUVOIS,
Anne POINSOT, Mathilde de BOISGROLLIER,
Alain PALLIER, Gavin's CLEMENTE-RUÏZ
et Fiona DEBRABANDER

LE ROUTARD
DES AMOUREUX À PARIS

Hachette

Avis aux hôteliers et aux restaurateurs

Les enquêteurs du *Guide du routard* travaillent dans le plus strict anonymat. Aucune réduction, aucun avantage quelconque, aucune rétribution n'est jamais demandé en contrepartie. Face aux aigrefins, la loi autorise les hôteliers et restaurateurs à porter plainte.

Hors-d'œuvre

Le *Guide du routard,* ce n'est pas comme le bon vin, il vieillit mal. On ne veut pas pousser à la consommation, mais évitez de partir avec une édition ancienne. Les modifications sont souvent importantes.

Pour que votre pub voyage autant que nos lecteurs,
contactez nos régies publicitaires :
- fbrunel@hachette-livre.fr
- veronique@routard.com

ON EN EST FIERS : www.routard.com

Tout pour préparer votre voyage en ligne, de A comme argent à Z comme Zanzibar : des fiches pratiques sur 125 destinations (y compris les régions françaises), nos tuyaux perso pour voyager, des cartes et des photos sur chaque pays, des infos météo et santé, la possibilité de réserver en ligne son visa, son vol sec, son séjour, son hébergement ou sa voiture. En prime, *routard mag,* véritable magazine en ligne, propose interviews de voyageurs, reportages, carnots de route, événements culturels, dossiers pratiques, produits nomades, fêtes et infos du monde. Et bien sûr : des concours, des *chats,* des petites annonces, une boutique de produits de voyage...

Les réductions accordées à nos lecteurs ne sont jamais demandées par nos rédacteurs afin de préserver leur indépendance. Les hôteliers et restaurateurs sont sollicités par une société de mailing, totalement indépendante de la rédaction, qui reste libre de ses choix. De même pour les autocollants et plaques émaillées.

Mille excuses, on ne peut plus répondre individuellement aux centaines de CV reçus chaque année.

Le contenu des annonces publicitaires insérées dans ce guide n'engage en rien la responsabilité de l'éditeur.

© *HACHETTE LIVRE* (Hachette Tourisme), 2007

Tous droits de traduction, de reproduction
et d'adaptation réservés pour tous pays.

© **Cartographie** Hachette Tourisme.

TABLE DES MATIÈRES

GÉNÉRALITÉS

- **ADRESSES, TÉLÉPHONES ET INFOS UTILES** 20
- **ATTERRIR À PARIS** 22
- **CYBER-CÉLIBATAIRES** 26
- **HÉBERGEMENT** 26
- **LIBRAIRIES ET GALERIE COQUINES** 28
- **LIRE À DEUX** 28
- **LOISIRS ET SORTIES** 29
- **PARIS, LA FÊTE** 30
- **PERSONNES HANDICAPÉES** 32
- **SAINT-VALENTIN** 33
- **SANTÉ, URGENCES** 34
- **SERVICES SPÉCIAUX AMOUREUX : LA LIVRAISON À DOMICILE** 34
- **TOURISME** 37
- **TRANSPORTS** 41

1er ARRONDISSEMENT

- **OÙ DORMIR ?** 42
- **OÙ MANGER ?** 44
- **SALON DE THÉ** 47
- **OÙ BOIRE UN VERRE ?** 47
- **OÙ SORTIR ?** 47
- **OÙ ÉCOUTER DE LA MUSIQUE ?** 48
- **MAIN DANS LA MAIN** 49
  - Le quartier du Palais-Royal • Le quartier des Halles • L'île de la Cité (partie 1er arrondissement)
- **PETIT ITINÉRAIRE ROMANTIQUE** 54
  - Balade aux Tuileries • La rue Saint-Honoré • La rue de la Ferronnerie • La fontaine des Innocents • La rue du Jour • Le jardin des Halles

2e ARRONDISSEMENT

- **OÙ DORMIR ?** 57
- **OÙ MANGER ?** 59
- **SALON DE THÉ. BRUNCH** 61
- **OÙ BOIRE UN VERRE ?** 61
- **OÙ DANSER ?** 61
- **OÙ SE DÉTENDRE À DEUX ?** 62

TABLE DES MATIÈRES

- **MAIN DANS LA MAIN** 62
  - Les rues des Petits-Carreaux et Montorgueil • La rue Damiette • Le square Louvois
- **BALADE SOUS LES VERRIÈRES** ... 63
  - La galerie Vivienne • Le passage Choiseul • Le passage des Panoramas • Le passage des Princes • Le passage du Grand-Cerf

3ᵉ ARRONDISSEMENT

- **OÙ DORMIR ?** 66
- **OÙ MANGER ?** 67
- **OÙ BOIRE UN VERRE ? BRUNCH** ... 68
- **OÙ DANSER ?** 68
- **MAIN DANS LA MAIN** 69
  - Le nord du Marais
- **PETITS ITINÉRAIRES ROMANTIQUES** 73
  - Les « belles provinces » de France • Le quartier du Temple

4ᵉ ARRONDISSEMENT

- **OÙ DORMIR ?** 76
- **OÙ MANGER ?** 79
- **SALONS DE THÉ. BRUNCH** 81
- **OÙ MANGER UNE GLACE ?** 81
- **OÙ BOIRE UN VERRE ?** 82
- **OÙ SE DÉTENDRE À DEUX ?** 82
- **MAIN DANS LA MAIN** 83
  - Le quartier de Beaubourg
- **PETITS ITINÉRAIRES ROMANTIQUES** 84
  - Le quartier Saint-Gervais-Saint-Paul • L'île de la Cité (partie 4ᵉ arrondissement) • L'île Saint-Louis • Le vieux quartier juif et le coin gay, la place des Vosges
- **OÙ PIQUE-NIQUER ?** 95

5ᵉ ARRONDISSEMENT

- **OÙ DORMIR ?** 96
- **OÙ MANGER ?** 100
- **SALONS DE THÉ** 103
- **OÙ MANGER UNE GLACE ?** 104
- **OÙ BOIRE UN VERRE ?** 104
- **OÙ ÉCOUTER DE LA MUSIQUE ?** ... 105
- **OÙ DANSER AU CLAIR DE LUNE ?** ... 105
- **MAIN DANS LA MAIN** 106
  - La Contrescarpe, la Mouff' • Le Quartier latin
- **PETIT ITINÉRAIRE ROMANTIQUE** ... 110
  - La montagne Sainte-Geneviève
- **OÙ PIQUE-NIQUER ?** 111

TABLE DES MATIÈRES

6ᵉ ARRONDISSEMENT

- OÙ DORMIR ? 112
- OÙ MANGER ? 116
- SALONS DE THÉ 117
- OÙ BOIRE UN VERRE ? 118
- OÙ ÉCOUTER DE LA MUSIQUE ? 119
- MAIN DANS LA MAIN 120
  - Le quartier de l'Odéon • Vers le jardin du Luxembourg
- PETIT ITINÉRAIRE ROMANTIQUE ... 122
  - Saint-Germain-des-Prés
- OÙ PIQUE-NIQUER ? 126

7ᵉ ARRONDISSEMENT

- OÙ DORMIR ? 129
- OÙ MANGER ? 132
- SALON DE THÉ 134
- OÙ SORTIR ? 134
- MAIN DANS LA MAIN 135
  - La tour Eiffel • Le Champ-de-Mars • Autour des Invalides

8ᵉ ARRONDISSEMENT

- OÙ DORMIR ? 141
- OÙ MANGER ? 142
- SALONS DE THÉ 143
- OÙ BOIRE UN VERRE ? 144
- OÙ SE DÉTENDRE À DEUX ? .. 145
- MAIN DANS LA MAIN 145
  - Le quartier des Champs-Élysées • Le quartier du parc Monceau • La place de la Concorde • Le quartier de la Madeleine
- PETIT ITINÉRAIRE ROMANTIQUE ... 153
  - Bateaux-mouches

9ᵉ ARRONDISSEMENT

- OÙ DORMIR ? 154
- OÙ MANGER ? 157
- OÙ BOIRE UN VERRE ? 158
- MAIN DANS LA MAIN 159
  - Du boulevard du Crime au boulevard du kitsch
- PETIT ITINÉRAIRE ROMANTIQUE ... 161
  - La Nouvelle-Athènes

TABLE DES MATIÈRES

10ᵉ ARRONDISSEMENT

- OÙ DORMIR ? 164
- OÙ MANGER ? 164
- MAIN DANS LA MAIN 166
  - La rue du Château-d'Eau • Le boulevard Saint-Martin • Le marché Saint-Quentin • Le passage Brady • La rue de Paradis • Le passage du Désir, la rue de la Fidélité, la rue des Petits-Hôtels • Le petit hôtel de Bourrienne • Le canal Saint-Martin
- PETITS ITINÉRAIRES ROMANTIQUES 168
  - Au rythme des écluses • Le bas de Belleville

11ᵉ ARRONDISSEMENT

- OÙ DORMIR ? 170
- OÙ MANGER ? 171
- OÙ BOIRE UN VERRE ? 173
- OÙ SORTIR ? 173
- MAIN DANS LA MAIN 174
  - Autour de la place de la Bastille
  - Le faubourg Saint-Antoine

12ᵉ ARRONDISSEMENT

- OÙ DORMIR ? 177
- OÙ MANGER ? 178
- OÙ MANGER UNE GLACE ? 179
- OÙ BOIRE UN VERRE ? 180
- MAIN DANS LA MAIN 181
  - Autour de l'Opéra-Bastille
- PETITS ITINÉRAIRES ROMANTIQUES 182
  - La Promenade plantée • Près de la gare de Lyon, le nouveau quartier de Bercy • Le bois de Vincennes
- OÙ PIQUE-NIQUER ? 187

13ᵉ ARRONDISSEMENT

- OÙ DORMIR ? 188
- OÙ MANGER ? 189
- OÙ BOIRE UN VERRE ? 191
- OÙ SE FAIRE UNE TOILE ? 192

TABLE DES MATIÈRES **7**

- **MAIN DANS LA MAIN** 192
  - La Butte-aux-Cailles • Les Gobelins • Autour de la BNF
- **OÙ SE JETER À L'EAU ?** 196
- **UN 13ᵉ BIZARRE, RÉNOVÉ, CAMPAGNARD** 196
  - Dans le quartier de la rue Nationale • Chinatown

14ᵉ ARRONDISSEMENT

- **OÙ DORMIR ?** 199
- **OÙ MANGER ?** 201
- **OÙ BOIRE UN VERRE ?** 202
- **OÙ SORTIR ?** 202
- **OÙ ÉCOUTER DE LA MUSIQUE ?** ... 203
- **MAIN DANS LA MAIN** 203
  - Montparnasse
- **PETITE BALADE ARCHITECTURALE** 204
- **PETITS ITINÉRAIRES ROMANTIQUES** 205
  - Plaisance, Pernety • Denfert-Rochereau • Alésia
- **COMME HAROLD ET MAUDE** .. 208
  - Le cimetière du Montparnasse
- **OÙ PIQUE-NIQUER ?** 209

15ᵉ ARRONDISSEMENT

- **OÙ DORMIR ?** 211
- **OÙ MANGER ?** 213
- **OÙ BOIRE UN VERRE ?** 216
- **OÙ SE DÉTENDRE À DEUX ?** .. 217
- **MAIN DANS LA MAIN** 217
  - Autour de la tour et de la gare Montparnasse • Autour du parc Georges-Brassens
- **OÙ PIQUE-NIQUER ?** 219

16ᵉ ARRONDISSEMENT

- **OÙ DORMIR ?** 221
- **OÙ MANGER ?** 223
- **OÙ MANGER UNE GLACE ?** 224
- **OÙ BOIRE UN VERRE ?** 224
- **OÙ DANSER ?** 225
- **MAIN DANS LA MAIN** 225
  - Auteuil • Passy
- **PETIT ITINÉRAIRE ROMANTIQUE** ... 229
  - Le bois de Boulogne
- **OÙ PIQUE-NIQUER ?** 231

TABLE DES MATIÈRES

17ᵉ ARRONDISSEMENT

- OÙ DORMIR ? 232
- OÙ MANGER ? 234
- SALON DE THÉ 235
- OÙ BOIRE UN VERRE ? 235
- OÙ ÉCOUTER DE LA MUSIQUE ? ... 236
- MAIN DANS LA MAIN 236
  - Vers le quartier des Batignolles
- PETIT ITINÉRAIRE ROMANTIQUE ... 237
  - La cité des Fleurs • Les rues des Dames, Nollet et Lemercier • La place du Docteur-Félix-Lobligeois et le square des Batignolles • Le passage Geffroy-Didelot

18ᵉ ARRONDISSEMENT

- OÙ DORMIR ? 239
- OÙ MANGER ? 241
- OÙ BOIRE UN VERRE ? 242
- OÙ SORTIR ? 243
- MAIN DANS LA MAIN 244
  - Montmartre
- PETIT ITINÉRAIRE ROMANTIQUE . 246
- COMME HAROLD ET MAUDE .. 251
  - Le cimetière de Montmartre

19ᵉ ARRONDISSEMENT

- OÙ MANGER ? 252
- OÙ BOIRE UN VERRE ? 253
- OÙ SE DÉTENDRE À DEUX ? .. 254
- OÙ SE FAIRE UNE TOILE ? 254
- MAIN DANS LA MAIN 254
  - L'église Saint-Serge • Le regard de la Lanterne • La rue des Fêtes
- PETIT ITINÉRAIRE ROMANTIQUE . 255
  - Les villas de la Mouzaïa
- UN CANAL QUI SE PREND POUR LA MER 256
  - Le bassin de la Villette • Le pont de Crimée
- LE PARC DE LA VILLETTE 257
- BALADE SUR LE BASSIN DE LA VILLETTE ET LE CANAL SAINT-MARTIN 258
- OÙ PIQUE-NIQUER ? 258

20e ARRONDISSEMENT

- OÙ DORMIR ? 260
- OÙ MANGER ? 260
- SALON DE THÉ 261
- OÙ BOIRE UN VERRE ? 261
- MAIN DANS LA MAIN 262
  - Le vieux village de Charonne
- PETITS ITINÉRAIRES ROMANTIQUES 263
  - Ménilmuche • Belleville
- COMME HAROLD ET MAUDE .. 265
  - Le cimetière du Père-Lachaise
- OÙ PIQUE-NIQUER ? 268

- INDEX DES HÔTELS, RESTOS, BARS ET BOÎTES 272
- INDEX CULTUREL 279

Recommandations à nos lecteurs qui souhaitent profiter des réductions et avantages proposés dans le *Guide du routard* par les hôteliers et les restaurants : à l'hôtel, prenez la précaution de les réclamer **à l'arrivée,** et au restaurant, **au moment** de la commande (pour les apéritifs) et surtout **avant** l'établissement de l'addition. Poser votre guide sur la table ne suffit pas : le personnel de salle n'est pas toujours au courant et une fois le ticket de caisse imprimé, il est difficile pour votre hôte d'en modifier le contenu. En cas de doute, montrez la notice relative à l'établissement dans le *Guide du routard* et ne manquez pas de nous faire part de toute difficulté rencontrée.

10

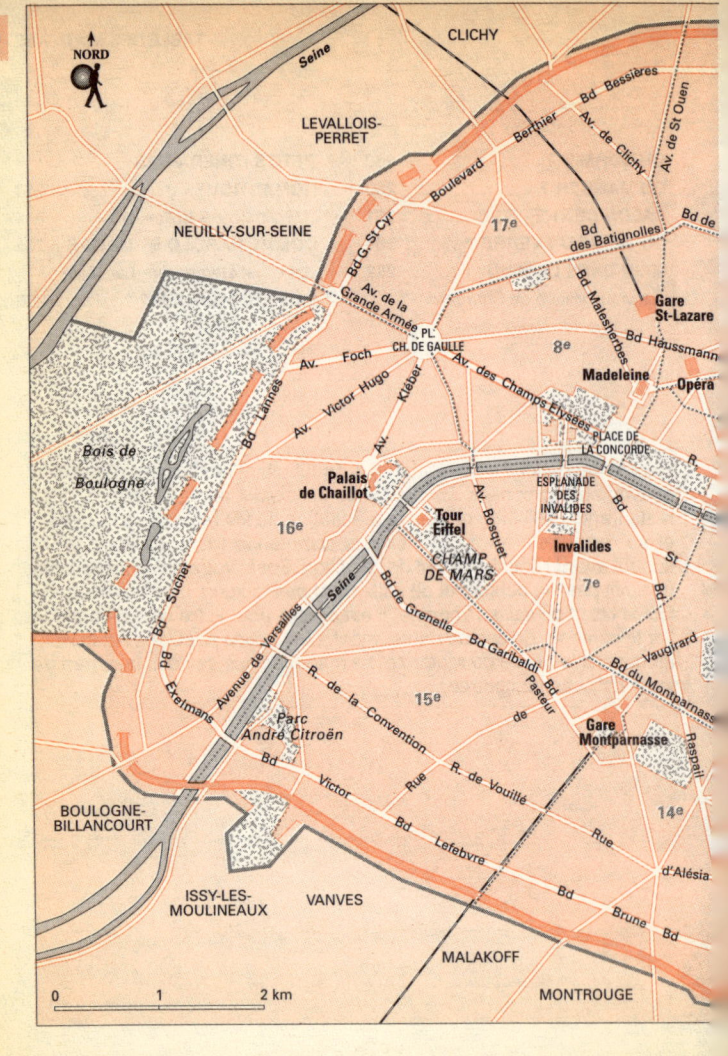

NORD

CLICHY

Seine

LEVALLOIS-PERRET

Bd Bessières
Av. de St Ouen
Berthier
Av. de Clichy

NEUILLY-SUR-SEINE

Bd G. St Cyr
Boulevard

Bd des Batignolles
Bd de

17e

Bd Malesherbes

Gare St-Lazare

Av. de la Grande Armée

PL. CH. DE GAULLE

8e

Bd Haussmann

Madeleine

Opéra

Av. Foch
Av. Victor Hugo
Kléber
Av. des Champs Elysées

Bd Lannes

PLACE DE LA CONCORDE

Bois de Boulogne

Palais de Chaillot

ESPLANADE DES INVALIDES

16e

Tour Eiffel

Av. Bosquet

Invalides

St

CHAMP DE MARS

7e

Bd

Bd Suchet
Seine
Bd de Grenelle
Bd Garibaldi

Vaugirard
Bd du Montparnasse

Avenue de Versailles
R. de la Convention

15e

Pasteur
de

Gare Montparnasse

Bd Exelmans

Parc André Citroën

R. de Vouillé

Raspail

Bd Victor

Rue

14e

Bd Lefebvre

Rue d'Alésia

BOULOGNE-BILLANCOURT

ISSY-LES-MOULINEAUX

VANVES

Bd Brune

MALAKOFF

0   1   2 km

MONTROUGE

20ᵉ ARRONDISSEMENT

- **OÙ DORMIR ?** 260
- **OÙ MANGER ?** 260
- **SALON DE THÉ** 261
- **OÙ BOIRE UN VERRE ?** 261
- **MAIN DANS LA MAIN** 262
  - Le vieux village de Charonne
- **PETITS ITINÉRAIRES ROMANTIQUES** 263
  - Ménilmuche • Belleville
- **COMME HAROLD ET MAUDE** .. 265
  - Le cimetière du Père-Lachaise
- **OÙ PIQUE-NIQUER ?** 268

- **INDEX DES HÔTELS, RESTOS, BARS ET BOÎTES** 272
- **INDEX CULTUREL** 279

> Recommandations à nos lecteurs qui souhaitent profiter des réductions et avantages proposés dans le *Guide du routard* par les hôteliers et les restaurants : à l'hôtel, prenez la précaution de les réclamer **à l'arrivée,** et au restaurant, **au moment** de la commande (pour les apéritifs) et surtout **avant** l'établissement de l'addition. Poser votre guide sur la table ne suffit pas : le personnel de salle n'est pas toujours au courant et une fois le ticket de caisse imprimé, il est difficile pour votre hôte d'en modifier le contenu. En cas de doute, montrez la notice relative à l'établissement dans le *Guide du routard* et ne manquez pas de nous faire part de toute difficulté rencontrée.

10

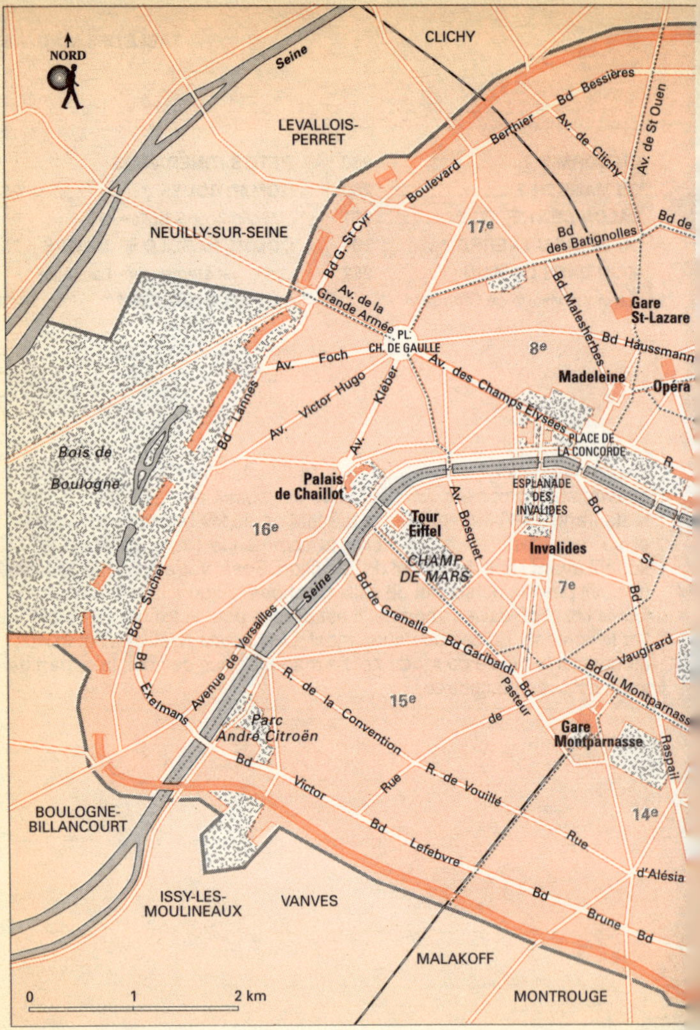
NORD
Seine
CLICHY
LEVALLOIS-PERRET
NEUILLY-SUR-SEINE
Bd Bessières
Berthier
Boulevard
Bd G. St Cyr
Av. de Clichy
Av. de St Ouen
17e
Bd de
Bd des Batignolles
Bd Malesherbes
Gare St-Lazare
Av. de la Grande Armée
PL. CH. DE GAULLE
Av. Foch
Av. Victor Hugo
Av. Kléber
Bd Lannes
Bois de Boulogne
8e
Bd Haussmann
Madeleine
Opéra
Av. des Champs Elysées
PLACE DE LA CONCORDE
R.
Palais de Chaillot
ESPLANADE DES INVALIDES
Av. Bosquet
Tour Eiffel
16e
Invalides
CHAMP DE MARS
Bd
St
7e
Bd Suchet
Seine
Bd de Grenelle
Bd Garibaldi
Bd Pasteur
Bd Vaugirard
Bd du Montparnasse
Avenue de Versailles
Bd Exelmans
R. de la Convention
15e
Parc André Citroën
Rue de
Gare Montparnasse
Raspail
Bd Victor
R. de Vouillé
Rue
14e
Bd Lefebvre
Rue d'Alésia
BOULOGNE-BILLANCOURT
Bd Brune
Bd
ISSY-LES-MOULINEAUX
VANVES
MALAKOFF
MONTROUGE
0
1
2 km

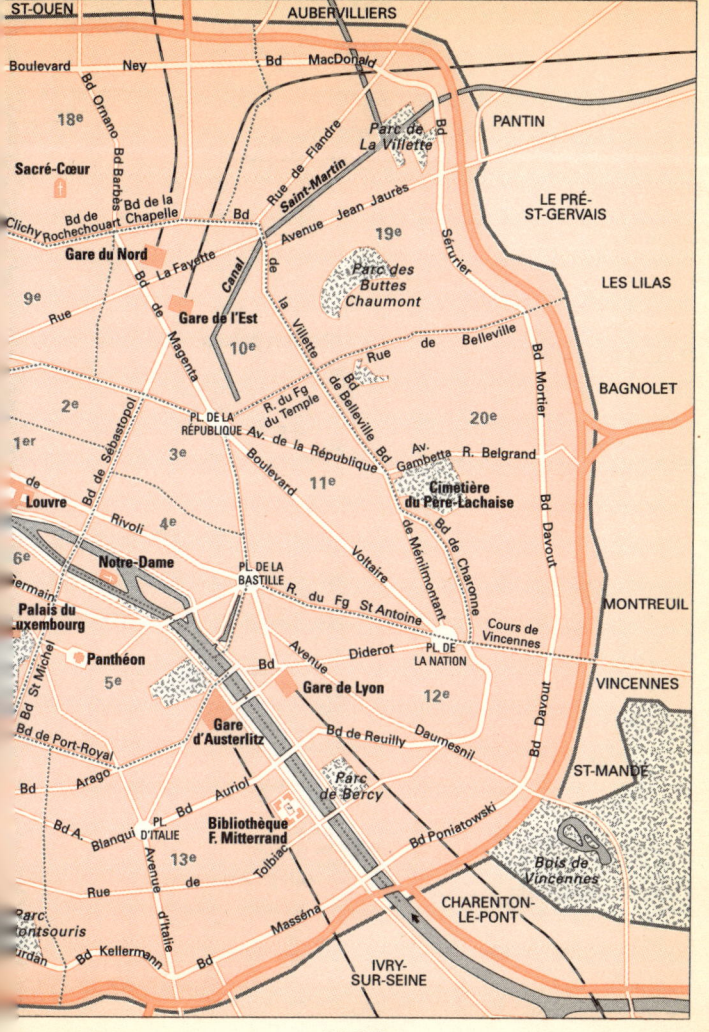

PARIS

LES GUIDES DU ROUTARD 2007-2008

(dates de parution sur **www.routard.com**)

France

Nationaux

- **Camping en France (avril 2007)**
- Nos meilleures chambres d'hôtes en France
- Nos meilleures tables à la ferme en France
- Nos meilleurs hôtels et restos en France
- Petits restos des grands chefs

Régions françaises

- Alpes
- Alsace
- Aquitaine
- Ardèche, Drôme
- Auvergne, Limousin
- Bourgogne
- Bretagne Nord
- Bretagne Sud
- Châteaux de la Loire
- Corse
- Côte d'Azur
- Franche-Comté
- Île-de-France
- Languedoc-Roussillon
- **Lorraine (janvier 2007)**
- Lot, Aveyron, Tarn
- Nord-Pas-de-Calais
- Normandie
- Pays basque (France, Espagne)
- Pays de la Loire
- Poitou-Charentes
- Provence
- Pyrénées, Gascogne

Villes françaises

- Bordeaux
- Lille
- Lyon
- Marseille
- Montpellier
- Nice
- **Strasbourg (avril 2007)**
- Toulouse

Paris

- Junior à Paris et ses environs
- Paris
- Paris balades
- Paris exotique
- Paris la nuit
- Paris sportif
- Paris à vélo
- Paris zen
- Restos et bistrots de Paris
- Le Routard des amoureux à Paris
- Week-ends autour de Paris

Europe

Pays européens

- Allemagne
- Andalousie
- Andorre, Catalogne
- Angleterre, Pays de Galles
- Autriche
- Baléares
- Belgique
- Castille, Madrid (Aragon et Estrémadure)
- Crète
- Croatie
- Écosse
- Espagne du Nord-Ouest (Galice, Asturies, Cantabrie)
- Finlande
- Grèce continentale
- Hongrie, République tchèque, Slovaquie
- Îles grecques et Athènes
- Irlande
- Islande
- Italie du Nord
- Italie du Sud
- **Lacs italiens (nouveauté)**
- Malte
- Norvège, Suède, Danemark
- Pologne et capitales baltes
- Portugal
- Roumanie, Bulgarie
- Sicile
- Suisse
- Toscane, Ombrie

LES GUIDES DU ROUTARD 2007-2008 (suite)

(dates de parution sur **www.routard.com**)

Villes européennes

- Amsterdam
- Barcelone
- Berlin
- Florence
- **Lisbonne (nouveauté)**
- Londres
- Moscou, Saint-Pétersbourg
- Prague
- Rome
- Venise

Amériques

- Argentine
- Brésil
- Californie
- Canada Ouest et Ontario
- Chili et île de Pâques
- Cuba
- Équateur
- États-Unis côte Est
- Floride, Louisiane
- Guadeloupe, Saint-Martin, Saint-Barth
- **Guatemala, Yucatán (nouveauté)**
- Martinique, Dominique, Sainte-Lucie
- Mexique
- New York
- Parcs nationaux de l'Ouest américain et Las Vegas
- Pérou, Bolivie
- Québec et Provinces maritimes
- République dominicaine (Saint-Domingue)

Asie

- Birmanie (Myanmar)
- Cambodge, Laos
- Chine (Sud, Pékin, Yunnan)
- Inde du Nord
- Inde du Sud
- Indonésie
- Istanbul
- Jordanie, Syrie
- Malaisie, Singapour
- Népal, Tibet
- Sri Lanka (Ceylan)
- Thaïlande
- Turquie
- Vietnam

Afrique

- Afrique de l'Ouest
- Afrique du Sud
- Égypte
- Île Maurice, Rodrigues
- Kenya, Tanzanie et Zanzibar
- Madagascar
- Maroc
- Marrakech
- Réunion
- Sénégal, Gambie
- Tunisie

Guides de conversation

- Allemand
- Anglais
- **Arabe du Maghreb (mars 2007)**
- **Arabe du Proche-Orient (mars 2007)**
- Chinois
- Croate
- Espagnol
- Grec
- Italien
- Portugais
- Russe

Et aussi...

- Le Guide de l'humanitaire

SPÉCIAL DÉFENSE DU CONSOMMATEUR

Un routard informé en vaut dix ! Pour éviter les arnaques en tout genre, il est bon de les connaître. Voici un petit vade-mecum destiné à parer aux coûts et aux coups les plus redoutables.
Affichage des prix : les hôtels et les restos sont tenus d'informer les clients de leurs prix, à l'aide d'une affichette, d'un panneau extérieur ou de tout autre moyen. Vous ne pouvez donc contester des prix exorbitants que s'ils ne sont pas clairement affichés.

HÔTELS

1 - Arrhes ou acompte ? : au moment de réserver votre chambre par téléphone – par précaution, toujours confirmer par écrit – ou directement par écrit, il n'est pas rare que l'hôtelier vous demande de verser à l'avance une certaine somme, celle-ci faisant office de garantie. Il est d'usage de parler d'arrhes et non d'acompte (en fait, la loi dispose que « sauf stipulation contraire du contrat, les sommes versées d'avance sont des arrhes »). Légalement, aucune règle n'en précise le montant. Toutefois, ne versez que des arrhes raisonnables : 25 à 30 % du prix total, sachant qu'il s'agit d'un engagement définitif sur la réservation de la chambre. Cette somme ne pourra donc être remboursée en cas d'annulation de la réservation, sauf cas de force majeure (maladie ou accident) ou en accord avec l'hôtelier si l'annulation est faite dans des délais raisonnables. Si, au contraire, l'annulation est le fait de l'hôtelier, il doit vous rembourser le double des arrhes versées. À l'inverse, l'acompte engage définitivement client et hôtelier.
2 - Subordination de vente : comme les restaurateurs, les hôteliers ont interdiction de pratiquer la subordination de vente. C'est-à-dire qu'ils ne peuvent pas vous obliger à réserver plusieurs nuits d'hôtel si vous n'en souhaitez qu'une. Dans le même ordre d'idée, on ne peut vous obliger à prendre votre petit déjeuner ou vos repas dans l'hôtel ; ce principe, illégal, est néanmoins répandu dans la profession, toléré en pratique... Bien se renseigner avant de prendre la chambre dans les hôtels-restaurants. Si vous dormez en compagnie de votre enfant, il peut vous être demandé un supplément.
3 - Responsabilité en cas de vol : un hôtelier ne peut en aucun cas dégager sa responsabilité pour des objets qui auraient été volés dans la chambre d'un de ses clients, même si ces objets n'ont pas été mis au coffre. En d'autres termes, les éventuels panonceaux dégageant la responsabilité de l'hôtelier n'ont aucun fondement juridique.

RESTOS

1 - Menus : très souvent, les premiers menus (les moins chers) ne sont servis qu'en semaine et avant certaines heures (12 h 30 et 20 h 30 généralement). Cela doit être clairement indiqué sur le panneau extérieur : à vous de vérifier.
2 - Commande insuffisante : il arrive que certains restos refusent de servir une commande jugée insuffisante. Sachez, toutefois, qu'il est illégal de pousser le client à la consommation.

3 - Eau : une banale carafe d'eau du robinet est gratuite – à condition qu'elle accompagne un repas – sauf si son prix est affiché. La bouteille d'eau minérale, quant à elle, doit comme le vin être ouverte devant vous.

4 - Vins : les cartes des vins ne sont pas toujours très claires. Exemple : vous commandez un bourgogne à 16 € la bouteille. On vous la facture 32 €. En vérifiant sur la carte, vous découvrez que 16 € correspondent au prix d'une demi-bouteille. Mais c'était écrit en petits caractères illisibles.

Par ailleurs, la bouteille doit être obligatoirement débouchée devant le client.

5 - Couvert enfant : le restaurateur peut tout à fait compter un couvert par enfant, même s'il ne consomme pas, à condition que ce soit spécifié sur la carte.

6 - Repas pour une personne seule : le restaurateur ne peut vous refuser l'accès à son établissement, même si celui-ci est bondé ; vous devrez en revanche vous satisfaire de la table qui vous est proposée.

7 - Sous-marin : après le coup de bambou et le coup de fusil, celui du sous-marin. Le procédé consiste à rendre la monnaie en plaçant dans la soucoupe (de bas en haut) : les pièces, l'addition puis les billets. Si l'on est pressé, on récupère les billets en oubliant les pièces cachées sous l'addition.

NOS NOUVEAUTÉS

GUATEMALA, YUCATÁN (paru)

Une région que nous aurions pu tout aussi bien intituler « Le Pays maya ». Que l'on atterrisse à Ciudad Guatemala ou à Cancún, que l'on passe par le Chiapas ou par le Belize pour rejoindre le Yucatán ou le Guatemala, partout on est en territoire maya. À la fin d'un tel circuit, cette civilisation aux coutumes toujours vives n'aura plus de secrets pour vous. Malgré sa petite superficie, le Guatemala offre une palette étonnamment variée de paysages, de climats, de coutumes locales qui raviront les amateurs de vestiges, de culture et de dépaysement. Flores, ravissante île posée sur le lac Petén, Itza et Tikal, site splendide en pleine forêt vierge. Alentour, enfouis dans la jungle, d'autres sites moins connus attendent les randonneurs aguerris. Le lac Atitlán, l'un des plus beaux du monde, avec sa couronne de volcans, est bordé d'un chapelet de villages hors du temps. Antigua, ancienne capitale coloniale et plus belle ville du pays, mérite à elle seule une étape de plusieurs jours. Et puis, changement de décor ! À bord d'une *lancha* vous descendrez le *río Dulce* jusqu'à Livingston, au bord de l'Atlantique, refuge des *Garifunas*, des descendants d'esclaves, présents aussi au Belize tout proche. Ici, on vit au rythme d'une musique caraïbe. Enfin, près de Cobán, ne manquez pas de rendre visite à l'oiseau-roi des Mayas, le *quetzal*, volatile rare et somptueux, qui a donné son nom à la monnaie locale. Escalade des volcans ou des pyramides, plongée dans les eaux turquoise du Belize et du Yucatán, découverte des biotopes compléteront ce superbe voyage.

LACS ITALIENS (paru)

Le lac Majeur, le lac de Garde, Côme, Lugano, Orta, Iseo... Des romantiques du XIXe siècle aux stars hollywoodiennes, les lacs italiens n'ont cessé d'attirer et de séduire le visiteur. Nous sommes tous envoûtés par ces rivages nichés dans des paysages préalpins de toute beauté. Après avoir savouré le charme des villages du lac Majeur et du lac de Côme, leurs fastueuses villas entourées de jardins somptueux, peut-être serez-vous tenté alors par une virée helvète, à Locarno ou au bord du petit lac de Lugano. C'est là que vous vous attablerez dans les charmants *grotti*, ces petites auberges de campagne où l'on dévore un plateau de charcuterie (ou la spécialité locale) tout en s'abreuvant du vin du patron. Dans cette région de balades, entre villes et montagnes, le routard pourra toujours choisir entre le glamour et l'agitation des petites villes chic qui bordent les lacs et l'authenticité des coins perdus sur les hauteurs, dans une nature généreuse et escarpée qui offrira aux randonneurs une multitude de sentiers à explorer.

Nous tenons à remercier tout particulièrement Loup-Maëlle Besançon, Thierry Bessou, Gérard Bouchu, François Chauvin, Grégory Dalex, Fabrice de Lestang, Cédric Fischer, Carole Fouque, Michelle Georget, David Giason, Lucien Jedwab, Emmanuel Juste, Florent Lamontagne, Philippe Martineau, Jean-Sébastien Petitdemange, Laurence Pinsard, Thomas Rivallain, Déborah Rudetzki, Claudio Tombari et Solange Vivier pour leur collaboration régulière.

Et pour cette nouvelle collection, nous remercions aussi :

David Alon et Andréa Valouchova
Bénédicte Bazaille
Jean-Jacques Bordier-Chêne
Ellenore Busch
Louise Carcopino
Florence Cavé
Raymond Chabaud
Alain Chaplais
Bénédicte Charmetant
Cécile Chavent
Stéphanie Condis
Agnès Debiage
Tovi et Ahmet Diler
Clélie Dudon
Sophie Duval
Sophie Ferard
Julie Fernandez
Alain Fisch
Suzel Gary
Adrien et Clément Gloaguen
Romuald Goujon
Stéphane Gourmelen
Pierre Granoux
Claudine de Gubernatis
Xavier Haudiquet
Claude Hervé-Bazin
Claire d'Hautefeuille
Bernard Hilaire
Lionel Husson
Sébastien Jauffret
François et Sylvie Jouffa

Hélène Labriet
Lionel Lambert
Vincent Launstorfer
Francis Lecompte
Jacques Lemoine
Sacha Lenormand
Valérie Loth
Dorica Lucaci
Philippe Melul
Kristell Menez
Delphine Meudic
Éric Milet
Jacques Muller
Anaïs Nectoux
Alain Nierga et Cécile Fischer
Hélène Odoux
Caroline Ollion
Nicolas Pallier
Martine Partrat
Odile Paugam et Didier Jehanno
Xavier Ramon
Dominique Roland et Stéphanie Déro
Corinne Russo
Caroline Sabljak
Prakit Saiporn
Jean-Luc et Antigone Schilling
Brindha Seethanen
Nicolas Tiphagne
Charlotte Valade
Julien Vitry

NOUVEAUTÉ

STRASBOURG (avril 2007)

Strasbourg l'européenne, l'intellectuelle, Strasbourg l'artiste, la romantique, la gourmande... Strasbourg est une ville plurielle et très alsacienne, à la fois métropole active et cité intimiste. À découvrir en tramway, en bateau ou encore à pied. Quel plaisir de flâner sur les berges de l'Ill ou d'arpenter les ruelles de son centre historique qui, tout entier, a été classé au Patrimoine mondial de l'humanité par l'Unesco. Capitale européenne depuis 1992, Strasbourg possède, été comme hiver, une grande vitalité et une qualité de vie étonnante. À la fois métropole étudiante, fière de sa vie nocturne, et ville d'Art et d'Histoire, Strasbourg a plus d'un atout en poche pour vous séduire.

Direction : Nathalie Pujo
Contrôle de gestion : Joséphine Veyres et Céline Déléris
Responsable éditoriale : Catherine Julhe
Édition : Matthieu Devaux, Stéphane Renard, Magali Vidal, Marine Barbier-Blin, Géraldine Péron, Jean Tiffon, Olga Krokhina et Sophie Touzet
Secrétariat : Catherine Maîtrepierre
Préparation-lecture : Agnès Petit
Cartographie : Frédéric Clémençon et Aurélie Huot
Fabrication : Nathalie Lautout et Audrey Detournay
Couverture : conçue et réalisée par Thibault Reumaux
Diraction marketing : Dominique Nouvel, Lydie Firmin et Juliette Caillaud
Responsable partenariats : André Magniez
Édition partenariats : Juliette Neveux et Raphaële Wauquiez
Informatique éditoriale : Lionel Barth
Relations presse : Danielle Magne, Martine Levens et Maureen Browne
Régie publicitaire : Florence Brunel

GÉNÉRALITÉS

> « Les amants de Paris couchent sur ma chanson.
> À Paris, les amants s'aiment à leur façon.
> Les refrains que je leur dis,
> C'est plus beau que les beaux jours.
> Ça fait des tas d'printemps et l'printemps fait l'amour. »
>
> L. Ferré.

« Paris est tout petit pour ceux qui s'aiment comme nous d'un aussi grand amour... » Arletty et Prévert avaient raison ! C'est à la faveur d'une passion que l'on découvre vraiment les charmes de la Ville Lumière.
Paris est une ville secrète : ligne brisée de passages couverts, pointillée de portes cochères propices aux étreintes, ponctuée d'impasses qui deviennent de doux pièges à baisers.
Paris est une ville magique : on s'y cache en pleine rue ! Enlacé(e) tendrement par son amant(e), on y parcourt des dizaines de kilomètres, brindille insignifiante charriée par un fleuve de passants pressés.
Paris est une ville audacieuse : elle offre ses bars aux éclairages tamisés, ses pelouses accueillantes, ses squares et ses placettes bien cachés, ses bancs publics où l'on se bécote en hommage à Brassens.
Paris est une ville amoureuse : elle regorge de statues de Maillol et Rodin aux formes voluptueuses, de petits hôtels charmants acceptant à bras ouverts les touristes de l'amour buissonnier.
Paris ruisselle de poésie : Apollinaire regarde ses amours couler sous le pont Mirabeau, Prudence prend garde à son jupon sur le pont des Arts, les amants du Pont-Neuf s'y enlacent pour l'éternité. Et nous, accoudés au-dessus du zouave du pont de l'Alma, on déguste un petit gâteau bien sucré au nom prédestiné – le fameux puits d'amour ! – sous les yeux d'une tour Eiffel débonnaire qui nous ressemble : solidement campée sur ses pieds, elle a, comme tous les amoureux du monde, la tête dans les nuages !
Pour ce petit guide, nous avons pris le parti de faire des choix parmi les nombreux musées et monuments de la capitale en privilégiant ceux qui sont parfois moins connus, plus confidentiels, ou, au contraire, carrément spectaculaires. En aucun cas nous n'avons cherché à être exhaustifs, ce qui explique certaines absences. Main dans la main, il nous a semblé que l'on recherchait moins les monstres sacrés comme le Louvre que des lieux intimistes propices aux confidences.

Adresses, téléphones et infos utiles

ℹ *Office de tourisme et des congrès de Paris :* 25, rue des Pyramides, 75001 (à l'angle de l'av. de l'Opéra). ☎ 0892-683-000 (0,34 €/mn). • www.parisinfo.com • Ⓜ Pyramides. Ouvert, sous réserve de modifications, tous les jours : de juin à octobre de 9 h à 19 h et de novembre à mai de 10 h (11 h les dimanche et jours fériés) à 19 h. Fermé le 1er mai.

ℹ *Autres bureau* (même numéro de téléphone que l'office de tourisme principal) *:*
– *Opéra :* 11, rue Scribe, 75009. Ⓜ Opéra. Ouvert du lundi au samedi de 9 h à 18 h 30. Fermé le dimanche et les 25 décembre, 1er janvier et 1er mai.
– *Gare de Lyon :* 20, bd Diderot, 75012. Ⓜ Gare-de-Lyon. Ouvert du lundi au samedi de 8 h à 18 h. Fermé les dimanche et jours fériés.
– *Tour Eiffel :* Ⓜ Bir-Hakeim. Ouvert de fin mars au 31 octobre tous les jours sauf le 1er mai, de 11 h à 18 h 40.
– *Gare du Nord :* 18, rue de Dunkerque, 75010. Ⓜ Gare-du-Nord. « Bulle accueil » sous la verrière de la nouvelle gare Île-de-France. Ouvert tous les jours sauf les 1er mai et 25 décembre, de 8 h à 18 h.
– Kiosque *boulevard de Rochechouart* à la sortie du métro Anvers ; point info au *Carrousel du Louvre,* au *Syndicat d'initiative de Montmartre* (place du Tertre), au *parc des expositions de la porte de Versailles,* ouvert pendant les salons.

Documentation variée et en majorité gratuite. Le guide *Paris est à vous* recense sur une bonne centaine de pages toutes les choses à voir et à faire dans la capitale, ainsi que des adresses utiles (guide téléchargeable sur le site). Bon à savoir : le *City Passeport Paris,* valable 1 an (année civile) ; autour de 10 €, avec un titre de transport journalier zones 1-2, et 5 € sans ; il offre l'accès gratuit ou des réductions sur une sélection de musées et de monuments, ainsi que l'accès à de nombreux loisirs et services. Demande d'envoi de documentation en ligne possible.

ℹ *Espace du tourisme d'Île-de-France :* Carrousel du Louvre, 99, rue de Rivoli, 75001. ☎ 0826-166-666 (0,15 €/mn) ou 01-44-50-19-98. • www.pidf.com • Ⓜ Palais-Royal-Musée-du-Louvre. Ouvert tous les jours sauf certains jours fériés, de 10 h à 18 h. Grand choix de documentation sur les manifestations, spectacles, visites et activités en Île-de-France. Le personnel peut vous renseigner en français, anglais, allemand, espagnol et italien. Sur place, accès Internet (payant) et comptoir SNCF (billetterie régionale et grandes lignes).

■ *Mairie de Paris :* 29, rue de Rivoli, 75004. ☎ 01-42-76-43-43. Fax : 01-42-76-58-15. • www.paris.fr • Ⓜ Hôtel-de-Ville. Ouvert du lundi au samedi de 9 h 30 à 18 h (de 10 h à 19 h quand il y a une expo). Fermé le dimanche. Chaque année,

*EURO RSCG / BETC 775 663 438 RCS Paris

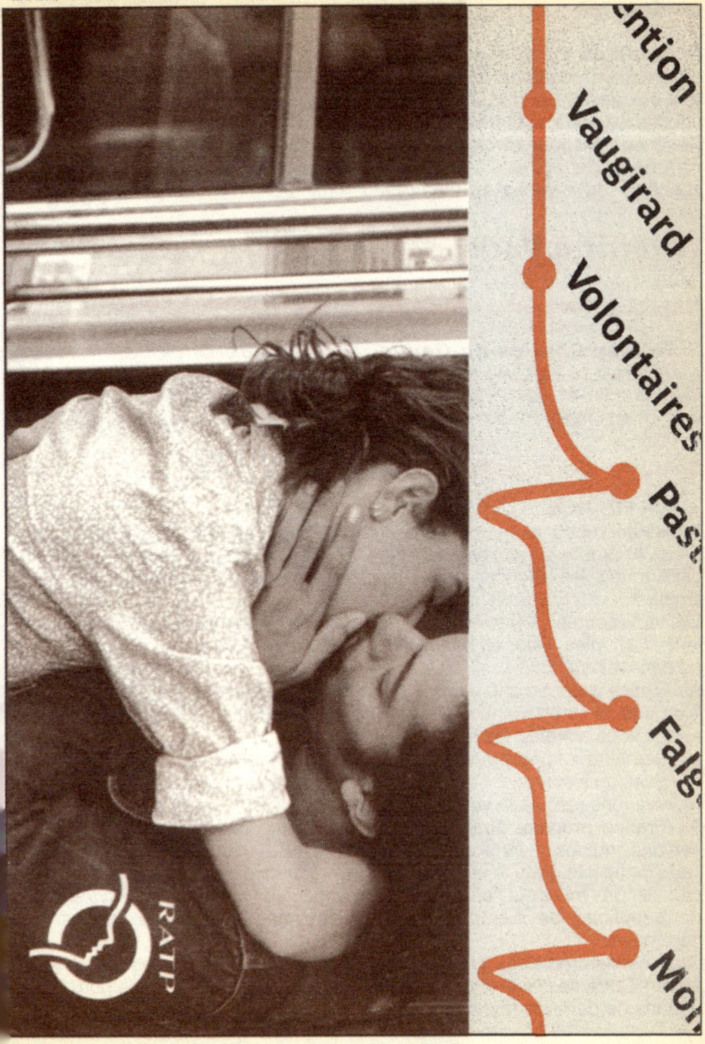

la Mairie de Paris organise plusieurs manifestations qui permettent aux amoureux d'assister à des spectacles sans casser leur tirelire. Se renseigner pour savoir si les événements du type « Venez au concert » ou « Venez au théâtre » avec 1 place achetée = 1 place offerte sont régulièrement reconduits. Dans les théâtres privés, les moins de 26 ans peuvent profiter de places à 10 € (1re catégorie). ***Paris infos Mairie :*** ☎ 39-75 (0,12 €/mn).

Atterrir à Paris

Renseignements aéroports

✈ ***Roissy-Charles-de-Gaulle (aérogares 1, 2 et 3) :*** renseignements, ☎ 01-48-62-12-12. Pour les vols, ☎ 01-48-62-22-80.

✈ ***Orly-Sud et Orly-Ouest :*** renseignements, ☎ 01-49-75-52-52. Pour les vols, ☎ 01-49-75-15-15.

Compagnie régulière

▲ **AIR FRANCE**
Renseignements et réservations au ☎ 36-54 (0,34 €/mn – tous les jours 24 h/24), sur le site • www.airfrance.fr •, dans les agences Air France et dans toutes les agences de voyages (fermées le dimanche et parfois le lundi).
Les tarifs couples, valables en France métropolitaine uniquement, sont totalement souples. Pour en bénéficier, il faut vivre en couple (mariés, pacsés ou concubins).
Air France propose une gamme de tarifs attractifs accessibles à tous :
– « Évasion » : en France et vers l'Europe, Air France offre des réductions. « Plus vous achetez tôt, moins c'est cher. »
– « Semaine » : pour un voyage aller-retour pendant toute la semaine.
– « Évasion week-end » : pour des voyages autour du week-end avec des réservations jusqu'à la veille du départ.
Air France propose également, sur la France, des réductions jeunes, seniors, couples ou familles. Pour les moins de 25 ans, Air France émet une carte de fidélité gratuite et nominative, « Fréquence Jeune », qui permet de cumuler des *miles* sur l'ensemble des compagnies membres de *Skyteam* et de bénéficier de billets gratuits et d'avantages chez de nombreux partenaires.
Tous les mercredis dès 0 h, sur • www.airfrance.fr •, Air France propose les tarifs « Coup de cœur », une sélection de destinations en France pour des départs de dernière minute.

ATTERRIR À PARIS

Sur Internet, possibilité de consulter les meilleurs tarifs du moment, rubrique « Offres spéciales », « Promotions ».

Liaisons Orly/Paris et Roissy-Charles-de-Gaulle/Paris

Pour Orly-Sud et Orly-Ouest

➢ *Le car Air France :* ☎ 0892-350-820 (0,34 €/mn). • www.cars-airfrance.com • Départ du sous-sol de l'aérogare des Invalides. Durée du trajet : 30 à 40 mn. Tarif : 8 € pour 1 aller simple. Départ toutes les 15 mn, de 6 h à 23 h. Arrêt à Montparnasse, rue du Commandant-Mouchotte, côté gare. Ⓜ Montparnasse-Bienvenüe (sortie Gare SNCF). Pour Orly-Paris, départ à Orly-Sud, porte J, quai 6 ou Orly-Ouest, porte D, niveau Arrivée.

➢ *RER C + navette Orly-Rail :* ☎ 0891-36-20-20 (0,23 €/mn). • www.transilien.com • Compter 5,70 €. Prendre le RER C jusqu'au pont de Rungis (un RER toutes les 15 à 30 mn). Compter environ 25 mn depuis la gare d'Austerlitz. Ensuite, navette Orly-Rail pendant 15 mn pour Orly-Sud et Orly-Ouest. Très recommandé les jours où l'on piétine sur l'autoroute du Sud (week-ends et jours de grands départs) : on ne sera jamais en retard. Pour le retour, départ de la navette depuis la porte G des terminaux Sud et Ouest (de 4 h 46 à 23 h 30).

➢ *Le bus RATP « Orly Bus » :* ☎ 0892-68-77-14 (0,34 €/mn). • www.ratp.fr • Départ toutes les 15-20 mn de la place Denfert-Rochereau. Solution la moins chère : 5,80 € l'aller simple. Compter 25 mn pour rejoindre Orly (Ouest ou Sud). La place Denfert-Rochereau est très accessible : RER B, 2 lignes de métro et 3 lignes de bus. *Orly Bus* fonctionne tous les jours de 5 h 35 à 23 h dans le sens Paris-Orly, et de 6 h à 23 h 30 dans le sens Orly-Paris. Pour le trajet Orly-Paris, départ à Orly sud porte H, quai 4, et à Orly-Ouest, porte J, niveau Arrivée.

➢ *Jet Bus :* ☎ 01-69-01-00-09. • www.transports-daniel-meyer.fr • Tarif : 5,50 € l'aller, 9,20 € l'aller-retour. Sûrement le moyen le moins cher ! Départs pour Orly-Sud et Ouest toutes les 15-20 mn du métro Villejuif-Louis-Aragon (ligne 7), du lundi au vendredi de 6 h 15 à 22 h 30 et le week-end jusqu'à 22 h 15. Il faut compter entre 15 et 20 mn pour rejoindre Orly. Au retour, les départs se font à Orly-Ouest, porte C, niveau Arrivée, et à Orly-Sud, porte H.

➢ *Orlyval :* ☎ 0892-68-77-14 (0,34 €/mn). • www.ratp.fr • Compter 9,05 € l'aller simple. Départs pour Orly-Sud et Ouest toutes les 4 à 8 mn de 6 h à 23 h. Ce métro automatique est facilement accessible à partir de n'importe quel point de la capitale ou de la région parisienne (RER, stations de métro, gare SNCF). La jonction se fait à Antony (ligne B du RER) sans aucune attente. Permet d'aller d'Orly au cœur de Paris et vice versa en 35 mn environ, sans se soucier de la densité de la circulation automobile. Pour

Paris, départ à Orly-Sud, porte J, à proximité de la livraison des bagages, ou à Orly-Ouest, porte W du hall 2, niveau Départ.

➢ **Le bus Noctilien N120 :** ☎ 0891-36-20-20 (0,23 €/mn). • www.noctilien.fr • Tarif selon le nombre de zones traversées (1,40 € par zone). Dessert Orly-Sud depuis Châtelet de 0 h à 4 h 30, toutes les 30 mn environ. Dans le sens inverse, compter un bus toutes les heures, de 1 h 02 à 5 h 02. Départ d'Orly-Sud depuis la N 7, sous le pont.

➢ **En taxi :** compter 30 à 35 € du centre de Paris selon la circulation et l'importance des bagages.

Pour Roissy-Charles-de-Gaulle 1, 2 et 3

➢ **Le car Air France :** ☎ 0892-350-820 (0,34 €/mn). • www.cars-airfrance.com • Tarif : 12 €.
– *Paris-Roissy :* départ pl. de l'Étoile (angle av. Carnot et rue de Tilsitt), avec un arrêt pl. de la Porte-Maillot (bd de Gouvion-Saint-Cyr). Départs toutes les 15 mn de 5 h 45 à 23 h. Durée du trajet : entre 35 et 50 mn. Autre départ depuis la gare Montparnasse (arrêt rue du Commandant-Mouchotte, côté gare), de 7 h à 21 h toutes les 30 mn, avec un arrêt gare de Lyon. Les horaires ont été aménagés de manière à assurer la correspondance avec les départs et arrivées des TGV Atlantique.
– *Roissy-Paris :* les cars *Air France* arrivant de l'aéroport Charles-de-Gaulle desservent la place de la Porte-Maillot, avec un arrêt sur la place du Général-Kœnig, proche de l'hôtel *Méridien,* et se rendent ensuite au terminus de l'avenue Carnot. De 5 h 45 à 23 h, départs toutes les 15 mn des terminaux 2A (porte A5), 2C (porte C5), 2B (porte B6), 2D (porte D6), 2E et 2F (porte 3 de la galerie) et du terminal 1 (porte 2, niveau Arrivée). Les cars *Air France* à destination des gares de Lyon et Montparnasse partent toutes les 30 mn, de 7 h à 21 h, des terminaux 2A et 2C (porte 2 du 2C), 2B et 2D (porte 2 du 2B), 2E et 2F (porte 3 de la galerie) et du terminal 1 (porte 2, niveau Arrivée). Durée du trajet : 45 mn.

➢ **Roissy Bus :** ☎ 0892-68-77-14 (0,34 €/mn). Tarif : 8,40 €. Départ de la place de l'Opéra (angle rue Scribe et rue Auber, devant l'*American Express*) toutes les 15-20 mn de 5 h 45 à 23 h. Durée du trajet : environ 1 h. À Roissy, départ des terminaux 1, porte 30, niveau Arrivée ; 2A (porte 9), 2D (porte 11), 2E et 2F (entre les portes 3 et 5) ; et en sortie du hall d'arrivée du terminal 3. De 6 h à 23 h.

➢ **Le bus RATP n° 351 :** de la place de la Nation, de 6 h à 20 h 30. Solution la moins chère mais la plus lente. Compter en effet 1 h 30 de trajet. Ou **bus n° 350** de la gare de l'Est (1 h 15 de trajet).

➢ **Le RER ligne B :** billet à 8 €. Départ toutes les 15 mn. Compter 30 mn de la gare du Nord à l'aéroport (navette comprise). Premier départ à 4 h 56 de la gare du Nord et 5 h 26 de Châtelet. À Roissy-Charles-de-Gaulle, descendre à la station (il y en a deux) qui dessert le bon terminal. De là, prendre la navette adéquate.

➢ *Les bus Noctilien N120, N121 et N140 :* ☎ 0891-36-20-20 (0,23 €/mn). • www.noctilien.fr • Tarif selon le nombre de zones traversées (1,40 € par zone). Départ de Châtelet pour les bus N120 et N121 et de gare de l'Est pour le bus N140. De 0 h à 4 h 30, toutes les 30 mn environ. À Roissy, départ des terminaux 1 (porte 12), 2F (porte 2.03, niveau 2) ou encore de la gare routière Roissypole (joignable depuis le terminal 3).
➢ *En taxi :* compter environ 40 € du centre de Paris.

Comment se déplacer...

... entre Roissy Charles-de-Gaulle 1, 2 et 3 ?

Les 7 rames du CDG VAL feront désormais le lien entre les 3 terminaux en 8 mn (25 mn en bus jusqu'à présent). Desserte de certains hôtels, parkings, gares RER et gares TGV. Gratuit. Départ toutes les 4 mn et toutes les 20 mn entre minuit et 4 h. Fonctionne tous les jours 24 h/24.

... entre Orly et Roissy-Charles-de-Gaulle 1, 2 et 3 ?

➢ *Le car Air France :* ☎ 0892-350-820 (0,34 €/mn). • www.cars-airfrance.com • Tarif : 16 €. Départ de Roissy-Charles-de-Gaulle : des terminaux 1 (porte 2, niveau Arrivée), 2B (porte 2), 2C (porte 2), 2E et 2F (porte 3 de la galerie) vers Orly. Départ d'Orly-Sud (porte K) et Orly-Ouest (porte D, niveau Arrivée) vers Roissy-Charles-de-Gaulle. De 6 h (7 h le week-end) à 22 h 30. Toutes les 30 mn (dans les deux sens). Durée du trajet : 50 mn. Les passagers en correspondance sur les vols *Air France* peuvent retirer un billet de transit auprès des services de correspondance (suivre les indications à l'aéroport d'arrivée).
➢ *RER B + Orlyval :* ☎ 0892-68-77-14. Tarif : 16,90 €. Soit navette puis RER B de Denfert-Rochereau jusqu'à Antony et enfin *Orlyval* entre Antony et Orly. De 6 h à 23 h. On obtient alors la combinaison gagnante pour rejoindre l'aéroport. Néanmoins, cette formule est plus longue et plus chère que la précédente.
➢ *En taxi :* compter environ 55 €.

Remarques pour les fauchés

– *La carte Orange* est valable pour les *RER B* et *C,* à condition, toutefois, d'avoir un coupon couvrant la zone 5 pour Roissy et la zone 3 pour Orly.

– Peu de gens savent que le ***billet Orly-Rail*** permet d'accéder sans supplément aux réseaux des métro et RER.

Cyber-célibataires

Vous avez très envie d'utiliser ce guide, mais n'avez toujours pas trouvé chaussure à votre pied pour vous accompagner dans vos escapades parisiennes. Bref, vous êtes en quête du grand amour, et comble du comble, Internet, la froide et insensible machine, semble avoir fait ses preuves en matière de sentimentalité. Quelques sites de rencontre ont lancé des tentatives bienheureuses et ● www.meetic.fr ● a réussi le tour de force de conquérir les derniers récalcitrants aux cyber-rencontres !

◉ ***Love Connection Café :*** 46, rue d'Argout, 75002. ☎ 01-40-28-12-20. ● www.loveconnectioncafe.com ● Ⓜ Louvre ou Sentier. Ouvert de 12 h (16 h le samedi) à 0 h 30. Fermé les dimanche et lundi, ainsi que 15 jours en août. Abonnement gratuit pour les femmes. Pour les hommes, abonnement trimestriel à 75 €. Cybercafé-rencontres innovant, c'est le point de ralliement des rendez-vous pris sur le Net via leur site (qu'on peut consulter gratuitement de chez eux). Présentations autour d'un *blind date* (rendez-vous anonyme), sous votre pseudonyme donné lors de l'inscription. Si le courant passe, l'affaire est entre vos mains, alors, à vous de jouer ! Pas besoin d'être membre pour participer aux dîners (60 € par personne).

Hébergement

ATTENTION : pendant les manifestations importantes (salons, événements sportifs, etc.), de nombreux hôtels affichent très tôt complet. Renseignez-vous longtemps à l'avance si vous souhaitez trouver un hôtel de charme à ces dates.
Les hôtels que nous avons sélectionnés ont été choisis selon les critères suivants : charme et pittoresque, situation dans une rue calme, excellent rapport propreté-prix, position centrale. Certains réunissent toutes ces qualités, ou une grande partie d'entre elles ; ils sont évidemment mis en valeur dans le texte. Il arrive aussi qu'on attire l'attention sur une chambre d'hôtel en particulier pour sa vue exceptionnelle, son confort, sa déco...
UN CONSEIL : pensez à réserver ! Lorsque vous êtes sûr de vos dates, téléphonez ou, mieux, envoyez une lettre de réservation avec un chèque d'acompte de quelques jours. Éventuellement, téléphonez avant votre arrivée pour vérifier que tout est OK. Sinon, attention aux déceptions ! Y com-

pris pour la personne qui vous accompagne. Ne mettez pas votre séjour en amoureux à Paris à l'eau parce que vous avez oublié de confirmer votre réservation.
Assurez-vous également que l'établissement que vous avez choisi accepte les chèques et/ou les cartes de paiement. Cela vous évitera certaines surprises comme celle de demander à l'élu(e) de votre cœur de sortir son portefeuille pour régler la note ! C'est déjà arrivé... mais l'histoire ne dit pas comment ça s'est terminé. Attention, la plupart des hôtels n'incluent pas la taxe de séjour dans leurs tarifs. Elle varie entre 0,20 à 1,50 € par jour et par personne. Enfin, hors saison, n'hésitez pas à négocier.
Bon à savoir : les *day use*, la location de chambres pendant la journée. Plus ou moins officielle, cette pratique, possible non pas dans des hôtels de passe du boulevard Saint-Denis, mais dans les hôtels 4 étoiles uniquement, permet de profiter du luxe et du confort d'un hôtel très haut de gamme à prix réduit. Détrompez-vous, ce sont surtout les hommes d'affaires de passage à Paname qui en profitent, ainsi que tous les autres... En principe, le prix des chambres en *day use* au *Crillon*, au *Ritz* ou au *Plaza Athénée*, par exemple, est de 50 % moins cher par rapport au prix de la nuit, mais tout dépend de la période et des disponibilités. La location se fait à l'heure ou à la journée, plus ou moins à la carte. Donc, attention à ne pas vous éterniser, sous peine de vous voir facturer le prix d'une nuit complète ! Et comme vous n'êtes pas seul(e) à voir les choses en grand pour votre préféré(e), ne vous y prenez pas à la dernière minute, cette petite journée de folie est à réserver au moins 1 ou 2 mois à l'avance.

■ ***Alcôve et Agapes :*** 8 bis, rue Coysevox, 75018. ☎ 01-44-85-06-05 (le matin uniquement). • www.bed-and-breakfast-in-paris.com • Chambres doubles de 75 à 195 €, petit déjeuner inclus. Salle de bains généralement privative. L'adorable Françoise a décidé de miser sur le charme, le goût et le contact. Depuis 9 ans elle s'est constitué un réseau unique d'une centaine de chambres parisiennes soigneusement sélectionnées pour leur cachet mais surtout pour l'accueil, toujours personnalisé. On se retrouve dans une maisonnette avec jardin, un atelier d'artiste, un hôtel particulier, un appartement au calme à la vue imprenable... Pour réserver, on contacte Françoise qui vous suggère quelques adresses en fonction de vos critères avec photos et description détaillée à l'appui. Des petits plus peuvent vous être proposés sur demande (visite de la ville, cours de cuisine, dîner aux chandelles...).
■ Également l'agence ***Good morning Paris,*** qui propose les mêmes prestations : 43, rue Lacépède, 75005. ☎ 01-47-07-28-29. Fax : 01-47-07-44-45. • www.goodmorningparis.fr • Bureaux ouverts de 9 h à 17 h. Chambres pour 2 personnes à 66 ou 76 € selon la salle de bains, commune ou privée, petit déjeuner compris. Une centaine de cham-

bres disséminées dans tous les quartiers de la capitale. Également des chambres « charme et caractère », plus chères évidement, et des formules découverte « culture » ou « gastronomie ». Une formule conviviale qui devrait faire le bonheur des amoureux.

Location d'appartements pour de brefs séjours

■ *Paris Loc'Appart :* 75, rue de la Fontaine-au-Roi, 75011. ☎ 01-45-27-56-41. Fax : 01-42-88-38-89. • www.destinationslocappart.com • Ⓜ Jasmin. Permanence téléphonique assurée du lundi au vendredi de 10 h 30 à 13 h et de 14 h à 19 h. Visites sur rendez-vous uniquement. Entre 85 et 125 € la nuit ; ajouter le coût d'une nuit supplémentaire pour les frais de dossier, le ménage avant et après votre passage, et l'accueil. Cette agence de professionnels, qui a fait ses preuves depuis plusieurs années, propose désormais des studios ou des appartements plus grands à Paris (situation centrale). Possibilité de location à partir de 3 nuits et ce, à compter de n'importe quel jour de la semaine.

Librairies et galerie coquines

Librairies

■ *Le Kama Sutra :* 19, rue Pierre-Lescot, 75001. ☎ 01-40-26-21-83. Ⓜ Étienne-Marcel. Ouvert de 11 h à 19 h. Fermé le dimanche. B.D. érotiques, gravures...
■ *Un regard moderne :* 10, rue Gît-le-Cœur, 75006. ☎ 01-43-29-13-93. Ⓜ Saint-Michel. Ouvert de 11 h 30 à 19 h 30. Fermé le dimanche et en août. Livres érotiques neufs et quelques-uns d'occasion.
■ *La Musardine :* 122, rue du Chemin-Vert, 75011. ☎ 01-49-29-48-55. • www.lamusardine.com • Ⓜ Père-Lachaise. Ouvert du lundi au samedi de 10 h 30 à 19 h 30. La seule librairie entièrement érotique de Paris.

Galerie d'art

■ *Les Larmes d'Éros :* 58, rue Amelot, 75011. ☎ 01-43-38-33-43. Ⓜ Saint-Sébastien-Froissard. Ouvert du mardi au samedi de 15 h à 19 h 30. Fermé l'été.

Lire à deux

– *Nadja,* d'André Breton (Paris, 1928 ; Folio n° 73). Une rencontre hors du commun et hors du temps entre le narrateur et une inconnue qui se pro-

mène dans les rues de Paris. La rencontre dont vous rêviez avant d'avoir trouvé l'âme sœur, non ?
– **Le Spleen de Paris,** de Charles Baudelaire (Paris, 1869 ; Le Livre de Poche n° 1179). Les divagations poétiques d'un des plus grands auteurs français de tous les temps, qui nous font apprécier la ville comme les reflets de l'âme. À réciter à sa belle au cours d'une promenade un soir sur les quais.
– **Paris,** de Julien Green (Fayard ou Champ Vallon, 1983). Errance poético-littéraire en compagnie d'un amoureux de Paris qui révèle l'âme des rues et « le silence du ciel ». À écouter tendrement.
– **Les Ruines de Paris,** de Jacques Réda (Gallimard Poésie, 1993). Pour une fois, un petit livre en prose de celui qui est sans aucun doute le premier poète de la capitale. De la Butte-aux-Cailles à Passy en passant par Belleville et Montmartre (où vont tous les amoureux au moins une fois), on se laisse guider à travers les secrets et les mystères de Paris.
– **Bastille tango,** de Jean-François Vilar (Paris, 1986 ; Actes Sud, Babel Noir, 1999). Une histoire d'amour qui sert de prétexte à un polar noir qui a pour toile de fond le temps où la Bastoche n'était pas encore un quartier à la mode et où l'on dansait le tango rue de Lappe. La démolition du quartier commençait à peine. C'était dans les années 1980. Avant l'Opéra-Bastille.
– **La Vie rêvée des amoureux,** de Monique Pivot (Solar, 2000). C'est avec humour que l'auteur décrit les différentes façons dont l'amour se manifeste et se déclare, aujourd'hui comme autrefois.
– **Paris je t'aime,** d'Emmanuelle Sarrouy et Marie-Ange Demory (Hachette, 2006). Derrière l'objectif de 20 réalisateurs, on retrouve une kyrielle d'acteurs qui interprètent à leur façon une succession de « scènes de la vie parisienne », pour reprendre l'expression de Balzac. C'est à partir du film Paris, je t'aime, présenté à Cannes en 2006, qu'une rencontre amoureuse est associée à un court métrage et à un arrondissement de Paris. Le livre les retranscrit en images.

Loisirs et sorties

Infos pratiques, réservations

■ ***Spectacles à prix dégriffés :*** ☎ 0899-78-5000 (1,34 € puis 0,34 €/mn). • www.lastminute.com • Propose jusqu'à 50 % de réduction sur les places de théâtre, concert, cirque, café-théâtre, ballet et festivals (dans toute la France). Les places sont disponibles 3 semaines à l'avance et jusqu'à la veille de la représentation.
■ ***Kiosque-théâtre :*** 15, pl. de la Madeleine, 75008. Ⓜ Madeleine. *Autre guichet :* parvis de la gare Montparnasse, 75015. Ⓜ Montpar-

nasse-Bienvenüe. • www.kiosque theatre.com • Ouvert du mardi au samedi de 12 h 30 à 20 h et le dimanche jusqu'à 16 h. Permet d'obtenir 50 % de réduction pour les pièces de théâtre jouées le jour même. Il est conseillé de venir avant l'ouverture des guichets si l'on veut absolument voir un spectacle, surtout le week-end.

■ *Keith Prowse :* 7, rue de Clichy, 75009. ☎ 01-42-81-88-88. • www.keithprowse.com • Ⓜ Trinité. Ouvert du lundi au vendredi de 10 h à 18 h. Cette agence internationale de billetterie de spectacles propose sur Paris des réservations par téléphone ou sur Internet pour des places de théâtre, comédies musicales, opéras, concerts classiques, concerts rock et variétés, certaines manifestations sportives et entrées de musées (pour les grandes expositions du moment).

■ *France Tourisme :* 33, quai des Grands-Augustins, 75006. ☎ 01-53-10-35-35. Fax : 01-53-10-35-36. • www.francetourisme.fr • Ⓜ et RER B : Saint-Michel. Ouvert tous les jours de 7 h à 21 h 30. Pour répondre à toutes vos questions concernant vos loisirs et vous procurer les *pass* musées, métro, Disneyland Paris, ou pour réserver des places de spectacles, préparer des excursions touristiques... Réduction de 5 € pour les routards sur présentation de ce guide.

■ *Kiosques Jeunes :* 14, rue François-Miron, 75004. ☎ 01-42-71-38-76. Ⓜ Hôtel-de-Ville ou Saint-Paul. *Autre guichet, dans le hall du CIDJ :* 101, quai Branly, 75015. ☎ 01-43-06-15-38. • www.portailj.paris.fr • Ⓜ Bir-Hakeim. Ouvert du lundi au vendredi de 10 h à 18 h (19 h pour le kiosque du CIDJ). Deux kiosques jeunes qui proposent des places de spectacles (théâtre, concert, manifestation sportive...) à tarif réduit. Offrent également beaucoup d'invitations. Billetterie et centre d'information. Seul impératif : avoir moins de 28 ans.

■ *Mosaico Diffusion :* 53, rue Sainte-Anne, 75002. ☎ 01-40-20-47-03. • www.mosaicodiffusion.com • Cette société vous trouve et vous réserve les spectacles qui correspondent le mieux à vos envies, notamment via son site internet. Vous leur communiquez vos dates de séjour ainsi que le type de spectacle auquel vous souhaitez assister (opéra, musique indienne, théâtre...), ils se chargent du reste ! Envoi des billets à domicile.

Paris, la fête

Faire la fête à Paris, c'est un peu un pléonasme. Mais on préfère vous prévenir : si vous cherchez à passer une soirée en amoureux, ce n'est pas forcément dans les bars et les boîtes les plus branchés que vous serez les plus tranquilles. Généralement, ce n'est pas évident d'arriver à y entrer, alors soyez sûr de votre coup si vous voulez éviter des déconvenues devant l'élu(e) de votre cœur. Mais si vous êtes décidé, que rien ne peut vous faire reculer, nous avons sélectionné les bars et les boîtes où sortir en couple est toujours glamour. À vous de jouer.

Autrefois, les boîtes de nuit gardaient leur clientèle au moins trois ans. Aujourd'hui, le grand maximum, c'est six mois. C'est le phénomène des *one-night-clubs*, qui bouscule les habitudes noctambules. Les boîtes deviennent itinérantes, à vous de les trouver. Les soirées sont des produits éphémères.

Aussi, informez-vous pour connaître celles qui existent au moment où vous lirez ce guide ; vous pouvez écouter les « Bons Plans » de *Radio-Nova* (101.5) tous les soirs de 19 h 45 à 20 h, ou *Radio FG* (98.2) pour toutes les fêtes hétéros et homos, ou encore *Radio Latina* (99.0), la seule station 100 % salsa pour les fêtes latinos.

Le succès d'un nouveau lieu est assuré par ceux qu'on continue d'appeler, faute de mieux, les « branchés ». Ils donnent la couleur et font circuler l'information. Il y a environ 200 lieux sur tout Paris, dont 50 vrais *Fifties*. Mais tous ne conviennent pas aux couples qui veulent s'enlacer sur la piste de danse.

En tout cas, la nuit, encore plus que le jour, a ses lois et ses rapports de force. Chaque boîte a son filtrage : videurs genre gros bras ou physionomistes. De ces derniers dépend le juste dosage des différentes catégories de clientèle (il y a toujours un style compatible avec d'autres). Si l'on ne vous laisse pas entrer, c'est peut-être que vous n'arrivez pas au bon moment ou que votre style ne convient pas.

Aller dans une boîte difficile d'accès demande une certaine préparation : se renseigner sur les jours et les heures où il y a le moins de monde ; avoir un look bien ciblé, être drôle et sûr de soi, jamais agressif (surtout en présence de sa dame). Réserver le cas échéant au restaurant de la boîte – on vous laissera forcément passer – et se faire bien voir ensuite du physionomiste. Pour revenir, on peut toujours s'assurer les bonnes grâces du physionomiste en le remerciant... Vous deviendrez un habitué si vous consommez raisonnablement : ni trop ni pas assez. Mais laisser un pourboire est toujours bien vu, et en plus, vous passerez presque pour un gentleman !

Les rendez-vous annuels

– **Le carnaval de Paris :** une des seules fêtes populaires vivantes traditionnelles et authentiquement parisiennes. Il n'y a pas que Rio qui a son carnaval ! Depuis 1998, après 45 ans d'interruption, la promenade du Bœuf Gras (déjà attestée en 1739) a lieu le dimanche qui précède le Mardi gras. La vedette du cortège est une superbe vache de race limousine nommée Pimprenelle. Pour avoir plus d'infos, notamment sur le parcours du cortège : • www.carnaval-pantruche.org •

– *La fête de la Musique :* quand ? Le 21 juin, jour de l'été. Où ? Partout dans Paris. Quand Jack Lang a lancé cette idée, au début du premier septennat de François Mitterrand, avouons-le, nous avions ricané sec ! Et puis, à la longue, cette idée charmante s'est transformée en véritable institution, reprise par de très nombreux pays européens. Autant le dire, bien profiter de la fête de la Musique est un job à plein temps. Il faut se procurer le matin même les suppléments des principaux quotidiens et faire son programme parmi les centaines d'animations, de concerts et de bals proposés dans les vingt arrondissements. Un conseil, évitez les trop grandes manifestations.

– *La Gay Pride (Marche des fiertés lesbiennes, gaies, bi et trans) :* vers mi-juin. Elle se déroule plutôt dans l'Est parisien, avec une étape à la Bastille. La Gay Pride est la grande fête techno en plein air dont les Parisiens rêvaient. Les dizaines de chars sponsorisés par des associations ou des boîtes gay déversent dans les rues parisiennes des méga-décibels de musique de *dance* tout au long d'un parcours que le défilé peut mettre 5 ou 6 h à parcourir. Une fête géante ! Et que les hétéros auraient bien tort de mépriser, car l'ambiance d'une Gay Pride réussie, ça vaut le carnaval de Rio : mêmes costumes, même exubérance, même folie. Mais sachez-le, le défilé s'arrête lorsque la nuit tombe ! Aussi faut-il recueillir tous les *flyers* jetés des chars pour savoir où l'animation va se propager jusqu'à l'aube. En 2000, on a pu voir Bertrand Delanoë sur un char ! C'était avant son élection...

– *Paris quartier d'été :* de mi-juillet à mi-août. Un festival qui investit presque exclusivement des lieux de plein air, le temps d'un concert, d'un spectacle de danse, d'une projection de film, voire de manifestations plus inclassables ; la plupart des événements proposés sont gratuits ! • www.quartier dete.com •

– *Paris Plage :* sous les pavés, la plage... Vous en avez rêvé, la Mairie de Paris l'a fait, avec une première édition en 2002. De mi-juillet à mi-août, entre le pont des Arts et le pont de Sully, 3 km de croisette parisienne avec transats, palmiers, animations gratuites, sports en tout genre (beach-volley, roller, vélo, tai-chi, danse...), et un bassin de baignade pour les enfants et aquagym pour les grands mis en place. Pour la 5e édition, Paris Plage a gagné l'autre côté de la rive pour rejoindre la nouvelle piscine flottante, au pied de la BNF. Côté sécurité, les voies sur berges sont surveillées par la police, et trois postes de secours sont là pour les bobos éventuels. Accès gratuit en plus ! Renseignements : • www.paris.fr •

Personnes handicapées

Chers lecteurs, nous indiquons par le logo ⚹ les établissements qui possèdent un accès ou des chambres pouvant accueillir des personnes handicapées. Certaines adresses sont parfaitement équipées selon les critères les plus modernes. D'autres, plus simples, plus anciennes aussi, sans répondre aux normes les plus récentes, favorisent leur accueil, facilitent l'accès aux chambres ou au resto. Évidemment, les handicaps étant très divers, des lieux accessibles à certaines personnes ne le seront pas pour d'autres. Appelez auparavant pour savoir si l'équipement de l'hôtel ou du resto est compatible avec votre niveau de mobilité.

Malgré les combats menés par les nombreuses associations, l'intégration des handicapés à la vie de tous les jours est encore balbutiante en France. Il tient à chacun de nous de faire changer les choses. Une prise de conscience est nécessaire, nous sommes tous concernés.

Saint-Valentin

Considérée aujourd'hui comme une fête commerciale où l'on se doit d'offrir des fleurs, du chocolat ou une petite attention à sa bien-aimée ou à sa potentielle conquête, la Saint-Valentin ne date pourtant pas d'hier. L'origine de cette tradition rappelle l'une des nombreuses fêtes de l'Antiquité romaine, les *Lupercales,* célébrées le jour du printemps, le 15 février dans l'ancienne Rome, en l'honneur de Lupercus, dieu de la Fertilité et de la Fécondité.

Plusieurs étapes marquaient le déroulement de cette fête : on commençait par le sacrifice d'un bouc ou de plusieurs chèvres qu'on dépeçait et dont on coupait la langue. Les luperques, alors armés des langues et des peaux de bêtes, frappaient les jeunes femmes pour les rendre fécondes ! Comme quoi, aujourd'hui, on fait bien des chichis !

À cette occasion, une loterie était organisée. On inscrivait le nom des garçons et des filles sur des papiers, que l'on tirait au sort pour former des couples pendant la durée des Lupercales ou pendant une année, selon les versions. Cette fête, devenue un rituel pour le moins barbare, ne cessa qu'en 495, à la demande du pape Gélase Ier.

Voici donc l'origine de cette vieille coutume qui consiste à se choisir un amoureux le 14 février, jour de la Saint-Valentin, et non plus le 15. Il est probable que l'Église ait voulu occulter le souvenir de mœurs si décadentes ! D'autant plus que l'histoire de ce cher Valentin est beaucoup plus charmante et romantique !

L'empereur Claude II avait interdit les mariages à Rome pour inciter les hommes à s'engager dans les nombreuses campagnes militaires de l'époque. C'est alors qu'intervint Valentin, le fameux protecteur des amoureux. En dépit des ordres de l'empereur, il mariait les jeunes couples en secret. Mais Valentin fut démasqué et mourut en prison le 14 février 270. Ce n'est que plus tard qu'il fut canonisé et la Saint-Valentin remplaça alors les Lupercales.

Désormais, vous ne fêterez plus la Saint-Valentin par hasard !

Santé, urgences

- **SAMU :** ☎ 15.
- **Pompiers :** ☎ 18.
- **SOS Médecins :** ☎ 01-47-07-77-77.
- **Pharmacies ouvertes tous les jours, 24 h/24 :** 6, pl. de Clichy, 75009. ☎ 01-48-74-65-18. Ⓜ Place-de-Clichy. Et 84, av. des Champs-Élysées, 75008 (dans la galerie marchande *Les Champs*). ☎ 01-45-62-02-41. Ⓜ George-V.

Services spéciaux amoureux : la livraison à domicile

Pique-niques et plateaux-repas livrés à domicile

- **Dalloyau :** ☎ 0820-027-028. • www.dalloyau.fr • Ouvert tous les jours. Commande jusqu'à 18 h la veille. Plusieurs menus entre 26,40 et 55 €. Plateau du jour à 32 € livrable le jour même. Livraison : 20 €. Sinon, grand choix de spécialités régionales. Bouteilles de champagne à partir de 25 €.
- **Lenôtre :** ☎ 01-30-81-47-41. • www.lenotre.fr • Huit plateaux de 22 à 43 € servis tous les jours de 9 h à 18 h (12 h le dimanche). Pour les frais de livraison, compter 27 €. Commander la veille avant 18 h ou le jour même pour la surprise du chef (25,50 €). On peut également aller chercher son plateau dans l'une des boutiques *Lenôtre*. Belle carte des vins.
- **Comtesse du Barry :** ☎ 0825-00-32-32 (0,15 €/mn). • www.comtessedubarry.com • Prix intéressants, mais délais de livraison trop longs : compter de 48 à 72 h (6 € le colissimo) si la commande est passée avant 10 h, ou 24 h par Chronopost (17 €). Menu-découverte à 36,50 € pour deux avec mise en bouche, entrée (foie gras de canard), plat, dessert et bouteille de vin. C'est pas beau ? Autre menu anniversaire de mariage à 47 €. Site internet assez confus.
- **Chaud devant :** ☎ 01-71-71-81-81. • www.chaud-devant.com • Livraisons de 13 h à 15 h 30 et le soir jusqu'à 23 h 30 (dernière commande à 22 h 30). Une quarantaine de restos, français et étrangers, dont la cuisine est livrée chez vous en 1 h. La formule est originale : vous passez commande et le livreur va la chercher directement au restaurant. Forfait livraison : à partir de 7,90 €. Possibilité de commander du vin ou du champagne.
- **Allo resto :** service clientèle, ☎ 01-40-03-62-33. • www.alloresto.fr • Ce site internet met en ligne la

SERVICES SPÉCIAUX AMOUREUX : LA LIVRAISON À DOMICILE

carte d'environ 500 restaurants proposant un service de livraison à domicile. Sélection possible en fonction de votre quartier, de votre budget et du type de cuisine dont vous avez envie. Frais de gestion à 0,95 € sur Paris et frais de livraison variables d'un resto à l'autre.

■ *Chronoresto :* ☎ 0826-956-826. ● www.chronoresto.fr ● Service de 9 h à 23 h. Même principe qu'*Allo resto,* mais moins de choix.

Vous prendrez bien un dernier verre... de champagne ?

■ *Allo apéro :* ☎ 01-71-71-69-69. ● www.alloapero.com ● Livraisons de 18 h 30 à 1 h (3 h les vendredi et samedi, minuit le dimanche). Leur maître mot : que vos soirées en amoureux ne tombent pas à l'eau ! Même si vous ne dormez pas dans un 4-étoiles, voilà enfin un moyen de vous faire livrer presque toute la nuit alcools forts (gin, whisky...), sodas, vins et champagnes. Champagne Piper ou brut Impérial Moët et Chandon à 39 €. Frais de livraison de 7,90 €. Flûtes, gâteaux apéritifs, préservatifs en supplément sur demande.

■ *Nicolas :* en vous rendant dans l'un des magasins de Paris et sa région, vous pouvez faire une commande à partir d'une sélection de bouteilles (sur catalogue) et la faire livrer en 48 h (ou 24 h en service express) à l'élu(e) de votre cœur, aussi bien sur Paris qu'en province, moyennant 14 € de frais de livraison (en délai normal et jusqu'à 6 bouteilles). Également un service de livraison sur Internet : ● www.nicolas.com ● Quand prévenance rime avec prévoyance ! Voilà une gentille attention pour lui prouver que vous ne l'oubliez pas, même si la distance vous sépare. Ce qui fait la différence : le petit message personnalisé que vous pouvez joindre à votre commande.

Fleuristes

Bon gré, mal gré, la rose garde la tête haute et tient son rang ! Bon, ce rouge symbole des amants se voit de plus en plus délaissé au profit d'un bouquet rond de fleurs champêtres, qu'on dirait tout juste cueillies par son amoureux dans une riante prairie. Mais certains fleuristes gardent un amour immodéré pour cette fleur orgueilleuse et têtue, qui connaît son heure de gloire quand vient la Saint-Valentin. Voici quelques amoureux des corolles chez qui l'on trouvera toujours un frais bouquet pour sa p'tite fleur !

■ *Au nom de la rose :* ☎ 0892-350-007 (0,34 €/mn) du lundi au samedi de 9 h à 20 h. ● www.aunomdelarose.fr ● Livraison express : 9,30 € (moins de 4 h) du lundi au samedi de 9 h à 20 h. Premier bouquet (18 roses) à 30 € hors frais de livraison. Plusieurs dizaines de variétés de roses dans cette boutique où, comme son nom l'indique, la rose est reine. Sur leur site, on choisit sa composition florale, et il n'y a plus qu'à cliquer sur sa couleur préférée pour avoir instantanément une photo du rendu. Ça, c'est le bouquet ! Pour 73 €, un cœur de roses rouges spécialement conçu pour les amoureux transis. En vente également, une « bougie des amoureux » : évidemment parfumée à la rose, cette bougie de voyage griffée « je t'aime » se referme avec un couvercle (12 €).

■ *Un jour de fleurs :* 22, rue Jean-Nicot, 75007. ☎ 01-45-50-43-54. Ⓜ La Tour-Maubourg. Ouvert du lundi au samedi de 9 h à 20 h 30. Mention particulière pour cette jeune créatrice, dont les bouquets généreux et parfumés respirent la finesse et la tendresse. De quoi vous changer des fleuristes classiques du coin de la rue et prouver à votre amoureux(se) que vous savez vous démener pour lui offrir de doux plaisirs. Spécialités de fleurs anciennes et belles variétés de roses.

■ *Comme à la campagne :* 29, rue du Roi-de-Sicile, 75004. ☎ 01-40-29-09-90. Ⓜ Saint-Paul. Ouvert du mardi au samedi de 11 h à 13 h et de 15 h à 20 h. Compter au moins 30,50 € pour l'un de ces bouquets vraiment prestigieux. Frais de livraison dans Paris à partir de 10 €. Voilà un fleuriste imaginatif qui, de paniers en couronnes, de sacs en bouquets, fera bien l'affaire des amoureux. Fleurs rustiques ou champêtres, feuillages raffinés et compositions soignées : votre belle sera sans aucun doute séduite. Pour la Saint-Valentin, des créations qui sortent de l'ordinaire. Bouquets féeriques pour vos soirées les plus folles.

■ *Élyfleurs :* 82, av. de Wagram, 75017. ☎ 01-47-66-87-19. Ⓜ Wagram. Ouvert tous les jours 24 h/24 (de 8 h à 22 h en août). L'un des rares fleuristes à être (presque) toujours ouvert et où vous trouverez sans aucun doute tout ce qu'il vous faut pour proclamer votre amour, même une bouteille de champagne (dès 23 € la bouteille) assortie aux fleurs. Pour les bouquets, si vous restez raisonnable, vous pourrez vous en sortir à partir de 23 €. Si vous n'avez pas la possibilité de vous déplacer en pleine nuit pour prouver votre amour, vous pouvez toujours vous faire livrer, moyennant 10 €. Quelle classe !

■ *Interflora :* ☎ 0810-353-877 (0,03 €/mn). • www.interflora.fr • Ouvert de 8 h à 20 h. Fermé le dimanche. Livraison en fin de matinée pour toute commande passée avant 10 h. À partir de 38 € le bouquet, livraison comprise.

■ *Aquarelle :* ☎ 0820-82-04-50 (0,12 €/mn). • www.aquarelle.com • Livraison à 9,50 €. Bouquets à partir de 25 €. Le vase est souvent inclus dans le prix. Juste avant l'expédition du bouquet, il est pris en photo et envoyé sur votre adresse mail. Possibilité de joindre au bouquet une photo ou un message personnel. Livraison le lendemain pour toute commande passée avant 17 h.

Tourisme

À pied

■ *Service des visites des parcs et jardins de la Ville de Paris :* 1, av. Gordon-Bennett, 75016. ☎ 01-40-71-75-60. Ⓜ Porte-d'Auteuil.

➢ Les *dépliants sentiers-nature* sont à votre disposition à la *maison Paris-Nature* (pavillon 1, Parc floral de Paris, 75012 ; Ⓜ Château-de-Vincennes, puis bus n° 112 ; ou Ⓜ Porte-Dorée, puis bus n° 46), à la *maison de l'Air* (27, rue Piat, 75020 ; Ⓜ Pyrénées) et au *chai de Bercy* (41, rue Paul-Belmondo, 75012 ; Ⓜ Bercy). Ces documents ont été conçus pour aider le promeneur citadin à retrouver les traces de la nature dans un environnement où l'on ne l'attend plus. En tout et pour tout, 20 itinéraires pour chaque arrondissement, l'arboretum de l'école du Breuil et 4 sentiers-Seine (bois de Boulogne, Est, Ouest et canaux ; 1,65 € l'unité). Régulièrement réactualisés, ils comportent un plan et une identification des végétaux les plus intéressants. Grâce à eux, vous découvrirez (tout proches mais vivants et se développant incognito !) les insectes et les oiseaux, les plantes sauvages et les fossiles...

En autocar ou en autobus

■ *Balabus de la RATP :* sous la Grande Arche de La Défense. Ⓜ Grande-Arche. Et à la gare de Lyon, 75012. Ⓜ Gare-de-Lyon. Renseignements : ☎ 0892-68-77-14 (0,34 €/mn) ; plaquettes gratuites disponibles dans les stations de métro et de RER. Tous les dimanches et jours fériés du 1er dimanche d'avril au dernier dimanche de septembre. Départ toutes les 20 mn environ à partir de 13 h 30 de la gare de Lyon et de 12 h 30 de La Défense, et jusqu'à 20 h 30 à la gare de Lyon et 20 h à La Défense. Durée : une bonne heure. Tarifs : 3 tickets pour un aller simple ou bien les cartes : Orange (zones 1 à 3), *Paris-Visite* et *Mobilis*. Pour tout public. Des autobus partent de La Défense ou de la gare de Lyon et traversent tout Paris en passant par les sites et les monuments les plus intéressants. On peut demander à descendre quand on le souhaite (pour faire une visite, par exemple) et remonter ensuite dans le *Balabus* suivant. Seul inconvénient à cette pratique, à moins d'être titulaire d'une carte Orange 3 zones (ou de la carte *Paris-Visite*), il faut repayer à chaque fois de 1 à 3 tickets en fonction de la longueur du parcours. Mieux vaut donc utiliser ce transport pour ce qu'il est, une superbe balade sans arrêt à travers la capitale.

– Des bus **Noctilien** circulent par ailleurs tous les jours de l'année de 0 h 30 à 5 h 30, pour les couche-tard ou les lève-tôt. Prix d'un ticket classique (1,40 €) pour les deux premières zones, puis un ticket par zone franchie et par changement de bus. Plus d'infos sur • www.noctilien.fr •

■ *Cityrama :* 4, pl. des Pyramides, 75001. ☎ 01-44-55-61-00. Ⓜ Pyramides, Palais-Royal ou Tuileries. D'avril à octobre, départs de 10 h à 15 h 30. Le reste de l'année, dernier départ à 14 h. Compter 17 € plein tarif pour 1 h 30. Autocars panoramiques.

■ *Paris-Vision :* 214, rue de Rivoli, 75001. ☎ 01-42-60-30-01. • www.parivision.com • Ⓜ Tuileries. Départ à l'adresse ci-dessus, tous les jours à 9 h, 12 h et 15 h. Durée : 2 h. Compter 19 €. Autocars panoramiques. D'autres balades – jusqu'à 9 h de visite ! – existent : « Paris de A à Z », « Paris artistique », « Paris panoramique » ou « Paris journée ».

En bateau

■ *Bateaux-mouches :* port de la Conférence, pont de l'Alma, 75008. ☎ 01-42-25-96-10 ou 01-40-76-99-99 (serveur vocal). Ⓜ Alma-Marceau. Départ toutes les 45 mn environ. Compter 10 €. Indémodable, incontournable, pour les couples, c'est idéal pour allier tourisme et plaisir.

■ *La Guêpe Buissonnière et Le Canotier :* ☎ 01-42-40-96-97. Fax : 01-42-40-77-30. • www.pariscanal.com • Balades sur le bassin de la Villette et le canal Saint-Martin (voir les 10e et 19e arrondissements).

■ *Canauxrama :* 13, quai de la Loire, 75019 Paris. ☎ 01-42-39-15-00. Fax : 01-42-39-11-24. • www.canauxrama.com • Propose des balades sur le canal Saint-Martin à bord des bateaux *Arletty* et *Marcel Carné*. Balade sympa, instructive et pleine d'humour. Départs à 9 h 45 (sous réserve en hors saison) et 14 h 30 tous les jours du port de l'Arsenal, face au 50, bd de la Bastille, 75012 (Ⓜ Bastille). Arrivée environ 2 h 40 plus tard au bassin de la Villette, 13, quai de la Loire, 75019 (Ⓜ Jaurès). Prix : 14 € ; réductions (sauf week-ends et fêtes). Réservation indispensable.

■ *Batobus :* ☎ 0825-05-01-01 (0,15 €/mn). Forfait journée illimité à 11 €, 7 € en tarif réduit (détenteurs de carte Orange, carte étudiant...) et 5 € pour les moins de 16 ans. Tous les jours à partir de 10 h et jusqu'à 16 h, 19 h ou 21 h selon la saison ; un bateau toutes les 25 mn environ (15 mn en été). Les navettes circulent entre 8 escales : tour Eiffel, musée d'Orsay (quai de Solferino), Saint-Germain-des-Prés (quai Malaquais), Notre-Dame (quai de Montebello), Jardin des Plantes, Hôtel de Ville (quai de l'Hôtel-de-Ville), Louvre (quai du Louvre) et Champs-Élysées.

TOURISME

À rollers

Location

■ *Vertical line :* 4, rue de la Bastille, 75011. ☎ 01-42-74-70-00. • www.verical-line.com • Ⓜ Bastille. Ouvert tous les jours de 11 h (14 h 30 le lundi) à 20 h. À partir de 7 € la demi-journée et 10 € la journée complète, protections comprises ; un peu plus cher pour du matériel plus haut de gamme. Attention, aux beaux jours, se précipiter tôt pour avoir des rollers ! Également des cours collectifs ou individuels.
■ *Nomades :* 37, bd Bourdon, 75004. ☎ 01-44-54-07-44. • www.nomadeshop.com • Ⓜ Bastille. En semaine : location de rollers pour 8 € la journée ou 5 € la demi-journée ; le week-end, 9 € la journée et 6 € la demi-journée.

À vélo

Sachez tout d'abord que d'ici l'été 2007, un minimum de 3 000 vélos sera mis à la disposition des Parisiens en libre-service à certaines stations de métro. À terme, le but de la Mairie de Paris est d'équiper toutes les stations de métro de ce dispositif. Ambitieux !

■ *Escapade Nature :* réservations par téléphone, ☎ 01-53-17-03-18. • balade@escapade-nature.org • Cette association, très pro, organise des balades guidées dans Paris de 3 h, voire une journée (en Île-de-France), selon le programme choisi. Tarifs incluant la location du vélo : *balade découverte* de 3 h à 24 € ; un peu moins cher si l'on vient avec son vélo ; tarif réduit pour les moins de 12 ans ; réduction de 10 % sur présentation de ce guide. Quelques idées de balades : « La campagne à Paris », « Paris la nuit » ou encore « Autour de la petite ceinture ».
■ *Vélos-taxis :* 76, rue des Tournelles, 75003. ☎ 01-42-72-70-12. Ⓜ Concorde. Ouvert tous les jours de 10 h à 18 h. À partir de 160 € la demi-journée. Beaucoup plus romantique qu'un taxi, bien plus original, voici les vélos-taxis. Sortes de pousse-pousse à la française, les tricycles jaunes permettent de visiter la capitale en étant blottis dans une cabine et en laissant du temps au temps, le long de plusieurs circuits-découverte. L'idée est plutôt originale ! Sur réservation uniquement.
■ *Paris à vélo c'est sympa ! :* 22, rue Alphonse-Baudin, 75011. ☎ 01-48-87-60-01. Fax : 01-48-87-61-01. • www.parisvelosympa.com • Ⓜ Richard-Lenoir ou Saint-Sébastien-Froissard. Des balades à vélo dans la capitale avec un guide, voici ce que propose Michel Noë. Pour revivre le Paris de Prévert et de Doisneau, des circuits de 3 h. Balades « Paris insolite », « Paris nocturne », « Paris s'éveille » de 6 h

à 9 h... Ou encore le cœur de Paris et ses ruelles chargées d'histoire. Compter 65 € pour deux tout compris, vélo, guide et assurance. Balades également en Île-de-France (boucles de la Marne et Versailles).

■ *Paris-vélo :* 2, rue du Fer-à-Moulin, 75005. ☎ 01-43-37-59-22. Fax : 01-47-07-67-45. Ⓜ Censier-Daubenton. Ce loueur de vélos, qui sévit sur les pavés parisiens depuis 1975, propose la location de vélos : pour deux, 28 € la journée de 10 h à 19 h ; 24 € la demi-journée. Également des circuits à thèmes.

■ *RATP-Roue libre :* ☎ 0810-441-534 (0,18 €/mn). • www.rouelibre.fr • De mars à octobre, louez des vélos au Châtelet, Bastille, Hôtel-de-Ville, au bois de Boulogne, au bois de Vincennes, etc. Attention, certains de ces points sont ouverts toute la semaine et d'autres uniquement le dimanche. Des vélos sont également disponibles dans une dizaine de parkings de la capitale. Plan des pistes cyclables à disposition dans tous les points de location. Pendant le week-end, compter 10 € la demi-journée et 15 € la journée. Propose également des balades guidées. Circuit de 3 h. Possibilité de réserver en ligne.

En « deuche »

■ *Quatre roues sous un parapluie :* infos au ☎ 0800-800-631 (appel gratuit). • www.4rs1p.com • Vraiment insolite, un poil farfelue, cette balade en 2CV sur les pavés parisiens ! Sympa en tout cas de trouver une idée un peu décalée pour (re)découvrir la capitale, tapi à l'arrière de ce cocon bringuebalant ! Escapades parisiennes d'1 h 30 environ, autour de différentes thématiques, comme la flânerie bucolique, la soirée romantique (plus chère, mais dîner compris), la virée buissonnière... Le service d'un chauffeur (on vous prend et vous ramène à domicile), petites anecdotes en plus. Cette balade peu conventionnelle revient à environ 160 € pour 2 personnes. Pour nos lecteurs, une réduction de 10 % est accordée sur la « matinée câline » : virée + brunch, sur présentation de ce guide.

En hélicoptère

■ *Paris Hélicoptère :* zone aviation d'affaires, aéroport du Bourget, 93350 Le Bourget. ☎ 01-48-35-90-44. • www.paris-helicoptere.com • RER B : Le Bourget, puis bus n° 152 jusqu'à l'aéroport. Tour de Paris le dimanche, sur réservation. Tarif : 135 € par personne pour un survol de 25 mn. Départs de l'aéroport de Paris-Le Bourget. Théoriquement, tout survol de la capitale est interdit, mais rien n'empêche un hélicoptère d'en faire le tour, en la serrant au plus près, et d'offrir à ses passagers une vue panoramique exceptionnelle, grâce à un parcours en boucle de 80 km qui permet de regarder de haut le Sacré-Cœur et la tour Eiffel, l'Arc de Triomphe et le Grand Stade ou encore la Seine. Grisant.

Et... en tram !

On attend avec impatience cette ligne, le TMS (Tramway des maréchaux Sud), qui reliera, en 17 stations, le pont du Garigliano (15e) à la porte d'Ivry (13e) !
Des essais de rame sont effectués par la RATP avant la mise en service définitive prévue en décembre 2006. On tient donc le bon bout ! Non polluant, peu bruyant, plus confortable et plus rapide que le bus, le tramway permet aussi de repenser le paysage urbain. Que d'avantages ! Quelques chiffres quand même sur cet immense chantier : plus de 1 000 arbres plantés, 36 000 m^2 de gazon et 13 000 m^2 de dalles de granit posées... Pour plus de renseignements : • www.tramway.paris.fr •

Transports

Se déplacer dans la capitale

■ **Taxis :** *Taxi G7,* ☎ 01-47-39-47-39. Tous les jours 24 h/24. La nuit, s'y prendre au moins 1 h avant. *Taxis bleus,* ☎ 01-49-36-10-10. En permanence, là aussi, 24 h/24. À partir de minuit, réservation impérative au moins 1 h à l'avance. Il n'y a pas à dire, c'est tout de même plus charmant de rentrer en taxi qu'en métro !
■ ***Renseignements et vente SNCF :*** ☎ 36-35 (0,34 €/mn). Service Ligne Directe.
■ ***Renseignements RATP :*** 54, quai de la Rapée, 75012. ☎ 0892-68-77-14 (0,34 €/mn). • www.ratp.fr • Ⓜ Bercy ou Gare-de-Lyon. En téléphonant, du lundi au vendredi de 7 h à 21 h et les week-ends et jours fériés de 9 h à 17 h 15, on peut obtenir tous les renseignements concernant les horaires, tarifs et itinéraires du métro, du RER ou des bus. Des plans de métro et de bus sont distribués gratuitement à cette adresse, mais aussi dans les stations de métro et les terminus de bus.

1er ARRONDISSEMENT

Le 1er arrondissement, c'est, mine de rien, les 2 800 arbres du jardin des Tuileries pour jouer à cache-cache. C'est aussi les salons de thé cosy de la rue de Rivoli pour des serments éternels, entre deux gorgées de chocolat onctueux et brûlant. C'est encore la fontaine du Palais-Royal pour lancer une piécette et faire un vœu, les passages couverts pour dénicher une babiole dernier cri, ou, si l'on en a les moyens, la place Vendôme et la rue Saint-Honoré, et leurs boutiques très chic et très chères. Pour l'anecdote, c'est dans le 1er arrondissement, à l'angle des rues Pierre-Lescot et de la Grande-Truanderie, qu'existait un « puits d'amour » dans lequel menaçaient de se jeter les amants délaissés. Certains y laissèrent même leur peau. Devenu un lieu de pèlerinage, il n'en reste plus rien depuis déjà quelques siècles.

Où dormir ?

Coup de cœur

Hôtel Henri-IV : 25, pl. Dauphine, 75001. ☎ 01-43-54-44-53. M Cité, Châtelet ou Pont-Neuf. Chambres doubles de 30 à 70 € selon le confort et la vue, petit dej' compris ! Dans une maison vieille de 400 ans, ce petit hôtel au charme désuet, et tenu par la même famille depuis trois générations, fleure bon le vieux Paris et donne sur l'une de ses plus jolies places. Jadis fréquenté par les écrivains, l'établissement accueille désormais des jeunes (et des moins jeunes) routards du monde entier. Certaines chambres ont été joliment rénovées, les autres sont encore très simples mais bien tenues. Les n°s 18, 19 et 20, du dernier étage, possèdent même un petit balcon avec vue sur le Palais de justice et les tours de Notre-Dame. Bon accueil. Réservation indispensable, le plus tôt possible. Un petit déjeuner par personne offert à nos lecteurs sur présentation de ce guide.

Coups de foudre

Hôtel du Cygne : 3, rue du Cygne, 75001. ☎ 01-42-60-14-16. Fax : 01-42-21-37-02. ● www.hotelducygne.fr ● M Étienne-Marcel ;

RER A, B et D : Châtelet-Les Halles. TV. Satellite. Congés annuels : du 24 juillet au 28 août. Chambres doubles de 105 à 135 €, selon le confort et la saison. Au cœur d'un quartier en ébullition, on aime beaucoup le charme cosy de cet hôtel de caractère particulièrement agréable pour un couple. Jolis salons avec meubles anciens pour vous reposer après une journée de balades dans Paris, et chambres coquettes et rénovées avec coffre-fort, sèche-cheveux et poutres au plafond dans la plupart d'entre elles (l'immeuble date du XVIIe siècle). Choisissez la n° 16 avec ses jolis tons sable ou la n° 35, une jolie suite mansardée. 10 % sur le prix de la chambre (sauf en période de salon et pendant les fêtes de fin d'année) offerts à nos lecteurs sur présentation de ce guide.

■ **Hôtel Londres Saint-Honoré :** 13, rue Saint-Roch, 75001. ☎ 01-42-60-15-62. Fax : 01-42-60-16-00. ● hotel.londres.st.honore@gofornet.com ● Ⓜ Tuileries ou Pyramides. TV. Satellite. Accès Internet. Wi-fi. Chambres doubles de 110 à 116 €, selon le confort. Face à l'église Saint-Roch, dans une ancienne maison bourgeoise, un charmant hôtel, sympathique comme tout, dans un quartier chic et hautement touristique. Chambres blanches et confortables (double vitrage, minibar ; quelques-unes avec AC), récemment rénovées pour certaines, où les amoureux seront ravis de se blottir après une journée passée à arpenter Paname. Plusieurs parkings autour de l'hôtel. 10 % sur le prix de la chambre (à partir de 3 nuits consécutives) offerts à nos lecteurs sur présentation de ce guide.

Coups de folie

■ **Hôtel de la Place du Louvre :** 21, rue des Prêtres-Saint-Germain-l'Auxerrois, 75001. ☎ 01-42-33-78-68. Fax : 01-42-33-09-95. ● www.esprit-de-france.com ● Ⓜ Louvre-Rivoli ou Pont-Neuf. Parking : Place-du-Louvre. TV. Satellite. Clim'. Chambres de 135 à 164 €, de la double à la dupleix (salle de bains à l'étage) ; petit dej' : 10 €. Niché dans une rue discrète, à deux encablures de *La Samaritaine* et du Louvre, cet hôtel jouit d'une situation privilégiée. À deux pas de la Seine, des fleuristes et des bouquinistes, tout proche du pont des Arts, quel romantisme ! Belle pierre apparente dans l'entrée. Prestations très honorables et accueil charmant. Confort, calme, propreté, décoration soignée dans les chambres, qui portent toutes le nom d'un peintre contemporain et sont personnalisées avec des reproductions de chacun. Ameublement fonctionnel et de bon goût. Belles salles de bains. Si vous optez pour une chambre sur rue, tentez d'en avoir une avec vue sur la Colonnade du Louvre et les gargouilles de Saint-Germain-l'Auxerrois, sous votre nez. À une encablure, nous vous recommandons le bar *Le Fumoir* (voir plus loin la rubrique « Où sortir ? »). Petit déjeuner servi dans la salle voûtée du sous-sol.

Hôtel Le Relais du Louvre : 19, rue des Prêtres-Saint-Germain-l'Auxerrois, 75001. ☎ 01-40-41-96-42. Fax : 01-40-41-96-44. • relaisdulouvre.com • Ⓜ Louvre-Rivoli ou Pont-Neuf. Parking. TV. Wi-fi. Chambres doubles de 150 € (sur rue) à 190 € (sur cour) avec AC, coffre-fort et minibar. Petit dej' à 12 €. Attenant à l'*Hôtel de la Place du Louvre,* celui-ci, un poil plus cher, est tout aussi avenant avec son enseigne de relais de poste, ses poutres du XVIIIe siècle, son mobilier ancien et ses rideaux fleuris. Cette ancienne imprimerie n'a sacrifié ni charme ni caractère en se modernisant. 18 chambres chaleureuses et pimpantes. Nous, on préfère les moins chères, avec vue directe sur les mystérieuses gargouilles de Saint-Germain-l'Auxerrois. Difficile de trouver plus romantique...

Où manger ?

Coups de foudre

Les Dessous de la Robe : 4, rue Bertin-Poirée, 75001. ☎ 01-40-26-68-18. Ⓜ Châtelet. Fermé les samedi midi, dimanche et lundi. Menus le midi uniquement à 16 et 21 €. À la carte, compter environ 30 € (boisson non comprise). Suggestion du jour à environ 25 €. Aucune allusion à une quelconque histoire de jupons dans cette ancienne maison du XVIIe siècle. Le mobilier rustique se fond dans ce décor de vieilles pierres, plancher et poutres apparentes. Des vins du Languedoc, de la Loire et des côtes du Rhône accompagnent une cuisine simple mais réussie. Pas d'esbroufe dans les plats, qui changent souvent, c'est la fraîcheur des produits qui prime. Les tables en mezzanine, plus intimistes, ne sont pas recommandées aux grands gaillards, mais indiquées pour les rendez-vous à deux (et quand on est un grand gaillard amoureux, alors ?).

Ca d'Oro : 54, rue de l'Arbre-Sec, 75001. ☎ 01-40-20-97-79. Ⓜ Louvre-Rivoli. Ouvert tous les jours de 12 h à 14 h 30 et de 19 h à 23 h. Menu à 16 € le midi. Compter autour de 28 € à la carte. Une table discrète et accueillante. Passé une minuscule salle et un étroit couloir, on débouche dans une autre salle au décor évoquant doucement Venise, d'où est originaire le cuisinier. On se régale d'une *bruschetta* simple comme bonjour (pain grillé frotté d'ail, recouvert d'huile d'olive, de basilic et de tomate fraîche), avant de sacrifier aux pâtes (ravioli fait maison) ou encore aux risottos pour deux (cèpes) et de terminer par

OÙ MANGER ?

🍽 **L'Autobus Impérial :** 14, rue Mondétour, 75001. ☎ 01-42-36-00-18. Ⓜ Étienne-Marcel ou Les Halles. Service de 12 h à 14 h 30 et de 19 h 15 à 23 h. Fermé le dimanche et les 24 et 25 décembre. Menus à 13,50 € le midi en semaine, puis de 17,50 à 30 €. On l'a connu *Batifol, Royal Mondétour,* puis fermé et oublié. L'affaire reprend vie sous la houlette de trois copains formés dans la grande restauration *(Le Crillon)* qui ont eu envie de ranimer cette belle salle (aménagée avec une partie lounge à l'entrée) et de lui trouver enfin un public, sur le créneau du bistrot gourmand. Pour cela, plusieurs formules bien ficelées et un petit plus : un chariot de desserts vraiment top, qui portent la patte d'un excellent chef pâtissier. Service féminin tout en gentillesse. Apéritif maison offert à nos lecteurs sur présentation de ce guide.

🍽 **Nodaïwa :** 272, rue Saint-Honoré, 75001. ☎ 01-42-86-03-42. Ⓜ Pyramides. Service de 12 h à 14 h 30 et de 19 h à 22 h. Fermé le dimanche. Congés annuels : la 2de quinzaine d'août. Menus de 18 à 60 €. À la carte, compter environ 21 € sans la boisson. Ce minuscule restaurant monomaniaque, qui ne vibre que pour l'anguille grillée, est l'antenne parisienne d'un restaurant réputé de Tokyo qui, depuis le XVIIIe siècle, ne sert que ça. Déco sobre et raffinée, ikebana et petites estampes. Servie grillée avec une sauce sur un lit de riz avec consommé chaud et légumes salés (c'est le *kabayaki*) ou encore en sushi ou sashimi, l'anguille, d'une exquise délicatesse, fond littéralement dans la bouche. Plats à emporter.

Coups de folie

🍽 **Kong :** 1, rue du Pont-Neuf, 75001. ☎ 01-40-39-09-00. Ⓜ Pont-Neuf. Ouvert tous les jours de 12 h à minuit. Compter de 35 à 45 € à la carte pour un repas complet. Un lieu qui vous en met plein la vue, aux deux derniers étages du spectaculaire immeuble *Kenzo.* L'endroit, signé Philippe Starck, a été conçu pour étonner les plus blasés, de la bulle de verre géante en forme de dirigeable, avec vue sur les toits environnants, à la moquette au décor de galets, en passant par les fauteuils « Louis XIX » en Plexiglas. Le service est assuré par de charmantes jeunes filles et de beaux garçons souriants, plutôt efficaces. La clientèle, elle, est un mélange de jeunes gens chic branchés, de bobos décontractés et de vieux beaux revenus de tout. Et la cuisine propose des plats de tradition française, que viennent réveiller des incursions mesurées dans la gastronomie nippone.

Djakarta Bali : 9, rue Vauvilliers, 75001. ☎ 01-45-08-83-11. Ⓜ Louvre-Rivoli ou Les Halles. Ouvert le soir seulement. Fermé le lundi. Menus sous forme de *rijttafels* (assortiment de plats) de 18 € (sauf le vendredi soir) à 43 €. À la carte, compter autour de 35 €. En plein quartier des Halles, ce joli resto est une délicieuse invitation balinaise. On y retrouve toute la douceur de cette île indonésienne, les saveurs délicates, la présentation raffinée, le cadre élégant, la musique envoûtante, et même, le vendredi soir, une danseuse d'une légèreté magnifique. Les prix sont certes assez élevés, mais la rareté des restaurants indonésiens à Paris et la qualité du dépaysement rendent l'addition tout à fait acceptable. Une belle adresse pour faire un lointain voyage avec un ticket de métro...

Restaurant de nuit

Au Pied de Cochon : 6, rue Coquillière, 75001. ☎ 01-40-13-77-00. Ⓜ Louvre-Rivoli ou Les Halles. ♿ Ouvert toute l'année, 24 h/24. Menu cochon express à 24 € ; carte autour de 48 € ; le simple plateau de fruits de mer est à 36,40 €, le « Royal » à 89,50 € pour 2 personnes ; et le petit dej', pour les noctambules, à partir de 11 €. Cette vénérable institution, connue dans le monde entier, reste un solide pilier des Halles. On y vient aussi bien de Strasbourg que de Cabourg, de Toronto que de Tokyo pour déguster son fameux pied de cochon, son andouillette AAAAA, un « Fort des Halles » ou encore une « Tentation de saint Antoine », plat qui réunit museau, oreilles, pied et queue de porc grillés. Terrasse aux beaux jours. Un monument historique ! Apéritif maison offert à nos lecteurs sur présentation de ce guide.

Bar à vin

Le Père Fouettard : 9, rue Pierre-Lescot, 75001. ☎ 01-42-33-74-17. Ⓜ Les Halles ou Étienne-Marcel. ♿ Ouvert tous les jours de 7 h 30 à 2 h ; service de 11 h 30 à minuit. Congés annuels : à Noël. Formules, le midi en semaine, à 10,90 et 13,50 €. Nombreux plats de type brasserie entre 12 et 15 €. Brunch le week-end à 17,50 €. Une superbe terrasse (chauffée en hiver) à l'écart de l'agitation des Halles et à l'abri des voitures. Salle sympa à l'étage. Ce café, pratiquement en face du *Père Tranquille,* contribua à sa manière à l'histoire et à l'âme du quartier, avant le Forum bien sûr... Une déco bien rétro, des petits vins de terroir, de sympathiques charcutailles pour les accompagner, de belles salades et de bonnes viandes... Également 4 ou 5 plats végétariens à la carte. Service diligent et souriant.

Café offert à nos lecteurs sur présentation de ce guide.

Salon de thé

🍴 *Angélina* : 226, rue de Rivoli, 75001. ☎ 01-42-60-82-00. Ⓜ Tuileries. Ouvert tous les jours de 8 h (9 h le week-end) à 19 h. Compter 6,20 € le chocolat servi en pot. Ce restaurant-salon de thé à la fois chic et désuet possède un décor 1900 avec des petites tables rondes en marbre. On y vient surtout pour le plus onctueux des chocolats (le « chocolat africain »), noyé sous une aérienne crème chantilly. Le breuvage est si réputé qu'on fait souvent la queue, en plein hiver, jusque sur le trottoir pour accéder à ce palais des délices où il faut également goûter le « Mont Blanc » (pour estomacs solides exclusivement : meringue, crème de marron, chantilly).

Où boire un verre ?

🍸 *Le Café Marly* : 93, rue de Rivoli, 75001. ☎ 01-49-26-06-60. Ⓜ Palais-Royal-Musée-du-Louvre ou Louvre-Rivoli. Situé sur la place de la pyramide du Louvre. Ouvert tous les jours de 8 h à 2 h. Café à 3 € ; sodas entre 5 et 6 € ; apéritifs de 8 à 10 €. Table assez chère, mais décor somptueux (dorures et mobilier contemporain), fréquentation très parisienne (journalistes, artistes, conservateurs du Louvre, jeunes gens chic...). Bons plats : steak tartare, dos de saumon à l'unilatérale... Pas de quoi crier au miracle, mais la vue est unique.

Où sortir ?

🍽🍸 *Le Comptoir Paris-Marrakech* : 37, rue Berger, 75001. ☎ 01-40-26-26-66. Ⓜ Les Halles ou Louvre-Rivoli. Ouvert tous les jours de 12 h à 2 h (fin du service à 23 h 45). Formules à 15 et 20 € le midi. Le soir, compter entre 20 et 40 €. Brunch le dimanche de 21,50 à 24 €. Dans une ambiance feutrée, un rien orientale, révélée à la lueur des bougies, les jeunes branchés de la capitale, tendance « infusion bio » ou cocktail « sexy drink », viennent ici siroter leur verre ou s'aventurer dans les méandres de la gastronomie marocaine. Alors, bien sûr, les inconditionnels de l'une ou l'autre cuisine sortiront déçus. Mais comment ne pas apprécier ce savant mariage d'épices, travaillé avec subtilité pour nos palais européens ? Goûter aux bricks aux 3 parfums, au tajine de crevettes infusé à la vanille, à la traditionnelle pastilla de poulet, et finir par le blanc-manger à la noix de coco. Plats et vins ne sont pas donnés. Apéritif maison offert à nos lecteurs sur présentation de ce guide.

🍽🍸 *Le Fumoir :* 6, rue de l'Amiral-de-Coligny, 75001. ☎ 01-42-92-00-24. Ⓜ Louvre-Rivoli ou Châtelet. Ouvert tous les jours de 11 h à 2 h. Congés annuels : 1 semaine en août, 3 jours à Noël et le Jour de l'an. *Happy hours* de 18 h à 20 h : 6 € le cocktail (sauf pour ceux à base de champagne). Ambiance mode garantie dans ce splendide café stratégiquement situé sur la place du Louvre. Le coin salon-bibliothèque et la vue sur la place encadrée par de longs rideaux rayés justifient à eux seuls un détour. Une occasion de goûter aux excellents cocktails, notamment les rhums arrangés (10,50 €). Très jolie vue sur le Louvre et l'église Saint-Germain-l'Auxerrois.

Où écouter de la musique ?

🎵 *Le Duc des Lombards :* 42, rue des Lombards, 75001. ☎ 01-42-33-22-88. Ⓜ Châtelet. ♿ Ouvert tous les jours sauf certains dimanches, de 20 h 30 à 2 h. Concerts à partir de 21 h. Entrée de 19 à 25 € selon les soirées. Consos de 5 à 8,50 €. Depuis son ouverture en 1985, un club de jazz qui ne désemplit pratiquement pas et qui assure le spectacle avec une programmation prestigieuse : Aldo Romano, Martial Solal, Henri Texier, Paolo Fresu, Jerry Bergonzi, Elisabeth Kontomanou, etc. N'hésitez pas à demander la carte de fidélité : le 5e concert est gratuit !

🎵 *Sunset & Sunside Jazz Club :* 60, rue des Lombards, 75001. ☎ 01-40-26-46-60. • www.sunset-sunside.com • Ⓜ Châtelet. Ouvert de 20 h 30 à 4 h. Parfois fermé le lundi. Suivant les plateaux, entrée de 8 à 25 € ; réduction pour les étudiants sauf les vendredi et samedi. Cocktails autour de 8,50 €, bière à 4,50 €. Le *Sunset,* temple du jazz depuis plus de 20 ans, s'est offert une deuxième salle, le *Sunside,* au rez-de-chaussée. Dès 21 h 30, le *Sunside* vous invite à (re)découvrir les classiques du jazz, avec une programmation très liée à l'actualité. On écoute religieusement, sur les banquettes ou des chaises en bois, une musique bien léchée, serrés comme dans un cabaret enfumé digne de Cassavetes. Au sous-sol, à partir de 22 h, la cave carrelée (un peu comme une station de métro) du *Sunset* résonne au son du jazz tendance électro world. Ambiance très chaleureuse. Bon à savoir : adresse non-fumeurs.

Main dans la main

Le quartier du Palais-Royal

🏃 **Les jardins des Tuileries :** pourquoi « Tuileries » ? Parce que la terre argileuse du sol servait à fabriquer des tuiles. Elle a même longtemps abrité une manufacture. Cette ancienne décharge publique fut rachetée par Catherine de Médicis pour y dessiner un parc. Embelli par Le Nôtre un siècle plus tard, le jardin devint vite très populaire. On y louait des chaises pour les dames fatiguées. L'organisation des parterres constitue le reflet exemplaire du jardin à la française. Voir aussi un peu plus loin la rubrique « Petit itinéraire romantique ».

🏃🏃🏃 **Le Palais Royal :** Ⓜ Palais-Royal-Musée-du-Louvre. Ce lieu, dont l'occupation remonte à l'époque romaine, fut probablement la première station thermale de Paris. En effet, on a retrouvé dans le sous-sol une villa et de vastes bassins. Le bâtiment actuel fut l'ancien palais du cardinal de Richelieu. Il s'appelait d'ailleurs Palais-Cardinal. Il n'en reste que la *galerie des Proues* en façade sur la cour d'honneur. Louis XIV y vécut pendant ses premières années. Il jouait au roi et à la reine dans les communs du palais avec la fille d'une servante qu'il appelait « la reine Marie ». Durant la Régence, le palais abrita de célèbres soupers libertins. Louis-Philippe-Joseph, futur Philippe Égalité, à court d'argent, réduisit le jardin et fit construire, sur trois côtés, des boutiques et des appartements de rapport.
En 1786, fut construite l'actuelle Comédie-Française, à la splendide salle avec ses soirées dédiées aux grands classiques. À la fin de l'Ancien Régime, c'était le lieu où tout le monde se rendait pour ripailler, jouer et batifoler. Un tuyau : si vous n'avez pas de place pour un spectacle, 95 places à visibilité réduite sont mises en vente 1 h avant le lever du rideau, au prix de 4,50 €, rue de Montpensier, à l'angle de la rue de Richelieu.

🏃 **Le musée de l'Orangerie :** à l'angle du quai des Tuileries et de la place de la Concorde, dans le jardin des Tuileries. Ⓜ Concorde. Vient de rouvrir après de longs travaux. Ouvert tous les jours sauf le mardi, de 9 h à 12 h 30 pour les groupes sur réservation et de 12 h 30 à 19 h (21 h le vendredi) pour les individuels. Tarifs : 6,50 € (plein tarif) ; majoration de 1,20 € en période d'expo temporaire. Trop mal connue des Français, l'Orangerie propose un ensemble de toiles d'une grande cohérence, allant de l'impressionnisme à 1930. Les travaux ont permis de restituer tout son sens au grand ensemble des *Nymphéas* de Monet, baigné par la lumière naturelle, et de lui donner une place centrale dans le musée, tout en aménageant de nouveaux espaces pour la collection Jean Walter et Paul Guillaume (grands marchands de tableaux), ensemble capital de Renoir,

Derain, Modigliani, Soutine, Rousseau, Matisse, Picasso, Laurencin et Utrillo notamment. Audioguide, et visite guidée possible. Expos temporaires, salle audiovisuelle et librairie.

La place Vendôme : bel ensemble architectural de la fin du règne de Louis XIV (début des travaux : 1686). Cette place octogonale, entourée de façades d'ordre corinthien, a connu bien des appellations : place de Conquête, place Louis-le-Grand. Mais si vous allez traîner vos guêtres à deux par ici, c'est peut-être avec une idée derrière la tête... Jeunes fiancés, concubins, mariés ou pacsés, les sublimes bijoux de la place Vendôme s'adressent à tous... ceux qui en ont les moyens (et de gros) ! En tout cas, mesdames, faites preuve d'habileté, c'est le moment de vous faire offrir une bague ! Sont concentrés ici les plus célèbres joailliers : Boucheron, Van Cleef and Arpels, Mauboussin, Piaget, Bulgari, Chaumet (installé dans l'ancien appartement de Chopin)... Ces prestigieuses enseignes côtoient les banques et le mythique hôtel *Ritz* où vous pourrez, au mieux, vous offrir un verre dans le minuscule et superbe *Bar Hemingway* tout au fond de l'hôtel, où le célèbre écrivain américain, Francis Scott Fitzgerald, séjourna souvent et rédigea *Un diamant gros comme le Ritz*. C'est aussi au *Ritz* que séjournait Lady Di, avant l'accident fatal du tunnel du pont de l'Alma. Rue Cambon, où se trouve, presque en face du *Bar Hemingway,* la fameuse maison de couture de Coco Chanel.
Tous les ans (généralement en décembre), place Vendôme, exposition en plein air de sculptures monumentales d'artistes contemporains, organisée par le Comité Vendôme. C'est une initiative unique en son genre.

Donnant sur la place Vendôme, la **rue de la Paix** abritait autrefois le couvent des Capucines. À l'emplacement des n°s 2 à 6 de la rue sont enterrés Louvois, ministre de Louis XIV, et la marquise de Pompadour. Au Monopoly, ils auraient fait un carton !

Diamétralement opposé, de l'autre côté de la place Vendôme, voir l'**hôtel particulier du sultan de Brunei,** une des plus grosses fortunes du monde, qui se trouve à l'angle avec la rue Saint-Honoré. Somptueusement restauré selon les canons de l'époque, après plus de quatre ans de travaux, par un architecte des Bâtiments de France. Évidemment, il ne se visite pas, mais sa façade en pierre de taille vaut à elle seule le coup d'œil.

Et puisque vous êtes dans le secteur, passez donc par la **place du Marché-Saint-Honoré.** Ce bel immeuble tout de vitres vêtu est une création de l'architecte Ricardo Bofill, pour la banque BNP-Paribas. La grande halle vitrée au fronton triangulaire rappelle l'architecture des passages couverts du XIXe, nombreux dans le quartier. Très réussi, non ?

MAIN DANS LA MAIN 51

🏃 ***L'église Saint-Roch :*** à l'angle des rues Saint-Roch et Saint-Honoré. Une des plus jolies églises parisiennes, dont Louis XIV posa la première pierre. Réputée pour son acoustique, de nombreux concerts s'y tiennent régulièrement.

🏃🏃 Le quartier possède aussi son joli lot de ***passages*** (attention, le soir, beaucoup sont fermés). On peut commencer par ceux qui zigzaguent entre la rue de Montpensier et la rue de Richelieu : passages de Richelieu, Hulot, Potier, de Beaujolais.

1er

En cours de route, on saisit quelques belles images : rue de Montpensier, le superbe agencement du ***théâtre du Palais-Royal*** (surtout le soir, quand tout est illuminé). À l'extérieur, une façade étrange, baroque, avec son escalier de secours très SoHo (presque une œuvre d'art), et, à l'intérieur, le riche décor dans les tonalités rouge carmin, vieux rose, tamisées par les lumières.
À côté, rue de Beaujolais, le restaurant du ***Grand Véfour,*** né en 1760. Au 1er étage, les salons recevaient Marat, Desmoulins... Somptueuse décoration : rideaux de dentelle et tringles de cuivre, plafonds en glace peints d'arabesques, céramiques, moulures dorées, etc. Une richesse incroyable ! Puis on se glisse derrière le resto pour rejoindre le passage du Perron, sur la gauche. Festival de lumières et de couleurs entre les marchands de boîtes à musique et de jouets et l'antiquaire.
Sortir rue de Beaujolais par un élégant petit escalier, tourner à droite ; 30 m plus loin, sur la gauche, on rattrape le passage des Pavillons, très court, biscornu, qui nous projette rapidement dans le trafic de la rue des Petits-Champs. À propos, on doit à la rue des Petits-Champs l'expression « avoir une drôle de binette ». Un certain Binet y habitait, perruquier de son état, et il devait posséder beaucoup d'imagination créative puisqu'on disait de ses clients portant ses créations : « Voici encore une drôle de perruque-Binet ! » L'usage a fait le reste.

🏃🏃🏃 ***La galerie Véro-Dodat :*** 2, rue du Bouloi, ou 19, rue Jean-Jacques-Rousseau, 75001. Ⓜ Louvre. Ouvert du lundi au samedi de 7 h à 22 h. Fermé les dimanche et jours fériés. Incontestablement l'une des plus belles galeries de Paris ! De style néoclassique avec des ornements en cuivre, de la fonte, des miroirs, du marbre, des globes de lumières... Également des trompe-l'œil colorés aux plafonds (représentant Hermès, dieu du Commerce, et Apollon, son demi-frère, dieu des Arts), un dallage à damiers et d'impressionnantes devantures boisées. Son histoire vaut aussi le détour : ancien hôtel particulier où serait né le cardinal Richelieu (1585), l'endroit devint célèbre à la mort d'Antoine de Dreux d'Ambray, empoisonné par sa fille, la marquise de Brinvilliers, et ses deux frères. Le lieu servit ensuite de central-terminus pour toutes les diligences de France, avant d'être l'un des tout premiers endroits éclairés au gaz dans la capitale. L'an 1826 marque la transformation en passage Véro-et-Dodat, des noms d'un charcutier (Véro) et d'un financier (Dodat) du quartier. En son temps, la tragédienne Rachel, courtisée par Alfred de Musset, y vécut ; et on raconte par ailleurs que ce serait le dernier endroit où Gérard de Nerval vint prendre un café avant de se donner la mort. Aujourd'hui, on y découvre de beaux magasins luxueux (tissus, galeries d'art, librairies, antiquaires, café...), une gardienne dans sa loge ancienne, et c'est lorsqu'elle est déserte, le soir, qu'on aime surtout la découvrir.

Le quartier des Halles

Le « ventre de Paris », cher à Émile Zola, nourrissait déjà la population voici 800 ans, lorsque Philippe Auguste fit édifier les premières halles.
Aujourd'hui, le quartier des Halles reste animé et vivant pratiquement jour et nuit. Ceux que le Forum fait flipper (nous, par exemple) ont mille autres choses à découvrir (le Centre Georges-Pompidou, réussite culturelle indéniable, à lui seul, justifie le déplacement). Un conseil, passez outre le centre commercial et ses environs immédiats pour filer au nord ou à l'est. Malgré des destructions, il subsiste encore de nombreuses maisons anciennes, hôtels particuliers, ruelles étroites, fontaines et parcours architecturaux.
Le nombre de restos qui s'ouvrent offre un éventail incroyable de possibilités culinaires. Bien sûr, pour beaucoup, il s'agit avant tout de faire de l'argent, et certaines réussites commerciales le prouvent, mais on ne va pas se refuser ce tour du monde en 80 cuisines. Malgré le départ des halles, de nombreux vieux bistrots ont subsisté et conservé un peu de l'atmosphère d'antan. Et puis, pour les nostalgiques du ventre de Paris, il reste les grossistes en viande, nombreux encore à travailler sur le quartier. Baladez-vous donc rue Montmartre ou rue Montorgueil à 6 h. De nombreux cafés sont déjà ouverts et bourdonnent joyeusement...
Les contradictions sociales, la frime, le clinquant suent par tous les pores du quartier. Pourtant, ces contradictions à vif, le choc des mondes et des cultures ne sont pas le moindre intérêt des Halles-Beaubourg. C'est indéfinissable, mais il se passe des choses. Si les vrais branchés ont déserté depuis longtemps, le quartier reste un haut lieu de frime. Ex-punks, clodos, pseudo-lookés genre Saint-Tropez, petites frappes et midinettes qui font leurs petites courses du samedi aprem' se bousculent dans l'escalator du Forum. Les nouveaux espaces aménagés entre le Forum et la bourse du commerce redonnent un peu d'oxygène au cœur de Paris et rendent une partie de sa noblesse au flanc de l'église Saint-Eustache. Paris bouge, Paris se renouvelle, et c'est tant mieux.

MAIN DANS LA MAIN 53

L'île de la Cité (partie 1er arrondissement)

Il fait bon flâner sur l'île de la Cité. Il y a plus de 2 000 ans, la petite tribu des *Parisii* vivait paisiblement sur cet espace restreint auquel les bras de la Seine offraient une frontière protectrice.

🎥 **Le square du Vert-Galant :** à l'extrémité de l'île de la Cité, telle la proue d'un navire, c'est en hommage à Henri IV qu'il a été aménagé en 1884. Un lieu de rendez-vous très apprécié des pêcheurs, des amoureux et... des clochards. Derrière le square, un escalier débouche sur le plus ancien pont de Paris qui, paradoxalement, s'appelle le Pont-Neuf. Deux élégantes maisons Louis XIII, de pierre et de brique, donnent accès à la *place Dauphine*. Seules les maisons des n°s 14 et 26 conservent l'aspect primitif des demeures de l'époque. Une petite place charmante où ont vécu Yves Montand et Simone Signoret.

🚤 **Bateaux-vedettes du Pont-Neuf :** embarcadère au square du Vert-Galant. ☎ 01-46-33-98-38. • www.pontneuf.net • Toutes les 45 mn environ le matin à partir de 10 h 30, ainsi que l'après-midi en hiver, et l'après-midi en été toutes les 30 mn de 13 h 30 à 22 h 30. Tarif : 10 € pour les adultes. Connaissez-vous l'origine du mot bateau-mouche ? Les moteurs de ces embarcations étaient tout simplement fabriqués à La Mouche, un quartier de Lyon.

🎥🎥 **Le Pont-Neuf :** comme son nom ne l'indique pas, c'est le plus vieux (et le plus long) pont de Paris, achevé en 1607. Bâti à l'origine pour améliorer le transit entre le Louvre et l'abbaye de Saint-Germain, c'est le premier pont sans maison et le premier à inaugurer des trottoirs. Lieu de grand passage, il devint un endroit très à la mode, très gai, et on y vit des marchands, des cracheurs de feu, des dompteurs d'ours, des arracheurs de dents, des chansonniers. On était « toujours sûr d'y rencontrer, à n'importe quelle heure, un moine, un cheval blanc et une putain ». C'est là qu'est né l'art des chansonniers parisiens, ces critiques féroces de la vie politique. Le jeune Molière fut emmené ici par son grand-père, et il y a sûrement trouvé de quoi nourrir son imagination.
En 1985, le pont eut l'honneur d'être « empaqueté » quinze jours par l'artiste américain Christo. Avant lui, Pissarro, Derain ou encore Victor Hugo avaient, au travers de leur art, rendu hommage à ce surprenant monument et à ses « échancrures en demi-lune ». Après lui, les *Amants* de Léos Carax se sont assis sur ses bancs en pierre le temps d'un film. Et en 1999, il subit un toilettage « fin de siècle » qui réillumine sa pierre. C'est à nouveau un Pont-Tout-Neuf !
Excellent endroit pour organiser au pied levé un pique-nique aux chandelles en toute tranquillité. Pour un peu, on se croirait seul au monde...

Les bouquinistes : dès les premières années après l'achèvement du Pont-Neuf apparaissent les premiers bouquinistes qui y élisent domicile. À l'époque, les livres sont tellement chers que le marché de l'occasion se développe à partir de 1539 (François Ier met fin à la corporation des imprimeurs). Pour contrôler les colporteurs d'écrits, parfois illicites, on décide, au XVIIe siècle, de les fixer aux environs du Pont-Neuf. D'aménagements en réglementations, leurs « boîtes » de rangement apparaissent. Au tournant du siècle, il est acquis qu'elles ne seront plus remises en cause. Pourtant, aujourd'hui, on n'en trouve plus directement sur les ponts. Très demandés, les emplacements composés de 4 boîtes de 2 m, peintes en vert bouteille, s'étendent sur plus de 3 km, rive gauche comme rive droite. On peut ainsi encore dénombrer 240 bouquinistes, (représentant près de 300 000 ouvrages), qui sont tenus d'ouvrir leur boutique 4 jours par semaine quel que soit le temps ! C'est la plus grande librairie à ciel ouvert (normal, c'est la seule !), et c'est une balade très agréable le long de la Seine.

Petit itinéraire romantique

Balade aux Tuileries : 1,5 km ; 30 mn du métro Concorde au métro Palais-Royal en passant par la pyramide du Louvre, sans les arrêts. Du dernier dimanche de mars au samedi précédant le dernier dimanche de septembre, ouvert de 7 h à 20 h 30 (21 h pour la grille d'honneur) ; le reste de l'année, de 7 h 30 à 19 h (19 h 30 pour la grille d'honneur). Renseignements : ☎ 01-40-20-53-17.
De la terrasse du Bord-de-l'Eau, belle vue sur les bosquets en quinconce et le bassin octogonal. Tout autour, en une harmonieuse disposition, de superbes statues de Coysevox, Coustou, etc. Lors de commémorations diverses, on rajoute une sculpture, pour marquer le coup, au risque de rompre l'harmonie de l'ensemble. Devant l'Orangerie, vous surprendrez deux amants nus et enlacés dans une embrassade voluptueuse. Cette célèbre statue, réplique du *Baiser* de Rodin, dont l'original (1898) – en marbre – est au musée Rodin, révèle toute l'inspiration fougueuse du génial sculpteur, dans sa quête du culte des corps. Véritable hymne au désir, à la tendresse et à la nature sans fard, ce « baiser » goulu incite forcément à l'insouciance. Alors, laissez-vous porter... et emballez votre routard(e) préféré(e) !
À certains moments de l'année, une minifête foraine prend possession de l'aile nord du jardin pour quelques semaines.
Au fil du temps, les jardins des Tuileries ont toujours suscité le désir, la passion, l'amour, autrement dit l'érotisme dans son aspect le plus vaste. Peut-être sont-ce les arbres, les faunes, les statues aux formes rebondies ? À la veille de la Révolution, le dimanche, les familles bourgeoises au grand complet venaient y prendre l'air. Entre familles, on se saluait grave-

PETIT ITINÉRAIRE ROMANTIQUE   55

ment, lentement... Mais, au travers de ces cérémonials pompeux, les filles et les garçons, eux, échangeaient des regards aussi furtifs que brûlants... Aujourd'hui, à la nuit tombante, les jardins des Tuileries deviennent le lieu de drague homosexuelle le plus populaire de Paris.
De chaque côté de la sortie ouest (côté place de la Concorde), on peut admirer les pavillons du Jeu-de-Paume et de l'Orangerie.

1er

🚶🚶🚶 *La rue Saint-Honoré* : du Palais-Royal à la rue des Halles, elle présente de nombreuses maisons anciennes et boutiques pittoresques. Elle fut l'une des plus commerçantes de Paris. Pour les négociants, il s'agissait d'être le plus près possible de l'animation des Halles. Sous la Terreur, la charrette des condamnés l'empruntait quotidiennement.
Au n° 47 habita Lavoisier (il dut prendre la charrette au passage). Rappelons qu'il découvrit l'oxygène et qu'il proposa l'édification du mur des fermiers généraux. C'est l'une des raisons qui le firent condamner à mort. Au n° 93, vieille enseigne *Au Bourdon d'Or*, qui existait déjà en 1637. Au n° 95, *À la Renommée des herbes cuites*. Succession de ferronneries, mascarons et bandeaux sculptés du n° 97 au n° 105. En face du n° 93, un coiffeur a eu l'amusante idée d'exposer sa passion en vitrine. Celle-ci sert de domaine à une dizaine de caméléons. Il paraît que leur propriétaire adore en parler.
Quant à Cyrano de Bergerac, né rue des Prouvaires, et Molière, né rue Sauval (et non 31, rue du Pont-Neuf, comme aurait voulu le faire croire un fripier au XIXe siècle afin de valoriser sa maison), ils venaient, enfants, chatouiller les pieds des pendus, rue de l'Arbre-Sec.

🚶 *La rue de la Ferronnerie* : au XVIIe siècle, elle prolongeait la rue Saint-Honoré et était fort étroite. C'est là que, le 14 mai 1610, Henri IV fut assassiné, au n° 8. L'immeuble actuel, longtemps un des plus longs de Paris, date de 1669. Une certaine Jeanne Bécu, plus connue sous le nom de Mme du Barry, travailla dans l'une des boutiques de mode qui l'abritait comme trottin, c'est-à-dire bonne à tout faire. C'est alors que sa vie galante commença. Aujourd'hui, c'est une rue piétonne, bordée de boutiques branchouillardes, où personne ne remarque jamais la dalle de marbre qui porte, en mémoire du roi défunt, les armes de France et de Navarre.

🚶🚶🚶 *La fontaine des Innocents* : la seule d'époque Renaissance subsistant à Paris, œuvre de Jean Goujon, sur un dessin de Pierre Lescot.

🚶 *La rue du Jour* : c'est l'ancien chemin de ronde, situé dans l'enceinte de Philippe Auguste. Charles V s'y était fait construire un logis, appelé le Séjour du Roi. Le nom rue du Séjour, puis du Jour, fut gardé. Au n° 4, l'*hôtel de Royaumont*. L'actuelle bâtisse est une reconstitution de celle qui datait de 1612.

Devant l'église Saint-Eustache, le ***jardin des Halles,*** vaste espace aménagé, s'est trouvé une fonction sociale et culturelle. C'est François-Xavier Lalanne qui a été chargé de la conception de ce qu'il définit comme « un jardin urbain », où les végétaux poussent de treilles en tonnelles. Centre névralgique de cette aire verdoyante, une agora circulaire, en pente douce, rythmée par des bandeaux de pelouse. On s'y donne rendez-vous ou on admire le flanc de l'église. L'énorme tête rêveuse posée sur sa main, sculpture détonante signée Henri de Miller, incite les amoureux à s'y donner rendez-vous, avec des accents surréalistes : « On se retrouve à la tête, mon cœur ? »

Sur la gauche (en regardant l'église), un cadran solaire qui se reflète sur une dalle de béton incurvée. Derrière, des pyramides de verre avec, à l'intérieur, une serre tropicale. C'est la plus importante réalisée en Europe depuis le XIXe siècle. Vous pouvez accéder à l'intérieur ou vous contenter d'admirer palmiers, papayers et bananiers depuis l'extérieur. Et puis il y a aussi des espaces verts accessibles au public (si, si, on vous assure !), des parterres de plantes, des boqueteaux d'arbres et de jolies fontaines modernes rafraîchissant le tout. Paris s'est trouvé un nouveau rendez-vous de flânerie presque bucolique, à deux pas de l'agitation frénétique du Forum. Tant mieux. Malgré tout, soyez vigilant la nuit : on y rôde pas mal.

2ᵉ ARRONDISSEMENT

S'il pleut, c'est le quartier idéal pour aller se promener, bras dessus, bras dessous : le 2ᵉ arrondissement est un labyrinthe de passages secrets, aux boutiques bien sages, aux vitrines joliment décorées, au charme cossu et légèrement désuet. Les amoureux transis, « le passage les abrite et les enveloppe d'une douceur presque domestique », disait Jules Romains.

Où dormir ?

Coups de cœur

🛏 **Hôtel Vivienne :** 40, rue Vivienne, 75002. ☎ 01-42-33-13-26. Fax : 01-40-41-98-19. ● paris@hotel-vivienne.com ● Ⓜ Grands-Boulevards, Richelieu-Drouot ou Bourse. TV. Satellite. Accès Internet. Wi-fi. Ouvert toute l'année. Chambres doubles de 73 à 112 €, selon le confort et la saison ; petit dej' à 9 €. Dans une rue où les numismates se font concurrence, cet hôtel est tout près du *Hard Rock Café*, du Grévin, du théâtre des Variétés et d'une myriade de passages et galeries. L'accueil est jeune, sympathique et chaleureux. Les chambres, propres et lumineuses, au décor soigné, charmant, offrent une tranquillité et un confort plus qu'honnêtes (sèche-cheveux, double vitrage). Aux 5ᵉ et 6ᵉ étages, jolie vue sur Paris. Quelques chambres avec balcon. On peut prendre le petit déjeuner dans la chambre avec supplément. Un bon rapport qualité-prix.

🛏 **Hôtel Bonne Nouvelle :** 17, rue Beauregard, 75002. ☎ 01-45-08-42-42. Fax : 01-40-26-05-81. ● www.hotel-bonne-nouvelle.com ● Ⓜ Bonne-Nouvelle, Sentier ou Strasbourg-Saint-Denis. Parking payant. TV. Câble. Wi-fi. Ouvert 24 h/24. Chambres doubles de 60 à 75 €, selon le confort ; petit dej' à partir de 7 €. Les chambres mélangent avec bonheur l'ancien et le moderne (TV câblée, prise modem, wi-fi, sèche-cheveux, minibar pour certaines). La rénovation, très réussie, a laissé à l'hôtel tout son charme gentiment vieillot et désuet. Comme souvent dans l'ancien, les chambres sont plutôt petites – certains se sentiront peut-être à l'étroit. Également une « suite », en fait deux petites chambres côte à côte, au dernier étage, avec une vue splendide sur le centre Georges-Pompidou, la tour Montparnasse et les vieux toits parisiens à perte de vue. Accueil particulièrement chaleureux. Un petit déjeuner par personne ou 10 % sur le prix de la chambre offert(s) à nos lecteurs sur présentation de ce guide.

⌂ ***Hôtel Best Western Gaillon Opéra :*** 9, rue Gaillon, 75002. ☎ 01-47-42-47-74. Fax : 01-47-42-01-23. • hotelgaillonopera@hotmail.com • Ⓜ Opéra ou Pyramides ; RER A : Auber. TV. Satellite. Wi-fi. Chambres doubles avec bains de 109 à 170 €. Petit dej' à 10 €. Minibar, coffre, baignoire et sèche-cheveux dans toutes les chambres. Clim'. Situé à un jet de pierre de la place Vendôme (c'est le moment d'aller choisir LA bague...), ce petit hôtel confortable, tout en hauteur avec ses 26 chambres réparties sur 7 étages, ne manque pas d'intimité grâce à ses poutres apparentes dans le salon (mais également dans les chambres) et ses meubles anciens. Si les chambres ont été rénovées, vivement que la cage d'escalier suive la même voie ! Chambres sur cour plus calmes, mais dommage que passé la fenêtre, le regard se heurte aux murs d'en face, un peu décrépis. Côté rue, demandez les chambres avec double vitrage. L'accueil est cordial et le personnel discret.

Coups de folie

⌂ ***Timhotel Palais-Royal-Louvre :*** 3, rue de la Banque, 75002. ☎ 01-42-61-53-90. Fax : 01-42-60-05-39. • www.timhotel.fr • Ⓜ Palais-Royal. TV. Canal +. Satellite. Accès Internet. Wi-fi. Chambres doubles de 109 à 165 €, selon le confort et la saison ; petit dej' à 10 €. Dans un quartier on ne peut plus romantique. À proximité de la place des Victoires, des jardins du Palais-Royal et quasiment au-dessus de la galerie Vivienne et du célèbre caviste *Legrand,* pour le plus grand bonheur des œnologues en herbe ou confirmés. Les chambres, même rénovées et élégantes, restent un tantinet trop chères (surveillez les promotions sur le Net). Celles sur rue au dernier étage disposent d'un minibalcon et offrent une belle vue sur les toits de Paris. Réserver à l'avance. La façade et les mosaïques Art déco du sol de l'entrée témoignent de l'ancien temps. Un petit déjeuner par chambre offert à nos lecteurs sur présentation de ce guide.

⌂ ***Hôtel Victoires Opéra :*** 56, rue Montorgueil, 75002. ☎ 01-42-36-41-08. Fax : 01-45-08-08-79. • www.hotel.victoiresopera.com • Ⓜ Étienne-Marcel ou Sentier ; RER A, B ou D : Châtelet-Les Halles. ♨ TV. Satellite. Chambres doubles avec douche ou bains de 214 à 244 € selon les périodes et la taille ; suite à 335 € ; petit dej' à 12 €. AC, minibar, coffre-fort. Pas loin de la place des Victoires, un 4-étoiles à la décoration contemporaine design, tentures rayées, couleurs beiges. Salles de bains en marbre. Chambres sur cour ou sur rue (les moins chères sont sur cour), avec double vitrage évidemment. Vu les prix, les amoureux auraient préféré quelques mètres carrés supplémentaires pour s'ébattre. Vous êtes prévenu, l'ardoise est salée et on paie le confort autant que le quartier. La salle à manger, en sous-sol, a conservé ses voûtes d'origine, comme l'escalier, d'origine aussi, avec poutres apparentes. Idéal pour profiter de l'animation du quartier. Les gourmands iront faire un saut de puce en voisin à la pâtisserie *Storher*, située au n° 51, pour savourer un puits d'amour, évidemment !

Où manger ?

Coups de cœur

|●| *L'Arbre à Cannelle :* 57, passage des Panoramas, 75002. ☎ 01-45-08-55-87. Ⓜ Grands-Boulevards. Ouvert de 11 h 30 à 18 h 30 ; les repas sont servis de 11 h 30 à 16 h environ (un peu plus tard le samedi). Fermé le dimanche (sauf en décembre) et jours fériés. Congés annuels : 1 semaine au 15 août. À la carte, compter 17 € ; plat du jour à 11 €. On est attiré par la superbe façade aux boiseries sculptées qui s'intègre parfaitement au charme désuet du passage. Splendides plafonds à caissons (lesquels rendent d'ailleurs l'ambiance un peu bruyante aux heures de pointe). On agrémente le break par un gâteau au chocolat ou un beau crumble aux fruits rouges. À moins de venir au déjeuner partager les tartes salées du jour ! Très fréquenté, évidemment. Et moins « glamour » peut-être, le succès aidant. Café offert à nos lecteurs sur présentation de ce guide.

|●| *Little Italy Caffè :* 92, rue Montorgueil, 75002. ☎ 01-42-36-36-25. Ⓜ Étienne-Marcel. Ouvert tous les jours sauf le dimanche ; service de 12 h à 15 h et de 19 h 30 à 23 h 30. Pas de menu ; compter environ 22 € le repas ; pâtes entre 9 et 17 €. Littéralement pris d'assaut, ce qui nuit parfois à la cuisine. Une élégante petite *trattoria* de poche tout en longueur, copiée sur le modèle de celles que l'on trouve dans Little Italy à New York. Cuisine bien de là-bas : *fusilli* aux champignons, *farfalle* à la crème d'olive, mais aussi carpaccio de saumon et l'inévitable tiramisù. Coloré et bruyant. Aux beaux jours, minuscule terrasse ensoleillée pour profiter de l'animation de la rue Montorgueil. Grand choix de vins et délicieux *espresso*.

Coups de foudre

|●| *Café Moderne :* 40, rue Notre-Dame-des-Victoires, 75002. ☎ 01-53-40-84-10. Ⓜ Bourse. Service de 12 h 15 à 14 h 30 et de 19 h 30 à

2e ARRONDISSEMENT

22 h 30. Fermé les samedi midi et dimanche. Menus à 27 et 32 €. Une bonne petite adresse dans un quartier qui a bien besoin d'un peu d'animation nocturne. Musique jazz, lumière tamisée et clientèle de jeunes cadres du quartier. Les suggestions sont raisonnablement créatives (tempura de langoustines, fenouil et chutney de tomates à la citronnelle, thon *a la plancha,* poêlée de légumes, sauce satay au lait de coco...) et les assiettes bien garnies. Une cuisine réussie ; dommage que certains desserts soient un peu décevants. Le petit plus : presque tous les vins peuvent être demandés au verre. Et côté vins justement, les bordeaux sont à l'honneur et vendus, le lundi soir, à prix coûtant. Patio en été. Préférer les tables rondes, plus cosy que le coude à coude côté banquette. Apéritif maison offert à nos lecteurs sur présentation de ce guide.

|O| *Silk & Spice :* 6, rue Mandar, 75002. ☎ 01-44-88-21-91. Ⓜ Étienne-Marcel ou Sentier. Ouvert tous les jours de 12 h à 15 h (de 13 h à 16 h le dimanche) et de 19 h 30 à minuit. Fermé le samedi midi. Congés annuels : à Noël et le Jour de l'an. Menu du midi à 23 €. Repas complet autour de 40 €. L'endroit idéal pour une escapade exotique... Quand l'élégance de la soie se marie au charme discret des épices, on obtient ce lieu de pierre, baigné dans une douce lumière tamisée. Sous une orchidée, goûtez avec votre chère/cher et tendre le fruit d'une cuisine raffinée, un peu relevée. Des curries, bien évidemment, mais aussi des plats sautés au wok, spécialité du chef. Belle sélection de vins, servis au verre. Service délicat, avec le glouglou des fontaines pour tout accompagnement. Apéritif maison offert à nos lecteurs sur présentation de ce guide.

Coup de folie

|O| *Le Drouant :* 16-18, pl. Gaillon, 75002. ☎ 01-42-65-15-16 ou 31-20. ● www.drouant.com ● Ⓜ Quatre-Septembre ou Opéra. Ouvert tous les jours de 12 h à 15 h et de 19 h à 23 h 30. Plat du jour à 20 €. Menu complet à 67 €. Belle formule brunch « le p'tit Traînard » le dimanche midi à 32 €. Cette institution parisienne plus que centenaire, et siège du célèbre prix Goncourt, connaît une nouvelle jeunesse sous l'impulsion d'Antoine Westermann, chef alsacien triplement étoilé, et de son poulain Antony Clémot (anciennement aux commandes de *Mon vieil ami* sur l'île Saint-Louis). Si leur carte donne plutôt dans le tradi et le bistrot, en particulier au déjeuner (paleron de bœuf le lundi...), le duo revisite la tradition à travers des formules « tapas » servies en entrée et en dessert. En somme, des déclinaisons plus ou moins originales, autour d'un produit thématique,

généreuses, et suffisantes pour les appétits légers. Bien qu'assez chères, ces formules sont à savourer dans un cadre élégant, superbement rénové (escalier monumental en fer forgé de Rulhmann, plafond marin cher à Cocteau, boiseries à l'étage), et pour les confessions intimes, dans des salons particuliers à réserver à l'avance sans aucun supplément de prix sur la carte. Le must, pour déployer le grand jeu en tête à tête, est le salon Colette, intitulé ainsi en hommage à ses écrits coquins...

Salon de thé. Brunch

👉 *A Priori Thé :* 35-37, galerie Vivienne, 75002. ☎ 01-42-97-48-75. Ⓜ Palais-Royal ou Bourse. Ouvert du lundi au vendredi de 9 h à 18 h, le samedi jusqu'à 18 h 30 et le dimanche de 12 h à 18 h 30. Brunch à 25 € le samedi et 28 € le dimanche. Plats à partir de 12,50 €. Avec ses tables en terrasse sous la verrière de la galerie Vivienne, passage couvert du début du XIXe siècle, ce salon de thé possède un charme fou. Nappes de couleurs, fleurs fraîches, bois et rotin. Les salades sont délicieuses et les plats alléchants. Il en va de même pour le brunch, qui fait régulièrement le plein. Un peu cher mais reposant.

Où boire un verre ?

🍸 *Harry's Bar :* 5, rue Daunou, 75002. ☎ 01-42-61-71-14. Ⓜ Opéra. Ouvert du lundi au samedi de 10 h 30 à 4 h et le dimanche de 12 h à 2 h. Fermé le 25 décembre. Cocktails à partir de 11 €. C'est le QG des Américains à Paris. Dans un décor de moleskine rouge et de boiseries, la clientèle, plutôt sage en début de soirée, tombe la chemise au fil des heures et des verres... avec un choix de boissons vertigineux : près de 270 cocktails différents (le *Bloody Mary* est la spécialité maison) et plus de 160 whiskies. Idéal aussi pour finir la nuit.

Où danser ?

🎵 *Le Pulp :* 25, bd Poissonnière, 75002. ☎ 01-40-26-01-93. Ⓜ Grands-Boulevards. Ouvert du mercredi au samedi à partir de minuit. Entrée à 10 € avec une conso les vendredi et samedi ; gratuit les mercredi et jeudi. Bière à 6 €. En quelques années – disons *grosso modo* une demi-douzaine – *Le Pulp* est devenu LE club défricheur de tendances de la capitale, là où s'écrivent les plus belles pages de la nuit parisienne. En associant une porte très compréhensive (filles comme garçons) et une entrée gratuite, les soirées du jeudi ont véritablement relancé le clubbing en semaine. C'est toujours blindé de monde attiré par les *mix* au cordeau de la fine fleur de la musique électronique (Ivan Smagghe, Jennifer ou Chloé, par exemple). On y croise Rachid Taha, Édouard Baer ou des inconnus lookés jusqu'à la moelle, tout contents d'être heureux. Le mercredi (toujours gratuit !), la programmation prend un virage plus expérimental et pas désagréable avec des lectures, des vidéos ou des soirées punk curieuses. Sinon, le week-end reste plutôt réservé aux filles (n'oublions pas que c'est un club lesbien), mais si vous êtes gentil et accompagné, ça doit passer...

Où se détendre à deux ?

■ *Espace Beauté Spa Nuxe :* 32, rue Montorgueil, 75002. ☎ 01-55-80-71-40. • www.nuxe.com • Ⓜ Étienne-Marcel. ♿ Énorme choix de soins, d'une durée et d'un prix très variables. Hammam aromatique (25 € les 30 mn, uniquement avant un soin du corps ou du visage) et divers massages : détente, californien, shiatsu, anti-stress, etc. De 75 € pour 45 mn à 120 € pour 1 h 15. Devenu un incontournable du bien-être parisien chic, le *Spa Nuxe,* niché au fond d'une jolie cour pavée et installé dans un ancien chai de 400 m² propose 5 espaces de massage, dont une belle cabine « duo », parfaite pour les amoureux. Également un petit hammam privatif, dans lequel on peut se lover à deux avant les soins. Un endroit idyllique et idéal, dont on ressort idéalement détendu et avec une peau ultra douce : impeccable avant une soirée câline !

Main dans la main

🕺🕺 *Les rues des Petits-Carreaux et Montorgueil :* ah, les jolies petites rues ! Animées, vivantes, piétonnes même, avec un air du Paris d'autrefois. Ne manquez pas *Le Rocher de Cancale*, à l'angle des rues Montorgueil et Greneta, ni la superbe enseigne toute rutilante d'or de l'*Escargot Montorgueil,* l'un des plus anciens restos de la capitale.

🕺 *La rue Damiette :* petite rue parallèle à la rue des Petits-Carreaux. Au XVIIIe siècle s'y tenait le tripot *Dupressoir,* dans lequel le chevalier du Barry avait placé Jeanne Bécu, alors Mlle Lange, comme entraîneuse. Sa spécialité : fournir les plus jolies filles à de grands personnages contre espèces sonnantes et trébuchantes. Problème pour Jeanne : il lui fallait un titre de noblesse. Qu'à cela ne tienne, on la maria à Guillaume du Barry, frère de Jean, avant de renvoyer le comte dans ses terres toulousaines. La comtesse fraîchement promue put ainsi s'installer à Versailles.

🎬 *Le square Louvois :* possède l'une des plus belles fontaines de Paris, représentant les quatre fleuves français « féminins » : la Loire, la Seine, la Garonne et la Saône.

Balade sous les verrières

Découvrir le 2e arrondissement d'une façon originale, à l'abri de la pluie et dans une atmosphère très XIXe siècle ? Facile ! Suivez les passages qui s'enchaînent les uns les autres à travers tout l'arrondissement et ajoutez à l'insolite un peu de mystère.

🎬🎬🎬 *La galerie Vivienne :* on y entre par la rue Vivienne (au n° 6), par la rue des Petits-Champs (au n° 4) ou par la rue de la Banque (au n° 5). Ⓜ Bourse. Ouvert du lundi au samedi de 8 h 30 à 20 h 30. Un joyau du genre. Elle a repris des couleurs tout en conservant le petit côté vieillot qui fait partie de son charme. On la découvre s'élançant avec un parterre coloré en mosaïque où se succèdent d'élégantes boutiques parisiennes : salon de thé, magasins d'antiquités, boutiques d'art, fleuriste chic, caviste-bar-à-vin, librairies anciennes côtoient les commerces haut de gamme des créateurs de mode comme Jean-Paul Gaultier ou Yuki Torii. Passage préféré des Parisiens jusqu'au Second Empire, aux décorations ocre et aux allusions mythologiques (caducée de Mercure, corne d'abondance... cherchez les autres !), c'est un lieu plein de cachet, très lumineux, qui ravira les amoureux et les novices du quartier. Aperçu dans quelques films, on y croisera facilement quelques personnalités et – pourquoi pas ? – le fantôme de Vidocq, qui vécut au n° 13 pour assurer la surveillance du passage. En sortant par la rue de la Banque (au n° 5), on trouve l'immeuble où mourut le navigateur Antoine de Bougainville, dont la célèbre fleur porte le nom.

Vous croiserez également la *galerie Colbert* (entrée par la rue Vivienne ou la rue des Petits-Champs), qui offre une très belle perspective avec une petite statue de Vénus posée sous la rotonde. Elle abrite des salles de cours d'universités parisiennes et la salle Roberto-Longhi où ont lieu des expositions temporaires diverses et gratuites.

Par la rue de la Banque, rejoindre la mignonne et bigote *place des Petits-Pères* où se trouvait, pendant la Seconde Guerre mondiale, le commissariat aux questions juives, triste administration de la politique de Vichy (voir la plaque historique). De l'autre côté, admirez l'église Notre-Dame-des-

Victoires, ornée de quelque 36 000 ex-voto et dont les particularités sont un cénotaphe de J.-B. Lulli et le tombeau de Jean Vassal, dernier secrétaire de Louis XIV. Discrète vue de l'extérieur, elle paraît colossale une fois à l'intérieur.

🎭 *Le passage Choiseul :* Ⓜ Quatre-Septembre. Il débute par une élégante façade au n° 23, rue Saint-Augustin, et se termine au n° 40, rue des Petits-Champs, protégé par une structure de fer. Ouvert tous les jours de 7 h (8 h le dimanche) à 21 h. Terriblement décrit par Céline (il y grandit au n° 64 et au n° 67) dans *Mort à crédit*, sous le nom de passage des Berezinas. Ouvert en 1824, ce passage bien vivant distille petites boutiques sans grand charme, galeries d'art et petits restos pour acteurs de la Nouvelle Économie qui s'agitent dans le coin. Il nécessiterait tout de même une sérieuse rénovation, d'autant que la bâche placée sous la verrière l'obscurcit grandement. On y trouve le théâtre des Bouffes-Parisiens (dont Jacques Offenbach fut le célèbre directeur). Deux sorties latérales, une côté numéros impairs sur la discrète rue Dalayrac et, presque en face, une autre, au niveau du n° 52, où l'on accède par un petit couloir sur la rue Sainte-Anne, avec, à l'angle, l'hôtel *Baudelaire*, où le poète séjourna en 1854. On se souviendra aussi que c'est au n° 23, chez l'éditeur Alphonse Lemerre, que Verlaine publia ses premiers vers.

🎭 *Le passage des Panoramas :* 11, bd Montmartre, 75002. Ⓜ Grands-Boulevards. Ouvert tous les jours de 6 h à minuit. Les panoramas circulaires, ces vastes tableaux peints en trompe l'œil qui vous donnaient l'illusion d'être ailleurs, ont donné leur nom à ce passage, construit en 1800 et qui mêlait à la fois l'ambiance bourgeoise des galeries de bois du Palais-Royal et celle, plus populaire, des boulevards. En 1817, c'est le premier lieu public de la capitale équipé de l'éclairage au gaz. Depuis, ce dédale de galeries (Feydeau, vide et sombre ; des Variétés, avec son théâtre, son restaurant *Les Coulisses* et sa sortie des artistes ; Saint-Marc, et ses derniers imprimeurs) a perdu de son charme et se dénature quelque peu avec ses fast-foods, restos « coin de table » et crêperies, au milieu desquels résistent quelques philatélistes et autres graveurs-imprimeurs. Derniers beaux établissements, *L'arbre à Cannelle* (de l'ancien café *À La Caravane*, il reste la vieille enseigne), qui a conservé l'esprit exotique et voyageur, et *Stern* (au n° 47), l'un des plus anciens imprimeurs de la ville, depuis 1840, avec ses boiseries sculptées et ses belles vitrines. Multiples sorties possibles (11, bd Montmartre ; 151, rue Montmartre ; 6-8, rue Saint-Marc ; rue Vivienne).

🎭 *Le passage des Princes :* entrée par les n°ˢ 97, 99 ou 101 de la rue de Richelieu ou par le n° 5, bd des Italiens. Ⓜ Richelieu-Drouot. Ouvert de 8 h à 20 h. Après restauration, le dernier-né des passages de Paris (1860) a retrouvé son panache du XIXᵉ siècle. On y admire le joli dallage quadrillé, la longue verrière aux armatures Art déco, les teintes ocre et la belle série de lampadaires. Dommage qu'un grand magasin de jouets l'ait entièrement envahi, distillant sa musique commerciale dans tout le passage, du coup sacrifié sur l'autel du dieu Business. La cour, ravalée de haut en bas, avec sa fontaine rectangulaire et moderne, est calme, propre et discrète, bien agréable pour une petite halte dans ce quartier dynamique.

🚶🚶🚶 *Le passage du Grand-Cerf :* Ⓜ Étienne-Marcel. Ouvert du lundi au samedi de 8 h 30 à 20 h 30. Par la rue Dussoubs, on accède à l'entrée de ce beau passage. Fermé la nuit. Récemment restauré et garni de boutiques de créateurs et d'artisans à la mode, il fut élevé en 1825 sur l'emplacement de l'hôtellerie du même nom, qui servait de relais de poste jusqu'à la Révolution. En 1862, il sera légué par son propriétaire à l'assistance publique qui, elle, ne s'en séparera qu'au début des années 1980 ! Avec des plafonds de plus de 11 m, c'est l'un des passages les plus élevés de la capitale. À sa sortie, au n° 145, rue Saint-Denis, il se prolonge avec le passage du Bourg-l'Abbé (au n° 120, rue Saint-Denis), un peu triste malgré quelques commerces. On notera au 3, rue Palestro, deux statues monumentales très féminines.

3ᵉ ARRONDISSEMENT

Attention, quartier historique ! Le Marais est comme un coffre à trésors dans lequel on puise toujours des plaisirs inédits : celui d'une balade pleine de charme dans des ruelles animées, une pause méditative sur le banc d'un jardin de quelque hôtel particulier, un brunch dans l'un de ces salons de thé au décor raffiné. Nez au vent et main dans la main, on y croise des couples gays à l'air heureux, des artistes et des artisans, un mélange des genres qui fait tout le charme de ces rues qui tournicotent avec bonheur.

Où dormir ?

Coup de cœur

▌ *Hôtel Paris France :* 72, rue de Turbigo, 75003. ☎ 01-42-78-00-04. Fax : 01-42-71-99-43. ● www.paris-france-hotel.com ● Ⓜ Temple ou République. TV. Satellite. Accès Internet. Wi-fi. Chambres doubles de 76 à 109 €, selon le confort et la saison ; petit dej' à 6 €. Un peu cher certes, mais ce 2-étoiles offre (comme souvent à Paris) un confort digne d'un 3-étoiles. La réception, avec ses mosaïques au sol et ses fauteuils Louis XVI, fait tout d'abord penser à un hôtel particulier. Les chambres sont spacieuses, à la déco simple et chaleureuse, et dotées de très belles salles de bains. Certaines ont même un petit balcon avec vue sur l'église Sainte-Élisabeth, mais nous, on craque pour celles du dernier étage, légèrement mansardées et avec vue sur les toits de Paris. Un petit déjeuner (par séjour) offert à nos lecteurs sur présentation de ce guide.

Coup de foudre

▌ *Hôtel des Chevaliers :* 30, rue de Turenne, 75003. ☎ 01-42-72-73-47. Fax : 01-42-72-54-10. ● info@hoteldeschevaliers.com ● Ⓜ Chemin-Vert, Saint-Paul ou Bastille. Parking public payant rue Saint-Antoine. TV. Câble. Chambres doubles avec bains à 150 €. Petit dej' à 12 €. Promotions de dernière minute. Clim'. Jouxtant la place des Vosges, l'*hôtel des Chevaliers* baigne dans une atmosphère très XVIIᵉ siècle. Dans l'escalier, poutres d'origine. L'accueil est digne des plus grands hôtels de la capitale. Les 24 chambres, de taille respectable, ont pour seuls points communs les fleurs fraîchement cueillies et la moquette de fleur de lys. Pour une plus grande intimité, blottissez-vous dans les chambres mansardées du 5ᵉ étage qui donnent sur les toits. Les chambres, toutes avec double vitrage, donnent sur la rue de Turenne, la petite rue du Foin ou la cour. La salle à manger voûtée en pierre de taille rappelle le temps béni des preux chevaliers. On y trouve même un vrai puits (d'amour ?) en pierre. Un petit déjeuner par chambre offert à nos lecteurs sur présentation de ce guide.

Coup de folie

Hôtel du Petit Moulin : 29-31, rue du Poitou, 75003. ☎ 01-42-74-10-10. Fax : 01-42-74-10-97. • www.hoteldupetitmoulin.com • Ⓜ Filles-du-Calvaire ou Saint-Sébastien-Froissart. Parking. TV. Canal +. Câble. Wi-fi. Chambres doubles de 180 € (deux seulement) à 280 € selon le confort. Petit dej' à 15 €. En plein cœur du Marais, ce bâtiment du XVIIᵉ siècle (et ancienne boulangerie) au style « Vieux Paris » a été remis au goût du jour par le créateur de mode Christian Lacroix. Résultat : classe et charme sont au rendez-vous ! Dans chaque chambre, toutes résolument différentes, des matériaux élégants, des tissus soignés, des couleurs vives et du mobilier changeant, créent une atmosphère fortement personnalisée. Attention, ici, même les interrupteurs sont beaux ! Salles de bains de grand confort et équipements modernes. Entre le kitsch, le zen et le chic, cette adresse, joliment habillée, comblera les amoureux ! Réservation impérative. 10 % sur le prix de la chambre (en août) offerts à nos lecteurs sur présentation de ce guide.

Où manger ?

Coup de cœur

Chez Janou : 2, rue Roger-Verlomme, 75003. ☎ 01-42-72-28-41. Ⓜ Chemin-Vert. Service de 12 h à 15 h (16 h les samedi et dimanche) et de 19 h 45 à minuit. Bar ouvert de 7 h à 2 h. Congés annuels : à Noël et le Jour de l'an. Menu à 13,50 € le midi ; à la carte, prévoir environ 25 € sans le vin. Un petit coin de Provence perdu, tranquille, dans le Marais. Service décontracté et amical dans ce resto qui a pour principal mérite d'être doté d'une adorable et bien calme terrasse (rare dans le coin). Cuisine originale et parfumée : salade d'épinards au chèvre, farcis provençaux, gambas flambées au pastis, blanc-manger au citron et son coulis de framboises. Bonne sélection de vins, dont il ne faut pas oublier de demander la suggestion du jour.

Où boire un verre ? Brunch

L'Apparemment Café : 18, rue des Coutures-Saint-Gervais, 75003. ☎ 01-48-87-12-22. Ⓜ Saint-Sébastien-Froissart. Ouvert du lundi au samedi de 12 h à 2 h et le dimanche de 12 h 30 à minuit. Brunch ou petit dej' à 15-20 € ; à la carte, prévoir 18 €. En plein cœur du Marais historique, à deux encablures du musée Picasso. Entre les murs recouverts de planches en bois naturel, on se croirait dans un appartement d'Europe du Nord. Fauteuils confortables, salon avec bibliothèque et jeux de société : le concept est plutôt sympa. Pour caler sa faim, des assiettes à composer soi-même (de 8 à 16 € environ). Bon choix de cocktails : après un ludique « Jeu de Dames » (Martini dry, cherry, jus d'orange), on peut se « Laisser Aller » (bourbon, sirop d'érable, citron). Dommage que la chaleur du lieu ne se retrouve pas toujours dans l'accueil...

Bar du Murano : 13, bd du Temple, 75003. ☎ 01-42-71-20-00. Ⓜ Filles-du-Calvaire. Ouvert de 7 h à 2 h. Petit dej'-buffet à 28 € et mini-brunch le samedi midi. Boisson à partir de 10 €. Cocktails maison autour de 16 €. C'est l'adresse branchée du moment dans le quartier, et (pour une fois) elle vaut le détour. Déco tendance au design années 1970, long bar avec son mur de bouteilles, des couleurs vives qui côtoient des sièges élancés... et quelques clients à la mode, le tout dans une ambiance tamisée. On apprécie le service, les cocktails à la hauteur du lieu et les « expériences », ces verres en tube à essai où sont servies différentes vodka maison parfumées (plus de 190 variétés). On paie le prix, mais ça reste unique en son genre !

Où danser ?

♪ **Les Bains :** 7, rue du Bourg-l'Abbé, 75003. ☎ 01-48-87-01-80. ● www.lesbainsdouches.net Ⓜ Étienne-Marcel. Ouvert du mardi au samedi de 23 h à 6 h. Entrée : de 10 à 20 €. Consos : de 8 à 10 €. Après maintes péripéties (changements de propriétaires et de programmation), entre soirées pour étudiants ou quadras, il n'y avait guère plus que les étrangers et les touristes de passage pour penser que l'endroit était encore branché. Mais après 3 mois de travaux, les *Bains Douches* rouvrent leurs portes sous la direction de Hubert

Boukoza et Thibault Jardon (ex-directeur artistique du *Queen*). Le club a pour ambition de redevenir une référence tant en termes de qualité *(sound system funktion one)* que d'ambiance et de programma-tion. Reste à voir si la clientèle branchée et éclectique, qui avait fait le succès des *Bains* autrefois, retrouvera le chemin de cette célèbre adresse du Marais.

Main dans la main

Le nord du Marais

Suite logique du 4e arrondissement, il s'étend *grosso modo* de la rue des Francs-Bourgeois à la rue de Bretagne. Comme son nom l'indique, le quartier fut, à l'origine, une terre marécageuse comprise entre la Seine et l'un de ses bras, souvent inondée au moment des crues. Il en fut ainsi jusqu'au XIIe siècle. Des institutions religieuses s'y installèrent d'abord, puis la communauté juive. Les seigneurs y possédaient des maisons de campagne (les templiers furent à l'origine du quartier du Temple). Quand les rois quittèrent le Louvre pour l'hôtel Saint-Pol, la Cour suivit. Lorsque Henri IV décida la construction de la place Royale (aujourd'hui place des Vosges), la noblesse fit bâtir de somptueux hôtels tout autour.

Aujourd'hui, les commerçants juifs maintiennent, rues des Rosiers et des Écouffes, une animation de place provençale ; ils appellent le quartier du *Pletzl,* vieux mot yiddish pour dire la place. Un peu plus loin, le marché des Enfants-Rouges continue à offrir ses bonnes odeurs, ses montagnes de couleurs et une gentille population de quartier. De plus, les homosexuels, qui ont décidément très bon goût, ont colonisé certaines rues du Marais et réanimé des cafés et lieux de rencontre chaleureux. Commençons par son fleuron : le musée Carnavalet.

🕺🕺🕺 *Le musée Carnavalet, Histoire de Paris :* 23, rue de Sévigné, 75003. ☎ 01-44-59-58-58. Ⓜ Saint-Paul ou Chemin-Vert. Ouvert du mardi au dimanche de 10 h à 18 h. Fermé le lundi et certains jours fériés. Visite guidée des collections permanentes les jeudi et samedi à 14 h 45, visite thématique le mardi à 14 h 45. Collections permanentes : entrée gratuite. Le musée a rénové de très belles salles et mis en place des plans de ses différentes sections. Audioguide pour les visiteurs non voyants dans les salles archéologiques. Demander un plan à l'entrée, ça aide.

Un des plus beaux musées parisiens grâce à son cadre, ses proportions, son côté intime et surtout par la valeur de ses collections, depuis le début de notre ère. La capitale est racontée au travers de la peinture, la sculpture, le mobilier, les objets usuels et décoratifs. On considère trop souvent Carnavalet comme un musée mineur, à voir seulement si les gros (Louvre, Orsay...) laissent du temps. C'est un tort. Il n'y a rien de plus passionnant, de plus amusant que de découvrir le visage du vieux Paris, celui du Moyen Âge, mais aussi celui de la Révolution, de la Terreur, de l'époque romantique ou des Années folles. On entre ici comme dans un livre d'images, et on laisse vagabonder son imagination d'une époque à l'autre, comme dans un rêve, irrémédiablement accroché par la puissance d'évocation de toutes ces scènes de la vie quotidienne des Parisiens des temps passés. Carnavalet : un must !

Les hôtels de la rue du Parc-Royal : une succession unique de magnifiques demeures des XVIIe et XVIIIe siècles ; et, la nuit, l'une des balades les plus romantiques qui soient. Au n° 4, l'*hôtel Canillac* est un des rares dont la porte d'entrée soit en principe ouverte. À gauche, ne manquez pas l'escalier Louis XIII avec une pièce unique : la rampe en bois massif tout en entrelacs et fleurons. Au n° 8, ancien hôtel Duret-de-Chevry, rénové ; aux n°s 10 et 12, deux autres belles façades.

La rue Payenne : l'une de nos rues préférées. Venant du Parc-Royal, à gauche, tout en longueur, l'orangerie de l'hôtel Le-Peletier-de-Saint-Fargeau, donnant sur le croquignolet square G.-Cain, où l'on peut entendre des chants de rossignols enregistrés dans nos forêts. Au n° 13, l'élégant hôtel de Châtillon couvert de lierre et de vigne vierge, belle cour et, à droite, escalier avec superbe rampe. Au n° 11, hôtel de Marle, très bien restauré. L'architecte Mansart mourut au n° 5, une curieuse maison du XVIIe siècle.

Le musée Cognacq-Jay : 8, rue Elzévir, 75003. ☎ 01-40-27-07-21. Ⓜ Saint-Paul ou Chemin-Vert. Réinstallé dans le superbe hôtel Donon. Ouvert du mardi au dimanche de 10 h à 18 h. Fermé les lundi et jours fériés. Entrée gratuite.
Dans le très bel hôtel du XVIe siècle, édifié pour Médéric de Donon, conseiller du roi Henri III. Cet admirable musée est consacré à la collection privée d'Ernest Cognacq, un type au parcours étonnant, qui a d'abord accumulé les petits métiers en province avant de collectionner les œuvres du XVIIIe siècle.
Peintures, dessins, mobilier et porcelaines sont présentés sur plusieurs niveaux, reliés par un bel escalier Louis XIV. Remarquez *L'Ânesse de Baalam*, une saisissante œuvre de jeunesse de Rembrandt qui figure un épisode de l'Ancien Testament : violence des contrastes, intensité des expressions, richesse tout orientale des vêtements... Tout aussi intéressantes, des œuvres de Greuze, Boucher, Chardin, Canaletto ou encore Guardi. Du superbe mobilier estampillé, avec notamment une petite table mécanique marquetée de fleurs persanes attribuée à Oeben, plusieurs bonheurs du jour, dont certains avec des marqueteries inhabituelles (théière, encrier...)

MAIN DANS LA MAIN 71

ou une rangée de faux bouquins, un lit « à la polonaise » qui a appartenu à la Couronne, puis à Cambacérès... Incontournables porcelaines de Meissen, émaillées et colorées, souvent utilisées en décors de tables. Les scènes, humoristiques et légères, empruntent souvent leur sujet au théâtre ; rigolote série d' « Amours » représentés dans des activités humaines. Et n'oubliez pas de monter dans les combles (superbe charpente restaurée apparente), où est exposée par roulement la collection de boîtes et de miniatures.

🎥🎥🎥 *Le musée Picasso :* hôtel Salé, 5, rue de Thorigny, 75003. ☎ 01-42-71-25-21. Ⓜ Saint-Sébastien-Froissart ou Saint-Paul. 🍴 Du 1er avril au 30 septembre, ouvert de 9 h 30 à 18 h ; du 1er octobre au 31 mars, de 9 h 30 à 17 h 30. Fermé le mardi. Entrée : 6,50 € (hors expo) ; tarifs majorés lors des expositions temporaires ; réductions ; gratuit pour les moins de 18 ans ; gratuit pour tous le 1er dimanche de chaque mois.

3^e

Ce superbe hôtel fut construit au XVIIe siècle. Les portes s'ouvrent sur un magnifique escalier intérieur, et les salles d'exposition, très claires, assemblent avec bonheur l'ancien et le moderne.

Des panneaux d'information permettent de comprendre les différents tournants de la peinture et de la vie de l'artiste : le jeune Picasso arrivant de Barcelone ; la révélation du cubisme et le temps du *Bateau-Lavoir* ; la succession des aventures sentimentales ou politiques du maître reconnu, qui toutes se traduisent par des formes, des accents nouveaux, du néoclassicisme au surréalisme, au baroque violent des *Grands Nus* ; l'extraordinaire fécondité de celui qui disait : « Je ne cherche pas, je trouve » s'offrira à vous au fil des salles. Toute la vie du « monstre de la peinture » est rassemblée ici dans un ensemble d'œuvres unique au monde, puisqu'il couvre, de 1895 à 1973, toute la production de Picasso. N'attendez donc plus pour vous rendre dans ce cadre superbe et allez-y dès l'ouverture afin de ne pas être gêné par les groupes scolaires. Nous vous conseillons également les visites guidées.

En face de l'hôtel de Châtillon, à deux pas du musée Picasso, beau *jardin Georges-Cain* pour vous aérer et casser la croûte.

🎥🎥 *Le palais Soubise :* 60, rue des Francs-Bourgeois, 75003. ☎ 01-40-27-60-96. Ⓜ Rambuteau ou Hôtel-de-Ville. Ouvert tous les jours sauf le mardi, de 10 h à 12 h 30 et de 14 h à 17 h 30 ; uniquement l'après-midi le week-end.

Superbe hôtel annoncé depuis le n° 54 par une succession d'aristocratiques demeures datant des XVIIe et XVIIIe siècles. Par le portail en demi-lune apparaît l'immense et magnifique cour d'honneur en fer à cheval, flanquée d'une galerie de colonnes. La façade de l'édifice est un chef-d'œuvre d'équilibre et d'élégance. C'est ici, dit-on, que fut fomentée la Saint-Barthélemy. En 1700, l'édifice, racheté par la famille Rohan-Soubise, fut en grande

partie reconstruit par l'architecte Delamair, puis redécoré par Boffrand, dans un style Louis XV somptueux. De nombreux Rohan y habitèrent.
En 1808, Napoléon y installe ses archives impériales. C'est véritablement en 1867 que naît le *musée de l'Histoire de France,* avec les premières expositions de documents retraçant l'histoire de France. Il fait partie des *Archives nationales.*
Au rez-de-chaussée, superbe appartement du Prince. À l'étage, les appartements de la Princesse. Magnifique chambre d'apparat de la Princesse, avec deux pastorales de Boucher.

Annexe du palais Soubise, l'**hôtel de Rohan :** 87, rue Vieille-du-Temple, 75003. ☎ 01-40-27-60-96. Ⓜ Hôtel-de-Ville. Pour l'instant, l'hôtel n'est malheureusement accessible qu'aux groupes. Ceux qui auront la chance d'y entrer pourront admirer dans la 2e cour, à l'entrée des écuries, le haut-relief des *Chevaux d'Apollon* (appelé aussi *Les Chevaux du Soleil*) exécuté par Le Lorrain, qui semblent jaillir de la pierre avec vigueur et finesse. Les appartements avec les splendides cabinets des Singes, œuvre de Christophe Huet, et celui des Fables (tout bleu et or !) sont eux aussi visibles. Tapisseries de Beauvais et belles boiseries. Les cardinaux de Rohan, dont l'un d'eux trempa dans l'affaire du collier de la reine, habitèrent ici jusqu'à la Révolution, avant que le bâtiment ne soit transformé par Napoléon en Imprimerie nationale de 1801 à 1928.

Le musée de la Chasse et de la Nature : hôtel de Guénégaud, 60, rue des Archives, 75003. ☎ 01-53-01-92-40. Ⓜ Hôtel-de-Ville ou Rambuteau. À l'angle de la rue des Quatre-Fils. Ouvert de 11 h à 18 h. Fermé les lundi et jours fériés. Entrée : 4,60 € ; tarif réduit pour les enfants et les groupes scolaires ; entrée à 2,30 € sur présentation de ce guide.
Attention, le musée est fermé pour travaux d'extension, jusqu'à fin 2006.
Superbe hôtel du XVIIe siècle, œuvre de François Mansart, qui fut sauvé *in extremis* par Malraux et restauré par François et Jacqueline Sommer, en 1967, pour y disposer leur collection privée d'objets et y installer la Fondation de la maison de la Chasse et de la Nature. Très beaux salons, meubles, escalier, avec une mise en valeur des œuvres aérée, soignée. Une belle surprise que ce musée, même pour qui n'est pas forcément amateur du sujet. Visite guidée recommandée si l'on est friand d'anecdotes.

Le passage Molière : débute au niveau du 82, rue Quincampoix, et rejoint la rue Saint-Martin. Sous la Révolution, il s'appelait passage des Sans-Culottes. Vous l'apprécierez pour son vieux charme tranquille et son côté provincial, sa rigole et ses gros pavés, ses petites galeries (comme cet étonnant atelier de moulages des mains, pieds... de vos chers), les gros buissons poussant sur les balcons. L'été un resto, *Au Vieux Molière,* dispose de tables dehors : un havre de paix ! De grosses grilles montent la garde à chaque entrée.

Un peu plus haut, en reprenant la rue Quincampoix, découvrez la *rue aux Ours*. Eh bien non, il ne s'agit pas de l'adorable bébête de votre enfance, mais d'une corruption du mot *oues* qui voulait dire « oies ». On en grillait pas mal dans le coin au Moyen Âge.

🚶 Petite balade par la **rue Michel-le-Comte** pour admirer quelques demeures. Tout d'abord, à l'angle de la rue du Temple, un gymnase à l'architecture pour le moins discutable. Au n° 16, ancienne *auberge de l'Ours et du Lion*, du XVe siècle. Au n° 19, jolie cour intérieure. Au n° 25, une enseigne et un long passage entrecoupé de maisons, qui mène à une cour typique du vieux Marais, avec ses petits ateliers qui mériteraient d'être sérieusement rénovés. Ne pas rater le n° 27, superbement rénové : ruelle paisible jalonnée de bornes et à droite, au fond, sa monumentale rampe à balustre en bois. Au n° 28, *hôtel d'Hallwyll* avec un beau porche encadré de colonnes et un fronton sculpté.

3^e

🚶🚶 **La rue du Temple** propose également son pesant de beaux hôtels particuliers. Au n° 71, l'hôtel Saint-Aignan, siège de la municipalité de 1795 à 1800, puis mairie de l'ancien 7e arrondissement. En face, le passage Saint-Avoye. Au n° 79, l'hôtel de Montmor (1623). Il connut Gassendi, Roberval et Molière, qui y fit une lecture de *Tartuffe*. Porche monumental et deux élégantes ailes sur cour de style Louis XV. Du fond de la rue de Braque, jolie perspective sur l'hôtel de Clisson. Au n° 7, coquette cour d'hôtel. Aux n°s 6 et 4, deux superbes portes surmontées de balcons en fer forgé. Un peu plus haut, au n° 84, maisons à pignon avec quatre masques sur la façade.

🚶🚶🚶 **La maison de Nicolas Flamel :** 51, rue de Montmorency, 75003. Ⓜ Rambuteau. Construite en 1407, ce qui en fait, dit-on, la plus ancienne de Paris (en tout cas plus ancienne que celle de la rue Volta, pourtant à colombages). Très restaurée au XVIIIe siècle, et les éléments pseudo-gothiques de la façade sont bien sûr postérieurs à la date de construction. Nicolas Flamel, grand universitaire du XVe siècle, posséda la réputation d'avoir inventé la pierre philosophale. On retrouve ses initiales, N et F, sur les 2e et 5e piliers.

Petits itinéraires romantiques

Les « belles provinces » de France

Voici une balade un peu en dehors des sentiers battus. Il n'y a plus d'hôtels particuliers spectaculaires, seulement de belles cours avec des pignons accrocheurs, des escaliers tarabiscotés, de vieilles ruelles pittoresques. Pour la plupart, les rues rencontrées portent un nom de province.

➢ Empruntez la *rue Charlot* qui, contrairement aux apparences, n'est pas un hommage mérité au grand comédien, mais le nom d'un obscur financier du XVIIe siècle.

➢ En route, on croise la **rue du Perche.** Au n° 9 habita Mme de Maintenon. Puis, à gauche, la *rue Pastourelle,* dénommée ainsi depuis 1330. En face de la rue de Beauce, débouché de la *ruelle de Sourdis* (fermée par une porte en fer le soir). Même aspect qu'il y a trois siècles, avec ses maisons à encorbellement, les grosses bornes protège-piétons, le ruisseau central.

➢ À l'angle des **rues de Beauce** et *Pastourelle,* noms gravés dans la pierre : « Beausse et rue d'Anjou » (ancien nom). La rue de Beauce est étroite mais n'a pas conservé, comme la ruelle de Sourdis, son aspect médiéval. Avant d'arriver rue de Bretagne, empruntez la minuscule rue des Oiseaux pour gagner le **marché des Enfants-Rouges,** l'un des plus anciens de Paris. Il s'appela au XVIIe siècle « petit marché du Marais », avant de porter le nom d'un hôpital voisin pour enfants qui se reconnaissaient à leurs vêtements rouges. Coloré et animé le week-end avec, en marge, une brûlerie de café et un antiquaire, entre autres boutiques sympas.

➢ On ressort *rue de Bretagne,* très commerçante sur cette portion. En face du marché, à l'angle de la rue Charlot, une boulangerie avec jolie décoration intérieure : céramiques à fleurs, stucs et comptoir de marbre. Mais la meilleure boulangerie du quartier n'est pas là. Elle est à l'angle, au n° 34 de la rue de Saintonge.
Impossible d'énumérer les maisons, hôtels, demeures bourgeoises des autres « rues provinciales » possédant des attraits particuliers. Peut-être, pour se faire une idée d'une maison typique du Marais avant rénovation, serait-il intéressant de jeter un œil au *8, rue de Saintonge* : dans la cour à gauche, escalier monumental avec rampe en fer forgé. À droite, frise au-dessus de la porte et rampe en bois massif. Et puis, les détails pittoresques : les inscriptions délavées indiquant la concierge, la patine des murs, etc. Au n° 13, pouvez-vous imaginer que Pascal habita là, jeune et plein d'idées, et qu'il se livra, dans sa petite chambre, à des expériences sur le vide ?

➢ À l'angle avec la *rue du Poitou,* boulangerie avec céramiques et glaces peintes. Au n° 64 résida Robespierre, de 1789 à 1791, etc. On arrête, dans toutes ces rues, la petite histoire flirte avec la grande !

Le quartier du Temple

Ce sont les moines templiers qui rendirent le terrain habitable et cultivable. À la veille de la Révolution, le quartier du Temple était encore une ville dans

la ville, une sorte de zone franche pour artisans et gens endettés. Autour du beau square du Temple, il y a beaucoup de choses intéressantes à voir.
Autour des rues Volta, des Vertus et des Gravilliers vit toujours une vieille population de quartier. La ***rue des Vertus*** rappelle le commerce qui s'y déroulait. Beaucoup de bistrots et restos arabes. Les Chinois y constituent la plus ancienne communauté asiatique de Paris. La nuit venue, tout se teinte en noir et jaune, gris et bleu. Une drôle d'atmosphère : un brin de tragique, beaucoup de poésie urbaine. Dans les vieux passages, frissons garantis.

La rue des Gravilliers est spécialisée dans les bijoux fantaisie, les marchandises pour forains, les colifichets et les articles en cuir. Très vivante pendant la journée, de nombreuses belles façades des XVIIe et XVIIIe siècles se succèdent. Belle maison au n° 14, à l'angle des rues des Gravilliers et des Vertus. Au n° 13, une niche a perdu sa madone. Au n° 29, un bel ensemble avec ferronneries. Au n° 19, un sombre passage tout pavé, avec rigole au milieu, rejoint la rue Chapon.
Descendez la rue Beaubourg et prenez à droite la rue du Grenier-Saint-Lazare, puis, dans son prolongement, la rue aux Ours.

La rue Volta, adorablement sombre pour honorer l'inventeur de la pile électrique, possède ce qu'on croit être la maison la plus vieille de Paris (bien que certains affirment que ce soit celle de Nicolas Flamel, située au 51, rue de Montmorency, datant de 1406). Donc, la maison à colombages au n° 3 remonte probablement à la fin du XIIIe siècle. Elle présente certaines caractéristiques typiques du Moyen Âge, comme les deux anciennes boutiques avec margelle de pierre de part et d'autre de la porte et qui, en l'absence de vitres, se fermaient avec des volets horizontaux. Celui du bas servait de comptoir.

La rue de la Corderie épouse une forme curieuse. Elle commence par un goulet d'étranglement et s'évase en une jolie place avec de vieux troquets, où vous prendrez bien un verre pour reposer vos jambes de toutes ces émotions !

4ᵉ ARRONDISSEMENT

Encore un quartier à arpenter avec plaisir, des pavés de l'île de la Cité au quai aux Fleurs, sans oublier les environs de Beaubourg, envahis d'une foule de touristes, qui rend l'âme voyageuse. En dégustant son sorbet *Berthillon,* on aura une pensée émue, au pied de Notre-Dame, pour le plus grand des amoureux, qui préféra se laisser mourir auprès de sa belle plutôt que se résoudre à lui survivre : Quasimodo au cœur pur.

Où dormir ?

Coups de foudre

🏠 **Hôtel Jeanne-d'Arc, Le Marais :** 3, rue de Jarente, 75004. ☎ 01-48-87-62-11. Fax : 01-48-87-37-31. • www.jeannedarchotel.com • Ⓜ Saint-Paul, Chemin-Vert ou Bastille. TV. Câble. Réserver impérativement (3 mois à l'avance). Chambres doubles de 84 à 97 € avec douche et w.-c. ou bains. Petit dej' à 6 €. Vous ne pourrez pas être mieux situé, en plein cœur du Marais. À deux pas de la belle et animée place Sainte-Catherine, un hôtel bien tenu et ayant pas mal de charme. La plupart des chambres ont été refaites. Décoration raffinée et sobre, si ce n'est l'étrange et gigantesque miroir à la réception, dont le dernier qualificatif serait la sobriété, justement.

🏠 **Hôtel de Nice :** 42 bis, rue de Rivoli, 75004. ☎ 01-42-78-55-29. Fax : 01-42-78-36-07. • www.hoteldenice.com • Ⓜ Hôtel-de-Ville. TV. Chambres doubles de 90 à 105 € avec douche ou bains, w.-c. et sèche-cheveux, selon la saison ; petit dej' à 7 €. Réservation conseillée. Voyageurs de tous horizons, petits et grands amoureux, rats des villes et lionnes des champs, voici votre havre ! De l'élégance, du raffinement, de la discrétion (d'ailleurs, on a un peu de mal à trouver l'entrée de l'hôtel...), un accueil polyglotte et souriant, bref, un établissement qui donne envie de prolonger son escapade romantique. Les propriétaires furent antiquaires dans une vie antérieure ; ils en ont gardé le goût des beaux objets et de la patine. Dans le salon TV, où l'on sert le petit déjeuner, tapis et tissus aux teintes douces et gravures du XVIIIᵉ siècle. Ce souci du décor à la fois hétéroclite et harmonieux se retrouve dans les chambres insonorisées, dotées de salles de bains impeccables et de papiers peints rares et magnifiques. L'été, préférez les chambres donnant sur la jolie place du Bourg-Tibourg et essayez d'en obtenir une avec balcon. Hôtel climatisé. Rapport qualité-prix extraordinaire. Un coup de cœur ! Le premier petit déjeuner est offert à nos lecteurs sur présentation de ce guide.

▲ *Hôtel du 7ᵉ Art :* 20, rue Saint-Paul, 75004. ☎ 01-44-54-85-00. Fax : 01-42-77-69-10. • hotel7art@wanadoo.fr • Ⓜ Saint-Paul ou Sully-Morland. TV. Câble. Accès Internet. Wi-fi. Chambres doubles de 85 à 145 €, selon la taille et le confort. Petit dej' à 8 €. Pour ceux qui ont échangé leur premier baiser dans une salle obscure ou ceux qui ont en commun une âme de cinéphile, choisissez l'une des petites suites mansardées où chaque TV peut recevoir plusieurs chaînes françaises et étrangères (vous aurez une excuse si vous ne quittez pas votre chambre !). Les chambres sont animées par des photomontages et des affiches de vieux films sur le thème du cinéma des années 1940 à 1960. Cela donne un certain cachet. Barsalon de thé au rez-de-chaussée avec gros fauteuils, cheminée et l'inévitable *Cène* de Carrosso ! Vitrine très originale avec des figurines en plâtre représentant Mickey, des pin-up, des musiciens de jazz, etc. Chèques refusés. Café offert à nos lecteurs sur présentation de ce guide.

▲ *Hôtel de la Bretonnerie :* 22, rue Sainte-Croix-de-la-Bretonnerie, 75004. ☎ 01-48-87-77-63. Fax : 01-42-77-26-78. • www.bretonnerie.com • Ⓜ Hôtel-de-Ville. TV. Ouvert toute l'année. Chambres doubles de 116 € (classiques, plus petites) à 149 € (charme) ; suite à 180 €. Un hôtel au beau style classique, qui a le mérite d'être en plein centre du Marais. La bâtisse date du XVIIᵉ siècle et a su conserver, avec ses longues poutres, ses pierres de taille d'époque et son escalier ancien, tout le charme d'autrefois. Cela se ressent jusque dans la décoration aux tissus colorés tendus aux murs et au mobilier assorti. Ensemble soigné, de l'accueil à l'entretien des chambres, en passant par le petit dej' servi dans la belle salle voûtée (attention à son prix tout de même). Dommage que certaines chambres soient un peu petites, même si elles bénéficient de tout le confort et d'une déco personnalisée, avec chacune une couleur dominante et, pour celles du dernier étage, vue sur les toits de Paris. Prix ajustés à la notoriété du quartier, où il n'est pas facile de trouver des hôtels d'un si bon rapport qualité-prix. Un petit déjeuner par chambre offert à nos lecteurs sur présentation de ce guide.

▲ *Hôtel Saint-Louis Marais :* 1, rue Charles-V, 75004. ☎ 01-48-87-87-04. Fax : 01-48-87-33-26. • www.saintlouismarais.com • Ⓜ Bastille ou Sully-Morland. Parking payant. TV. Câble. Accès Internet. Wi-fi. Chambres doubles de 115 à 160 € selon le confort et la saison. L'hôtel possède le charme de l'ancien, et l'on se sent comme dans une vieille maison de famille. Peu de chambres, ce qui favorise une atmosphère feutrée. Celles sous les combles sont bien charmantes. Pour romantiques et Anglais en voyage de noces, mais aussi pour ceux qui veulent bénéficier d'un tête-à-tête complice. Notre cœur s'est emballé pour les chambres n°s 2 et 40, très spacieuses, avec de belles poutres au plafond et de très jolis tissus. Petit déjeuner servi dans une belle cave voûtée. Un petit déjeuner par chambre offert à nos lecteurs sur présentation de ce guide.

Coups de folie

🛏 **Hôtel Caron de Beaumarchais :** 12, rue Vieille-du-Temple, 75004. ☎ 01-42-72-34-12. Fax : 01-42-72-34-63. • www.carondebeaumarchais.com • Ⓜ Hôtel-de-Ville ou Saint-Paul. TV. Câble. Chambres doubles de 125 à 162 € ; petit dej' à 9,80 €. Ici, l'hôtellerie est une affaire de famille et d'histoire. Le bâtiment a été rénové entièrement et joliment décoré sur des modèles du XVIIIe siècle pour rendre hommage à l'auteur du *Mariage de Figaro,* qui vécut dans la rue (l'auteur, pas Figaro). Les chambres sont finement décorées, et les salles de bains raffinées, avec des peignoirs brodés à l'effigie de Beaumarchais. Nombreuses antiquités, très beaux tissus, confort irréprochable. Seul petit bémol, le week-end la rue est très animée la nuit... De la chambre n° 60, vue sur les toits.

🛏 **Hôtel de Lutèce :** 65, rue Saint-Louis-en-l'Île, 75004. ☎ 01-43-26-23-52. Fax : 01-43-29-60-25. • www.hotel-ile-saintlouis.com • Ⓜ Pont-Marie ; RER B : Saint-Michel-Notre-Dame. TV. Câble. Wi-fi. Chambres doubles à 185 € avec douche et w.-c. ou bains, clim'. Très chic et très onéreux, mais à la hauteur de ses 3 étoiles. La réception est superbe, plaquée de chêne, avec sa très belle cheminée des Charentes et ses tomettes Louis XIV au sol tout en dégradés de jaunes, ocre et terre de Sienne. Les Américains adorent ses poutres et son charme d'un autre siècle, les provinciaux trouveront que la minute de sommeil par mètre carré est bien chère à Paris, mais l'accueil charmant fera oublier une facture un peu salée.

🛏 **Hôtel Saint-Merry :** 78, rue de la Verrerie, 75004. ☎ 01-42-78-14-15. Fax : 01-40-29-06-82. • www.hotelmarais.com • Ⓜ Châtelet ou Hôtel-de-Ville. De 175 à 230 € la chambre double en fonction de la taille, du confort, de l'exposition et de la saison ; petit déjeuner à 11 €. Il y en a pour toutes les bourses, et certaines sont même réservées aux riches médiévistes en voyage de noces. Cet extraordinaire hôtel propose 12 chambres meublées en gothique et toutes à un prix différent. Il faut dire que chacune est particulière, les chambres d'exception étant évidemment plus chères. La curiosité de l'hôtel : une chambre située au-dessus d'une chapelle de l'église Saint-Merri est traversée par deux énormes arcs-boutants sculptés (ils partent du mur et plongent dans le milieu de la pièce, encadrant le lit). Bon, attention aux ébats amoureux trop acrobatiques, surtout que vous êtes dans un ancien presbytère du XVIIe siècle ! Si vous avez les moyens, choisissez la n° 12, spacieuse, avec vue sur la tour Saint-Jacques. Mais la n° 3 ne manque pas de charme non plus. Dans cette ambiance d'une autre époque, pas question de mettre de téléviseurs. Ces gens-là ont du goût !

Où manger ?

Coup de cœur

|●| *Le Ravaillac :* 10, rue du Roi-de-Sicile, 75004. ☎ 01-42-72-85-85. Ⓜ Saint-Paul. Ouvert midi et soir jusqu'à 23 h (dernière commande). Fermé le dimanche, ainsi que certains jours fériés. Congés annuels : 3 semaines en août. À la carte uniquement : compter autour de 25 € (boisson comprise) ; spécialités entre 12 et 16 €. Dans ce resto polonais, l'ambiance se situe au 1er étage, dans une salle dont les tables sont éclairées par des bougies. Nombreuses spécialités du pays servies avec gentillesse, comme le *pozarsky* (boulette de veau avec sarrasin et pommes sautées), la choucroute spéciale (côte de porc grillée, poitrine de porc, saucisson polonais) et le *golabki* (chou farci à la viande et au riz), qui tiennent au corps. Un petit conseil aux intrépides qui voudraient épater leur compagne : arrosez votre repas d'une bonne bière polonaise plutôt que de vodka si vous ne voulez pas voir votre tête exploser en même temps que l'addition.

Coups de foudre

|●| *La Table des Gourmets :* 14, rue des Lombards, 75004. ☎ 01-40-27-00-87. Ⓜ Châtelet-Les Halles ou Rambuteau. Ouvert de 12 h à 15 h et de 19 h à 23 h 30 (dernier service à 22 h 30). Fermé le dimanche. Menus à 16 € (servi aussi le soir), 30 et 36 €. À deux pas du Centre Pompidou, en plein quartier touristique, un resto tenu par une famille chinoise, dans une surprenante chapelle médiévale à voûtes d'ogives. Large carte de cuisine française, on ne peut plus classique mais très correctement préparée : magret de canard, entrecôte, carré d'agneau ou foie de veau. Desserts moins convaincants. Vins en pichet tout à fait acceptables. Service attentionné. Convient parfaitement à ceux qui souhaitent un repas romantique entre quat'zyeux qui ne grève pas trop le porte-monnaie, avant un ciné ou après une expo. Une aubaine pour le quartier.

|●| *La Taverne du Nil :* 16, rue

Le Regrattier, 75004. ☎ 01-40-46-09-02. Ⓜ Pont-Marie. Ouvert de 12 h à 14 h 30 et de 19 h 30 à 23 h. Fermé le lundi midi. Menus à 15 €, le midi, 22 et 34 € ; à la carte, compter autour de 25 € sans la boisson. Un nom plutôt incongru pour un restaurant libanais, mais les taverniers sont d'authentiques natifs du pays du Cèdre. Les viandes grillées sont bonnes (brochettes...), et on vient en priorité pour cela. La bonne idée à deux pour le soir : prendre le 1er menu, qui propose assortiment de hors-d'œuvre et brochettes, et le coupler avec un plat de viande grillée différente du menu avec le vin compris. Ambiance plutôt feutrée. Une danseuse du ventre vient vous détourner de votre assiette le week-end, le soir. Côté addition, le tout est quand même un peu salé. Kir (le midi) offert à nos lecteurs sur présentation de ce guide.

Coups de folie

4e

|●| **Le Dôme du Marais :** 53 bis, rue des Francs-Bourgeois, 75004. ☎ 01-42-74-54-17. Ⓜ Hôtel-de-Ville. Ouvert du mardi au samedi de 12 h à 14 h 30 et de 19 h à 23 h. Congés annuels : du 10 au 20 août. Menus à 17 et 23 € le midi, 32 et 45 € le soir. Dans l'ancienne salle des ventes du Mont-de-Piété, une très belle adresse, assez chic. On dîne sous la coupole XVIIIe siècle en verre dépoli. Aux murs, la décoration a été refaite façon feuille d'or et chaleureux bordeaux. Ayant exercé ses talents dans de grandes maisons et à l'étranger, le chef sait relever ses plats d'épices rares dont il distille les saveurs avec subtilité, comme son filet de bar au gingembre ou son cuissot de biche (mmm !). Service aimable et aux petits soins. Belle carte des vins. Un conseil : éviter le week-end, il y a vraiment beaucoup de monde et la salle devient bruyante. Apéritif maison offert à nos lecteurs sur présentation de ce guide.

|●| **Brasserie Bofinger :** 5-7, rue de la Bastille, 75004. ☎ 01-42-72-87-82. Ⓜ Bastille. Ouvert du lundi au vendredi de 12 h à 15 h et de 18 h 30 à 1 h, et le week-end en continu de 12 h à 1 h. Formule à 24,90 € le midi en semaine, menu à 29,90 € ; choucroutes à partir de 16,50 € et plateaux de fruits de mer à 41 et 55 €, ou 104 € pour deux. Cette célèbre brasserie, inaugurée en 1864 et transformée en 1919, offre un décor qu'apprécient les nombreux touristes qui viennent y dîner. Les Parisiens sont, tout comme eux, sensibles à l'esthétique de la belle verrière et du salon du 1er étage décoré par Hansi. Et c'est vrai qu'on en a plein la vue. Que l'on soit d'ici ou d'ailleurs, on sacrifie à la sacro-sainte choucroute et aux fruits de mer, vedettes incontestées de la maison. Mention spéciale pour la choucroute paysanne, la « Spéciale », et les plateaux de fruits de mer « Prestige », « Mareyeur » et « Royal Bofinger ».

Salons de thé. Brunch

🍴 *La Charlotte de l'Isle :* 24, rue Saint-Louis-en-l'Île, 75004. ☎ 01-43-54-25-83. Ⓜ Pont-Marie ou Sully-Morland. Ouvert du jeudi au dimanche de 12 h à 20 h et le mercredi après-midi (uniquement sur réservation) lors des goûters-marionnettes. Fermé les lundi et mardi. Congés annuels : en juillet et août. Compter 8 € pour un thé et un gâteau et 10 € pour un chocolat et un gâteau. Fille de pâtissier, Sylvie Langlet, d'abord séduite par la céramique, a fini par renouer avec la tradition familiale. Depuis plus de 30 ans, avec quelques mesures de farine, deux ou trois de sucre, quelques graines de folie, amour et patience (dixit Sylvie), elle confectionne de délicieux gâteaux qui font le bonheur des gourmands. Florentins, tartes au chocolat ou au citron, cakes... Les vitrines de son salon de thé, pleines d'animaux, sont, elles aussi, à croquer (rares sont ceux qui ne stationnent pas longuement devant). L'intérieur, minuscule, est tout aussi charmant.

🍴 *Le Loir dans la Théière :* 3, rue des Rosiers, 75004. ☎ 01-42-72-90-61. Ⓜ Saint-Paul. Parking payant. Ouvert du lundi au vendredi de 11 h à 19 h et le week-end de 10 h à 19 h. Tartes salées et plats du jour de 8 à 10,50 €. Formule à 9 € l'après-midi pour un thé + une tarte ou un gâteau. Brunchs à 16,50 et 22,50 € le week-end. Salon de thé adorable qui sert des plats chauds le midi. Atmosphère assez cosy et relax. Vieux fauteuils moelleux dans lesquels on s'enfonce délicieusement ou tables plus conventionnelles, c'est au choix. Les épaisses tourtes aux épinards *(pascualina)* ou les tartes salées donnent à elles seules envie d'y revenir. Côté sucré, c'est tout aussi bon et copieux, comme la tarte pommes-noix-cannelle ou celle au citron meringuée. Quelques salades également et une bonne sélection de thés.

Où manger une glace ?

🍴 *Berthillon :* 31, rue Saint-Louis-en-l'Île, 75004. ☎ 01-43-54-31-61. Ⓜ Pont-Marie. Pour les glaces à emporter comme pour la dégustation sur place, ouvert du mercredi au dimanche de 10 h à 20 h. Fermé les lundi et mardi. Congés annuels : pendant une partie des vacances scolaires, sauf celles de Noël, ce qui, pour un glacier, n'est pas sans sel ! Compter 2, 3,20 et 4,20 € le cornet pour 1, 2 ou 3 boules de glace. Une institution qui s'endort un peu sur ses lauriers ! Beaucoup de restos se valorisent en affichant dans leur menu « glaces de chez *Berthillon* ». Une trentaine de parfums (fraise des bois, banane, pêche...), un sublime granité à la poire Williams et toujours des inventions nouvelles. Sa renommée explique les longues queues patientes devant la boutique. Depuis peu, le salon de thé *Berthillon* s'est installé juste à côté.

Amorino : 47, rue Saint-Louis-en-l'Île, 75004. ☎ 01-44-07-48-08. Ⓜ Pont-Marie. Ouvert tous les jours de 12 h à minuit. Compter 3, 4 et 5 € pour une glace petite, moyenne ou grande. Une sympathique alternative à *Berthillon*. Ce glacier artisanal propose des spécialités italiennes assez exotiques pour nos papilles françaises : *amarena* (vanille-cerise), *stracciatella* (lait et chocolat), *Nutella* et beaucoup d'autres... Une autre adresse, dans le Marais, au 31, rue Vieille-du-Temple, 75004. ☎ 01-42-78-07-75.

Où boire un verre ?

Le Café du Trésor : 5-7, rue du Trésor, 75004. ☎ 01-42-71-32-91. Ⓜ Saint-Paul. Ouvert tous les jours de 9 h 30 à 2 h. Menu à 10,50 € le midi en semaine. À la carte, compter entre 15 et 30 €. Demi à 4,50 € et cocktails à 7 €. Sans aucun doute, l'un des repaires parisiens les plus prisés et l'une des plus jolies terrasses en été avec son lot de super-gazelles « X-tra funk » et de super-mecs (gay ou *straight*). Pause-café, dîner (pas très bon...), TV câblée, après-spectacle et fiestas organisées ponctuent les folles semaines de ce bistrot culte. DJ tous les soirs.

Ma Bourgogne : 19, pl. des Vosges, 75004. ☎ 01-42-78-44-64. Ⓜ Bastille ou Saint-Paul. Ouvert tous les jours dès 8 h ; restauration de 12 h à 1 h. Menu-carte à 32 €, sans la boisson. Plat du jour à 15 €. Vins à partir de 17,50 €. Extra, tôt le matin, quand les premiers rayons de soleil viennent frapper ce coin-là exactement. On vient ici pour les arcades de la place des Vosges et le plaisir de goûter un instant privilégié dans l'un des plus beaux quartiers de Paris, tout en dégustant un peu de vin choisi sur une carte qui aligne quelques flacons intéressants, ainsi qu'un bon choix de vins du Beaujolais servis au verre, en faisant un sort à l'excellent tartare maison ou aux tripoux du Rouergue. Cartes de paiement refusées. Apéritif maison offert à nos lecteurs sur présentation de ce guide.

Où se détendre à deux ?

Les Bains du Marais : 31-33, rue des Blancs-Manteaux, 75004. ☎ 01-44-61-02-02. • www.lesbainsdumarais.com • Ⓜ Saint-Paul. Mixte, avec maillot, le mercredi de 19 h à 23 h, le samedi de 10 h à 20 h et le dimanche de 11 h à 23 h. Accès au hammam et à la salle de repos : 30 € (peignoir, serviette et sandales fournies). Formule hammam, gommage et massage au savon à 60 €. Plusieurs modelages à l'huile à divers tarifs. Salle tiède carrée de belle dimension, avec deux douches et des banquettes en faïence. La salle chaude, plus petite, présente deux longs gradins en forme de L. Lorsque l'on choisit la formule avec gommage (et massage), on obtient une heure de rendez-vous à laquelle on sera appelé. Une organisation un peu contraignante, mais qui garantit la ponctualité. Quant aux gommages et massages au savon, ils sont à la fois très pro et très délassants. Malheureusement, le week-end, la fréquentation augmente et du coup, l'accueil est absent et le travail réalisé à la chaîne (vu les prix, ça peut fâcher).

Main dans la main

Le quartier de Beaubourg

4^e

Prolongement de celui des Halles, à la frontière du Marais, il propose son treillis de ruelles étroites pour échapper rapidement à la raffinerie.

À côté du centre Pompidou, dans un grand **bassin** en hommage à **Igor Stravinski,** Niki de Saint-Phalle et Jean Tinguely, chantres du nouveau réalisme, ont fantasmé sur des animaux imaginaires, pieds dans l'eau et mécanismes à déglutir cette même eau. Ça crache et ça éructe au gré des jets aux couleurs vives. À voir surtout de nuit, quand les projecteurs flashent sur les couleurs explosives...

La rue Quincampoix : longtemps l'une des plus pittoresques de Paris. Le nord de la rue se balade dans le 3e arrondissement. Nombreuses belles demeures et hôtels particuliers. Au-dessus du n° 27, à l'angle de la rue Aubry-le-Boucher, jolie façade en trompe l'œil.
Jusqu'aux années 1970, les belles demeures de la rue abritèrent les mottes de beurre et les poireaux des mandataires des Halles, ainsi qu'un certain nombre de maisons de passe légendaires. On pouvait joindre le plaisir à l'esthétique en admirant au passage les superbes escaliers à balustres en bois. La rénovation a révélé toute la richesse des façades : encorbellements, pignons, mascarons, balcons de fer forgé, portes monumentales cloutées. Une chouette promenade architecturale. Les nombreuses galeries d'art ralentiront sans doute un peu vos pas, mais quand on aime, on ne regarde pas sa montre !

Autour de l'église Saint-Merri, les rues Saint-Martin (la plus ancienne de Paris avec la rue Saint-Jacques), de la Verrerie, du Cloître-Saint-Merri et des Juges-Consuls alignent de vieilles demeures et de beaux hôtels particuliers.

Deux rues plus haut, notez que la rue Geoffroy-Langevin a conservé intégralement son pittoresque tracé médiéval.

La rue du Temple, dans sa partie du 4ᵉ arrondissement, propose d'agréables échappées. Au n° 41, pénétrez dans la belle cour de l'ancienne auberge *L'Aigle d'Or,* la dernière survivante parisienne des grandes compagnies de diligences pour la province. Belles façades. Le bâtiment du fond est occupé par *Le Café de la Gare* de Romain Bouteille (excellents spectacles, publicité de bon cœur !)... C'est l'une de nos cours préférées parce que toujours vivante et animée. Ça vibre incontestablement.

À l'angle de la rue Sainte-Croix-de-la-Bretonnerie, curieuse tourelle d'angle datant de 1610.

La rue Saint-Merri, dans laquelle débouche le cul-de-sac du Bœuf, qui n'a pratiquement pas changé d'apparence depuis le Moyen Âge : gros pavés, ruisseau central. Une anecdote : Voltaire avait pourtant protesté contre le maintien du terme « cul-de-sac » et écrit au préfet de police d'alors : « Je trouve qu'une rue ne ressemble ni à un cul, ni à un sac. Je vous prie de vous servir du mot impasse qui est noble, sonore et intelligent. »

Le cloître des Billettes : 22-26, rue des Archives, 75004. Dernier cloître médiéval à Paris (édifié en 1427), avec de belles arcades à voûtes flamboyantes. On peut le visiter lors d'expos temporaires. L'église des Billettes, qui abrite le cloître aujourd'hui, date du XVIIIᵉ siècle. Vous avez des chances de la visiter lors des concerts qui s'y tiennent régulièrement.

La maison de Jacques Cœur : 40, rue des Archives, 75004. Aujourd'hui, elle abrite une école communale. Lors d'un ravalement, on découvrait avec étonnement que sous l'enduit qui la recouvrait complètement se cachait un ensemble de briques rouges, briques noires en losanges, traces de moulures et de fenêtres à meneaux. Cela permit de dater la maison du XVᵉ siècle et d'en trouver le propriétaire : Jacques Cœur ou son fils. Cela en fait l'une des plus anciennes maisons de Paris.

Petits itinéraires romantiques

Le quartier Saint-Gervais-Saint-Paul

La partie sud du Marais, séparée de la partie nord par la rue Saint-Antoine et la rue de Rivoli.

La balade dans le quartier commence, bien sûr, par le superbe immeuble du XVIIIᵉ siècle s'étendant du 2 au 14, *rue François-Miron.* Sur la façade, de belles ferronneries et l'ancienne inscription « place Baudoyer ».

Au n° 14 de la rue, sur le balcon, reproduction du célèbre orme sous lequel on rendit la justice pendant des siècles.
Tournez ensuite à droite, la **rue des Barres** mène à la rue de l'Hôtel-de-Ville et à la Seine. Curieuse rue des Barres, bordée de nouvelles constructions sans grâce, relayées par de belles maisons médiévales, comme celle qui abrite l'Accueil des jeunes en France à l'angle de la rue du Grenier-sur-l'Eau (amorce de tourelle d'angle, encorbellement, colombages). Plus loin, aperçu intéressant du chevet de l'église Saint-Gervais et de ses arcs-boutants.

🚶🚶 *La rue de l'Hôtel-de-Ville,* anciennement rue de la Mortellerie, de 1212 au XIX° siècle. Inscription gravée dans la pierre au n° 95 (les *mortelliers* étaient les ouvriers maçons et gâcheurs de mortier). Nombreuses maisons à encorbellement. Au n° 84 (piliers sculptés), siège des Compagnons du devoir du tour de France, la plus ancienne corporation et gardienne des traditions dans notre pays. Au n° 62, à l'angle avec la rue des Barres, un restaurant occupe l'ancienne boutique d'un marchand de vin (avec splendide grille extérieure ouvragée) et celle d'une boulangerie au beau plafond de céramique.

🚶 Après avoir suivi la rue du Grenier-sur-l'Eau et traversé la rue du Pont-Louis-Philippe, vous débouchez **rue Geoffroy-l'Asnier.** Au n° 26, l'hôtel de Châlons-Luxembourg présente un magnifique portail datant de Louis XIII, avec son tympan sculpté (pas celui de Louis XIII) décoré d'une tête de lion. Gabriele D'Annunzio y vécut en 1914. Au n° 22, escalier à balustre en bois dans l'entrée et élégante demeure bourgeoise au fond, avec guirlande sculptée au-dessus de la porte. Les maisons autour sont doucement réhabilitées. Dans la courette, bâtiment du XVII° siècle avec lanterne sur pied.

🚶 Retour à la **rue François-Miron** : ancienne voie romaine vers Melun. Elle aligne de très beaux hôtels particuliers et quelques maisons médiévales, et possède encore, au travers de quelques commerces, un je-ne-sais-quoi de l'atmosphère de quartier d'antan. Aux n°^{os} 11 et 13, à l'angle de la rue Cloche-Perce, deux jolies demeures à pignon du XIII° siècle dont on a redécouvert récemment les colombages. Au n° 30, dans la courette située à l'autre bout du couloir (si vous arrivez à entrer !), se trouve une partie d'une maison du XV° siècle de style Renaissance avec deux façades à pans de bois sculptés (façades classées). Ici vécut Marie Touchet, alors maîtresse de Charles IX. De cet amour naquit un bâtard, Charles de Valois. Aux n°^{os} 36 et 42, belles façades avec têtes sculptées et balcon. Aux n°^{os} 44 et 46, deux maisons du XVI° siècle avec lucarnes à fronton triangulaire et une drôle de girouette moderne au-dessus du toit.

🚶🚶 *L'hôtel de Beauvais :* 68, rue François-Miron, 75004. À notre avis, le plus bel édifice du quartier. Date du XVII° siècle. Propriété de Pierre Beau-

4ᵉ ARRONDISSEMENT

vais et de sa femme Catherine : pas vraiment jolie, surnommée Cateau la Borgnesse, c'est pourtant elle qui déniaisa, comme on disait alors, le jeune Louis XIV quand il eut 16 ans. Mozart y séjourna lors d'un de ses passages à Paris.

Des nᵒˢ 72 à 78, belles façades du XVIIIᵉ siècle. Tous les immeubles ont été superbement rénovés. Au nᵒ 82, un dernier bel hôtel avec balcon à consoles, ferronneries...

La maison européenne de la Photographie : 5-7, rue de Fourcy, 75004. ☎ 01-44-78-75-00. • www.mep-fr.org • Ⓜ Saint-Paul. Ouvert de 11 h à 19 h 30. Fermé les lundi, mardi et jours fériés. Entrée : 6 € ; tarif réduit ou sur présentation de ce guide : 3 € ; gratuit pour les moins de 8 ans et gratuit pour tous le mercredi à partir de 17 h. Depuis 1996, dans ce bel hôtel particulier restauré, l'hôtel Hénaul-de-Cantobre présente de belles expositions temporaires de photographies anciennes ou contemporaines en tirages originaux (Salgado, Depardon, Newton, Parr, Klein y ont été exposés), ainsi qu'une bibliothèque, une vidéothèque, une librairie et un auditorium : une référence à Paris sur le sujet, qui satisfera les amoureux de la petite bobine argentique. Petit café plein de charme ouvert du mercredi au dimanche de 11 h à 19 h (17 h le mercredi). Bien se renseigner sur le programme des expositions et des rencontres.

Au 22 bis, ***rue du Pont-Louis-Philippe,*** vous pourrez admirer, si la porte est ouverte, dans la deuxième cour, une magnifique maison Renaissance avec colombages sculptés presque uniques à Paris. Première cour également intéressante avec ses chapiteaux intégrés dans la pierre.

La rue du Figuier vous ramène à la ***rue Charlemagne.*** Au nᵒ 20, une vieille maison au début de la rue du Prévôt. Notez, au coin, les anciens noms gravés dans la pierre : rue Percée et rue aux Prestres. La rue du Prévôt a gardé son caractère médiéval (au nᵒ 5, vaste porche en arcade pour laisser sortir les carrosses). La destruction des maisons de tout un côté de la rue des Jardins-Saint-Paul a au moins permis la mise au jour d'une portion très importante de l'enceinte de Philippe Auguste. Deux tours et une longue muraille. Au nᵒ 12, jolie fontaine.

Le village Saint-Paul : entre le quai des Célestins, la rue Saint-Paul et la rue Charlemagne. Ouvert de 11 h à 19 h. Fermé les mardi et mercredi. Immeubles insalubres du XVIᵉ siècle et fontaines ont fait peau neuve. Les jolies petites cours intérieures sont devenues un rendez-vous de balade très prisé du quartier. Une chine bien organisée et bourgeoise a pris le relais de la petite chine sauvage. Plus de 80 designers, antiquaires et galeristes y ont ouvert leurs portes, faisant de ce microcosme un lieu de shopping prisé des portefeuilles bien fournis !

Visitez le soir aussi ces grandes cours communiquant entre elles : une balade romantique dans le halo des réverbères.

🕯 Splendide *maison* rénovée, à l'angle des rues Charlemagne et Eginhard. Encore plus belle la nuit, quand la lumière met en valeur les tons chauds de la pierre. Dans la petite **rue Eginhard,** en coudé, gros pavés, ruisseau axial et vestiges de fontaine ancienne.

🕯 **Le passage Saint-Paul,** pittoresque, n'a pratiquement pas changé d'aspect depuis le XVIIIe siècle. Les vieilles bornes qui protégeaient les piétons des carrosses montent toujours la garde. Sortie au n° 45, rue Saint-Paul.

🕯 **La rue Saint-Paul :** « l'artère du quartier ». Elle existait déjà en 1350 sous ce nom. À partir de maintenant, vous allez aborder un ensemble de rues architecturalement homogènes et relativement épargnées. À l'angle de la rue des Lions-Saint-Paul, une tourelle quadrangulaire du XVIe siècle.

🕯 **La rue des Lions-Saint-Paul :** tout au long de cette rue, nombreux hôtels dignes d'intérêt. Au n° 11, maison où vécut Mme de Sévigné toute jeune mariée et où – faute de mieux – elle passa son temps à écrire. Sa fille, Mme de Grignan, destinataire de bon nombre de ses fameuses lettres, y naquit. La grosse porte cloutée est malheureusement fermée. Si vous arrivez à la pousser, charmante cour intérieure pavée et bel escalier avec rampe en fer forgé au fond à droite.

🕯 **La rue Charles-V :** voir, au n° 12, l'hôtel de la marquise de Brinvilliers, la célèbre empoisonneuse, qui s'exerça sur ses patients de l'hôtel-Dieu et sur ses domestiques avant d'éliminer sa première victime, « son papa », afin d'obtenir la fortune familiale. Dans la cour à gauche, vaste cage d'escalier avec superbe rampe en fer forgé. Jardin intérieur. Mais la porte est presque toujours fermée.

🕯 À l'angle des rues Saint-Paul et Neuve-Saint-Pierre, pan de mur de l'ancienne **église Saint-Paul,** détruite après la Révolution. Ce qui reste est un vestige de la tour-clocher. Un adorable petit marchand des quatre-saisons s'est installé là. Dans un coin, vous devinerez les premières marches de l'escalier de la tour.

🕯 **La rue Beautreillis :** le charme de la province à Paris. Rien de véritablement notable. Ah, si ! C'est ici que Jim Morrison, la voix des Doors, fut retrouvé mort officiellement d'un arrêt cardiaque, début juillet 1971, dans sa baignoire. L'intervention des pompiers de la rue de Sévigné n'y fit rien. Selon d'autres sources, officieuses celles-là, le beau Jim était déjà mort, et pas dans sa baignoire, mais plus probablement d'une surdose, dans les toilettes d'une boîte appelée à l'époque le *Rock'n'Roll Circus*. Triste fin, mais quel poète ! (C'est le moment de sortir une cigarette en lui chantant « Come on baby, light my fire » !)

🏃 *La rue du Petit-Musc* a peu de chose à voir avec le parfum du même nom ; il s'agit d'une corruption du mot « Pute y muse », ce qui donne une idée du type d'activités qui y avait cours du temps du port des Célestins. Riche profusion de sculptures, guirlandes et fruits sur la façade de l'*hôtel Fieubet* (XVIIe siècle), à l'angle du quai des Célestins. Adorable maison de la fin du XVIIIe siècle à l'angle de la *rue de la Cerisaie*. Le nom de la rue rappelle qu'un roi avait fait planter dans le coin 1 000 cerisiers.

🏃 À l'angle de la rue du Petit-Musc et de la rue Saint-Antoine, l'**hôtel de Mayenne,** de 1612 (aujourd'hui école des Francs-Bourgeois), et un peu plus loin rue Saint-Antoine, à l'angle de la rue Castex, l'**église réformée de Sainte-Marie.**
En face, Beaumarchais sur son socle et, toute proche, la colonne de la Bastille.

🏃🏃 *La rue Saint-Antoine* possède encore de nombreuses vieilles maisons ou hôtels intéressants. Cette ancienne voie gallo-romaine était l'axe est de la ville. À l'ouest, on trouvait la rue Saint-Honoré, au nord la rue Saint-Martin, et au sud la rue Saint-Jacques. L'emplacement exact des remparts de la Bastille est tracé juste au début de la rue. Dans la cour du n° 111, à droite, escalier haut de plafond avec rampe en fer forgé et colonnes antiques supportant une terrasse ronde avec ferronnerie. Au n° 117, maison très ancienne en pierre avec toutes ses fenêtres de travers. Au n° 119, vieux passage menant à la rue Charlemagne... mais la grille d'accès est codée ! Avec un peu de chance... Au n° 133, splendide balcon en ferronnerie soutenu par des chimères.

L'île de la Cité (partie 4e arrondissement)

Cette moitié de l'île, sise dans le 4e arrondissement, est habitée par la merveilleuse Notre-Dame.

🏃🏃🏃 *Les tours de Notre-Dame :* pl. du parvis de Notre-Dame. Renseignements : ☎ 01-44-32-16-70. Ⓜ Cité ; RER B et C : Saint-Michel-Notre-Dame. Accès par l'angle de la rue du Cloître-Notre-Dame. D'octobre à mars, ouvert de 10 h à 17 h 30 ; d'avril à septembre, de 10 h à 18 h 30 (23 h le week-end en juillet et août) ; fermeture des caisses 45 mn avant. Fermé les 1er janvier, 1er mai et 25 décembre. Entrée : 7,50 € ; tarif réduit à 4,80 €.
Surplombant l'ensemble majestueux de la cathédrale, les tours abritent, pour l'une, le bourdon, énorme cloche de 13 tonnes dont le battant pèse,

à lui seul, 500 kg, et pour l'autre, un escalier de quelque 387 marches (« Tu suis, chéri ? »). Vous parviendrez, grâce à lui, sur la plate-forme de la tour sud, offrant à vos yeux ébahis une vue splendide sur la flèche, la Cité et tout Paris. Les gargouilles aux têtes monstrueuses, de Viollet-le-Duc, donnent un brin d'humour à l'édifice. La flèche, haute de 45 m, c'est-à-dire à 90 m au-dessus du sol, fut rétablie dans les années 1850, toujours par le même Viollet-le-Duc. Elle est entièrement faite de chêne recouvert de plomb et pèse près de 750 t. À son sommet, une boule contient les reliques de saint Marcel, de sainte Geneviève et de saint Denis.

🎥 **Le square de l'Île-de-France :** derrière Notre-Dame, une fois traversé le pont de l'Archevêché. À l'origine, c'était un îlot séparé, appelé à la fin du XIIIe siècle « la Motte aux Papelards », puis « le terrain », où s'étaient accumulés gravats et déchets du chantier de construction de Notre-Dame. Il abrite maintenant le mémorial des Martyrs de la déportation. Les 200 000 pointes de cristal symbolisent les 200 000 morts de la déportation. Sur les quais de Seine, tout autour, en été, on y bronze, on y bronze.

🎥 Sur le *quai aux Fleurs,* au n° 9, montrez-lui la plaque indiquant l'emplacement approximatif de la maison d'Héloïse et d'Abélard. C'est l'occasion de lui raconter une histoire d'amour intemporelle : au XIIe siècle, le chanoine de Notre-Dame sollicite un professeur, Abélard, pour être le précepteur de sa jeune nièce Héloïse. Mais les rapports maître-élève évoluent rapidement, les regards dérobés croisant des regards de plus en plus fiévreux. Évidemment, Héloïse et Abélard tombent éperdument amoureux l'un de l'autre. Cependant, le chanoine ne l'entend pas de cette oreille et refuse d'accepter leur union. Jaloux, frustré, possessif ? Nul ne saura jamais quelles étaient ses motivations. Toujours est-il que les amants s'enfuient en Bretagne. Là, Héloïse met au monde un fils. Ragaillardis, ils rentrent tous trois à Paris. Mais le chanoine, qui n'a pas décoléré, envoie ses hommes de main châtrer Abélard (aïe !). De rage et de désespoir, Abélard se fait ordonner moine, fonde un oratoire et ne se consacre plus qu'à des activités spirituelles. En réponse, Héloïse prend le voile. Sa mort suivra de 22 ans celle d'Abélard, qu'elle rejoindra dans son cercueil... Cette histoire fit scandale jusqu'au XVIIe siècle, lorsqu'une abbesse décida finalement de séparer leurs ossements. Hier séparés, aujourd'hui réunis pour l'éternité, leurs gisants se trouvent au Père-Lachaise et sont régulièrement fleuris.

🎥 **Les rues des Ursins, Chanoinesse et de la Colombe,** rescapées des massacres haussmanniens, donnent encore une petite idée de l'atmosphère de l'île de la Cité autrefois. Racine vécut au n° 16, rue Chanoinesse (ainsi qu'au n° 7, rue des Ursins).

L'île Saint-Louis

L'île Saint-Louis a une histoire étonnante. D'abord nommée île Notre-Dame, elle fut scindée en deux par un canal vers 1360 (sur l'actuelle rue Poulletier), pour entrer dans l'enceinte de Charles V. Les deux parties de l'île restent en friche, fréquentées par les lavandières et les amoureux jusqu'au début du XVIIe siècle. Là, le canal est comblé, et l'île se couvre d'hôtels particuliers. Et, à partir de 1725, se nomme l'île Saint-Louis.
Son seul monument public est l'église du même nom, que l'on aperçoit de loin grâce à une grosse horloge accrochée comme une enseigne au-dessus de l'artère principale, la rue Saint-Louis-en-l'Île. On pourrait supposer que les habitants de cette île, les Ludoviciens, dont les appartements s'arrachent à coup de millions, jouissent encore d'une atmosphère de village, avec ses petits commerces et son absence de monuments. Eh bien, il semble que les boutiques d'objets d'art et autres produits du terroir attirent déjà les badauds, touristes ou parisiens, du moins dans l'artère principale.
Les quais sont plus calmes et révèlent une exceptionnelle unité des façades, par exemple sur les quais d'Anjou et de Bourbon, qui datent toutes, ou presque, du XVIIe siècle. Et puis, quelles que soient la saison et l'intensité de la lumière, cette île déclenche toujours chez nous une émotion des plus lyrique, tant sa beauté invite à la rêverie amoureuse... Si, si !

L'hôtel Lambert, au n° 1, quai d'Anjou, du nom de son premier propriétaire, conseiller du roi Louis XIII, est sans doute la plus belle demeure parisienne. Sa galerie ovale (avec terrasse et frise sculptée), dominant le quai d'Anjou et la Seine, ne peut être visitée puisque l'hôtel, après avoir été le domicile de Michèle Morgan, appartient aujourd'hui à Guy de Rothschild. Autre entrée (pour les carrosses) au n° 2, rue Saint-Louis-en-l'Île. Ne pas manquer également l'*hôtel de Lauzun,* là aussi l'un des plus beaux de l'île. Édifié en 1656 (et attribué à Le Vau !), il présente toujours ses magnifiques boiseries et plafonds peints. Se renseigner sur les jours et heures de visite (en principe, une fois par semaine).

Le quai de Bourbon : malheureusement, pour la plupart, les portes sont maintenant équipées de digicodes... sale manie ! Mais quelques curiosités quand même, pour le cas où... Au n° 11, *hôtel de Philippe de Champaigne,* très grand peintre et... valet de chambre de Marie de Médicis. Dans la cour, escalier à balustre. Au n° 15, *hôtel le Charron,* de 1637. Cour intéressante. D'abord, de chaque côté, élégants escaliers avec rampe en fer forgé. L'édifice en fond de cour possède une pittoresque mansarde à poulie. Au-dessus du porche, côté cour, tourelle d'angle sur trompe. Enfin, au n° 19, harmonieuse façade de l'*hôtel de Jassaud* avec trois frontons et beau portail. Là aussi, découvrez la cour avec son jardinet et sa statue au fond. Camille Claudel y travailla de 1899 à 1913.

🎬 *La rue Saint-Louis-en-l'Île :* elle ne possède pas beaucoup de beaux édifices à part l'*hôtel de Chemizot,* au n° 51. Remarquable par sa façade : portail surmonté d'un tympan sculpté, balcon en fer forgé porté par des chimères ; au-dessus, fronton triangulaire ornementé. Dans la cour, on retrouve le même foisonnement végétal sur la façade. À droite, escalier E, fort jolie rampe d'escalier.

🎬 *Le théâtre de l'Île-Saint-Louis :* 39, quai d'Anjou, 75004. ☎ 01-46-33-48-65. Ⓜ Pont-Marie. Installé dans les anciennes remises à carrosses d'un hôtel particulier, un adorable petit théâtre (le seul de l'île) « création et découverte », présentant de jeunes auteurs et musiciens du monde entier. Très intéressante programmation et bienheureuse intimité. Concerts en fin de semaine.

Le vieux quartier juif et le coin gay, la place des Vosges

4ᵉ

🎬 *La rue Sainte-Croix-de-la-Bretonnerie :* le cœur battant du Marais profond. Un des coins, avec la rue Vieille-du-Temple, massivement investis par la communauté gay. La bannière arc-en-ciel y flotte à tous vents. Bars, restos, salons de coiffure ou de beauté, agences de pub ou de communication, ils y vivent, ils y travaillent, y sortent et s'y sentent bien. Cette communauté, qui a toujours eu bon goût et su venir habiter dans les plus beaux quartiers, a ainsi contribué à rendre vie à celui-ci, déserté par les artisans et par les commerces de proximité à cause des loyers trop élevés. Tous les gays, pourtant, ne se reconnaissent pas dans cette atmosphère ni dans l'image de l'homosexualité qu'elle véhicule : trop outrée, un rien exhibitionniste, et en même temps, paradoxalement, l'image d'un microcosme trop renfermé sur lui-même. Alors certains passent leur vie dans le coin, de café en resto, de bar en bar, et y naviguent les yeux fermés, les autres se contentent d'y passer de temps à autre une bonne soirée entre amis, tandis qu'une troisième catégorie considère le secteur comme un ghetto et ne s'y retrouve pas. Cette évolution du quartier ne se passe pas sans quelques frictions, une partie de la population plus anciennement implantée a du mal à intégrer ce changement sociologique, d'autant que le militantisme gay emprunte parfois des voies qui dérangent : vêtements (quand il en reste), coiffure, piercing, etc. Il faut laisser un peu de temps au temps (comme dirait l'autre !), et, heureusement, les mentalités ont déjà bien changé : un couple unisexe qui se balade main dans la main ne choque plus grand monde. Tant mieux. Au final, l'un des coins les plus animés du Marais. Quand, ailleurs, la nuit, c'est un vrai désert de (belle) pierre, ici, on retrouve un peu l'atmosphère de ce que fut le Paris d'antan, mais avec une couleur nouvelle. Nombreux petits restos, vieux bars chaleureux, cafés-théâtres, boutiques pittoresques (certes, souvent assez chères !). De quoi rompre dans la bonne humeur mille solitudes... À l'angle de la rue Aubriot (ancienne rue Dupuits), Vierge dans une niche.

En face de l'église des Blancs-Manteaux part la **rue Aubriot,** l'une des voies du Marais qui ont conservé le plus de caractère. Nombreuses portes charretières.

La rue Vieille-du-Temple : elle existait déjà au XIIIe siècle sous le nom de Vieille-Rue-du-Temple. Bordée tout le long de vénérables demeures et hôtels particuliers. Remarquez, au n° 47, l'*hôtel Amelot de Bisseuils*, dit « des Ambassadeurs de Hollande », du XVIIe siècle. Tympan sculpté et l'une des plus belles portes du Marais avec ses médaillons et têtes de Méduse. Beaumarchais y habita le temps d'écrire *Le Mariage de Figaro* et d'organiser le trafic d'armes pour les insurgés américains pendant la guerre d'Indépendance. Il se ruina à demi dans l'affaire, les insurgés, après leur victoire, ne lui ayant jamais payé ces armes ! Possibilité d'admirer la cour intérieure.
Passez ensuite tranquillement devant l'hôtel de Rohan, pour enfiler la rue de la Perle (appelée rue Crucifix-Maquereau au XVIe siècle, du fait de la concentration de prostituées autour d'une croix qui s'y trouvait).

La rue du Roi-de-Sicile : rue qui musarde, tout en décrochements, avancées, et méprisant le terme « frappé d'alignement ». Aujourd'hui, la rue du Roi-de-Sicile possède encore de nombreuses et pittoresques boutiques et des artisans, comme la pâtisserie du n° 30 (maison à pignon et grille ancienne) et l'ancienne boucherie chevaline à l'angle de la rue Vieille-du-Temple (décorée en mosaïque).

Le vieux quartier juif : la **rue des Rosiers** en est l'épicentre. L'un des coins les plus attachants et les plus vivants du Marais. Ancien chemin de ronde de l'enceinte de Philippe Auguste, avec des jardins plantés de nombreux rosiers. Jusqu'à la fin du XIXe siècle, la place Saint-Paul était surnommée « place aux Juifs ». Il est peu probable qu'en 1900 on doive à une coïncidence le changement de la rue aux Juifs en rue Ferdinand-Duval, alors que la France était en plein délire antisémite après l'affaire Dreyfus.
L'esprit communautaire a préservé le quartier de la désertification du reste du Marais et lui a conservé son caractère populaire et villageois. Ici, tout le monde se connaît. L'esprit solidaire de la communauté juive transparaît. La rue des Écouffes, en été, prend le visage d'une place méditerranéenne, et on y trouve le soleil arrêté par les toits.
Les rues du quartier sont bordées de nombreuses vieilles maisons pittoresques. Au n° 20, rue des Écouffes, mourut le peintre Philippe de Cham-

paigne. Flânant *rue des Hospitalières-Saint-Gervais,* vous vous interrogerez peut-être sur l'origine des deux têtes de taureaux d'inspiration égyptienne ornant l'école qui se trouve entre les n°s 6 et 10 (dont tous les enfants furent déportés). Elles indiquaient l'ancien pavillon de boucherie du marché des Blancs-Manteaux. Vous pouvez encore distinguer, aux n°s 6 et 10, les inscriptions « École primaire de jeunes israélites ». Les enfants du quartier égayent aujourd'hui la rue de leurs jeux de ballon.
– Pour déguster une pâtisserie, c'est juste en face, *Chez Finkelsztajn,* qu'il faut faire halte, au 27, rue des Rosiers. Ils ont ouvert aussi une succursale au 24, rue des Écouffes. Belle façade de mosaïque.

🎭 *La rue Pavée* porte ce nom depuis 1450 parce qu'elle fut la première rue pavée de Paris. Au n° 12, derrière une porte à code, belle cour encadrée par un hôtel du milieu du XVIIe siècle où habita Tronchet, l'avocat de Louis XVI. Sur la droite, petit escalier du XVIIIe siècle, porté par une poutre de maintien, et façade à encorbellement. À gauche, encore un bel escalier monumental. Au n° 10, une synagogue réalisée par Guimard au début du XXe siècle. L'architecte a choisi une façade convexe pour donner une impression de largeur dans cet espace étroit.
À l'angle de la rue Pavée et de la rue des Francs-Bourgeois : une échauguette, tourelle carrée qui permettait d'observer les deux rues dans leurs quatre directions. Dans la cour, façade à pilastres corinthiens, premier exemple parisien d'ordre colossal ; décoration à têtes de lions, arcs, flèches et carquois qui rappelle la passion de Diane de France pour la chasse.

🎭🎭 *La rue des Francs-Bourgeois :* à cheval sur le 3e et le 4e arrondissement. Prenez-la au niveau de la rue Pavée pour rejoindre la rue Vieille-du-Temple. Une curiosité : certaines boutiques de mode ont conservé les anciennes devantures, témoignages du caractère populaire du quartier autrefois. Ainsi, au n° 7, ancien boucher dont on note les crochets qui courent en haut tout du long. À l'angle des rues de Sévigné et des Francs-Bourgeois, ex-boulangerie-pâtisserie au décor extérieur typique, et au n° 29, boulangerie avec bel émail figurant un moulin à farine. Succession d'hôtels aux façades toutes originales : au n° 31, l'*hôtel d'Albret,* avec sa porte sculptée, ses lions au tympan et son balcon ouvragé, date de 1550 (façade sur rue de 1700). Au n° 37, l'*hôtel de Coulanges* (aujourd'hui maison de l'Europe). Au n° 26, l'*hôtel de Sandreville* (avec façade Louis XVI). Au n° 39, une *maison* du XVIIe siècle. Au n° 30, l'*hôtel d'Almeyras* (beau portail et alliance harmonieuse, dans la cour, de la pierre et de la brique rouge). Notez peu après, au n° 36, une vieille pharmacie, avec ses comptoirs de bois sculptés et ses pots anciens.
Aux n°s 34-36 s'élevait au XIVe siècle une « maison d'aumône » qui abritait les pauvres dispensés de taxes. Ces « francs-bourgeois » donnèrent leur nom à la rue. Au n° 38, pittoresque *passage des Arbalétriers* communi-

quant à travers des cours avec la rue Vieille-du-Temple. Tout du long, maisons à encorbellement. Celles de droite sont très restaurées. Celles de gauche datent de 1600.

🎯 **La place du Marché-Sainte-Catherine :** entre la rue de Sévigné et la rue de Turenne. L'une de nos places préférées. Croquignolette, adorable, transformée récemment en espace piéton avec un beau dallage. En plus, plusieurs bancs publics semblent spécialement conçus pour les amoureux ! Donne aussi sur la rue de Jarente, elle-même bordée de belles cours et d'une vieille fontaine.

🎯🎯🎯 **L'hôtel de Sully :** 62, rue Saint-Antoine, 75004. Aujourd'hui Monum, *Centre des monuments nationaux.* ☎ 01-44-61-20-00. • www.monum.fr • Ⓜ Saint-Paul ou Bastille. On trouve sur place une librairie (qui possède un magnifique plafond décoré) richement documentée sur le patrimoine français, ouverte tous les jours de 10 h à 19 h, ☎ 01-44-61-21-75 ; un centre d'information ouvert du lundi au vendredi de 9 h à 12 h 45 et de 14 h à 18 h (17 h le vendredi), ☎ 01-44-61-21-50 ; et un centre d'expositions photographiques temporaires, fermé le lundi, ☎ 01-42-74-47-75. Intéressantes visites-conférences : ☎ 01-44-54-19-30.
Prestigieux hôtel du quartier, construit en 1624 dans le plus pur style Renaissance, pour Sully, ministre d'Henri IV. Deux entrées au choix : par la place des Vosges (c'est celle que l'on préfère !) et sa petite porte dérobée à l'angle sud-ouest de la place, qui s'ouvre sur un jardin à la française pour nous transporter, comme par magie, dans un autre temps et loin de la pollution parisienne. Sinon, plus simplement, par la cour d'honneur rue Saint-Antoine, au portail de toute beauté, richement sculpté, derrière lequel Voltaire reçut la bastonnade.
Dans le jardin, un petit cadran solaire et l'orangerie, destinée autrefois à protéger les arbres exotiques. Les hivers étaient rudes alors, et il n'était pas rare qu'on débite le vin... à la hache. Les amateurs de 7e art reconnaîtront le décor extérieur de certaines scènes des *Liaisons dangereuses* version américaine avec Glenn Close, Michelle Pfeifer et John Malkovich.

🎯🎯🎯 **La place des Vosges :** la plus belle place de Paris, à notre avis. Elle fut inaugurée deux ans après la mort d'Henri IV, à l'occasion du mariage de Louis XIII et d'Anne d'Autriche, en 1612. D'une ordonnance parfaite (108 m de côté), entourée d'une quarantaine de pavillons sur arcades, construits avec un grand raffinement de tons : toits bleus très pentus en ardoise d'Angers, arcades et encadrements de fenêtres en pierre blanche et brique rouge (pour certains bâtiments, il ne s'agit que d'un enduit imitant la brique ; on ne nous la fait pas !). Les pavillons du Roi et de la Reine, au nord et au sud, sont un peu plus élevés que les autres. Victor Hugo y habita de 1832 à 1848. Au n° 8 résidèrent Théophile Gautier et Alphonse Daudet. Y vécut aussi l'humoriste Francis Blanche.

Au-dessus de l'arc monumental de la rue de Béarn, le *pavillon de la Reine,* à frontons arrondis et triangulaires, ce qui lui donne du rythme. Fleur de lys au sommet des pointes de la toiture. Sous Louis XIII, toute la Cour voulait y habiter. Quand celle-ci partit pour Versailles, grands bourgeois, financiers et riches marchands l'occupèrent à leur tour. C'est toujours une adresse prestigieuse. Profusion de portes sculptées, escaliers monumentaux, rampes splendides, cours et jardins intérieurs. Au n° 21 (parmi tant d'autres), jolie cour verdoyante, ancien hôtel de Richelieu, où le cardinal habita avant que le Palais-Cardinal (l'actuel Palais-Royal) ne fût achevé.
Sous les arcades, de belles boutiques, des antiquaires et des salons de thé. Une vraie fête pour les yeux. Le jardin central est un lieu de promenade dominicale très apprécié.

Où pique-niquer ?

– *Sur les quais de l'île Saint-Louis :* descendez les escaliers face au n° 21, quai de Bourbon, face au n° 41, voire face au n° 24, quai d'Orléans. Sur la jetée, des canards guettent les miettes de votre sandwich, tandis que Notre-Dame s'avance lentement dans la Seine. De nombreux bancs vous permettront de profiter du panorama avant d'entamer le tour de l'île par les quais.

5ᵉ ARRONDISSEMENT

Que reste-t-il des 3 000 étudiants frondeurs qu'Abélard entraîna sur la montagne Sainte-Geneviève pour disserter en latin, il y a près de huit siècles ? Une prestigieuse réputation universitaire et... son histoire d'amour passionnée avec Héloïse. Fréquenté de tout temps par des artistes en quête d'inspiration, le 5ᵉ vous séduira grâce aux nombreuses balades sentimentales qu'il propose. Si l'animation est toujours garantie dans le coin de la Huchette, la Contrescarpe est plus tranquille et le Jardin des Plantes se révèle un lieu magique !

Où dormir ?

Coups de cœur

🛏 **Hôtel de l'Espérance :** 15, rue Pascal, 75005. ☎ 01-47-07-10-99. Fax : 01-43-37-56-19. ● www.hoteldelesperance.fr ● Ⓜ Censier-Daubenton ou Gobelins. ♿ TV. Câble. Mieux vaut réserver et présenter des garanties de paiement à la patronne. Chambres doubles à 79 € avec douche et w.-c., 87 € avec bains. Petit déjeuner à 7 €. Dans une petite rue à sens unique (donc plutôt calme) calée entre le boulevard de Port-Royal et le square Saint-Médard (à deux pas de la rue Mouffetard et de son marché), voici un 2-étoiles pour le prix d'un 3-étoiles. Mme Aymard, à l'accent slave jovial, et son époux auvergnat aux airs d'Eddy Mitchel vous accueillent dans cet hôtel de 38 élégantes petites chambres toutes équipées d'une salle de bains en marbre, aux tissus assortis et aux lits façon baldaquin pour les chambres avec bains. Le rez-de-chaussée coloré de cet établissement est tout aussi soigné : on y découvre un charmant jardin pour petits déjeuners printaniers. Salon et TV, napperons et cache-pots brodés par la patronne elle-même !

🛏 **Hôtel de la Sorbonne :** 6, rue Victor-Cousin, 75005. ☎ 01-43-54-58-08. Fax : 01-40-51-05-18. ● www.hotelsorbonne.com ● Ⓜ Cluny-La Sorbonne ; RER B : Luxembourg. Entrée sous le porche. TV. Satellite. Accès Internet. Wi-fi. Chambres doubles de 110 à 130 € avec douche et w.-c. ou bains ; petit dej' à 8 €. Au cœur de l'animation du quartier étudiant et surtout en face de la vénérable Sorbonne, ce petit hôtel de charme a été récemment rénové. Chaleureuse et colorée, la déco joue à la fois la carte contemporaine et rétro et respecte bien l'atmosphère feutrée des lieux. Dans le joli petit salon, on petit déjeune agréablement. Une adresse intime et douillette.

Coups de foudre

Familia Hôtel : 11, rue des Écoles, 75005. ☎ 01-43-54-55-27. Fax : 01-43-29-61-77. ● www.hotel-paris-familia.com ● Ⓜ Cardinal-Lemoine ou Jussieu. ♿ Parking payant. TV. Câble. Ouvert toute l'année ; réserver à l'avance. Chambres doubles de 87 à 119 € avec douche ou bains ; petit dej' à 6 €. Au *Familia Hôtel,* on est accueilli dans les règles de l'art, à la Gaucheron, pourrait-on dire, du nom de la famille qui possède cet établissement depuis deux générations. Le cadre est soigné, confortable, aux inspirations médiévales avec ses tissus et tapisseries aux murs, sa bibliothèque de livres anciens et un trompe-l'œil dans l'entrée. Côté chambres, on a le choix : pierres à la bouchardé, parquet, fresques murales sur le thème des monuments de Paris, avec balcons et guéridon, ou vue sur Notre-Dame (5e et 6e étage). Une adresse familiale bien tenue en plein Quartier latin.

Hôtel Saint-Jacques : 35, rue des Écoles, 75005. ☎ 01-44-07-45-45. Fax : 01-43-25-65-50. ● www.paris-hotel-stjacques.com ● Ⓜ Maubert-Mutualité ; RER B : Cluny-La Sorbonne. ♿ TV. Satellite. Accès Internet. Préférable de réserver (et de confirmer sa réservation par mail ou par fax). Chambres doubles de 100 à 130 € avec douche ou bains. Un 2-étoiles de charme en plein cœur du Quartier latin. Installé dans un immeuble XIXe très stylé avec ses fresques signées Amblard et son bel escalier qui servit pour le tournage du mythique *Charade* avec Audrey Hepburn et Cary Grant, il offre (façon de parler) 35 chambres vastes et joliment décorées – on murmure même que les moulures sont d'époque. Demander les chambres sous les toits (un peu moins chères) ou celles d'angle, avec balcon et vue sur le Panthéon. Installation d'une borne Internet pour la clientèle dans l'hôtel. Accueil charmant. Faites-vous plaisir en réservant la chambre nuptiale avec son baldaquin et son coin salon.

Minerve Hôtel : 13, rue des Écoles, 75005. ☎ 01-43-26-26-04. Fax : 01-44-07-01-96. ● www.hotel-paris-minerve.com ● Ⓜ Jussieu, Maubert-Mutualité ou Cardinal-Lemoine. Parking payant. TV. Satellite. Câble. Accès Internet. Wi-fi. Chambres doubles de 100 à 134 € avec douche ou bains ; petit déjeuner-buffet à 8 €. Même proprio que le *Familia Hôtel* (voir plus haut). 54 chambres totalement rénovées, avec pierre apparente et balcon ou, plus spacieuses, avec un petit patio côté cour. On est au calme (comme dans les chambres n°s 501 ou 502), le personnel est avenant, aux petits soins, et si vous souhaitez vous faire plaisir, la « suite » du 6e avec tissus anciens, poutres et vieilles pierres, reste très abordable. Très bon rapport qualité-prix, et avec un patron omniprésent qui connaît son métier. Des chambres ont vue sur Notre-Dame et quatre sont de style cathédrale. Que peut-on rêver de plus romantique ? Très bon confort. 10 % sur le prix de la chambre (du 4 janvier au 27 février, du 1er au 31 août et du 25 novembre au 25 décembre) offerts à nos lecteurs sur présentation de ce guide.

🛌 *Hôtel des Grandes Écoles :* 75, rue du Cardinal-Lemoine, 75005. ☎ 01-43-26-79-23. Fax : 01-43-25-28-15. • www.hotel-grandes-ecoles.com • Ⓜ Cardinal-Lemoine ou Monge. Parking payant. Nécessité de réserver longtemps à l'avance, cette adresse étant très prisée des Américains amoureux de Paris. Chambres de chaque côté de l'impasse, soigneusement tenues et arrangées avec goût, entre 110 et 135 € avec douche et w.-c. ou bains ; petit déjeuner à 8 €. La campagne à Paris, tout simplement incroyable ! Situé dans une impasse privée à deux pas de la place de la Contrescarpe, cet hôtel est en fait une délicieuse maison de caractère du XIXe siècle avec jardin verdoyant et courette pavée. Charme un peu désuet et tranquillité garantis. On loge soit dans le bâtiment principal, soit dans les bâtiments qui entourent l'impasse et le jardin. Ça fait bien longtemps que la gentille propriétaire et sa fille accueillent avec le sourire les voyageurs de tous pays. Dès les beaux jours, on peut prendre le thé dans le jardin, même si l'on n'est pas client de l'hôtel. Télévores, évitez cet hôtel. Ici, on veut avoir la paix !

Coups de folie

🛌 *Hôtel de Notre-Dame :* 19, rue Maître-Albert, 75005. ☎ 01-43-26-79-00. Fax : 01-46-33-50-11. • www.hotel-paris-notredame.com • Ⓜ Maubert-Mutualité ou Saint-Michel ; RER B : Saint-Michel-Notre-Dame. TV. Câble. Chambres doubles avec douche ou bains, mini-bar, sèche-cheveux, coffre-fort et téléphone de 155 à 175 €. Situé dans une ruelle tout droit sortie d'un film de Marcel Carné, ce petit hôtel de 34 chambres n'est qu'à quelques mètres de la Seine et de Notre-Dame. Plafonds à poutres et pierres de taille, mais mobilier basique dans les chambres, contrairement à ce que laisserait croire l'accueillante entrée : il faut dire qu'il a fallu composer avec les petites chambres. Pas de clim', sauf au dernier étage. Dans la même rue, toute proche, ne manquez pas l'excellente table *L'Atelier Maître Albert* (voir plus loin). Et existe-t-il à Paris plus belle vue que celle de la chambre n° 50 ?

🛌 *Sélect Hôtel :* 1, pl. de la Sorbonne, 75005. ☎ 01-46-34-14-80. Fax : 01-46-34-51-79. • www.selecthotel.fr • Ⓜ Cluny-La Sorbonne ; RER B : Luxembourg. TV. Satellite. Chambres doubles avec douche ou bains, AC, sèche-cheveux et téléphone entre 159 et 185 € ; petit dej' compris. Une architecture résolument contemporaine et très réussie, depuis le salon avec la cheminée au gaz, alimentée par une roche volcanique, jusque dans les chambres, rénovées pour la plupart. Tons beiges et déco très design, où ont été intégrées les poutres d'origine et la pierre. Beaucoup de cachet. Toilettes séparées de la salle de bains. La vue sur la prestigieuse Sorbonne ou sur la place est un atout incontestable. Personnel discret et attentionné.

🛏 *Hôtel Henri IV :* 9-11, rue Saint-Jacques, 75005. ☎ 01-46-33-20-20. Fax : 01-46-33-90-90. • www.hotel-henri4.com • Ⓜ Cluny-La Sorbonne ou Maubert-Mutualité. TV. Satellite. Accès Internet. Wi-fi. Chambres doubles à 167 €. Petit dej' à 11 €. Contraste saisissant quand on quitte la bruyante et agitée rue Saint-Jacques pour pénétrer dans cet hôtel raffiné à la lumière enveloppante. Tableaux et mobilier anciens, cheminée du XVIIe, gravures, tomettes, boiseries et azulejos portugais confèrent au hall d'entrée une âme. Les chambres, toutes identiques, sont douillettes avec leur couleur apaisante et leur couvre-lit bouti à fleurs. On choisit soit le calme absolu des chambres sur cour, soit celles donnant sur la rue avec leur vue plongeante sur l'église Saint-Séverin. Une adresse agréable pour se reposer du tumulte parisien.

🛏 *Hôtel du Panthéon :* 19, pl. du Panthéon, 75005. ☎ 01-43-54-32-95. Fax : 01-43-26-67-65. • www.hoteldupantheon.com • Ⓜ Cardinal-Lemoine ; RER B : Luxembourg. TV. Câble. Chambres doubles de 225 à 255 € en haute saison, avec douche ou bains. Petit dej' à 12 €. Toutes les chambres sont climatisées et ont une prise modem. Un bel hôtel face au Panthéon. 36 chambres aux couleurs chatoyantes, confortables et élégantes avec rideaux à ramages. Celles qui ont vue sur la coupole du Panthéon, plus chères, ont des toilettes séparés de la salle de bains. En période d'affluence, n'hésitez pas à vous rabattre sur son voisin, l'*hôtel des Grands Hommes,* qui appartient au même propriétaire. Les prestations sont identiques (les prix aussi !) mais ce dernier, à la déco Empire, est plus dans la mouvance campagne napoléonienne que campagne bucolique. Au 1er étage, quelques chambres avec vue sur cour (comme la n° 15) ont un balcon avec tables et chaises. Avis aux littéraires : l'hôtel est l'ancien repaire des peintres et écrivains surréalistes. Excellente surprise : une demi-bouteille de champagne est offerte à nos amoureux pour leur éveiller les sens !

🛏 *Hôtel Parc Saint-Séverin :* 22, rue de la Parcheminerie, 75005. ☎ 01-43-54-32-17. Fax : 01-43-54-70-71. • hpss@espritfrance.com • Ⓜ Saint-Michel ou Cluny-La Sorbonne. TV. Satellite. Wi-fi. Clim'. Chambres doubles avec douche et w.-c. ou bains, minibar, sèche-cheveux et coffre-fort de 130 à 195 € ; quelques suites jusqu'à 295 €. Cet hôtel donne sur une rue piétonne, vous préservant ainsi des bruits de la circulation. Meublé avec goût, mélangeant styles 1930 et contemporain, et très confortable. Au 7e étage (avec ascenseur), la suite n° 70 est un véritable enchantement avec sa terrasse panoramique sur laquelle vous pouvez prendre le petit déjeuner ou simplement contempler les toits de Paris en compagnie de votre dulcinée. Si elle est déjà prise (ou si vous préférez ne pas vous brouiller définitivement avec votre banquier), les chambres n° 60 et 61 au 6e étage ont une terrasse et la chambre n° 62 un balcon (moins chère). Les chambres n° 50 et 12 sont spacieuses mais sans dégagement extérieur. Celles qui donnent sur l'église Saint-Séverin sont à demander en priorité. Vous n'entendrez le carillon des cloches que le dimanche matin, à travers le double vitrage.

Où manger ?

Coups de cœur

Amore Mio : 13, rue Linné, 75005. ☎ 01-45-35-83-95. Ⓜ Jussieu. Ouvert tous les jours de 12 h à 15 h et de 19 h à 23 h. Congés annuels : du 24 décembre au 3 janvier. Menus à 11,90 et 13,90 € le midi (sauf le dimanche), puis à 16,50 et 24 € le soir. Dans ce qui fut, mais il y a longtemps, une ferme, puis un chai (la halle aux vins était toute proche), il ne faut pas résister au plaisir de goûter à une agréable cuisine transalpine, pour une fois peu onéreuse, généreuse et de bonne facture. Aux beaux jours, tout particulièrement le dimanche, la terrasse – également protégée des intempéries – fait le bonheur des amoureux. Le Jardin des Plantes, à deux pas, tend ses bras ; les arènes de Lutèce, plus secrètes, attendent la visite des amoureux... *Amore mio...* Apéritif maison offert à nos lecteurs sur présentation de ce guide.

Louis Vins : 9, rue de la Montagne-Sainte-Geneviève, 75005. ☎ 01-43-29-12-12. Ⓜ Maubert-Mutualité ou Cluny-La Sorbonne. Ouvert tous les jours de 12 h à 15 h et de 19 h à 22 h 30 (23 h le week-end, mais penser à réserver). Formules à 15 € le midi (plat + boisson et café), puis 23 et 26 €. Toute nouvelle adresse gastronomique qui n'a pas tardé à trouver sa clientèle de fans. Fifi, qui tenait avant, avec succès, *La Grange* à Boulogne, a eu le bourdon de Paris et a ouvert ce beau lieu ménageant tout à la fois espace et intimité. Tables bien séparées, lumières harmonieusement réparties, pour une sérieuse cuisine aux élans inspirés s'appuyant avant tout sur les bons produits. Plusieurs entrées et plats au choix, et des formules séduisantes ne commettant aucun attentat au portefeuille. Plats de facture classique, plutôt bistrotiers, mais toujours agrémentés d'une touche personnelle... Amoureux du vin, le patron propose ses « vins d'émoi », une sympathique sélection de p'tits crus de propriété dans les 25-30 €. Cartes de paiement refusées.

Coups de foudre

|●| *Le Vin Sobre* : 25, rue des Feuillantines, 75005. ☎ 01-43-29-00-23. Ⓜ Monge ; RER B : Port-Royal ou Luxembourg. Ouvert tous les jours, midi et soir ; service jusqu'à 22 h 45 ; vin, charcuterie et fromage jusqu'à 1 h 30. Congés annuels : du 24 décembre au 3 janvier, et au 15 août. À l'ardoise, compter de 22 à 28 € pour un repas. Le nom de ce bistrot à la cuisine épatante évoque un village des Côtes du Rhône. Le vin y est à l'honneur, au verre, en pot (une quinzaine de références) ou en bouteille (120 références), à prix plutôt doux. Quant aux produits, frais et de première qualité, ils sont apprêtés avec un vrai savoir-faire, sans frime. Du tartare d'avocat-crevettes et bulots aux figues rôties au vin rouge et sorbet, en passant par la côte de veau du Limousin aux champignons de saison, ce n'est que du bon, du très bon même ! Beau poisson également. Les horaires, le cadre simple et accueillant, avec sa terrasse à un jet de pierre du Val-de-Grâce chauffée aux premiers froids, le service, sympathique et efficace : autant d'atouts qui font de cette adresse un vrai coup de foudre.

|●| *ChantAirelle* : 17, rue Laplace, 75005. ☎ 01-46-33-18-59. Ⓜ Cardinal-Lemoine ou Maubert-Mutualité ; RER B : Luxembourg.. Service de 12 h à 14 h et de 19 h à 22 h 30. Fermé les samedi midi et dimanche. Congés annuels : 1 semaine autour du 15 août. Menus à 16 € le midi (entrée, plat, dessert et un verre de vin), à 21 et 32 € le soir (entrée, plat et dessert). Une ambassade du Livradois-Forez (Auvergne) tenue par un militant pur et dur des produits de son terroir, qui sont d'ailleurs vendus à emporter. Des spécialités rustiques qui font chaud au cœur : chou farci Yssingeaux à l'ancienne, pounti auvergnat... Cuisine copieuse et roborative... Excellent pain et petits vins locaux (qui a dit qu'en Auvergne il n'y avait que de l'eau ?). Cadre agréable et montagnard ; en fond sonore, chants d'oiseaux et croassements de grenouilles. Belle et reposante terrasse de jardin (pensez à y réserver votre table). Bonne petite carte de vins et d'eaux minérales à découvrir. Destiné aux couples lassés des repas d'amour et d'eau fraîche. Une assiette-dégustation de fromages fermiers d'Auvergne (pour la table) offerte à nos lecteurs sur présentation de ce guide.

|●| *Le Café des Isles* : 111, rue Monge, 75005. ☎ 01-47-07-55-55. Ⓜ Place-Monge ou Censier-Daubenton. Ouvert tous les jours de 12 h à 15 h et de 19 h à 23 h. Congés annuels : 3 semaines en été et 2 semaines en hiver. Formule buffet intéressante à 9,80 € à midi avec entrée, plat et dessert, 18 € le soir avec boisson en prime. Plat du jour à 6,80 €. Le soir, prévoir aux alentours de 30 €. Sous des palmiers, dans un cadre qui rappelle les terrasses ensoleillées des îles, ce resto seychellois fait la part belle au poisson et notamment au *bourgeois* directement importé, et dont la chaire délicate, sans arête, saura certainement vous combler. Préparez-vous aussi à un voyage gustatif avec les *achards,* accompagnement à base de choux et de choux-fleurs au safran ou avec une purée de pistaches que les amateurs d'épices ne renieront pas ! Sans oublier les *samossas* au requin ou les tartares de thon. Salon jonché de vrai sable blanc pour attendre avec un vieux rhum ou pour papoter avec le cuisinier au rire communicatif. Le soir, panorama vidéo où vous pouvez passer la cassette de votre voyage de noces... En été, petite terrasse bien cachée derrière les bambous. Ne manque plus que le hamac pour piquer un somme... Une autre adresse, le *Coco de Mer,* un peu plus cher, au 34, bd Saint-Marcel.

Chez Léna et Mimile : 32, rue Tournefort, 75005. ☎ 01-47-07-72-47. Ⓜ Censier-Daubenton. Ouvert de 12 h à 14 h 30 et de 19 h 30 à 23 h 30. Fermé les dimanche et lundi. Congés annuels : en mars. Le midi, menu à 15 € ; le soir, menu complet à 39 €. À la carte, compter 28 € environ. Le restaurant a certes été agrandi mais c'est surtout la terrasse en surplomb qui donne tout son charme à l'endroit. De plus, la circulation est quasi inexistante et ne couvrira donc pas vos doux mots d'amour... À préférer, donc, par beau temps. La cuisine est très convenable : bonne pièce de bœuf au beurre d'herbes. Le menu comprend une entrée, un plat, un dessert, une bouteille de vin pour 2 personnes et le café. Apéritif maison offert à nos lecteurs sur présentation de ce guide.

Coups de folie

L'Atelier Maître Albert : 1, rue Maître-Albert, 75005. ☎ 01-56-81-30-01. Ⓜ Maubert-Mutualité. Fermé le samedi midi et le dimanche. Congés annuels : 15 jours en août. Au déjeuner en semaine, formule à 23 € et menu complet à 28 €. Compter environ 50 € à la carte. On connaît Guy Savoy pour son célèbre 3-étoiles de la rue Troyon et sa galaxie de « bistrots de chef », *Les Bouquinistes,* le *Cap Vernet,* le *Butte Chaillot... L'Atelier Maître Albert* joue cependant dans une autre catégorie : plus resto que bistrot, avec un décor superbe signé Jean-Michel Wilmotte, qui a réussi à préserver les pierres, les poutres et la grande cheminée tout en saupoudrant l'ensemble de touches design du meilleur goût. Le bar est sans doute l'espace le plus réussi, avec ses tabourets face aux dizaines de (très bons) vins : chic, très chic. La cuisine joue le contraste de la simplicité, dans un esprit rôtisserie : magrets, pièces de bœuf, poulets sont servis avec des gratins (de potiron, dauphinois) dans de petits caquelons en fonte noire. Et le chariot de desserts permet de finir sur des parfums d'enfance.

🍽 *L'Atlas :* 10-12, bd Saint-Germain, 75005. ☎ 01-46-33-86-98. Ⓜ Maubert-Mutualité. ♿ Ouvert de 12 h à 14 h 30 et de 19 h 30 à 23 h. Fermé le lundi et le mardi midi. À la carte uniquement, compter 30 € sans la boisson. Après une visite à l'Institut du monde arabe, prolongez votre voyage en prenant place dans ce restaurant au décor des *Mille et une Nuits.* Benjamin el-Jaziri, qui a un temps travaillé dans de grandes maisons, nous propose une cuisine fidèle à ses origines marocaines (couscous et tajines) mais allégée de ses sucres et matières grasses. En dehors de ces classiques, une incontestable inventivité : gambas grillées au paprika, quartier d'agneau à la mauve, pastilla au pigeon ou perdreau aux châtaignes (en saison). Accueil chaleureux et service attentionné. Certes, ce n'est pas donné, mais on vous le répète : quand on aime, on ne compte pas ! Digestif maison offert à nos lecteurs sur présentation de ce guide.

🍽 *Mavrommatis le Restaurant :* 42, rue Daubenton, 75005. ☎ 01-43-31-17-17. Ⓜ Censier-Daubenton. Ouvert de 12 h à 14 h 15 et de 19 h à 23 h. Fermé les dimanche et lundi. Congés annuels : en août. Formule entrée + plat ou plat + dessert à 22 € le midi en semaine ; menu à 34 € ; à la carte, prévoir 46,50 € sans la boisson. La gastronomie grecque dans un cadre de maison athénienne du début du XXe siècle. Délicieuses spécialités hellènes et chypriotes, que l'on peut déguster en terrasse dès les beaux jours. Moussaka, bien sûr, espadons, gambas à l'ouzo et spécialité d'agneau. Évidemment, l'amour a un prix...

🍽 *Le Coupe-Chou :* 9, rue Lanneau, 75005. ☎ 01-46-33-68-69. Ⓜ Cluny-La Sorbonne. Ouvert tous les jours midi et soir sauf le dimanche midi ; en août, uniquement le soir. Menus à 22 € (plat + dessert) et 32 €. Logé au creux d'une ruelle du Vieux Paris, à l'ombre du Collège de France, une auberge de charme pour vos dîners en tête-à-tête. Feux crépitant dans la cheminée, poutres, escalier en colimaçon et petits salons en alcôve : tout y est pour la/le charmer ! Côté cuisine, les plats sont corrects, sans surprise mais bien servis, comme le navarin d'agneau ou la lotte provençale. Bons petits vins pas trop chers. Le service est aux petits soins et l'accueil charmant.

Salons de thé

☕ *Le Café Maure de la mosquée de Paris :* 39, rue Geoffroy-Saint-Hilaire, 75005. ☎ 01-43-31-18-14. Ⓜ Jussieu ou Place-Monge. Ouvert tous les jours de 10 h à minuit (pris d'assaut durant le week-end). Thé et pâtisseries à partir de 2 €. Avec ses colonnes, ses arcades, ses belles faïences et son patio, *Le Café Maure* vous transporte instantanément dans les jardins de l'Alhambra ou à la cour d'un riche calife. Hélas, victime de son succès, cet ancien havre de paix se transforme peu à peu en usine à touristes en quête d'exotisme.

▸ *Le Ziryab – restaurant de l'Institut du monde arabe :* 1, rue des Fossés-Saint-Bernard, au 9ᵉ étage de l'Institut du monde arabe, 75005. ☎ 01-53-10-10-16. Ⓜ Jussieu ou Cardinal-Lemoine. Ouvert de 12 h à 14 h 30 et de 19 h 30 à 23 h. Salon de thé de 15 h à 18 h. Fermé les dimanche soir et lundi. À la carte, compter environ 60 €. Au 9ᵉ et dernier étage de cet incroyable édifice réalisé par Jean Nouvel en 1981, vous pourrez déguster un thé à la menthe accompagné de pâtisseries tout en régalant vos yeux d'une vue exceptionnelle sur le cœur de Paris, et prendre par là même des couleurs en terrasse, si le soleil est au rendez-vous !

Où manger une glace ?

▸ *Gelati d'Alberto :* 45, rue Mouffetard, 75005. ☎ 01-43-37-88-07. Ⓜ Place-Monge. Ouvert en mars, avril et octobre de 12 h 30 à minuit et demi ; de mai à septembre de 12 h 30 à minuit (minuit et demi et plus le week-end). Congés annuels : de novembre à février. Compter 3 € pour 2 parfums, 4 € pour 3 parfums et 5 € pour 4 parfums. Alberto fabrique chaque matin 36 parfums : les classiques (citron, framboise...), les gourmands (crème caramélisée, *Nutella*...) et les originaux (laissez-vous tenter par le yaourt). La forme sympathique des glaces réchauffera tous les cœurs, elles se savourent pétale par pétale. Très bon rapport qualité-prix-accueil. Pour les insatiables, les glaces sont aussi vendues au litre. Également une autre adresse : 12, rue des Lombards, 75004.

Où boire un verre ?

▸ *Café de la Nouvelle Mairie :* 19, rue des Fossés-Saint-Jacques, 75005. ☎ 01-44-07-04-41. RER B : Luxembourg. Ouvert les lundi et vendredi de 9 h à 21 h et du mardi au jeudi de 9 h à minuit. Congés annuels : en août. Verres de vin (du naturel !) de 3 à 6 €. Assiettes de charcuterie, de fromage et auvergnate à 10 €. Plats entre 8 et 12 €. Ambiance néorétro pour ce bar à vin un peu jazzy avec le vieux zinc et les chaises de bistrot bien patinées dans des teintes sobres et élégantes. Juste en face d'*Universal Music,* la célèbre maison de disques. C'est ici que talents de tout poil se retrouvent au milieu d'une clientèle de fidèles, heureuse de boire un bon vin de pays, choisi avec soin par le patron. Dommage que l'on privilégie ceux qui dînent en soirée ! Belle terrasse en été. Cartes de paiement refusées.

🍸 *L'Envol Québécois :* 30, rue Lacépède, 75005. ☎ 01-45-35-53-93. Ⓜ Place-Monge. Ouvert tous les jours de 16 h 30 à 2 h. Congés annuels : 2 semaines en août. Restauration le soir uniquement : plat autour de 14 €. À la pression, une québécoise, la Belle Gueule, artisanale et bien goûteuse. En bouteilles, encore des québécoises. Essayez le kir québécois (sauvignon-sirop d'érable), il est épatant. Nombreux cocktails. Dommage que l'accueil soit quelconque.

Où écouter de la musique ?

🎵 *Caveau de la Huchette :* 5, rue de la Huchette, 75005. ☎ 01-43-26-65-05. • www.caveaudelahuchette.fr • Ⓜ Saint-Michel. Ouvert du dimanche au jeudi de 21 h 30 à 2 h 30, les vendredi et samedi jusqu'à 4 h. Entrée : 11 € du dimanche au jeudi et 13 € les vendredi, samedi et veilles de fête ; pour les étudiants, c'est toujours 9 €. Consos à partir de 4,50 €. Les étudiants, les nombreux touristes et les quadras ou quinquas parisiens viennent écouter les plus grands jazzmen américains ou européens, ainsi que l'indestructible Maxim Saury. Ça swingue sur les deux étages, et on peut même prendre des cours le mardi de 19 h à 21 h. Un bon plan pour faire de l'œil !

🎵 *Le Petit Journal Saint-Michel :* 71, bd Saint-Michel, 75005. ☎ 01-43-26-28-59. • www.petitjournalsaintmichel.com • Ⓜ Saint-Michel, Odéon ou Cluny-La Sorbonne ; RER B : Luxembourg. Ouvert tous les soirs sauf le dimanche, à partir de 20 h. Congés annuels : en août. Entrée + conso à partir de 16 € (19 € avec boisson alcoolisée) ; réduction pour les étudiants. Pour dîner, menus à 45 ou 50 €, spectacle et boisson inclus. Les concerts commencent à 21 h 30 et sont essentiellement dédiés au jazz New Orleans. Sur scène, Claude Luter et Claude Bolling se produisent régulièrement.

Où danser au clair de lune ?

🎵 *Sur les quais :* une véritable institution sur les quais de Seine – quai Saint-Bernard précisément – en contrebas de l'Institut du monde arabe. Une esplanade, un champ de sculptures en plein air et quelques petits amphithéâtres au ras de l'eau qui se transforment le soir venu (et dès l'après-midi le week-end) en pistes de danse enfièvrées de juin à septembre : initiations, démonstrations, piste ouverte, danses bretonnes, *capoeira,* tango argentin. La programmation (si, si !) est variée et laisse à chacun le plaisir d'onduler le corps sur sa musique fétiche, complainte d'accordéon ou... autre. Au milieu d'un doux mélange d'*aficionados* en tout genre et bon enfant. Une escale vraiment sympa de la nuit parisienne estivale. Renseignements : ● tango-eric-quais.site.voila.fr ●

Main dans la main

La Contrescarpe, la Mouff'

À l'orée du Quartier latin, des petits coins pleins de charme et particulièrement vivants.

La place de la Contrescarpe : une des places les plus mignonnes de Paris, avec sa fontaine au milieu et ses petits groupes de margeos qui s'y produisent. Toutes les maisons ont été restaurées, avec plus ou moins de bonheur. Prendre un verre au **Café Delmas,** en terrasse, reste un moment sympa. Au n° 1 (ou non loin !), Rabelais et ses copains venaient disserter sur les finesses de la langue française.

La rue Mouffetard : la « Mouff' », nommée ainsi en raison de la puanteur (la « moufette ») qui provenait des ateliers installés sur les rives de la Bièvre (tanneurs, tripiers, etc. y résidaient), est une longue et étroite rue en pente. Ancienne voie romaine, donc l'une des plus vieilles de Paris. Malgré la rénovation acharnée, elle reste l'une des plus pittoresques, ne serait-ce que par la découverte de ce qui la rattache au Moyen Âge : vieilles enseignes, noms de rues, petits passages et courettes. Cependant, les fast-foods ont bien dévoré le quartier. À l'angle de la rue du Pot-de-Fer, petite fontaine due à Marie de Médicis (XVIIe siècle). Tout au long, vénérables maisons anciennes, à la restauration parfois un peu trop bien léchée. Petites courettes campagnardes, comme au n° 52, etc. Au n° 69, un bas-relief représente un chêne magnifique, généreux, splendide. Le restaurant au-dessous s'appelle *Au Vieux Chêne,* un nom centenaire et plus... De 1844 à 1880, un bal réputé autant que mal famé s'y est tenu. On y dansait la chaloupeuse, l'ancêtre – prétendent certains – de la java. Avant que la rue ne devienne piétonne, deux vieux *passages* de part et d'autre : celui **des Patriarches** et celui **des Postes** (respectivement aux n°s 101 et 104). Au n° 100, le cinéma *L'Épée de bois* et ses films d'art et d'essai. Dans sa dernière partie, la rue Mouffetard présente le spectacle pittoresque d'un des marchés les plus colorés de Paris. Pour profiter de son activité trépidante, arriver tôt le matin, et de préférence le samedi. Le marché remballe vers 13 h 30. À l'angle de la rue Daubenton, une maison joufflue semble prête à craquer. Au n° 122, l'enseigne de *La Bonne Source* date d'Henri IV. Au n° 134, admirer la belle façade tout en arabesques végétales. Décorée selon le procédé du *sgraffito* (ciment sculpté et rehaussé de décors d'inspiration baroque) par Adhigeri au XVIIe siècle, c'est elle qui a valu à l'édifice son classement en 1990. Tout en bas, la charmante *église Saint-Médard* (entrée par le n° 41, rue Daubenton, par une porte à colonnes).

🎥 *Le quai Saint-Bernard :* on se baignait ici aux XVIIe et XVIIIe siècles. Les riches se déshabillaient dans leur carrosse, les pauvres comme ils pouvaient ; mais tous se baignaient nus. Quant à vous, c'est comme vous le sentez !

🎥 *Le Jardin des Plantes (Muséum national d'Histoire naturelle) :* entrée à l'angle des rues Cuvier et Geoffroy-Saint-Hilaire (Ⓜ Jussieu) ou pl. Valhubert (Ⓜ Gare-d'Austerlitz). ☎ 01-40-79-54-79 et 56-01. Le jardin est ouvert du lever au coucher du soleil. Entrée libre.
Une des plus belles promenades parisiennes (tôt le matin, c'est un enchantement) et l'une des plus riches en découvertes. Guy de La Brosse, médecin de Louis XIII, créa ce jardin en 1635 pour les étudiants en médecine et en pharmacie de l'époque, afin qu'ils apprennent l'herboristerie. De fait, c'est le plus vieux musée d'histoire naturelle au monde. Le souverain créa même un « droguier du roi », où l'on stockait toutes les substances médicamenteuses, puis un « cabinet des curiosités ». Véritable jardin expérimental, tous les voyageurs explorateurs ou missionnaires rapportèrent des plans ou des graines. Nicot y planta du tabac. Des Antilles, on fit venir un cacaoyer. Aujourd'hui, dans des galeries aux intérêts divers, le jardin abrite des collections d'une immense richesse. Des guides du jardin sont en vente, et des fiches-parcours sont distribuées à la boutique de la Grande Galerie de l'Évolution. Si vous entrez par la porte Cuvier, vous apercevrez sur votre droite le « labyrinthe », butte ombragée, fraîche et paisible, avec de très vieux arbres, dont un cèdre planté en 1734.
Attention, un projet de modernisation du Muséum a été adopté, et les travaux de rénovation en cours entraînent la fermeture provisoire de certains sites (mais pas de la Grande Galerie de l'Évolution). Renseignements : ☎ 01-40-79-54-79 ou 56-01.
C'est volontairement que dans ce guide, nous avons choisi de ne pas développer la Grande Galerie de l'Évolution et la ménagerie, en partant du principe que l'oiseau rare vous accompagne.
– *Le jardin d'hiver et la serre mexicaine : attention,* fermeture pour travaux ; réouverture prévue au printemps 2007.

– *Le jardin alpin :* ouvert du 1er avril au 30 septembre de 8 h 30 à 11 h 30 et de 13 h 30 à 17 h. Entrée gratuite. Groupées par régions géographiques, plus de 2 000 espèces venant des Alpes, des Pyrénées, de Corse, du Groenland, de l'Himalaya, etc. vivent grâce aux différents microclimats obtenus en fonction de leur place dans le jardin (c'est assez étonnant !). Vous y trouverez également des arbres d'importance historique, notamment le pistachier mâle qu'utilisa Sébastien Vaillant pour enseigner, en France, la sexualité chez les végétaux en 1720. Balade très agréable à travers les allées.
– *Le jardin écologique :* accompagné par un botaniste, on peut découvrir la flore et les arbres qui poussent naturellement en Île-de-France. Une oasis de biodiversité en plein Paris. Visites guidées uniquement. Renseignements : ☎ 01-40-79-56-01.
– *Les parterres :* de la place Valhubert, magnifique perspective sur les parterres bordés d'allées de platanes taillés « en rideaux ». De mai à octobre, on peut y admirer les plus jolies fleurs de la capitale. Ce n'est cependant pas une raison pour les cueillir, même pour les offrir à votre dulcinée...

Le Quartier latin

Jusqu'à la Révolution, on y parlait le latin. D'où son nom...

Agréable *balade à pied* à la recherche des belles portes et façades sculptées des maisons anciennes et hôtels particuliers. En partant de la fontaine de la place Saint-Michel, vous êtes immanquablement aspiré par les rues étroites de l'îlot Saint-Séverin : rue de la Huchette, rue de la Harpe, rue Saint-Séverin, rue Xavier-Privas. La *rue de la Huchette* possède le même nom depuis 800 ans. Marrant : passez donc dans l'une des plus petites rues de Paris, la *rue du Chat-qui-Pêche* (20 m de long et 1,50 m de large), qui donne à la fois sur la rue de la Huchette et le quai Saint-Michel.

L'église Saint-Séverin : date du début du XVe siècle. Nombreux concerts. Jolie façade avec large baie flamboyante. Tour du XIIIe siècle et portail de la même époque, provenant d'une église démolie de la Cité. À droite, sur le flanc, festival de gargouilles. À l'intérieur, admirez le superbe buffet d'orgues datant de Louis XV (malheureusement, il cache le plus beau vitrail de l'église). Les amateurs de belle ouvrage pourront s'absorber dans la contemplation du pilier central du déambulatoire. Des nervures qui s'y enroulent rayonnent les arcs de la voûte, avec une souplesse et une aisance superbes. Du grand art, et une bonne occasion de demander la main de votre promise si le cœur vous en dit !

Le jardin médiéval de l'hôtel de Cluny : il englobe le jardin public, qui s'étend entre le boulevard Saint-Michel et la rue de Cluny, le long du

MAIN DANS LA MAIN 109

boulevard Saint-Germain, et offre au public de nouveaux espaces, jusqu'alors réservés au musée national du Moyen Âge. Et sur 5 000 m², vous y trouvez la forêt de la Licorne, la petite clairière et celle des enfants, la terrasse et ses quatre carrés (le potager ou « ménagier », le jardin de plantes médicinales dit « simples médecines », le « jardin céleste » dédié à la Vierge et le « jardin d'amour » pour rappeler à notre bon souvenir les délices de l'amour courtois et du plaisir sensuel). Puis vous emprunterez le chemin creux pour passer ensuite de l'autre côté de la rue du Sommerard, dans le square Paul-Painlevé, lui aussi aménagé en tapis Mille Fleurs. Intéressant : ce jardin médiéval est inspiré des nombreuses représentations végétales et animales figurant sur les œuvres du musée. On retrouve ainsi des plantes identifiées sur la tapisserie de *La Dame à la licorne* ou encore les plessis de bois tressé présentés sur une vignette d'un livre d'Heures datant du XVe siècle.

À l'intersection des boulevards Saint-Michel et Saint-Germain, le ***musée*** prend place dans deux bâtiments juxtaposés l'un à l'autre et qui figurent parmi les plus beaux du vieux Paris. En effet, plusieurs édifices se mêlent ici, au travers des époques : tout d'abord, les thermes gallo-romains, datant des Ier et IIe siècles, dont les ruines reflètent assez peu la grandeur d'antan, unique ensemble préservé de la Lutèce antique avec les arènes de la rue Monge. Les collections permettent d'évoquer la totalité de l'activité artistique médiévale et présentent un panorama complet de la sculpture monumentale du Moyen Âge.

5e

🎬🎬🎬 ***L'église Saint-Étienne-du-Mont :*** derrière le Panthéon. Elle annonce le charmant quartier de la Montagne-Sainte-Geneviève. Commencée sous Charles VIII en 1492, l'église fut achevée sous Louis XIII en 1626. Elle fut bâtie sur une ancienne abbaye où l'on vénérait sainte Geneviève. La sainte prit la défense des habitants de Lutèce lors de l'invasion d'Attila et de son armée barbare. On dit que ses prières sauvèrent la cité. L'église fut reconstruite au XVe siècle, et ce nouvel édifice prit le nom de Saint-Étienne-du-Mont. La façade, pleine de charme, mêle avec bonheur les influences italienne, gothique et antique. À l'intérieur, le jubé (cloison) séparant le chœur de la nef est le seul qui subsiste à Paris. Grande finesse d'exécution. Dans la chapelle de la Vierge, derrière le chœur, des piliers accueillent les dépouilles de Pascal et Racine. Dans le bas-côté droit, chapelle avec les restes de sainte Geneviève. Passez devant la sacristie pour gagner la chapelle des Catéchismes et le cloître des Charniers, où vous découvrirez de superbes vitraux du XVIIe siècle.

🎬🎬 Pour rejoindre la place Maubert, retour dans le Moyen Âge par la ***rue de la Montagne-Sainte-Geneviève,*** l'une des plus anciennes de Paris, bordée de nombreuses maisons basses. Au n° 4 de l'impasse Maubert se trouvait jadis le laboratoire de Godin de Sainte-Croix, le terrible amant de la marquise de Brinvilliers. Il mourut là subitement, et la police découvrit enfin le secret de tous les crimes commis par le couple d'empoisonneurs.

🎭 *L'église Saint-Julien-le-Pauvre :* une des plus charmantes et des plus émouvantes églises de la capitale, avec son petit jardin ombragé. Elle fut bâtie avec les pierres qui ne furent pas utilisées pour la construction de Notre-Dame. Julien le Pauvre est probablement Julien l'Hospitalier, tel qu'il est évoqué dans *La Légende dorée* de Jacques de Voragine : un cerf ayant prédit qu'il tuerait son père et sa mère, Julien quitte sa famille et mène une vie exemplaire. Un jour, la femme de Julien offre à son insu l'hospitalité à ses parents. Le jeune homme, surpris par ces inconnus, réalise alors la terrible prédiction. Désespéré, il renonce à tous ses biens et décide de vivre en ermite. Plus tard, il porte secours à un lépreux, le Christ, qui lui pardonne ses péchés. La façade actuelle date du XVIIe siècle. L'intérieur de l'église possède un côté attendrissant, presque intime, et les icônes lui donnent une atmosphère chaleureuse. Vous pourrez à loisir vous extasier devant les dessins des chapiteaux. Dans le square Viviani, attenant, le robinier, dit « faux acacia », le plus vieux de Paris (400 ans). L'arbre a d'ailleurs une canne de béton pour l'aider à tenir debout.

Petit itinéraire romantique

➤ *La montagne Sainte-Geneviève :* 2 km, 45 mn sans les arrêts, du métro Cardinal-Lemoine au métro Censier-Daubenton. Cette balade très agréable et facile – sans aucun dénivelé – peut être agrémentée, le matin, du marché de la rue Mouffetard.
En sortant du métro Cardinal-Lemoine, remontez par la rue du même nom vers la rue Clovis et le mur d'enceinte de Philippe Auguste, l'*hôtel des Grandes Écoles* et son frontispice symbolique. Au 73, impasse menant à une vaste cour triangulaire bien paisible. Au n° 74 de la *rue du Cardinal-Lemoine* vécut Hemingway, de 1921 à 1923, véritable lieu de naissance de son œuvre. Vous êtes déjà dans cette ambiance particulière du très vieux Paris, avant même d'entrer dans le village de la Mouff'. Imaginez les poètes de la Pléiade et Rabelais installés aux tables des bistrots de la *place de la Contrescarpe*. Au n° 39, *rue Descartes,* l'immeuble où mourut Verlaine et où il louait une chambre pour travailler. Avant d'emprunter la rue Blainville, jetez un œil dans la charmante rue Rollin, où vécut René Descartes (au n° 14). Prenez la rue Blainville, donc, puis continuez par la rue de l'Estrapade, la rue Laromiguière et la rue Amyot. La *rue Tournefort* voit son vieux nom gravé dans la pierre et offre à son début une vue plongeante sur le dôme du Panthéon. Si vous en avez assez, reprenez votre métro à Monge ; sinon, suivez l'antique voie romaine de Lyon *(via Lugdunum)* par le bas de

la rue Mouffetard. Un trésor de 3 000 pièces d'or fut découvert au n° 53, lors d'une démolition en 1938... Alors, regardez où vous mettez les pieds ! Continuez par la rue Jean-Calvin et la *place Lucien-Herr,* plantée de superbes arbres paulownias dont les fleurs bleues animent les terrasses. Dans cette partie moins connue du quartier, la rue Lhomond et le *passage des Postes* permettent de retrouver à nouveau le bas de la rue Mouffetard. Le marché du matin donne un tempérament médiéval à sa perspective tortueuse, encadrée de maisons anciennes. L'étroite *rue Daubenton* ramène à la station de métro Censier-Daubenton en suivant l'église Saint-Médard. Si la balade vous paraît courte, dites-vous que les arrêts sont très, très nombreux.

Où pique-niquer ?

– **Dans les arènes de Lutèce :** sur les rues Monge et de Navarre (entrée par la rue de Navarre). Situées au centre d'un jardin public, et datées de la fin du IIe siècle de notre ère, elles furent mises au jour lors du percement de la rue, en 1869. Mais il y avait longtemps déjà que l'on soupçonnait leur existence, sans avoir cependant pu mettre la main sur les pierres élevées par les Gallo-Romains. Et il a fallu une souscription publique pour les sauver définitivement, en 1917. Leur taille modeste prouve que Lutèce, à l'époque, possédait beaucoup moins d'importance qu'une ville comme Arles, bien que leurs gradins aient pu accueillir jusqu'à 17 000 personnes. Les arènes servent de terrain de jeux aux enfants du quartier. Agréables espaces verts alentour. Ce petit havre de paix, surprenant, repose de l'agitation voisine. Les joueurs de boules, qui l'investissent dès le printemps, ajoutent au charme intemporel de cet endroit bucolique, que jouxte le délicieux square Capitan.

– **Sur les quais de Seine :** de préférence le soir. Descendez les escaliers au port de Montebello, face au n° 35 de la rue de la Bûcherie et à Notre-Dame. Le paysage est romantique à souhait. L'île de la Cité et l'île Saint-Louis vous font de l'œil, les péniches à quai annoncent des brasseries, et les bancs invitent à la paresse. À la nuit tombée, les bateaux-mouches éclairent les immeubles du front de Seine et l'atmosphère devient vraiment magique !

6ᵉ ARRONDISSEMENT

Pour une tendre balade dans le 6ᵉ, quartier des étudiants et des éditeurs, une destination s'impose : le Luxembourg et son séquoia géant, son orme du Caucase, son arbre de Judée et son tulipier de Virginie ruisselant d'or jaune lorsque vient l'automne. Et aussi ses joueurs d'échecs silencieux qui improvisent une table de jeu sur une antique chaise verte, ses gamins sautillants comme des moineaux, ses sénateurs assoupis... À part ça, il reste bien sûr *Le Café de Flore* et *Les Deux Magots*, où il est encore de bon ton d'être vu. Où sont « les voyous, les poètes de deux sous » chers à Léo Ferré ? Partis sans laisser d'adresse, mais en semant derrière eux des refrains que l'on entend encore dans l'air du soir...

Où dormir ?

Coups de cœur

🛌 **Hôtel de Nesle :** 7, rue de Nesle, 75006. ☎ 01-43-54-62-41. Fax : 01-43-54-31-88. • www.hoteldenesleparis.com • Ⓜ Odéon ou Pont-Neuf. Parking payant. Ouvert de 7 h 30 à 1 h. Réservation par téléphone indispensable. Selon la saison, chambres doubles de 75 à 85 € avec lavabo, de 85 à 100 € avec douche et w.-c. ; pas de petit déjeuner. Dans une petite rue calme et chargée d'histoire, à deux pas du Pont-Neuf et de *La Samaritaine,* une petite merveille d'hôtel de charme, avec des chambres entièrement conçues et décorées autour de la vie de personnalités de Saint-Germain-des-Prés : Delacroix, Molière, Esmeralda... La chambre Sahara a même son hammam privé. On croit rêver ! Clientèle en majorité anglo-saxonne. La patronne et son fils couvent leurs clients avec amour et règnent sur ce petit monde avec bonne humeur. Petit jardin intérieur, avec une terrasse en surplomb pour bouquiner tranquille, mais vous n'êtes pas là pour ça ! Levez les yeux au plafond du salon d'été : il est tapissé de bouquets de fleurs séchées. Magique !

🛌 **Hôtel Michelet-Odéon :** 6, pl. de l'Odéon, 75006. ☎ 01-53-10-05-60. Fax : 01-46-34-55-35. • www.hotelmicheletodeon.com • Ⓜ Odéon. TV. Canal +. Câble. Wi-fi. Chambres doubles de 95 à 115 €, selon la taille. Petit dej' à 10 €. La réputation de la place de l'Odéon, avec ses beaux immeubles XVIIIᵉ disposés en arc de cercle, n'est plus à faire... Eh bien, il est possible d'y dormir sans pour autant se ruiner ! Que l'on choisisse une chambre avec vue plongeante sur la place et son théâtre, ou que l'on préfère être côté rue de Condé, avec ses hôtels particuliers, on profite d'une adresse élégante aux couleurs sobres et apaisantes. On a un petit faible pour les chambres nos 16, 26, 36 et 46, qui bénéficient de deux fenêtres en angle, qui leur donnent du caractère. Un point de chute idéal et agréable pour profiter de Saint-Germain-des-Prés.

◾ ***Regent's Hôtel :*** 44, rue Madame, 75006. ☎ 01-45-48-02-81. Fax : 01-45-44-85-73. ● regents.hotel@wanadoo.fr ● Ⓜ Saint-Sulpice ou Rennes. TV. Satellite. Chambres doubles de 80 à 95 €, selon la taille et la saison ; 3 chambres avec terrasse de 100 à 110 €. Petit dej' à 7 €. Merveilleusement bien situé à un jet de pierre de la place Saint-Sulpice et du jardin du Luxembourg, cet hôtel propose des prix étonnamment honnêtes pour le quartier. Toutes les chambres sont identiques dans des tons frais jaune et bleu, avec des salles de bains impeccables, dotées de miroir au cadre épais en bois. On craque pour les 3 chambres avec terrasse au dernier étage. La n° 51 est particulièrement spacieuse avec ses deux chaises longues et sa petite table. Salle de petit déjeuner aérée donnant sur une petite cour, où l'on peut également boire son café en été. Un très bon rapport qualité-prix.

Coups de foudre

◾ ***Hôtel du Globe :*** 15, rue des Quatre-Vents, 75006. ☎ 01-43-26-35-50. Fax : 01-46-33-62-69. ● www.hotel-du-globe.fr ● Ⓜ Odéon. TV. Satellite. Accès Internet. Wi-fi. Réserver à l'avance (14 chambres). Chambres doubles de 95 à 120 € avec douche et w.-c. ou bains, selon la saison. Petit déjeuner à 10 €. Cet ancien bâtiment, qui date du XVIIe siècle et qui dépendait de l'abbaye de Saint-Germain-des-Prés, abrite un petit hôtel de charme doté de poutres en chêne et murs de pierre. L'allure est médiévale avec meubles anciens, tissu tendu orné de fleurs de lys, fauteuils Louis XV, une imposante armure au rez-de-chaussée... et même un puits qui date de l'enceinte de Philippe Auguste au sous-sol. Toutes les chambres, malgré une surface moyenne (voire petite), ont leur atmosphère particulière. Pas de petit déjeuner servi dans les chambres.

◾ ***Hôtel du Danube :*** 58, rue Jacob, 75006. ☎ 01-42-60-34-70. Fax : 01-42-60-81-18. ● www.hoteldanube.fr ● Ⓜ Saint-Germain-des-Prés. TV. Satellite. Chambres doubles entre 140 et 180 € avec douche ou bains ; une suite également, à 250 €. Petit dej' à 10 €. Dans un décor Napoléon III, cet hôtel a fait l'objet d'attentions particulières quant à la décoration et l'agencement. Certaines chambres donnent sur un patio, d'autres sur la rue ; les nos 25 et 26 sont mansardées et offrent un agréable balcon. Dans l'ensemble, elles sont spacieuses et claires. Le patio est charmant et dès que les beaux jours reviennent, on peut y prendre le petit déjeuner. Une bonne adresse, au cœur de la rive gauche.

■ *Best Western Aramis Saint-Germain :* 124, rue de Rennes, 75006. ☎ 01-45-48-03-75. Fax : 01-45-44-99-29. ● www.hotel-aramis.com ● Ⓜ Rennes ou Saint-Placide. TV. Satellite. Accès Internet (payant). Ouvert toute l'année. Chambres doubles de 95 à 180 € (selon la saison) avec minibar, bains, sèche-cheveux et clim' ; touristes oblige ! Si vous voulez sortir le grand jeu, sachez que 9 chambres sont équipées d'un jacuzzi. Décor soigné et classique. De quoi vous faire passer un bon moment dans le quartier préféré des poètes. L'accueil est agréable et le personnel serviable.

Coups de folie

■ *Hôtel des Marronniers :* 21, rue Jacob, 75006. ☎ 01-43-25-30-60. Fax : 01-40-46-83-56. ● www.hotel-des-marronniers.com ● Ⓜ Saint-Germain-des-Prés. TV. Satellite. Câble. Accès Internet. Il faut réserver longtemps à l'avance, surtout le week-end. Chambres doubles avec douche ou bains de 150 à 178 €, selon la saison. Petit déjeuner de 10 à 12 €. Un lieu propice aux déclarations les plus folles, au fond d'une cour. Derrière, un jardinet avec sa petite véranda lumineuse et confortable où vous prendrez votre petit déjeuner. On adore, mais il faut réserver longtemps à l'avance. Demandez une chambre donnant sur le clocher de Saint-Germain (les numéros finissant par 1 ou 2), la n° 12, toute rouge, avec bains, lit à baldaquin et vue sur le jardin, la n° 54, couverte de toiles de Jouy, ou encore les nos 61 et 62 pour leur charme donné par les mansardes. Idéal pour un week-end romantique, à deux pas de la si discrète et charmante place de Furstenberg et des célèbres cafés de Saint-Germain. Un petit déjeuner par chambre offert à nos lecteurs sur présentation de ce guide.

■ *Hôtel Le Clos Médicis :* 56, rue Monsieur-le-Prince, 75006. ☎ 01-43-29-10-80. Fax : 01-43-54-26-90. ● www.closmedicis.com ● Ⓜ Odéon ; RER B : Luxembourg. ♿ TV. Satellite. Câble. À partir de 160 € pour une chambre double avec douche et jusqu'à 235 € avec bains ; petit déjeuner-buffet à 13 €. En plein cœur de l'animation du Quartier latin, sans ses inconvénients. Une belle demeure du XVIIIe siècle construite pour la famille Médicis, équipée grand standing pour les routards qui aiment le confort et le luxe ! Cheminée dans le vaste hall où sont campés de confortables canapés, ce qui est agréable en hiver. L'été, terrasse pour prendre le petit déjeuner ou un verre le soir venu. Les 38 chambres sont vraiment magnifiques, avec leur décoration aux teintes et tissus élégants, et aux belles salles de bains carrelées, certaines en duplex ou avec terrasse. L'accueil y est professionnel, la clientèle de goût, et votre gentil hôte à l'accueil vous racontera peut-être quelques anecdotes sur les stars passées par là... Un petit déjeuner par personne offert à nos lecteurs sur présentation de ce guide.

🛏 *Hôtel Relais Saint-Sulpice :* 3, rue Garancière, 75006. ☎ 01-46-33-99-00. Fax : 01-46-33-00-10. • www.relais-saint-sulpice.com • Ⓜ Saint-Sulpice ou Mabillon. TV. Satellite. Chambres doubles de 175 à 210 €, selon la taille. Petit dej' à 12 €. Un hôtel où l'on se sent reçu comme un hôte et non comme un client... Un bel hôtel particulier XVIIIe sur 2 étages à l'ombre de l'église Saint-Sulpice, où l'on pose ses valises dans des chambres feutrées aux murs tendus de tissus et dotées de quelques meubles anciens. On a plaisir à s'installer le soir, après avoir été au sauna, dans le salon-bibliothèque au style colonial, dans lequel trônent des souvenirs de voyage et un bar de courtoisie. La salle de petit déjeuner est dans la même lignée, située sous une verrière. Une adresse intime très germanopratine, à l'atmosphère chaleureuse de maison de famille.

🛏 *Hôtel des Saints-Pères :* 65, rue des Saints-Pères, 75006. ☎ 01-45-44-50-00. Fax : 01-45-44-90-83. • hsp@espritfrance.com • Ⓜ Saint-Germain-des-Prés ou Sèvres-Babylone. TV. Satellite. Chambres doubles de 160 à 195 € selon la taille, avec minibar et clim'. Petit dej' à 13 €. En plein Saint-Germain-des-Prés et proche du Luxembourg, cet hôtel du XVIIe siècle est organisé autour d'une charmante cour intérieure. Les chambres, élégantes et confortables, donnent sur le patio où l'on peut prendre son petit déjeuner. Celles du 1er étage sont plus sombres. L'hôtel dispose d'une suite, ornée au plafond d'une fresque exceptionnelle, à 345 €. À réserver, à l'avance, pour une occasion spéciale...

🛏 *Hôtel Pas de Calais :* 59, rue des Saints-Pères, 75006. ☎ 01-45-48-78-74. Fax : 01-45-44-94-57. • www.hotelpasdecalais.com • Ⓜ Saint-Germain-des-Prés ou Sèvres-Babylone. TV. Câble. Chambres doubles avec AC et coffre-fort de 160 à 230 €. Petit dej' à 11 €, servi dans la lumineuse véranda, devant le mur végétal, très bucolique ! Voisin de l'*Hôtel des Saints-Pères,* celui-ci propose aussi de belles chambres, récemment rénovées et toutes pimpantes. Certaines au 5e étage ont vue sur les toits.

🛏 *Hôtel Louis II :* 2, rue Saint-Sulpice, 75006. ☎ 01-46-33-13-80. Fax : 01-46-33-17-29. • www.hotel-louis2.com • Ⓜ Odéon. TV. Satellite. Câble. Accès Internet. Wi-fi. Chambres doubles à 190 € ; petit déjeuner continental servi toute la journée à 15 €. Accolé à l'*Hôtel du Globe* mais donnant sur la rue voisine, un autre hôtel de charme pour routards amoureux aux tempes argentées. Hôtel très sérieux, pas « gay » pour un sou, malgré son enseigne ! Un bel immeuble du XVIIIe siècle avec une vingtaine de chambres personnalisées, dont le charme réside dans un mobilier ancien, avec des poutres apparentes. Accueil très agréable.

Où manger ?

Coups de foudre

|●| Le Petit Lutétia : 107, rue de Sèvres, 75006. ☎ 01-45-48-33-53. Ⓜ Vaneau. Ouvert tous les jours de 11 h 30 (12 h le dimanche) à 15 h et de 19 h à 23 h. Fermé les 24 et 25 décembre. Menu-carte à 30 € servi midi et soir plus les suggestions du jour. La vraie brasserie parisienne, avec son cadre rétro bien patiné : salles compartimentées par des panneaux de bois sombre et verre gravé, grands miroirs, petits rideaux de dentelle aux fenêtres. La cuisine ne dépare pas, jouant dans le registre bistrotier classique. Salade de chèvre chaud, steak tartare, foie de veau au raisin, île flottante. Une valeur sûre du quartier.

|●| Le Procope : 13, rue de l'Ancienne-Comédie, 75006. ☎ 01-40-46-79-00. Ⓜ Odéon. Ouvert tous les jours en service continu de 12 h à 1 h. Menus Procope (de 12 h à 19 h) à 19 et 24 € ; menu Philosophe à 30 €. À la carte, compter 45-50 €. Le plus ancien café de Paris. En 1686, un certain Francesco Procopio dei Coltelli vint d'Italie ouvrir un troquet à Paris, y introduisant un breuvage nouveau appelé à un fulgurant succès : le café. La proximité de la Comédie-Française en fit d'emblée un lieu littéraire et artistique. Au XVIIIe siècle, les philosophes s'y réunissaient, et *L'Encyclopédie* y naquit d'une conversation entre Diderot et d'Alembert. Beaumarchais y attendait le verdict de ses pièces jouées à l'Odéon. Danton, Marat et Camille Desmoulins y prirent des décisions importantes pour la Révolution. Plus tard, Musset, George Sand, Balzac, Huysmans, Verlaine et bien d'autres aimaient à s'y retrouver. Aujourd'hui, *Le Procope* garde son rôle de lieu de rencontres et dispose même d'une table présidentielle. Cuisine sans mystère, mais l'essentiel est d'être sous les lambris ! Au 1er étage, remarquez l'humour des patrons : la moquette est constellée de fleurs de lys (ce qui est un comble dans ce haut lieu de la Révolution). Apéritif maison offert à nos lecteurs sur présentation de ce guide.

Coups de folie

|●| La Bastide Odéon : 7, rue Corneille, 75006. ☎ 01-43-26-03-65. Ⓜ Odéon. Service de 12 h 15 à 14 h et de 19 h 30 à 22 h 30. Fermé les dimanche et lundi. Congés annuels : 3 semaines en août et 1 semaine en décembre. Formule déjeuner du mardi au samedi à 26 €, comprenant 1 entrée + 1 plat + 1 dessert ou 1 entrée ou 1 dessert + 1 plat + 1 verre de vin et un café. Compter autour de 37,90 € à la carte. Blotti face au théâtre du même nom, un bel espace sur 2 étages, aux couleurs claires rehaussées de rouge brique, dans un esprit de bastide provençale. La cuisine suit le même thème, et le chef propose, entre autres produits du soleil, un millefeuille tiède aux aubergines en entrée, une volaille rôtie au confit d'ail, des plats à la fois originaux et succulents. Pour changer d'air en restant dans la capitale. Café offert à nos lecteurs sur présentation de ce guide.

🍽 *La Méditerranée :* 2, pl. de l'Odéon, 75006. ☎ 01-43-26-02-30. Ⓜ Odéon ; RER B : Luxembourg. Ouvert tous les jours de 12 h à 14 h 30 et de 19 h 30 à 23 h. Formule entrée + plat ou plat + dessert à 27 € ; menu à 32 €. À la carte, prévoir 50 €. Jadis, les stars se ramassaient à la pelle dans la salle de *La Méditerranée*. Tous y avaient leur table, d'Orson Welles à Aragon en passant par Picasso, Chagall, Man Ray ou Jean-Louis Barrault. Remise à flot après un toilettage discret – il ne fallait surtout pas toucher au décor des maîtres (Vertès, Bérard et Cocteau) –, *La Méditerranée* a retrouvé son visage de figure de proue face au théâtre de l'Odéon. À la carte, tendance grand bleu (qui ravit autant les sénateurs venus en voisins que les habitués des magazines *people* !), une poignée d'entrées, plats et desserts à l'évident pouvoir de séduction : tartare de thon rouge, bouillabaisse... Quelques plats de viande pour contenter les carnivores. Pour adeptes de la vie parisienne. Apéritif maison offert à nos lecteurs sur présentation de ce guide.

Salons de thé

🍴 *Mariage Frères :* 13, rue des Grands-Augustins, 75006. ☎ 01-40-51-82-50. Ⓜ Odéon ou Saint-Michel. Le salon de thé est ouvert tous les jours de 12 h à 19 h. *Lunch* à 33 € servi en semaine, comprenant un thé et une pâtisserie (plat seul à 23 €), brunch de 28 à 39 €. On entre par la boutique où sont vendues des tonnes de trésors en rapport avec le thé : des théières, du pain d'épice, des sablés au thé, du sucre candy, des livres... et, bien entendu, un nombre incalculable de différentes infusions. À l'étage, le salon de thé proprement dit, où vous aurez à choisir entre 500 sortes et parfums de thé ! Prenez votre temps, vous n'êtes pas pressé. Vous pourrez également vous sustenter d'une pâtisserie maison, toutes préparées... à base de thé, bien sûr ! Cadre cosy et salon de thé non-fumeurs.

L'Heure gourmande : 22, passage Dauphine (entrée du passage au niveau du 30, rue Dauphine ou du 27, rue Mazarine), 75006. ☎ 01-46-34-00-40. Ⓜ Odéon. Ouvert du lundi au samedi de 11 h 30 à 19 h 30 et le dimanche de 12 h à 19 h. Congés annuels : 1 semaine en août. Large choix de thés entre 5 et 6 €, pâtisseries autour de 7 €. Si ce salon de thé reste une halte bucolique du Quartier latin, c'est grâce à son emplacement dans un passage confidentiel aux pavés disjoints... et à son chocolat à l'ancienne. Et quand l'été approche, qu'il est bon de se retrouver en tête à tête en terrasse, autour d'une tarte salée ou d'une petite douceur !

Où boire un verre ?

La Closerie des Lilas : 171, bd du Montparnasse, 75006. ☎ 01-40-51-34-50. Ⓜ Vavin ; RER B : Port-Royal. Ouvert tous les jours de 11 h à 2 h. Cocktails aux alentours de 13 €. Œuf mayo autour de 7 €, steak tartare, l'un des meilleurs de Paris, à 17 €. Au bar, sur les hauts tabourets de cuir rouge, il vous en coûtera quand même quelque peu. Cocktails de 11 à 13 €. Salon de thé jusqu'à 19 h, restaurant jusqu'à 23 h 30. Si vous désirez y manger, c'est très cher ; mieux vaut aller en brasserie, au « bateau » comme on dit. Un grand classique du circuit. Ancienne guinguette et relais de diligence. Le mouvement des parnassiens, avec Leconte de Lisle en tête, fréquenta *La Closerie*, ainsi que Verlaine, Baudelaire, Mallarmé, etc. Plus tard, les surréalistes prirent le relais. Et tant d'autres dont on retrouve les noms gravés sur les tables : Max Jacob, Modigliani, Lénine, Strindberg, etc. Sauf Hemingway ! Décor superbe et chaleureux. Bar en chêne clouté de cuivre. Tables massives et cirées. Derrière les banquettes de moleskine rouge, la traditionnelle barre de cuivre pour les chapeaux. Sol en mosaïque. Sur les murs, de vieilles glaces et lambris de bois. Fréquenté aujourd'hui par une clientèle assez mélangée d'intellos, bourgeois ultrachic, écrivains frimeurs, snobs et artistes. Un soir, Fernand Léger, déjà célèbre, prenait un verre à la terrasse de *La Closerie des Lilas*. Il vit apparaître une ravissante mariée pédalant sur un vélo tout neuf. Essoufflée, elle s'affala sur une chaise et raconta sa surprenante aventure : elle s'était mariée le matin même, en Normandie. Dans les cadeaux, elle trouva une bicyclette. N'y tenant plus, elle enfourcha sa machine et, grisée par l'été (et un peu par le vin), elle se retrouva à Paris... La ravissante mariée ne rentra jamais en Normandie et... épousa Fernand Léger. Café offert à nos lecteurs sur présentation de ce guide.

Lapérouse : 51, quai des Grands-Augustins, 75006. ☎ 01-43-26-68-04. Ⓜ Saint-Michel. Service de 12 h à 14 h 30 et de 19 h 30 à 22 h 30. Fermé les samedi midi et dimanche. Congés annuels : en août. Menus à 30 €, le midi, et 45 €. Compter 90 € à la carte. Dans une maison de la fin du XVIIIe siècle, cette célèbre institution est un lieu confortable et feutré pour les amoureux en quête de calme. Encore abordable pour boire un verre, il faut casser sa tirelire pour y dîner. Par contre, le principe des salons particuliers, unique à Paris, est un véritable must et le cadre prestigieux un voyage dans le temps. Vous vous retrouvez en toute intimité dans une pièce richement décorée, avec un mobilier d'époque et une vaisselle somptueuse ! De quoi donner libre cours à ses envies les plus folles ! Savez-vous qu'au XVIIIe siècle, l'adultère n'était reconnu que s'il avait été commis au domicile conjugal ? Les salons *Lapérouse* font partie des endroits où il était possible de s'ébattre en toute discrétion et impunité. Requis par un cordon pour le service, le personnel du restaurant savait fermer les yeux. Témoignage de ces folles soirées, les cocottes, demi-mondaines et autres horizontales qui « cédaient » aux avances de ces messieurs rayaient les miroirs avec les diamants que l'on venait leur offrir, pour en vérifier l'authenticité...

🍸 *Les Deux Magots :* 6, pl. Saint-Germain-des-Prés, 75006. ☎ 01-45-48-55-25. Ⓜ Saint-Germain-des-Prés. Service continu de 7 h 30 à 1 h. Café à 4 € et verre de vin à partir de 6,30 € ; salades autour de 14 €. Au début du XIXe siècle, à la place du café *Les Deux Magots,* était un magasin qui vendait de la soie chinoise et des tissus. En 1875, un café-liquoriste lui succéda et il conserva l'enseigne et la décoration, avec les deux statues, les fameux magots. Impossible de citer toutes les personnalités du monde des arts et de la littérature qui honorèrent ces lieux de leur présence : Verlaine, Rimbaud, Mallarmé, puis les surréalistes : Breton, Desnos, Bataille, etc. Picasso, Saint-Exupéry, Giacometti y avaient aussi leurs habitudes. Jean Giraudoux y prenait son petit déjeuner à 10 h pile chaque matin. Vers 1950, Sartre et Simone de Beauvoir venaient y écrire deux heures sans relâche chaque jour, remplissant trois cendriers. Depuis 1933, la vocation littéraire de ce lieu mythique est perpétuée par le Prix des Deux-Magots, remis chaque année à un écrivain talentueux et original. La qualité du service a toujours été la fierté de l'établissement, qui maintient la tradition du chocolat préparé à l'ancienne ou le service du café au pot. L'été, la terrasse est prise d'assaut. Venez le matin de bonne heure, vous prendrez sur cette place un mémorable petit dej' pour 18 €.

Où écouter de la musique ?

🎵 *Le Bilboquet :* 13, rue Saint-Benoît, 75006. ☎ 01-45-48-81-84. Ⓜ Saint-Germain-des-Prés. Ouvert tous les jours sauf le lundi, de 20 h à

2 h 30 pour le club de jazz et de 23 h à 6 h pour la boîte. Concerts au club de jazz tous les soirs, de 21 h 30 à 2 h. Entrée libre et consommations aux alentours de 18 € au club de jazz et à la discothèque. Pour le resto (jusqu'à 1 h), compter de 40 à 45 € à la carte (entrée, plat, dessert et boisson). Une des plus anciennes salles de jazz du quartier, créée par Boris Vian en 1947, et consacrée au jazz le plus classique, des années 1920 aux années 1950. Même classicisme dans la discothèque, qui ne programme que des standards dans une ambiance cosy. On croise une clientèle cosmopolite, Parisiens d'adoption ou de toujours, et parfois quelques stars de passage : Jean-Pierre Marielle, Liza Minnelli ou David Bowie.

Main dans la main

Le quartier de l'Odéon

S'il y a foule rue de la Huchette, surtout le soir, la rue Saint-André-des-Arts et les ruelles adjacentes (passage de Rohan, rue de Buci, rue Dauphine...) sont très agréables, malgré les lourdes pressions mercantiles.

🎬🎬🎬 partir de la fontaine Saint-Michel, un petit quartier pittoresque, l'*îlot Saint-André-des-Arts,* propose une petite balade dans ses ruelles médiévales. Vous noterez, au hasard de votre promenade, de-ci, de-là, des vestiges du passé, une tourelle d'angle, des portes basses, des balcons en fer forgé. Belles façades rue Saint-André-des-Arts. Pittoresque passage de l'Hirondelle, qui mène à la rue Gît-le-Cœur. Rue Séguier, rue Christine, beaux hôtels particuliers. La rue Suger conserve un charme tout provincial.

🎬🎬 *La cour de Rohan :* entrée par la rue du Jardinet ou par la cour du Commerce-Saint-André. Beaucoup de visiteurs passent à côté de cette charmante succession de courettes bordées d'élégantes demeures bourgeoises du XVIe siècle sans la voir. Dommage ! L'ancien atelier de serrurerie, dans la cour du Commerce-Saint-André, à droite de l'accès à la première courette, possède une tour intacte du rempart de Philippe Auguste. On la voit à travers les carreaux. À l'entrée de la deuxième cour, on trouve un « pas-de-mule » qui servait à se hisser sur les chevaux et, dans la troisième, un vieux puits avec margelle. Le tout est empreint d'une mystérieuse quiétude.

🎬🎬 *La cour du Commerce-Saint-André :* édifiée en 1776, elle offre une image intéressante du vieux Paris, avec ses maisons basses usées et patinées. Au n° 8, l'ancienne imprimerie de Marat d'où sortait *L'Ami du peuple,* et où travailla le futur maréchal Brune. Ce bel ensemble architectural a été rénové.

Vers le jardin du Luxembourg

La rue Monsieur-le-Prince, qui s'appelait jadis rue des Fossés (car elle suivait l'enceinte de Philippe Auguste), abrite beaucoup de belles demeures. Le prince en question était le prince de Condé. Au n° 4, portail superbe de l'hôtel de Bacq (1750). Blaise Pascal habita au n° 54. On ne vous cite pas tous les autres. Pratiquement chaque maison a sa plaque. Tristement célèbre depuis que, dans cette même rue, au n° 20, Malik Oussekine succombait sous les coups des « voltigeurs » lancés contre les étudiants en décembre 1986.

Odéon – Théâtre de l'Europe fut construit en 1808 dans le style lourd de l'époque. Il connut une occupation mémorable en mai 1968. Les casques romains utilisés lors des représentations théâtrales protégèrent plus d'un crâne étudiant sur les barricades, et Jean-Louis Barrault s'y fit gentiment chahuter. À l'intérieur, beau plafond d'André Masson. Le tout vient d'être entièrement rénové.
Maisons classées tout autour de la place. Au n° 2 habitait l'un des héros de 1789 qui nous sont le plus sympathiques : Camille Desmoulins. Au n° 1, on trouvait jadis l'ancien *Café Voltaire,* haut lieu littéraire pendant 150 ans. Les Américains de la génération perdue s'y retrouvaient (Scott Fitzgerald, Hemingway, Sinclair Lewis, etc.). Dans le quartier, vous trouverez partout de superbes hôtels particuliers des XVIIe et XVIIIe siècles (en particulier rue de Condé, rue de Tournon, etc.). Une voyante du 5, *rue de Tournon* avait un client sombre et famélique : Bonaparte. Au n° 17, c'est là, à son domicile, que Gérard Philipe est mort.

Le musée Zadkine : 100 bis, rue d'Assas, 75006. ☎ 01-55-42-77-20. ● www.paris.fr/musees/zadkine ● Ⓜ Vavin ou Notre-Dame-des-Champs ; RER B : Port-Royal. Ouvert de 10 h à 18 h. Fermé les lundi et jours fériés. Expositions permanentes gratuites. Entrée aux expositions temporaires : 4 € ; tarif réduit : 3 €.
Les vrais amoureux de la sculpture sauront trouver ce musée au fond d'une impasse confidentielle. Dans un jardin merveilleux, les bronzes d'Ossip Zadkine accueillent le visiteur, entre une petite maison de campagne charmante, inattendue, et l'atelier que le sculpteur se fit construire. Né en Russie, l'artiste arriva à Paris en 1909 à vingt ans, après avoir commencé son apprentissage du bois en Angleterre. D'abord élève et ami de Rodin, il se dégagera de son influence en découvrant l'art primitif. Il s'installa en 1928,

avec son épouse Valentine Prax, elle-même peintre, dans « sa folie d'Assas », jusqu'à sa mort en 1967. Zadkine fut une figure célèbre du Montparnasse des années 1920, ami de Guillaume Apollinaire, Blaise Cendrars, Max Jacob, et côtoyant Braque, Chagall, Kessel, Modigliani, Soutine, etc. Il fera d'ailleurs le portrait de Modigliani, et travaillera dans les années 1960 sur un monument à Apollinaire.
Ouvert au public depuis 1982, le musée offre en cinq salles un ensemble représentatif de toutes les périodes de création de Zadkine : primitivisme, cubisme, art antique mythologique et art abstrait. Des œuvres en bois, comme ses célèbres *Torses de Pomone* (1960) ou l'*Éphèbe* (1920), en bronze, comme *Formes et Lumières* (1923), *Femme à l'éventail* (1923) ou *La Naissance de Vénus* (1950). Mais on vous le conseille surtout pour le jardin !

Petit itinéraire romantique

Saint-Germain-des-Prés

Aux XVIIIe et XIXe siècles, les bourgeois et les éditeurs du faubourg Saint-Germain régnèrent en maîtres avant de céder la place aux intellectuels du XXe siècle. « Ça n'a jamais été un vrai quartier, on n'y trouvait ni putains ni marchands de cacahuètes », disait Jacques Prévert avant de le quitter pour s'installer à Montmartre. Boris Vian le définissait comme une île, dernier havre de la création et du non-conformisme. Pour tous, il y soufflait en tout cas un vent de liberté !
Le Flore recueille, à la fin des années 1930, les turbulents qui se font vider des *Deux Magots*. C'est la bande des frères Prévert, rejointe en 1939 par « Jean-Saul Partre » (selon Vian) et Simone de Beauvoir, qui assurent l'animation intellectuelle du quartier. L'Occupation sera paradoxalement un riche moment de la vie de Saint-Germain. En effet, les Allemands y sont très peu présents. Poètes et écrivains se réunissent devant des assiettes aux trois quarts vides, mais phosphorent dur. L'hiver, Simone de Beauvoir arrive toujours la première au *Flore,* pour être sûre d'avoir une place près du poêle. Sartre y retrouve l'atmosphère d'un club anglais. Des *fiestas* rassemblent tout le monde pour écouter du jazz en sourdine, lire des poèmes, jouer de petites pièces.
À la Libération, la vie culturelle jaillit au grand jour et c'est l'âge d'or : émergence de Mouloudji, les frères Jacques, Yves Robert, le mime Marceau et, bien sûr, Juliette Gréco, muse des caves, toute de noir vêtue. Léo Ferré y fait aussi ses débuts.
Peu à peu, l'esprit germanopratin, défendu par Sartre, Simone de Beauvoir et Boris Vian, entre autres, se délite. Les boutiques de luxe prennent le

PETIT ITINÉRAIRE ROMANTIQUE 123

relais des institutions culturelles et, malgré lui, le quartier s'engourdit un peu. Pour les inconditionnels, voir le *Manuel de Saint-Germain-des-Prés* de Boris Vian, paru aux éditions Pauvert, qui retrace l'âge d'or des années d'après-guerre à Saint-Germain. L'enceinte de Philippe Auguste (qui passait à hauteur de la rue de l'Ancienne-Comédie) délimitait en 1200 le Quartier latin du faubourg Saint-Germain.

🎭🎭 *L'église Saint-Germain-des-Prés :* la plus ancienne des églises parisiennes. À sa gauche, petit square avec une sculpture de Picasso en hommage à Apollinaire et ruines de la chapelle de la Vierge. Le palais abbatial, belle demeure de pierre et brique, s'élève à l'angle de la rue de l'Abbaye et du passage de la Petite-Boucherie.
Belle et originale fontaine offerte par le Québec, à l'angle de la rue Bonaparte et de la place du Québec. C'est l'image même de la glace qui recouvre les rivières là-bas et qui se brise sous la pression des eaux.
Et puis, une minute de silence pour marquer la disparition du *Drugstore Saint-Germain*, lieu vivant qui a vu tant de rendez-vous amoureux.

🎭🎭🎭 *La place de Fürstenberg :* une des plus jolies places de Paris, dont les paulownias donnent au printemps de belles fleurs bleues ou mauves. Les réverbères confèrent à l'ensemble une atmosphère gentiment romantique. Les bancs ont été enlevés par la police, qui considérait que les clodos du quartier s'y reposaient un peu trop.

6ᵉ

Quelques rues pittoresques autour : *rues Cardinale* (en coude et bordée de vieilles maisons), *de l'Échaudé, de Bourbon-le-Château. Rue Mazarine,* au nº 27, joli passage. *Rue de Seine,* beaux hôtels particuliers, parfois sur petite cour avec façades couvertes de lierre. *Rue Jacob,* il suffit de regarder les plaques pour connaître toutes les personnes illustres qui y vécurent. Marguerite Duras séjournait parfois *rue Saint-Benoît.* Tout le quartier est le royaume des galeries d'art. À l'angle de la rue Jacques-Callot et de la rue de Seine, jolie sculpture évoquant les arts. À l'angle des rues Mazarine et Jacques-Callot, « la Grande Masse des Beaux-Arts », association des élèves des Beaux-Arts, qui possède une fanfare. Au printemps, celle-ci égaie le quartier de sa bonne humeur. Très connue parmi les habitants.

🎭🎭 *Le marché de Buci :* bien que principalement situé rue de Seine, on dit le « marché de Buci » quand même. Il n'est pas plus cher qu'un autre (plutôt moins pour pas mal de produits !). Les terrasses de la rue de Buci, entre « Seine » et « Comédie », sont particulièrement recherchées dès les beaux jours. Surtout celles du *Dauphin,* et du *Bar du Marché,* au soleil. Emplacement idéal pour assister au théâtre de la rue et savourer ses acteurs : vieille population de quartier (qui malheureusement se rétrécit), touristes, écolos de fin de semaine, néo-babas, quadragénaires visages plissés et heureux vaguement, trimbalant l'enfant de la dernière chance... Et puis, vous y trou-

verez toute la galerie traditionnelle de petits personnages de la rue : marginaux, clochards, baladins et chanteurs...
Autour de vous, sirotant tranquillou, c'est plutôt gauche caviar germanopratine, mais c'est plus fort que tout, on y revient, rue de Buci. À cause de son côté intime, cloisonné, un peu provincial (comme un Parisien s'imagine la province), etc. Et puis, on y trouve deux excellents commerces de bouche. Surtout, le marché ferme tard. Le dimanche, à l'heure où les marchés populaires parisiens passent déjà le jet d'eau et entassent les cagettes, des dizaines de bobos retardataires commencent leurs courses. Et puis, on aime bien cette conclusion de Philippe Boggio, dans *Le Monde* : « Buci bouillonne, car mieux qu'une autre, elle a appris à guetter les temps qui changent. » Jean-Paul Sartre et Simone de Beauvoir cachant, dans les années 1940, leurs envolées intello et amoureuse, « la Libération, les années 1960, les effluves d'un certain mois de mai, les années 1980, ses idéologies, ses modes... Chaque jour, elle largue quelque chose, mais c'est pour faire un peu de place, dans cette rue étroite, à une part, forcément élégante et conviviale, d'un inconnu maîtrisable ».

Vers les quais : au débouché de la rue Dauphine, prendre à gauche. On trouve l'*impasse de Nevers,* percée au XIIIe siècle, toujours bordée de maisons anciennes. Elle bute sur un vestige de l'enceinte de Philippe Auguste. À l'angle de la *rue de Nesle,* splendide maison toute ventrue.

En continuant, vous rencontrerez l'***Institut de France,*** splendide ensemble architectural couronné de sa fameuse coupole (1663). À l'est de l'emplacement de l'Institut se trouvait l'ancienne tour de Nesle. Au XIVe siècle, les trois belles-filles de Philippe le Bel y recevaient leurs amants pendant qu'on formait leurs époux au métier de roi. Le lendemain, pour éviter le scandale, on balançait les amants dans la Seine, enfermés dans des sacs. Sans rancune ! C'est aussi à la tour de Nesle que Cyrano, le cadet de Gascogne fin bretteur amoureux et poète, défia cent hommes à lui tout seul, haut fait qui lui valut quelque attention de la part de sa cousine, la belle Roxane. Aujourd'hui, l'Institut abrite la ***bibliothèque Mazarine*** et regroupe les cinq Académies : les Inscriptions et Belles-Lettres, les Sciences, les Beaux-Arts, les Sciences morales et politiques, et enfin les 40 « Immortels » de l'***Académie française.***
Devant l'Institut, la passerelle du Pont-des-Arts, refuge des romantiques, des peintres et des amoureux, mène au Louvre. Elle remplace depuis quelques années l'ancienne passerelle qui succomba aux coups répétés des péniches en folie.

La rue Visconti : entre la rue de Seine et la rue Bonaparte. On a un coup de cœur pour cette rue étroite bordée presque entièrement de maisons et d'hôtels du XVIe siècle. Percée en 1540, y vivait une majorité de protestants (dont Bernard Palissy), ce qui lui avait valu le surnom de Petite Genève. Du fait de la discrétion et de l'isolement de cette voie, beaucoup échappèrent d'ailleurs au massacre de la Saint-Barthélemy. Racine mourut au n° 24. Balzac avait créé une imprimerie au n° 17.

🎎 **Le quartier autour de Saint-Sulpice :** visite guidée gratuite de l'*église* (♿ par la porte latérale, rue Palatine) chaque dimanche à 15 h, et visite des cryptes le 2e vendredi de chaque mois à 15 h. Baudelaire et Sade furent baptisés dans cette église. Camille Desmoulins et Victor Hugo s'y marièrent (euh, pas ensemble, bien sûr !). Elle a néanmoins peu d'intérêt, si ce n'est le son de ses cinq cloches, plutôt harmonieux, et celui du célèbre orgue Cavaillé-Coll. Avec 5 étages de machinerie et 7 700 tuyaux, c'est l'un des plus grands du monde. À entendre tous les dimanches avant, pendant et après la messe de 10 h 15 !
Au n° 36 de la rue Saint-Sulpice, sur le flanc de l'église, il y avait un bordel célèbre, *Chez Miss Beety.* De là à imaginer le genre de clientèle... Pourtant, cet établissement, ainsi que *Chez Alys,* au n° 15, accueillaient des prêtres, comme le note Alphonse Boudard, auteur d'un ouvrage documenté sur le sujet.
La petite **rue des Canettes** part de la place et rejoint la rue du Four. Très ancienne (elle fut ouverte au XIIIe siècle), elle aligne quelques belles vieilles demeures. On pense qu'elle tient son nom du superbe bas-relief sur la façade du n° 18 et qui représente trois canettes batifolant dans l'eau.
La rue Guisarde et la **rue Princesse** possèdent également de vieilles maisons. Au n° 13 de cette dernière vécut le peintre Chardin.

🎎 **La rue du Cherche-Midi** débute au carrefour Croix-Rouge qui fut un temps très populaire : songez qu'on y trouvait, à l'aube des années 1960, jusqu'à cinq boucheries. Ancienne voie romaine, appelée chemin de Vaugirard au XIVe siècle. Bordée d'élégants hôtels particuliers avec d'intéressantes cours. Une des rues les plus chic et les plus recherchées du quartier. Au n° 18, jolie façade décorée du XVIIIe siècle. Au n° 19, enseigne de la même époque.
Au n° 44, hôtel du XVIIIe siècle où vécut Garat, ministre de la Justice qui lut l'arrêt de mort de Louis XVI. En 1831 y mourut l'abbé Grégoire, émancipateur des juifs et des Noirs pendant la Révolution, fondateur du conservatoire des Arts et Métiers. Au n° 58, belle cour avec statue... derrière un digicode. Au n° 72 (encore un code d'entrée !), au fond de la cour, beau jardin privé. Au n° 86, tout au fond, pittoresque fontaine figurant Jupiter.

🎎 **L'hôtel du Petit-Montmorency :** 85, rue du Cherche-Midi, 75006. Bâti en 1743. Statue dans une niche à l'angle. Ravissantes fenêtres de l'entresol (très ornées, avec mascarons). L'immeuble abrite aujourd'hui le musée Hébert. À côté, au n° 89, hôtel de la même époque qui abrita la fameuse madame Sans-Gêne, femme du maréchal Lefebvre. Dans le hall, à droite, élégante cage d'escalier, rampe en fer forgé, avec statue de Napoléon à ses pieds. Aujourd'hui, c'est l'ambassade du Mali. Au n° 95, hôtel de la fin du XVIIIe siècle. Pittoresque portail, fronton triangulaire et ferronneries.

L'hôtel Lutétia : 45, bd Raspail, 75006. ☎ 01-49-54-46-46. Fax : 01-49-54-46-00. Ⓜ Sèvres-Babylone. À l'angle de la rue de Sèvres. Un hôtel fabuleux. Certaines sculptures de la façade sont de Paul Belmondo (le père de Jean-Paul). Alexandra David-Néel y descendait au retour de ses voyages en Orient. De Gaulle et Yvonne y passèrent leur nuit de noces. Le général resta très fidèle à l'hôtel, ce qui lui permit d'y rencontrer lors d'un baptême... le maréchal Pétain. Aujourd'hui, le *Lutétia* est un superbe 4-étoiles entièrement rénové. Si vous voulez faire une folie, sachez que, le week-end, les chambres sont moins chères. Mais tout est relatif : compter tout de même 230 à 350 € environ la double standard. Il est aussi possible d'utiliser la chambre pendant la journée, c'est-à-dire en *day use* (voir la rubrique « Hébergement » des « Généralités »). Selon le temps passé, on peut obtenir une petite ristourne. À réserver pour une petite sieste coquine !

Où pique-niquer ?

6^e

– ***Dans le jardin du Luxembourg :*** l'un des plus beaux jardins parisiens, romantique à souhait. Grands parterres à la française qu'aimèrent, avant les étudiants d'aujourd'hui, Baudelaire, Gérard de Nerval, Verlaine, Rilke et tant d'autres, illustres ou inconnus. Chaises, fauteuils et bancs sont à votre disposition pour déployer votre napperon et ouvrir votre bouteille. En plein milieu du Quartier latin, le Luxembourg (le « Luco » pour les anciens) a toujours été le lieu de prédilection des écrivains comme des amoureux. S'il pouvait parler, ce serait sans doute le témoin le plus précieux de la vie historique et littéraire de la France (lire *Si le Luxembourg m'était conté*, d'Annie Epellbaum-Moreau, aux Éditions Buchet-Chastel). Ainsi, Rousseau et Diderot se promènent dans des jardins que Watteau avait déjà peints dans sa jeunesse, imité en ceci par David et, dans une moindre mesure, par Delacroix. La Révolution n'est pas propice à la dimension initiatique du lieu, mais, au XIXe siècle, Baudelaire, Chateaubriand, Chopin, Lamartine, Musset ou encore George Sand en font leur lieu de prédilection. Les personnages des *Misérables* de Victor Hugo fréquentent aussi beaucoup les jardins, tout comme Balzac qui, dit-on, se promenait le long des grilles en robe de chambre, un chandelier à la main. Puis c'est au tour de Gide, enfant, de tomber en admiration devant les sculptures, tandis que Sartre crée un spectacle de marionnettes avant d'y rencontrer Simone de Beauvoir. Ensuite viennent la guerre et les rendez-vous clandestins des résistants qui croisent Kessel, Modigliani ou Zadkine. Gérard Philipe y venait pour répéter ses tirades, Rilke rêver, Hemingway apprendre la peinture, Lénine voir la chaisière dont il était tombé amoureux. Enfin, chacun d'entre eux avait une bonne raison ! Aujourd'hui, on y vient pour lire, étudier ou prendre le soleil dès les premiers beaux jours, devant l'orangerie ou autour du bassin central (on s'y fait également gentiment draguer...).

Du temps de Saint Louis s'élevait, au sud du jardin, une bâtisse maudite appelée le château de Vauvert. Repère d'une bande de brigands, on y voyait d'étranges lumières et on disait le lieu hanté. C'est ainsi que se forgea l'expression « aller au diable Vauvert ». Pour exorciser les lieux, Saint Louis permit aux moines chartreux de s'y installer. Leur arrivée mit fin à la légende.

➢ À gauche de l'entrée par la place Edmond-Rostand, les rendez-vous amoureux se donnent près de la superbe *fontaine Médicis,* entourée de platanes. Elle date de 1624, mais les sculptures sont du XIXe siècle. Le plus bel endroit du quartier pour conter fleurette.

➢ Sur une pelouse du côté de la rue Guynemer, vous trouverez l'authentique *statue de la Liberté,* par Bartholdi. Au-dessus de la balustrade qui court autour du bassin central, *statues des reines de France.* Bassin dans lequel s'ébattent des carpes. À propos, saviez-vous que l'on peut connaître l'âge d'une carpe grâce à ses écailles ? L'hiver provoque un arrêt de leur croissance, tandis qu'en été, elles sont plus larges et plus transparentes. À vous de compter les rangs d'écailles. Petit kiosque et buvette en plein air. Sous la buvette, des toilettes tenues par une gentille dame qui garde les affaires des joggers.

➢ On trouve des tas de choses curieuses dans ce jardin : une école d'horticulture et des ruches qui produisent plusieurs centaines de kilos de miel par an. Des serres à orchidées jalousement veillées par les sénateurs. Pour les gourmands, le verger du jardin renferme 200 variétés de pommes et de poires, dont certaines rarissimes.

N'oubliez pas d'aller vous mesurer au n° 36, rue de Vaugirard (à droite de la porte cochère). À cette adresse subsiste l'un des mètres de marbre placés à hauteur d'homme lors de la période révolutionnaire afin d'habituer le peuple aux nouvelles mesures.

– *Sur l'île de la Cité :* descendez les escaliers sur les quais au niveau du pont Saint-Michel et allez jusqu'au bout de l'île. Un magnifique saule pleureur vous tend les bras face au musée du Louvre. Vous avez dit romantique ?

– *Sur le pont des Arts,* entre l'hôtel de la Monnaie et le Louvre. Même assis, la vue sur le Louvre, le Pont-Neuf et les quais est exceptionnelle. Le charme du pont des Arts provient non seulement du panorama des plus enviable mais aussi de la construction même du pont, avec ses lattes de bois assez espacées pour apercevoir la Seine et recevoir la lumière des bateaux-mouches quand ils passent dessous. Le plus marquant reste certainement l'esprit convivial qui se dégage du lieu. Pour certains couples et bandes de copains, le pique-nique reste simple : saucisson et camembert, arrosés de rouge, alors que d'autres installent les nappes et se tapent carrément la cloche, avec champagne à l'apéro ! Les célibataires en chasse sont également invités à venir y casser la croûte : il paraît que c'est un endroit stratégique pour les rencontres... Il suffit d'adopter les coutumes du pont des Arts et de demander un tire-bouchon ou un verre de vin à son voisin !

7ᵉ ARRONDISSEMENT

Les enfants, les oiseaux et les amoureux aiment la tour Eiffel : les premiers se bousculent en riant dans les escaliers pour tenter de battre des records de vitesse, les seconds se perchent sur les branches métalliques pour mieux défier les matous à l'appétit féroce ; quant à nos amoureux, ils détaillent une géographie connue d'eux seuls : la rue des Premiers-Baisers, l'impasse de la Dernière-Étreinte... Et le dôme des Invalides brille de tous ses feux, étincelant comme un amour naissant !

Où dormir ?

Coup de cœur

🛏 *Hôtel du Champ-de-Mars :* 7, rue du Champ-de-Mars, 75007. ☎ 01-45-51-52-30. Fax : 01-45-51-64-36. ● www.hotel-du-champ-de-mars.com ● Ⓜ École-Militaire. Parking : Place-Joffre. TV. Satellite. Wi-fi. Chambres doubles avec bains à 86 €. Petit dej' à 8 €. Charmant établissement situé non loin de la tour Eiffel et des jardins du Champ-de-Mars, de la rue Cler et de son marché. La décoration pimpante des chambres, sur rue et sur cour, se décline en jaune et bleu, avec une touche personnalisée dans chacune. Des gravures florales, un peu désuètes, donnent un caractère bucolique aux chambres baptisées de noms de fleurs : Tournesol, Bouton d'or, etc. Jolie petite cour. L'entretien soigné, le calme et l'accueil agréable en font une adresse au bon rapport qualité-prix.

Coups de foudre

🛏 *Hôtel Muguet :* 11, rue Chevert, 75007. ☎ 01-47-05-05-93. Fax : 01-45-50-25-37. ● www.hotelmuguet.com ● Ⓜ École-Militaire ou La Tour-Maubourg. ♿ Parking payant. TV. Canal +. Satellite. Accès Internet. Wi-fi. Chambres doubles de 110 à 125 €, selon le confort et la saison, et à 165 € pour les supérieures avec vue (5ᵉ et 6ᵉ étage). Dans une rue calme, avec un petit patio verdoyant où il fait bon prendre le soleil aux beaux jours, cette adresse « porte-bonheur », aux chambres parfois petites (ne pas hésiter à en demander une plus grande !) mais impeccables, s'est offert un brin (oui, c'est facile !) de rénovation... avec goût (grand miroir, salles de bains noir et blanc, mobilier ancien...). Préférez les chambres au 6e étage, avec vue sur la tour Eiffel ou le dôme des Invalides. Accueil poli.

🏠 **Hôtel Saint-Dominique :** 62, rue Saint-Dominique, 75007. ☎ 01-47-05-51-44. Fax : 01-47-05-81-28. ● www.hotelstdominique.com ● Ⓜ La Tour-Maubourg ; RER C : Invalides. TV. Câble. Accès Internet. Chambres doubles de 99 à 123 €, selon le confort et la saison ; petit dej' à 9 €. Cet ancien couvent du XVIIIe siècle et ancienne pension de famille est aujourd'hui un hôtel charmant à deux pas de la tour Eiffel, aux poutres apparentes et à la déco élégante. À l'arrière, un petit patio fleuri vous accueille le temps d'un petit déjeuner loin du bruit. Chambres confortables, aménagées de meubles rustiques et de beaux tissus. Préférez celles sur cour à l'étage, plus calmes (la n° 28, par exemple), et évitez les n°s 35 et 36 au rez-de-chaussée, un peu bruyantes avec le passage. Ensemble frais et printanier. Un petit déjeuner par chambre offert à nos lecteurs sur présentation de ce guide.

🏠 **Hôtel de la Tulipe :** 33, rue Malar, 75007. ☎ 01-45-51-67-21. Fax : 01-47-53-96-37. ● www.paris-hotel-tulipe.com ● Ⓜ La Tour-Maubourg ; RER C : Pont-de-l'Alma ou Invalides. ♿ Parking payant. TV. Satellite. Accès Internet. Wi-fi. Chambres doubles sur rue ou cour de 130 à 150 €, selon le confort et la saison ; petit dej' à 10 €. Cet ancien couvent, hôtel depuis un siècle, propose une vingtaine de chambres décorées avec goût dans des tons provençaux et colorés. Dix d'entre elles donnent sur une calme et verdoyante cour-patio. Même s'il n'y a pas d'ascenseur, préférez celles aux étages, plus calmes. Coup de cœur pour la n° 25 dans l'ancienne chapelle. Salle de petit déjeuner avec mobilier en rotin, poutres et carrelage ancien. Accueil diligent de Jean-Louis, acteur aperçu dans quelques classiques du cinéma français des années 1980. Un petit déjeuner par chambre offert à nos lecteurs sur présentation de ce guide.

🏠 **Hôtel de Varenne :** 44, rue de Bourgogne, 75007. ☎ 01-45-51-45-55. Fax : 01-45-51-86-53. ● www.hoteldevarenne.com ● Ⓜ Varenne. TV. Satellite. Accès Internet. Wi-fi. Clim'. Chambres doubles de 127 à 167 €, selon l'équipement et la saison ; petit dej' à 10 €. Entre l'Assemblée nationale et le musée Rodin, ce bel hôtel particulier du XIXe siècle, niché au fond d'un passage, présente une décoration chic aux styles Louis XVI et Empire... pour des tarifs encore abordables dans ces beaux quartiers. Accueil d'une grande politesse ; chambres parfaitement équipées, avec écran plat pour les TV, salles de bains modernes, de beaux tissus et du mobilier ancien. Spacieuses, certaines au 4e étage donnent sur la tour Eiffel ou sur le jardinet et la cour, toujours calmes, où l'on prend le petit déjeuner quand le soleil pointe son nez.

🛏 *Hôtel Lindbergh :* 5, rue Chomel, 75007. ☎ 01-45-48-35-53. Fax : 01-45-49-31-48. • www.hotellindbergh.com • Ⓜ Sèvres-Babylone. Parking payant. TV. Satellite. Accès Internet. Wi-fi. Conseillé de réserver. Chambres doubles de 100 à 160 €, selon le confort et la saison. Petit dej' à 9 €. Central, près du *Bon Marché,* mais dans une petite rue discrète, cet hôtel croquignolet et familial résonne comme un vrai petit musée du célèbre aviateur : anciennes photos, illustrations remises par des clients charmés, jusqu'à une copie du diagramme du fameux vol New York-Paris. Les chambres à l'entretien parfait allient raffinement et harmonie ; salles de bains modernes, grand lit, couvre-lit en beaux tissus colorés... Seulement 4 chambres par étage. Et nous, on a un faible pour les mansardées du 6e, avec des écrans TV plasma. Une adresse comme on les aime : simple, élégante et chaleureuse. Une demi-bouteille de champagne (pour un séjour de 3 nuits minimum) offerte à nos lecteurs sur présentation de ce guide.

Coups de folie

🛏 *Best Western Premier Eiffel Park Hotel :* 17 bis, rue Amélie, 75007. ☎ 01-45-55-10-01. Fax : 01-47-05-28-68. • www.eiffelpark.com • Ⓜ La Tour-Maubourg. TV. Satellite. Chambres doubles avec douche ou bains de 110 à 200 €, selon le confort et la saison. Petit dej' à 12 €. Niché dans une petite rue discrète, ce bel établissement à l'accueil serviable, au salon élégant style années 1920, avec cheminée et bar à l'entrée, présente d'élégantes chambres (plus petites au 1er étage), différentes les unes des autres, où le petit supplément pour monter en catégorie fait la différence. Habillées de tissus qui rappellent la toile de Jouy et d'objets de voyage, elle profitent d'équipements modernes. Les romantiques réserveront la n° 301, au lit blanc en fer forgé, avec sa miniterrasse. Petit déjeuner sous véranda ou, aux beaux jours, à la superbe terrasse-solarium du 5e étage dominant les toits de Paris.

🛏 *Hôtel de Londres-Eiffel :* 1, rue Augereau, 75007. ☎ 01-45-51-63-02. Fax : 01-47-05-28-96. • www.londres-eiffel.com • Ⓜ École-Militaire. TV. Canal +. Satellite. Accès Internet. Wi-fi. Chambres doubles de 110 à 175 €, selon le confort et la saison. Petit dej' à 12 €. Ici, le goût et les couleurs sont au rendez-vous ! Voilà une petite découverte bienvenue dans le quartier avec ses chambres aux allures de bonbonnières. Dans un style anglais, relevé par des couleurs chaudes bien choisies, les chambres ont chacune leur caractère et répondent aux noms d'écrivains célèbres. Équipement moderne et complet avec écran plasma pour les TV. Beau salon de petit déjeuner aux sièges en rotin. À deux pas de la vivante rue Saint-Dominique, les lieux restent bien calmes, même sur rue. Accueil aux petits oignons. Mieux vaut réserver. Un beau travail sur l'élégance pour une adresse tout simplement adorable !

▲ *Hôtel Verneuil :* 8, rue de Verneuil, 75007. ☎ 01-42-60-82-14. Fax : 01-42-61-40-38. ● www.hotelverneuil.com ● Ⓜ Rue-du-Bac ou Saint-Germain-des-Prés. TV. Câble. Accès Internet. Wi-fi. Chambres doubles entre 155 et 200 € avec bains ou douche, w.-c., sèche-cheveux, minibar et coffre-fort ; petit dej' à 12 €. Au cœur de la rive gauche, à côté de Saint-Germain-des-Prés et du musée d'Orsay, l'intimité de l'hôtel nous a plu. Au salon-bibliothèque à l'atmosphère tout à fait *British,* on est confortablement installé pour feuilleter la presse. Les 26 chambres, pas très spacieuses dans l'ensemble, sont arrangées avec goût et distinction. Dans certaines, les poutres apparentes ajoutent une ambiance intimiste. Les salles de bains, tout en marbre, sont ravissantes.

▲ *Hôtel Duc de Saint-Simon :* 14, rue de Saint-Simon, 75007. ☎ 01-44-39-20-20. Fax : 01-45-48-68-25. ● hotelducdesaintsimon.com ● Ⓜ Rue-du-Bac. Wi-fi. Chambres doubles de 220 à 255 € (terrasse) avec douche ou bains et vue sur cour, rue ou jardin. Clim' pour les chambres sur rue et sèche-cheveux. Un hôtel ravissant du faubourg Saint-Germain, avec sa façade recouverte de glycine. Les couleurs chatoyantes, le mobilier ancien, les gravures font de cette demeure cossue et chaleureuse un vrai nid douillet où il ne reste qu'à se blottir. Chambres pas très grandes (dommage pour le prix) avec vue sur cour ou sur jardin, mais certaines ont une belle terrasse. Dans les caves du sous-sol, très intimes, possibilité de s'isoler pour prendre son petit déjeuner ou boire un verre.

Où manger ?

Coup de cœur

|●| *Chez Germaine :* 30, rue Pierre-Leroux, 75007. ☎ 01-42-73-28-34. Ⓜ Duroc ou Vaneau. Service de 12 h à 14 h 30 et de 19 h à 22 h. Fermé les samedi soir et dimanche. Congés annuels : en août. Le midi, en semaine, formule à 12 € et menu à 15 €. À la carte, compter 25 €. Une petite salle toute simple d'une trentaine de places, à l'atmosphère un peu provinciale. Accueil vraiment sympathique. Clientèle d'amoureux, d'habitués, d'ouvriers en bleu de chauffe et de retraités. Dans votre assiette, des plats simples et traditionnels comme le bœuf bourguignon ou la tête de veau, par

exemple. D'un rapport qualité-prix assez rare pour la rive gauche.

Resto non-fumeurs. Cartes de paiement refusées.

Coups de foudre

|●| *Les Fables de la Fontaine :* 131, rue Saint-Dominique, 75007. ☎ 01-44-18-37-55. Ⓜ École-Militaire. Service de 12 h à 14 h 30 et de 19 h à 22 h 30. Fermé les dimanche et lundi. Entrées autour de 12 €, plats à 22 €, desserts à 8 €. Au moins, c'est clair... Christian Constant inaugure sa formule « côté mer » avec ce bistrot nouvellement confié à Sébastien Gravé et David Bottreau, anciens du *Violon d'Ingres,* la maison mère. Situé à la hauteur de la fontaine de Mars, ce restaurant, côté intérieur, offre une vingtaine de couverts, dans une déco chaleureuse aux tons chocolat ; côté extérieur, six tables très courues à la belle saison. Dans l'assiette, la carte change tous les jours mais on pourra retrouver les ravioles de langoustines cuites dans leur bouillon ou encore les noix de Saint-Jacques poêlées et leur purée de topinambours aux châtaignes. Vins servis au verre à partir de 3,50 €.

|●| *Le Café des Lettres :* 53, rue de Verneuil, 75007. ☎ 01-42-22-52-17. 🚇 Rue-du-Bac ; RER C : Musée-d'Orsay. Ouvert tous les jours de 12 h à 23 h (16 h le dimanche). Congés annuels : du 21 décembre au 3 janvier. Plats du jour entre 15 et 20 € ; brunch à 28 € le dimanche ; prévoir environ 30 € pour un repas complet à la carte. Passez le porche de l'hôtel particulier d'Avejan, devenu le Centre national des livres, et entrez au *Café des Lettres* où, depuis une vingtaine d'années, se pressent, outre les écrivains, les habitués de cette rue où vécut Gainsbourg (au n° 3). Les classiques de la cuisine suédoise sont cités sur la carte, mais on vient surtout ici pour la convivialité du bar, l'ambiance qui vous transporte bien loin de Saint-Germain. En été, joli jardin-terrasse très agréable pour une dînette. Chaque mois, une exposition différente de peintures. Café offert à nos lecteurs sur présentation de ce guide.

|●| *Café de l'Esplanade :* 52, rue Fabert, 75007. ☎ 01-47-05-38-80. Ⓜ La Tour-Maubourg. Ouvert tous les jours de 8 h à 2 h. Plats à la carte de 21 à 39 €. Le petit dernier des frères Costes est rapidement devenu un endroit très prisé du Paris branché. Pour la déco, Jacques Garcia donne une fois de plus dans le style new-nouveau-néoclassique, qui s'impose pour le lieu : intrados des arcatures dorées mâtes, boiseries peintes couleur bronze oxydé, faux fûts de canon, faux boulets, fausses chaînes, fausses bougies, faux sièges 1er Empire = vraie absence de goût. Si les plats sont corrects quoique trop chers, les amoureux viendront ici surtout pour la salle de restaurant très aérée, avec vue imprenable sur les Invalides !

Coups de folie

🍴 *La Maison de l'Amérique latine :* 217, bd Saint-Germain, 75007. ☎ 01-49-54-75-10. Ⓜ Solférino ou Rue-du-Bac. Ouvert le midi uniquement du 1er octobre au 1er mai, midi et soir du 2 mai au 30 septembre. Fermé les samedi, dimanche et jours fériés. Congés annuels : en août. Réserver (3 jours à l'avance). Pas de carte. Menus à 40 € le midi et autour de 50 € le soir. Dîner aux chandelles dans un parc de 1 ha au cœur de la capitale, c'est un vrai conte de fées. Le midi, par jour de grand soleil, on se croirait dans un parc d'Île-de-France. La première fois, vous n'en croirez pas vos yeux. Évitez de venir par temps de pluie et laissez le jean à des occasions moins exceptionnelles. La clientèle est assez chic, bien entendu. Au fait, au-delà de toute attente, cuisine française inventive, mitonnée par un chef japonais. Voir aussi le bar, ouvert de 12 h à 14 h, qui propose des spécialités sud-américaines et quelques plats de brasserie.

🍴 *Altitude 95 :* au 1er étage de la tour Eiffel, 75007. ☎ 01-45-55-20-04. Ⓜ Bir-Hakeim ; RER C : Champ-de-Mars-Tour-Eiffel. Ouvert tous les jours de 12 h à 15 h et de 19 h à 22 h (23 h l'été). Menu à 52 €. À la carte, compter autour de 70 €. L'ascenseur vous propulse en quelques secondes au 7e ciel, soit au 2e étage de la tour Eiffel. Même les Parisiens les plus blasés ne peuvent que craquer pour un dîner ou un verre à une centaine de mètres au-dessus de la Seine, face aux jardins du Trocadéro. De quoi vous donner des ailes pour déclarer votre flamme ! La nourriture ? Dans le style brasserie. À la réservation (indispensable), demandez une table avec vue sur la Seine !

Salon de thé

☕ *Café des Hauteurs :* dans l'enceinte du musée d'Orsay, 1, rue de la Légion-d'Honneur, 75007. ☎ 01-42-84-12-16. Ⓜ Solférino. 🍴 Accès par l'entrée du musée. Ouvert de 10 h 30 à 17 h (21 h le jeudi). Fermé le lundi. Plats de 7 à 12 €. Le *Café des Hauteurs,* près des pastels de Degas, est situé juste derrière la grande horloge. On y mange des petites salades, des en-cas style tartines salées ou des quiches. Goûter avec gaufres, viennoiseries, thé ou café.

Où sortir ?

🍸 *Club des Poètes :* 30, rue de Bourgogne, 75007. ☎ 01-47-05-06-03. • www.poesie.net • Ⓜ Assemblée-Nationale, Invalides ou Varenne. Dîner à 20 h, spectacle à 22 h 15, tous les soirs sauf le dimanche. Congés annuels : en août. Dîner à 20 € (entrée, plat et dessert). Si l'on ne dîne pas, on paie la première conso entre 7,50 et 10 € ; les suivantes sont à 3 € pour les jus de fruits et 5 € pour les cocktails. Amis de la poésie, bonsoir... Jean-Pierre Rosnay, ex-Monsieur Poésie de la télé, réunit avec gentillesse sa famille d'étudiantes tourmentées et de ministres venus en voisins, autour d'un programme où cohabitent Victor Hugo, Rimbaud, Aragon et Vian, sans oublier Villon. Ici, on est désireux de rendre la poésie « contagieuse et inévitable ». Dans ce doux décor d'auberge campagnarde, chacun déclame ses œuvres et celles des grands disparus. Le lundi, soirée-découverte avec des poètes contemporains inconnus... pour l'instant !

Main dans la main

La tour Eiffel

☎ 01-44-11-23-23. • www.tour-eiffel.fr • Ⓜ Bir-Hakeim, Trocadéro ou École-Militaire ; RER C : Champ-de-Mars-Tour-Eiffel. (pour les 1er et 2e étages). Visites tous les jours de 9 h 30 à 23 h (de 9 h à minuit de mi-juin à fin août) pour les 1er, 2e et 3e étages. Il est préférable de monter en ascenseur. Respectivement : 4,20, 7,70 et 11 € plein tarif ; par l'escalier (jusqu'au 2e étage), tarif unique de 3,30 €.
– *Au 1er étage,* à 57 m : restaurant, bar, salon de thé *Altitude 95*. Formule déjeuner à 21,50 € efficace, et menus le soir à 50 et 62 €. Déco capitaine Nemo. Bureau de poste avec flamme spéciale tour Eiffel. Également *Cineiffel,* petit film historique sur la tour.
– *Au 2e étage,* à 115 m : célèbre grand restaurant gastronomique *Jules Verne* (menu à 55 € en semaine le midi), buffet et galerie inférieure vitrée.
– *Au 3e étage,* à 276 m : une galerie supérieure ouverte d'où la vue est époustouflante. Bonne occasion pour sortir le grand jeu : une bouteille de champagne et 2 coupes que vous aurez apportées feront de cet endroit déjà fabuleux en lui-même un souvenir qu'il ou elle n'est pas près d'oublier ! Longues-vues à pièces. Panorama jusqu'à 60 km de Paris par temps clair. L'éclairage a été transformé en 1986. Les projecteurs du Champ-de-Mars ont été remplacés par des lampes au sodium placées dans les superstructures de la tour. L'effet ainsi créé est une véritable réussite. La réinstallation d'un phare géant (composé en fait de 4 projecteurs), reprenant celui qu'elle arbora jusqu'en 1970, qui devait être provisoire, est finalement définitive. Tout comme le scintillement de 20 000 flashes qui ont habillé la tour lors du passage du millénaire : tous les soirs, dès la nuit tombée jusqu'à 2 h du matin en été et jusqu'à 1 h le reste de l'année, la tour scintille les 10 pre-

mières minutes de chaque heure. Extra ! Entre-temps, et comme tous les 5 ans, la tour Eiffel fait peau neuve au travers d'une grande campagne de peinture.
Si la tour écrivait ses mémoires... nous connaîtrions tous les secrets, scandales et métamorphoses d'un siècle. Son histoire est aussi étonnante que sa silhouette est célèbre dans le monde entier. Tous les bons manuels rendent hommage à son génial inventeur, l'ingénieur Gustave Eiffel... En fait, la fameuse tour n'a pas vraiment été conçue par l'ami Gustave... En effet, deux ingénieurs des ateliers de Gustave Eiffel, Kœchlin et Nouguier, conçoivent l'idée d'une très haute tour de fer. Eiffel leur achète le brevet, remanie un peu le projet, finance sa réalisation et le présente à l'Exposition universelle de 1889. Sur 107 projets présentés, il remportera le premier prix et son nom sera associé à la tour.
Traitée de « chandelier creux », ou de « squelette disgracieux » par Guy de Maupassant ; l'écrivain Joris-Karl Huysmans en parlait plus vertement : « On ne peut se figurer que ce grillage infundibuliforme soit achevé, que ce suppositoire vulgaire et criblé de trous restera tel. » Pourtant, la tour Eiffel conquit de nombreux artistes : Seurat, le Douanier Rousseau, Utrillo ; d'autres l'ont chantée, comme Mistinguett, Trenet, Dutronc.
La tour a aussi ses aventuriers : en 1912, Reichelt, l'« homme-oiseau », avec ses ailes artificielles, ne plana malheureusement pas, mais fit dans le sol gelé un trou de 35 cm de profondeur. Marc Gayet, récidivant avec un parachute, n'eut pas plus de chance : détail technique, le parachute ne s'ouvrit pas, la soie étant trop humide. D'autres aventures sont plus souriantes, telle celle du journaliste qui descendit à bicyclette par l'escalier du 1er étage, mais fut, à son arrivée triomphale, inculpé par la préfecture de police en tant que « provocateur d'attroupement ». Un dirigeable en fit le tour, mais fut précipité dessus ; il n'y eut d'autre incident que l'affolement d'une dame enceinte à la terrasse du 3e étage : elle accoucha dans l'ascenseur qui la ramenait au sol.
Gustave Eiffel, qui vécut jusqu'à 91 ans, avait raison de dire : « Je devrais être jaloux de la tour, elle est plus célèbre que moi. »

Le Champ-de-Mars

Entouré de vignes au XVe siècle, il était occupé par des maraîchers cultivant des légumes pour les Parisiens. Au XVIIIe siècle, on l'utilisa comme terrain de manœuvres pour les élèves de l'École militaire.
En 1785, le Champ-de-Mars eut une affectation surprenante : ses fossés furent utilisés par Parmentier, qui y cultiva la pomme de terre. L'anecdote raconte que les plantations avaient été entourées de clôtures pour inciter les Parisiens à s'intéresser à ce féculent inconnu. Tubercule défendu, il entraîna la convoitise, le vol et la consommation. Publicité garantie !

Un peu trop bondé pour satisfaire entièrement les amoureux, le Champ-de-Mars possède quand même quelques recoins plus isolés, notamment sur les pelouses latérales. Et puis, le soir venu, il est toujours agréable d'apporter son pique-nique et de casser la croûte avec, d'un côté, la tour Eiffel et, de l'autre, les Invalides. Avec un p'tit apéro et hop, c'est parti pour refaire le monde ! Sans vouloir gâcher la poésie du moment, attention quand même où vous posez les fesses, les chiens sont nombreux !

Musée du quai Branly – Arts et civilisations d'Afrique, d'Asie, d'Océanie et des Amériques : accès par le 222, rue de l'Université, ou par les jardins côté Seine, 75007. ☎ 01-56-61-71-72. ● www.quaibranly.fr ● Ⓜ Alma-Marceau ; RER C : Pont-de-l'Alma. Accès tous les jours sauf le lundi, de 10 h à 18 h 30 (22 h le jeudi). Fermé les 1er janvier et 1er mai. Entrée (musée) : 8,50 € ; réductions ; gratuit pour les moins de 18 ans.

Un grand projet architectural et muséographique qui a fait couler beaucoup d'encre. Initié en 1995 par Jacques Chirac, c'est LE grand chantier de ses mandats présidentiels. L'architecture est confiée à Jean Nouvel, et l'ouverture du Pavillon des Sessions (au Louvre), en avril 2000, a donné un avant-goût de la richesse des collections du musée.

Le musée réunit les collections du musée de l'Homme et celles du musée des Arts d'Afrique et d'Océanie, enrichies d'acquisitions récentes, notamment la statuette chipiquaro du Mexique, premier objet acquis et désormais emblème du musée du quai Branly. Épousant la courbe de la Seine, le musée est conçu comme une immense passerelle sur pilotis de 180 m de long, augmentée de trois mezzanines. Il abrite 300 000 objets d'art premier en réserve et présente en permanence quelque 3 500 pièces, auxquelles s'ajoutent un vaste espace d'expositions temporaires. La scénographie s'articule autour de l'immense rampe sinueuse qui part du rez-de-chaussée et s'élève en pente douce jusqu'au niveau principal, guidant naturellement le visiteur vers les collections de référence et la zone d'expos temporaires. L'extrémité de la passerelle surplombe la tour de verre, qui abrite la réserve des 9 000 instruments de musique. À l'étage, les visiteurs découvrent les collections – dites de référence –, organisées par zones géographiques : Asie, Océanie, Amériques, Afrique, mais aussi des thèmes pluriculturels.

L'ensemble du musée est superbement aménagé avec tous les outils multimédia dernier cri, permettant une meilleure compréhension des pièces exposées et un accès facilité pour les enfants, les personnes à mobilité réduite ou déficients visuels... Au centre du plateau d'exposition, le « serpent », immense support d'information multimédia, a été entièrement recouvert de cuir pour se fondre avec les œuvres exposées, les informations et notices explicatives étant directement gravées dans le cuir, telles des scarifications.

Sur le toit, un resto avec vue panoramique, couvert d'une immense toiture métallique qui rappelle les ailes d'une libellule et entouré de bassins en guise de garde-corps. Côté Seine, sur une des façades du bâtiment administratif, une autre curiosité et prouesse architecturale mérite le coup d'œil : un mur végétal conçu par Patrick Blanc, « chercheur fou » au CNRS, constitué de quelque 150 espèces de plantes provenant de divers continents. L'endroit se définissant comme un carrefour de rencontre et de culture, mêlant esthétique, muséologie et recherche, le visiteur y trouve aussi une librairie-boutique, une médiathèque et un théâtre destiné à diverses manifestations culturelles (spectacles d'art vivant, musique, cinéma, danse) en écho avec les collections exposées. Un centre d'études et sa bibliothèque sont également accessibles aux chercheurs.

Autour des Invalides

Le musée Rodin : 79, rue de Varenne, 75007. ☎ 01-44-18-61-10. Fax : 01-45-51-17-52. • www.musee-rodin.fr • Ⓜ Varenne. Du 1er avril au 30 septembre, ouvert de 9 h 30 à 17 h 45 ; du 1er octobre au 31 mars, de 9 h 30 à 16 h 45 (17 h pour le parc) ; dernière entrée 30 mn avant la fermeture. Fermé les lundi et jours fériés. Entrée : 6 € ; 7 € lors des expositions temporaires ; tarif réduit pour les 18-25 ans et pour tous le dimanche ; gratuit pour les moins de 18 ans ; accès libre le 1er dimanche de chaque mois. Possibilité de visiter le parc seul (1 €).

En 1908, Rodin loua une partie de l'hôtel Biron (par l'intermédiaire de Rilke, qui fut un temps son secrétaire) afin d'y installer ses œuvres. Il fit don de toutes ses œuvres à l'État en 1916, en vue de la création du musée, ouvert au public en 1919 (deux ans après sa mort). Il ne pouvait rêver meilleur cadre avec le magnifique jardin de l'hôtel. Dix jours avant qu'elle ne meure, Rodin épousa sa compagne depuis toujours, Rose Beuret... Pour deux amoureux en goguette à Paris, impossible de faire l'impasse sur ce musée, qui abrite, entre autres œuvres admirables, la fameuse sculpture du *Baiser,* celle de *La Toilette de Vénus* et enfin, notre préférée : *La Danaïde,* d'une sensualité hors pair, à la grâce quasi parfaite, à la merveilleuse position d'abandon... Depuis avril 1987, 40 marbres restaurés sont exposés dans la galerie des marbres pour les protéger des caresses des admirateurs de rondeurs et autres chutes de reins. Rodin aimait cette blancheur immaculée. Restaurée, la chapelle a retrouvé sa blancheur originelle qui lui donne un aspect beaucoup plus éclatant. Si la pierre a été briquée, la physionomie générale de la chapelle a été entièrement respectée. Ce lifting sobre et réussi a entraîné un réaménagement du hall d'accueil, visant à capter davantage la lumière. Étonnant de constater qu'une partie du mur extérieur a été abattu pour être remplacé par une paroi de verre. Les travaux concer-

nant la chapelle en elle-même ont permis d'en faire un lieu d'expositions temporaires, avec deux expos par an.
Les paresseux flâneront dans le magnifique jardin, romantique à souhait et peuplé de sculptures : *La Porte de l'Enfer,* les célèbres *Bourgeois de Calais, Le Penseur...* Côté ouest (ou à droite, le dos au musée), un chemin sinueux, petit itinéraire poétique, sur le thème des sources. De l'autre côté, cadre spécial pour *Orphée,* où le végétal renforce le caractère dramatique de l'œuvre. Tout au fond, trois arches dans un treillage, reprenant en écho les trois baies de la façade sur jardin. Vue remarquable sur le jardin et l'hôtel !

|O| D'ailleurs, pourquoi ne pas admirer les œuvres du maître en déjeunant à la *cafétéria* ombragée située dans le parc du musée ? **Le Jardin de Varenne** est ouvert de 9 h 30 à 18 h du 1er avril au 30 septembre, et jusqu'à 17 h du 1er octobre au 31 mars. Fermé le lundi. Plusieurs formules déjeuner de 9 à 15 €. À la carte, compter 10 €. Extra aux beaux jours. Sur présentation de ce guide, un café offert pour la commande d'une des 3 formules.

La Pagode : 57 bis, rue de Babylone, 75007. ☎ 01-45-55-48-48. Ⓜ Saint-François-Xavier. *La Pagode* reste aujourd'hui un des lieux insolites du Paris exotique : d'abord célèbre pour avoir abrité les réceptions fastueuses du début du XXe siècle, elle fut reconvertie en salon de thé et cinéma d'art et d'essai. C'est le fruit d'un caprice de la très mondaine épouse du directeur du *Bon Marché,* à ce point entichée de japonaiseries qu'elle se fit offrir, en 1896, cette « petite folie ». Ouverte au public dès 1931, *La Pagode* devint très vite un lieu mythique du cinéma ; c'est ici que furent projetées les premières œuvres de Louis Delluc, Jean Renoir, Luis Buñuel ou, plus tard, Jean Cocteau.
Dans les années 1960, *La Pagode* devient LE cinéma à la mode, sous l'impulsion de Louis Malle et du mouvement de la nouvelle vague. Elle atteint un tel niveau de délabrement en 1997 qu'elle est fermée pour raisons de sécurité. La gérance et l'exploitation du cinéma sont finalement confiées au passionné Jean Henochsberg, déjà exploitant de plusieurs cinémas d'art et d'essai à Paris, qui a relevé le défi et réalisé de vastes travaux de rénovation. Voyez, dans la salle « antique » les fresques japonaises du plafond. On sort toujours de la projection en passant par le jardin japonais qui nous rappelle le cadre de *Mme Butterfly.* Sans aucun doute le cinéma le plus romantique de Paris pour revoir ses grands classiques !

Le jardin Catherine-Labouré : 29, rue de Babylone, 75007. Ⓜ Sèvres-Babylone. Ouvert jusqu'à 22 h en été, 17 h 30 le reste de l'année. Autrefois potager de cloître, c'est aujourd'hui un véritable verger caché derrière de hauts murs. À l'entrée, derrière les jeux d'enfants, une rangée de cerisiers ; le long des allées, des pommiers ; sur la pergola de droite, une longue tonnelle plantée de vignes, à l'ombre de laquelle vous pouvez vous bécoter, et tout au long une double haie de noisetiers et de groseilliers.

Le square Récamier : accès par la rue Récamier. À quelques pas du *Bon Marché,* le square Récamier est une halte bienfaisante, où le tumulte de la ville paraît alors bien lointain. De vieux figuiers, hêtres, saules pleureurs, genêts, bassin en cascade donnent à ce petit square un aspect romantique. Pourtant pas bien grand, le square fleuri a des allures de jardin privé. C'est pour cette raison qu'on le recommande aux amoureux. Un banc semble y avoir été placé pour eux : il se trouve en haut des marches abritées d'une tonnelle. En semaine, quand il n'y a personne, l'endroit est un refuge pour les serments enflammés. Madame Récamier et Chateaubriand étaient des habitués des lieux.

8ᵉ ARRONDISSEMENT

Le 8ᵉ arrondissement a un côté « premier de la classe » un peu agaçant : des avenues bien droites et bien peignées, des hôtels particuliers calmes et luxueux, des arbres bien alignés. On a connu plus gai, mais il reste tout de même l'inévitable balade sur les Champs-Élysées. En haut de l'avenue, côté Étoile, on préférera – à moins de raffoler de la foule et des magasins bondés – la descente vers la Concorde, quand les Champs prennent des airs de campagne : pour flâner sous les arbres, ou mieux, s'asseoir sur un banc et prendre le temps de regarder la vie qui passe.

Où dormir ?

Coup de cœur

Hôtel d'Argenson : 15, rue d'Argenson, à l'angle du boulevard Haussmann, 75008. ☎ 01-42-65-16-87. Fax : 01-47-42-02-06. • www.hotel-argenson.com • ⓂSaint-Augustin ou Miromesnil. TV. Accès Internet. Wi-fi. Chambres doubles de 85 à 100 € avec douche ou bains ; également 2 chambres doubles à 55 € avec lavabo et w.-c. à l'extérieur mais sans douche ; petit déjeuner compris. Cet hôtel familial cache de grandes chambres de style haussmannien quelque peu ancré dans les temps : hauts plafonds à moulures, meubles anciens, parfois même une cheminée. Toutes subissent actuellement une cure de rajeunissement. Si vous n'avez pas le sommeil trop léger, préférez celles donnant sur le boulevard Haussmann, nettement plus spacieuses et dont certaines ont un petit balcon. Sinon, trois donnent sur cour. Les chiens sont acceptés, ce qui est plutôt rare. Un bon rapport qualité-prix, encore rehaussé par un accueil très présent. Vivement recommandé de réserver et de se soumettre aux conditions de la patronne. 7 % sur le prix de la chambre offerts à nos lecteurs sur présentation de ce guide.

Coups de foudre

New Orient Hôtel : 16, rue de Constantinople, 75008. ☎ 01-45-22-21-64. Fax : 01-42-93-83-23. • www.hotel-paris-orient.com • Ⓜ Villiers, Europe ou Rome. TV. Canal +. Satellite. Accès Internet. Wi-fi. Chambres doubles de 105 à 150 €, selon le confort. Parking à proximité. Un bel hôtel style Art nouveau, couplé à une atmosphère « route des Indes », où l'on se sent comme à la maison. En hiver, c'est une invitation au cocooning, dans un cadre toujours fleuri et propret... Les chambres sont décorées avec du mobilier récupéré dans les salles des ventes de province. Les charmants patrons retapent l'ensemble en famille, pour les mettre aux mesures et aux normes. Un grand nombre des chambres de cet hôtel possèdent un petit balcon et une déco cosy bien agréable. Une adresse de bon rapport qualité-prix, qui tente de lutter face aux grosses chaînes voisines. Penser à la chambre n° 23 aux caractéristiques romantiques avec son balcon et son lit douillet.

â *Hôtel d'Albion :* 15, rue de Penthièvre, 75008. ☎ 01-42-65-84-15. Fax : 01-49-24-03-47. • www.hotelalbion.net • Ⓜ Miromesnil. Parking payant. TV. Satellite. Accès Internet. Wi-fi. Ouvert toute l'année. Nécessaire de réserver. Chambres doubles de 85 à 150 €, selon la saison et la catégorie. Petit dej' à 9 €. Le charme est au rendez-vous dans cette petite adresse discrète des beaux quartiers du 8e arrondissement. Déco colorée, élégante et moderne, des chambres autour de thèmes comme la danse, la nature, la musique ou la poésie. Toutes d'un style différent, elles peuvent être bleues et spacieuses (la n° 36), jaunes, plus petites mais avec une grande salle de bains (la n° 31) ou mansardées avec des airs de petit chalet (la n° 56), romantiques à souhait. Certaines vont être rénovées courant 2007. À noter, l'agréable jardinet au calme pour prendre le petit dej' dès que le soleil pointe son nez ! Un excellent rapport qualité-prix-prestations.

Où manger ?

Coup de foudre

|●| *La Fermette Marbeuf :* 5, rue Marbeuf, 75008. ☎ 01-53-23-08-00. Ⓜ Alma-Marceau. Ouvert de 12 h à 15 h et de 19 h à 23 h 30. Formules à 19,50 ou 24,50 € (entrée + plat ou plat + dessert) le midi en semaine, et à 30 € le soir, boisson comprise ; à la carte, compter autour de 45 € hors boisson. La salle à manger est un chef-d'œuvre de l'Art nouveau, redécouvert par hasard en 1978 pendant des travaux et inscrit à l'inventaire des Monuments historiques. Un restaurant-musée où l'on se doit de dîner une fois dans sa vie, car indissociable du patrimoine parisien. Plats incontournables : feuilleté d'escargots au beurre d'ail, tournedos Rossini ou simple steak tartare prennent une autre dimension dans ce lieu magique. Apéritif maison offert à nos lecteurs sur présentation de ce guide.

Coups de folie

L'Appart : 9-11, rue du Colisée, 75008. ☎ 01-53-75-42-00. Ⓜ Franklin-D.-Roosevelt. Parking en face du restaurant. Ouvert tous les jours de 12 h à 15 h et de 19 h à 23 h 30, et possibilité de boire un verre de 18 h à 2 h. Fermé le dimanche en août. Le dimanche, brunch dès 12 h avec atelier pâtisserie pour les enfants. Formules à 18 et 23 € le midi, 30 € le soir. À la carte, compter 45 €. Cette adresse, qui a su préserver son identité germanopratine grâce au renouveau de son club de jazz, joue la carte branchée : onglet de veau sauce à la graine de moutarde, foie gras frais de canard chutney d'orange et tuile au pain d'épice, confit d'aubergine au romarin... En dessert, brioche façon pain perdu. Côté déco, on mange à *L'Appart* comme chez soi, dans une salle conviviale, tout en profondeur, entre la bibliothèque et la cheminée. Apéritif maison offert à nos lecteurs sur présentation de ce guide.

Flora Danica Restaurant : 142, av. des Champs-Élysées, 75008. ☎ 01-44-13-86-26. Ⓜ George-V. Ouvert tous les jours de 12 h 15 à 14 h 30 et de 19 h 15 à 23 h. Menu à 34 € le midi (sauf le dimanche). Buffet scandinave à 35 € les dimanche et jours fériés de 12 h à 17 h. À la carte, compter autour de 50 €. C'est la véritable ambassade du pays d'Andersen, dans tous les sens du terme. Devant, terrasse sur les Champs, chauffée en hiver, avec plaids à disposition. Oublions d'emblée le resto *Copenhague,* très chic et très cher. Au fond du rez-de-chaussée, là où se trouve le *Flora Danica,* petit jardin en mezzanine et salle en partie sous tente, dans une déco design et épurée. Spécialités danoises froides : hareng, flétan, saumon ou renne fumé au raifort. Assiettes de poissons fumés en deux tailles et tarama, mais les portions sont un peu chiches. Excellents desserts, comme le *rød grød* aux fruits rouges. Pour accompagner ces délices, boire une *Cérès,* la bière royale, et couronner le tout avec un petit verre de vodka Danzka ou d'aquavit Aalborg pour se réchauffer. Attention, l'addition grimpe rapidement, mais pour les budgets serrés, la *butik* brade tous les jours, de 18 h à minuit, tout son stock « vente à emporter » à - 40 % (attention, ne concerne pas l'espace traiteur). En somme, on peut désormais s'en sortir à moins de 5 € pour un très bon sandwich, accompagné d'un dessert et d'une boisson ! Fait également salon de thé l'après-midi (voir plus bas la rubrique concernée).

Salons de thé

Ladurée : 16, rue Royale, 75008. ☎ 01-42-60-21-79. Ⓜ Madeleine. Ouvert tous les jours de 8 h 30 à 19 h, sauf le dimanche de mi-juillet à mi-août. Thés autour de 6 € ; les macarons, produit phare de la maison, sont à 6,52 € les 100 g. Plus qu'un salon de thé, une institution ! Depuis 1862, un haut lieu de la bourgeoisie française. Le midi, les gens qui travaillent dans le quartier viennent et grignoter une salade et quelques-uns des macarons qui ont rendu cet endroit célèbre. Tous les produits sont d'ailleurs vendus au comptoir. Une fois en bouche, ces irrésistibles macarons font instantanément oublier le désagrément de la queue, souvent redoutable. Si vous voulez être un peu tranquille, évitez le rush entre 12 h et 14 h 30. Le décor est somptueux avec ses grands miroirs et ses teintes pastel. Même enseigne, celle-ci bien plus récente, au 75, av. des Champs-Élysées, 75008.

Flora Danica's butik : 142, av. des Champs-Élysées, 75008. ☎ 01-44-13-86-26. Ⓜ George-V. ♿ Wi-fi. Ouvert du lundi au samedi de 15 h 30 à 18 h 30. Thés à 4,50 € et pâtisseries autour de 3 €. Dans l'enceinte du très agréable restaurant danois, avec son jardin en mezzanine (voir plus haut la rubrique « Où manger ? »). Excellentes pâtisseries, danoises exclusivement, comme la tartelette aux airelles, le « chapeau Napoléon » (à la pâte d'amandes) ou encore les *kringles* au chocolat ou à la cannelle. Mais la curiosité vient du chocolat chaud, tasse de lait chaud servie accompagnée d'une sucette, au chocolat bien sûr, à faire fondre dans le lait... Une formule et un cadre qui invitent à jouer les prolongations, ce d'autant que le salon est équipé wi-fi.

Café Jacquemart-André : 158, bd Haussmann, 75008. Voir plus loin au musée Jacquemart-André.

Où boire un verre ?

Le Forum : 4, bd Malesherbes, 75008. ☎ 01-42-65-37-86. Ⓜ Madeleine. ♿ Ouvert du lundi au vendredi de 12 h à 2 h, le samedi et en août de 17 h 30 à 2 h. Le midi, restauration légère de 12 h à 14 h 30. Fermé le dimanche. Congés annuels : 1 semaine autour du 15 août. Cocktails à partir de 12 €. Tartines de 8 à 10 € toute la journée. Voici un pub de luxe dédié aux amateurs de whisky (et il y en a !). Se définissant comme étant le plus anglais des bars américains, *Le Forum* dispose d'une carte bien fournie en liquide ambré écossais, canadien et même japonais. Pas loin de 220 cocktails vous sont proposés. Avec son décor d'origine (1930), ses boiseries en acajou et ses fauteuils en cuir, l'endroit est chic et raffiné. Et puis, c'est bien connu, l'alcool délie les langues, alors attendez-vous à des aveux brûlants ! Le plus dur est de quitter les lieux.

Le Doobie's : 2, rue Robert-Estienne, 75008. ☎ 01-53-76-10-76. Ⓜ Franklin-D.-Roosevelt. ♿ Ouvert de 19 h 30 à 4 h (dernier service à minuit) et le dimanche à partir de 12 h. Fermé les dimanche soir et lundi. Congés annuels : la dernière semaine de juillet et les 3 premières semaines d'août. Compter 30 € pour un repas, sans le vin ; le dimanche midi, *open buffet* sucré-salé à 28 €.

Cocktails à 15 €. Difficile d'oublier qu'on arrive dans un lieu fashion du 8e arrondissement ! Pas question d'entrer ici comme dans un moulin, il faut d'abord sonner à la porte. Cela dit, l'endroit est intime et propice aux déclarations. Billard.

Où se détendre à deux ?

■ *Wassana :* 28, rue de Saint-Pétersbourg, 75008. ☎ 01-40-08-07-94. • www.wassana-beauty.com • Ⓜ Place-de-Clichy. Ouvert du lundi au samedi de 11 h à 20 h (21 h le jeudi). Massage thaï traditionnel, réflexologie et massage relaxant aux huiles essentielles de 70 à 90 € de l'heure. Réduction de 15 % sur tous les soins avec la carte d'abonnement 10 séances. En entrant dans cet institut de massage thaïlandais, on a l'impression de débarquer directement d'un vol Paris-Bangkok ! La grande salle de massages avec ses futons alignés est complètement fidèle à la tradition, avec son petit autel bouddhiste devant lequel les masseuses, toutes thaïlandaises et formées au Wat Po, s'inclinent avant de débuter la séance. Heureusement pour les tourtereaux, quelques cabines pour se faire masser en toute intimité, cachées derrière de grandes tentures. Durant le massage, les tonalités thaïes fusent d'un futon à l'autre tandis qu'on se fait malaxer, palper, plier, étirer... Comme là-bas, dit !

Main dans la main

Le quartier des Champs-Élysées

🚶 *Les Champs-Élysées :* avec son tracé exemplaire et sa largeur de 71 m, la voie triomphale de la Ville Lumière n'a plus tout à fait le prestige d'antan. C'est, durant le jour, un quartier d'affaires que font oublier le soir, premier du genre en France, *Le Lido,* cabaret quelque peu institutionnalisé avec ses nus bien corrects, les grands cafés comme *Le Fouquet's,* les cinémas et restaurants qui ont tendance à être remplacés par des fast-foods. Sur le rond-point à gauche en montant, l'ancien hôtel particulier des Le Hon, ensuite occupé par *Jours de France,* qui lui a ajouté une aile. La comtesse Le Hon, femme d'un ambassadeur, était surtout célèbre par sa liaison avec son voisin le duc de Morny. Au n° 25 demeurait la marquise de Païva, célèbre aventurière. Au n° 68, nous avons un faible pour l'immeuble Guerlain, de 1913, très belle réussite de l'architecture de l'époque. Aux environs de Noël, c'est réellement féerique, lorsque la façade est habillée de centaines de petites lumières. Le *rond-point* avec ses fontaines lumineuses, œuvre de Max Ingrand en 1958, est un carrefour important de la rive droite. Qui imaginerait que l'*avenue Montaigne* était jadis bordée de bouges et de guinguettes ? On l'appelait allée des Veuves ; celles qui ne pouvaient se montrer en ville pendant leur deuil avaient coutume de venir, en guise de consolation, chercher ici une aventure galante. Le célèbre *bal Mabille*, ouvert vers 1840, se tenait sur cette allée, à la hauteur de l'actuel n° 51. C'était le *Palace* de l'époque. Tous les dandys et les « lionnes » s'y retrouvaient pour danser la polka. Baudelaire, qui s'y connaissait en plaisirs, appréciait beaucoup cet endroit qui ne survécut pas à la Première Guerre mondiale. En effet, c'est sous Napoléon III que les Champs-Élysées connaissent leur apogée, dans un mélange de luxe et d'élégance. De nombreuses personnalités y élisent domicile, des banquiers et des financiers y font construire de splendides hôtels particuliers. Tout le beau monde de l'époque s'y promène, et les descriptions que Marcel Proust fait de ses sorties avec Gilberte Swann donnent une idée des fastes qu'on y déployait. Dans les années 1930, l'avenue devient le paradis du 7ᵉ art, et le *Fouquet's* reçoit Raimu, Abel Gance, Guitry ou encore Charlie Chaplin. En 1994, les Champs s'offrent un lifting bien mérité, mélange de tradition et de modernité. Sacha Guitry disait : « Quoi de neuf ? Les Champs-Élysées. »

Publicis Drugstore Champs-Élysées : 133, av. des Champs-Élysées, 75008. ☎ 01-44-43-79-00. • www.publicisdrugstore.com • Ⓜ Champs-Élysées-Clemenceau. Ouvert de 8 h (10 h le week-end) à 2 h du matin. Au resto, plats principaux de 16 à 26 €. C'est fait ! L'adresse fétiche des jeunes nantis pendant les trente glorieuses, ce drugstore à la française imaginé par Marcel Bleustein-Blanchet en 1958, a rouvert ses portes en grande pompe début 2004. Un complexe aéré dont les vagues de métal et de verre dressent leurs rouleaux sur la célèbre avenue. Le nouveau *Publicis* reprend le concept qui avait fait sa réputation. Les boutiques ouvertes tard le soir (pharmacie, librairie, point presse, tabac et impressionnante cave à cigares) font la joie des noctambules, la belle cave séduit les amateurs avec sa palette de vins rares étrangers (dégustation le jeudi de 18 h à 20 h), la salle épurée du restaurant accueille les convives à toute heure. Reste que cet univers chic et branché exige une bourse bien lestée pour en profiter pleinement.

Le théâtre des Champs-Élysées : av. Montaigne, 75008. Ⓜ Alma-Marceau. Construit par les frères Perret, à la veille de la Première Guerre mondiale, dans un style volontairement révolutionnaire et en béton. Les architectes avaient fait appel à Bourdelle pour la façade et à Maurice Denis et Vuillard pour les fresques intérieures. Ce fut, le 11 décembre 1957, le premier édifice construit au XXᵉ siècle à être classé Monument historique. Un événement qui en dit long sur son importance... capitale !

🏃🏃🏃 *Le Grand Palais :* av. Winston-Churchill, 75008. ☎ 01-44-13-17-17 (serveur vocal concernant les expos temporaires). • www.rmn.fr • (avec possibilité de réserver et d'acheter ses billets en ligne). Ⓜ Franklin-D.-Roosevelt ou Champs-Élysées-Clemenceau. Ce colossal palais fut édifié pour l'Exposition universelle de 1900, en même temps que le magnifique *pont Alexandre-III.* Il s'y tient aujourd'hui d'importantes expositions temporaires.
Lieu chargé d'histoire, dévolu aux arts et à l'industrie, il abrita également des concours hippiques, servi de cantonnement à nos vaillantes troupes coloniales partant au front en 14-18, avant d'être transformé en... hôpital militaire. Longtemps fermé pour d'importants travaux de restauration, il est aujourd'hui flambant neuf. De nombreux événements doivent s'y dérouler : défilés haute couture et prêt-à-porter, « La Force de l'art », une nouvelle foire artistique ayant lieu tous les trois ans (en mai et juin), la Biennale des antiquaires (en septembre), le retour de la FIAC (fin octobre), etc. À l'opposé de son entrée principale, le Grand Palais abrite, depuis 1939, le palais de la Découverte.

🏃🏃🏃 *Le Petit Palais, musée des Beaux-Arts de la Ville de Paris :* en face du Grand Palais ; entrée par le grand escalier (public à mobilité réduite par le rez-de-chaussée), av. Winston-Churchill, 75008. ☎ 01-53-43-40-00. Ⓜ Champs-Élysées-Clemenceau. Ouvert tous les jours sauf le lundi, de 10 h à 18 h. Entrée gratuite (sauf pour les expos temporaires). Remarquable rénovation, un mini-Louvre en réduction, ça valait le coup d'attendre. Le Petit Palais a enfin retrouvé, dans un cadre extraordinaire, tout son lustre, toute sa lumière, toute sa capacité à mettre en valeur des collections exceptionnelles. Une multitude de chefs-d'œuvre...
Pour vous reposer les yeux de tant de beauté et savourer le bonheur de ce Petit Palais retrouvé, allez vous balader dans le ravissant jardin intérieur avec son élégant péristyle richement ornementé. Boutique et cafétéria.

Le quartier du parc Monceau

🏃🏃🏃 *Le musée Jacquemart-André :* 158, bd Haussmann, 75008. ☎ 01-45-62-11-59. • www.musee-jacquemart-andre.com • Ⓜ Miromesnil ou Saint-Philippe-du-Roule. Ouvert tous les jours de 10 h à 18 h. Entrée : 9,50 €.

Coup de cœur pour ce délicieux musée, ancienne demeure des époux André (grands collectionneurs devant l'Éternel, qui ont sillonné l'Europe pour acquérir toutes les œuvres que l'on peut voir ici). Il était déjà considéré, lors de son inauguration en tant que musée (en 1913), comme l'un des hauts lieux de l'art à Paris. Une remise à neuf lui a rendu tout son charme, à savourer au cours de la promenade guidée (audioguide compris dans le prix). On arrive à l'entrée de l'hôtel particulier par une astucieuse rampe d'accès qui permettait aux carrosses et attelages de déposer leurs passagers puis de repartir sans causer d'embouteillage dans la cour de l'hôtel. Les salles du rez-de-chaussée sont consacrées successivement à l'art français du XVIIIe siècle, avec des peintures de Fragonard, Boucher, Chardin, des sculptures de Pigalle... puis aux écoles flamande et hollandaise du XVIIe. La visite est l'occasion rêvée de découvrir les espaces habités d'une grande demeure du XIXe siècle : salons d'apparat, appartements privés, jardin d'hiver. Le double escalier monumental, dominé par une fresque de Tiepolo, permet d'accéder aux salles du 1er étage : le *Musée italien,* avec de magnifiques collections d'œuvres de la Renaissance italienne (peintures de Botticelli, Carpaccio, Bellini... et sculptures de Verrocchio et Donatello pour ne citer qu'eux). *Bellissimo !* Le tout meublé en style Louis XV et Louis XVI, excepté quelques meubles plus exotiques dans le fumoir, que Nélie rapporta d'Orient après le décès de son mari.

|●| On peut aussi manger un morceau au *café du musée :* Ouvert tous les jours de 11 h 45 (11 h le dimanche) à 17 h 30. Attention, comme il n'est pas possible de réserver, il faut souvent prévoir 30 mn d'attente. Plats du jour à 13,20 €, formule déjeuner à 15,50 € ; à la carte, compter 20 €. Brunch à 25 €. Installé dans la salle à manger d'apparat des anciens maîtres de maison, qui vaut à elle seule le détour : plafond de Tiepolo, tapisseries, vasques de lumière en bronze doré et vue sur cour très agréable. Les habitués du quartier ne s'y trompent pas et s'y donnent souvent rendez-vous pour un brunch ou un repas léger. On se damnerait aussi pour les tartes exquises. Les grands classiques se la disputent à d'audacieux paris gourmands. Café (en fin de repas) offert à nos lecteurs sur présentation de ce guide.

Les Arts décoratifs – Musée Nissim-de-Camondo : 63, rue de Monceau, 75008. ☎ 01-53-89-06-50. • www.lesartsdecoratifs.fr Ⓜ Villiers ou Monceau. Ouvert de 10 h à 17 h 30. Fermé les lundi, mardi et jours fériés. Entrée : 6 € ; gratuit pour les moins de 18 ans. Visite guidée le dimanche à 11 h.
C'est en 1871 que les frères Abraham et Nissim de Camondo, issus d'une riche famille, s'installent dans cet hôtel en bordure du parc Monceau.

En 1911, Moïse, le fils de Nissim, en hérite. Le style Second Empire ne convenant pas à ses goûts, il fait reconstruire un nouvel hôtel de style seconde moitié du XVIIIe, inspiré du Petit Trianon de Versailles, et qui pourra accueillir plus convenablement l'ensemble de sa riche collection d'œuvres d'art décoratif de cette période. À travers les superbes salons (dont le rond, dit de Huet, notre préféré), parfois un peu chargés, on découvre beaux meubles, tableaux, sculptures, bibelots, service en argent... Nous voilà replongés trois siècles en arrière à travers plus de 800 pièces se rappelant au souvenir des plus grands artistes de l'époque comme Vigée-Lebrun, Oudry, Pigalle ou Huet. Citons, entre autres, le bureau à cylindre signé Oeben, des effets personnels de Marie-Antoinette, un joli « bonheur du jour » (petit bureau) ou le service de Sèvres aux oiseaux, inspiré des planches de Buffon. Autres surprises, la vue sur le jardin (fermé au public) qui donne sur le parc Monceau, l'architecture du bâtiment et sa dénivellation entre l'entrée et le jardin, ou encore la bibliothèque ou les vastes salles de bains. Depuis 1986, le mécénat du Comité pour Camondo réalise un travail de restauration qui pourrait faire rougir certains musées : il a permis la remise en valeur de nouveaux appartements en 2003, ainsi que des superbes cuisines (voyez l'impressionnante rôtisserie, digne des plus grands châteaux ou restaurants ! Faites-vous expliquer le « mouvement des fumées »).

Le musée Cernuschi : 7, av. Vélasquez, 75008. ☎ 01-53-96-21-50. ● www.cernuschi.paris.fr ● Ⓜ Monceau ou Villiers. Ouvert de 10 h à 18 h. Fermé les lundi et jours fériés. Accès gratuit. Deux expositions temporaires par an, accès payant. Situé en bordure du parc Monceau, dans la magnifique demeure avec jardin d'Henri Cernuschi, financier mais également humaniste et passionné de bronzes archaïques. Parti en 1871 pour un voyage de deux ans à travers l'Asie, il en rapporta une large collection d'objets d'art d'Extrême-Orient (principalement chinois et japonais) qu'il légua en 1896 à la Ville de Paris. Après une rénovation complète, le musée a rouvert ses portes dans un nouvel espace agrandi de quelque 1 000 m^2. On peut désormais admirer les poteries néolithiques, les vases archaïques et la statuaire bouddhique dans une muséographie moderne et fluide, structurée selon un parcours chronologique de l'ère néolithique au XIIIe siècle. Au 1er étage, la grande salle Han dominée par l'impressionnant bouddha de Meguro (bronze japonais du XVIIIe siècle), emblème du musée, qui médite face à une grande verrière s'ouvrant sur le parc Monceau. En redescendant, on peut, hors expositions temporaires, admirer le fonds de peinture chinoise moderne présenté par roulements pour des raisons de conservation. Ce fonds de plus de 12 500 œuvres est un complément indispensable du musée Guimet. Dommage que les légendes un peu trop succinctes soient difficilement lisibles, mais peut-être ce défaut permet-il de se laisser guider par la qualité esthétique des objets et ses coups de cœur...

Le parc Monceau : ouvert de 7 h à 20 h (22 h de début avril à fin octobre). Constitué par le duc de Chartres sur plusieurs parcelles du château féodal de Mousseaux, qui existait en 1300, ce parc est un bel exemple du goût du Second Empire pour les jardins à l'anglaise, sans parterres rectilignes ni effets géométriques. C'était vers 1780 le parc privé du duc d'Orléans, qui l'avait fait agrémenter d'une pyramide égyptienne, d'un temple grec, de grottes et de cascades artificielles. Certains de ces bâtiments exotiques sont restés, mais le parc, lui, a bien maigri. Amputé de moitié, il permit aux banquiers Pereire et à quelques autres de réaliser les plus fructueuses spéculations immobilières. Pas trop de regrets pourtant, puisque c'est l'occasion de découvrir tout autour, dans les rues aux noms de peintres (Murillo, Van Dyck, Ruysdael, Vélasquez), les hôtels qui furent ceux des « cocottes » impériales, des banquiers et des premiers grands industriels. Et pour imaginer le luxe incroyable de l'époque, allez voir le petit *palais* qui, à l'angle de l'avenue Van-Dyck, donne sur le parc. C'était l'hôtel du chocolatier Menier. La cuisine était si loin de la salle à manger qu'un petit chemin de fer apportait les plats sur la table ! Quant à la résidence secondaire de M. Menier, c'était, en toute simplicité, le château de Chenonceaux ! L'élégante *rotonde,* dite « de Chartres », entourée de seize colonnes et qui ouvre sur le boulevard de Courcelles, n'est autre qu'un des postes de surveillance de l'ancienne enceinte des fermiers généraux dessinée par Ledoux. Sur le petit chemin menant à l'allée centrale, arcade Renaissance provenant de l'ancien hôtel de ville. De l'autre côté de l'allée, la célèbre pyramide, mystérieuse, toute patinée et moussue. Gounod, Chopin, Guy de Maupassant et Ambroise Paré, le père de la chirurgie, ont leur monument à l'ombre des grands arbres où Marcel Proust, enfant, venait pousser son cerceau avant d'aller faire ses études au lycée Condorcet et de se retirer au 102, bd Haussmann pour y écrire une grande partie de son œuvre. En flânant, vous profiterez de la savoureuse collection de portraits que, à presque toute heure, offre le parc ; enfants sages des institutions privées, amoureux sur les bancs, joggeurs très chic, vieux messieurs dignes lisant *Les Échos* ou *La Tribune de Genève*... tout un monde, quoi !

La place de la Concorde

Elle fut réalisée par l'architecte Gabriel, entre 1753 et 1763, à la gloire de Louis XV, pour recevoir sa statue équestre et porter son nom. N'étant pas limité par la place, et travaillant sur marécage, Gabriel conçut très grand cette sorte d'équivalent en dur du parc de Versailles. Les fontaines ne furent installées qu'entre 1836 et 1846. L'intérêt est d'y venir la nuit, car sa beauté doit beaucoup à la magie des réverbères. Au milieu s'élève l'**obélisque de Louxor** offert par le vice-roi d'Égypte. La **galerie nationale du Jeu de**

Paume donne sur la place de la Concorde. Tout autour de la place s'élèvent les statues de huit grandes villes de France. On dit que Juliette Drouet posa pour Strasbourg et que la femme du préfet de police de Lille servit de modèle à celle représentant cette ville. Les deux grandes fontaines sont des copies de celles qui ornent la place Saint-Pierre de Rome. **Les Chevaux de Marly,** à l'entrée des Champs-Élysées, complètement rongés par la pollution, ont été remplacés par des copies parfaites. Quant au pont de la Concorde, il a été construit avec des pierres de la prison de la Bastille ! Les chefs révolutionnaires voulaient que le peuple puisse piétiner ce symbole royal. Déjà du marketing politique ! Si vous passez par là le 21 juin, au solstice d'été, vous aurez droit à un coucher de soleil spécial puisqu'il s'aligne dans l'axe de l'Arc de Triomphe : joli calcul !

La collection 1900 de Pierre Cardin chez Maxim's : 3, rue Royale, 75008. ☎ 01-42-65-30-47. • www.maxims-musee-artnouveau.com Ⓜ Concorde. Visite guidée uniquement, du mercredi au dimanche à 14 h, 15 h 15 et 16 h 30. Le hic : le prix d'entrée, 15 € par personne sans réduction... Une superbe collection européenne d'Art Nouveau, patiemment et passionnément constituée par Pierre Cardin – actuel propriétaire de *Maxim's* – au cours des 60 dernières années, le tout présenté dans un luxueux appartement de courtisane de la Belle Époque reconstitué. Mobilier Majorelle, Gallé, barbotines, bronzes, faïences de Vallauris, lampes Tiffany, lustres de Lunéville... De prestigieuses signatures, et pour beaucoup des modèles uniques. Volutes, arabesques, marqueterie, femmes alanguies... Une visite dépaysante et vivante, au cours de laquelle bons mots et anecdotes sont distillés avec délice ! Incontournable également : l'inénarrable galerie de caricatures de Sem, qui croque sans concession tous ceux et celles qui ont fait la vie mondaine parisienne de la Belle Époque, et de *Maxim's* en particulier. L'occasion de pousser la porte de cette institution, dont on découvrira l'histoire au passage, les superbes décors École de Nancy réalisés à l'occasion de l'Expo universelle de 1900. Toute une époque !

Et pour ceux qui peuvent se permettre une folie, une formule visite-déjeuner à 110 € vous permet de découvrir la cuisine historique de la maison. Spectacle 1900 le mardi à 16 h sur réservation, à 55 €.

Le quartier de la Madeleine

En face de la Madeleine, au **9, bd Malesherbes,** se trouve la maison où Marcel Proust passa son enfance. Et au 11, rue de l'Arcade était situé le bordel d'Albert Le Cuziat, que Marcel Proust meubla avec l'héritage de sa mère.

8ᵉ ARRONDISSEMENT

🏃 **Le quartier de la Madeleine** présente plus d'intérêt que son monument. Vous y trouverez les boutiques de luxe les plus démentes. Pour le coup d'œil d'esthète, en voici quelques-unes :
– *Fauchon* : 26-30, pl. de la Madeleine, 75008. ☎ 01-70-39-38-00. Ⓜ Madeleine. Ouvert de 8 h à 21 h. Fermé le dimanche. Le temple de la grande bouffe exquise et sophistiquée. Vous pourrez y acheter en toutes saisons cerises, abricots, pêches, une grosse fraise du Mexique dans son écrin, des fruits exotiques : grenadilles du Brésil, litchis de Madagascar, fruits de la passion du Kenya, papayes, etc. En face, l'épicerie fine : les thés en vrac parfumés (myrtilles, mangue, caramel, mélange Caraïbes), confitures de carottes, de brugnons, de figues noires, d'amandes de Provence, de noisettes. Bien entendu, ce n'est pas donné, mais vous surprendrez l'élu(e) de votre cœur en lui offrant des produits hors du commun, comme lui (ou elle) ! Ne vous privez pas de rendre visite à la pâtisserie à côté, les gâteaux y sont délicieux et à peine plus chers que dans les autres quartiers. À voir pour les couleurs, les lumières et les odeurs. Au 1ᵉʳ étage, une boutique d'épices et de thé.
– Continuez la balade avec *Hédiard*, ses plats cuisinés, ses gâteaux, ses confiseries (les célèbres massepains) et également son très riche rayon épicerie : confiture de baies d'églantiers, de patates douces roses, de kiwis. Quelques fruits fin décembre : cerises, fraises des bois, physalis. Ferdinand Hédiard, dans les années 1850, fut un véritable précurseur : le premier à introduire en France des fruits tropicaux, il offrit le premier ananas frais à Alexandre Dumas. Restaurant au 1ᵉʳ étage pour grignoter chic en respirant les odeurs de thé ou de café fraîchement moulu, tout en regardant les habitués « faire leur marché » en contrebas.
– *La Maison de la Truffe* vend, bien entendu, les meilleures truffes de Paris et bien d'autres choses, notamment les fameuses conserves Rodel, la marque la plus ancienne, puisque l'aïeul était le meilleur ami de Nicolas Appert, l'inventeur du procédé de mise en conserve.
– On y trouve aussi *La Marquise de Sévigné* et ses célèbres chocolats, *Crepet-Brussol*, un des rois du fromage, *Caviar Kaspia* (tuyau : le caviar d'Iran y est moins cher que chez *Fauchon*), qui détaille du caviar dans son salon de dégustation, etc. Le risque, c'est qu'en sortant de votre tournée, vous n'ayez plus assez faim pour aller dîner chez *Maxim's*, rue Royale...

🏃 **Le passage de la Madeleine :** pl. de la Madeleine. Ⓜ Madeleine. Percé en 1845, il joint la place de la Madeleine et la rue Boissy-d'Anglas où se trouve, à l'angle avec le faubourg Saint-Honoré, le célébrissime magasin *Hermès*. Très chic et très calme.

Petit itinéraire romantique

🛶 *Bateaux-mouches :* embarcadère pont de l'Alma, rive droite. ☎ 01-42-25-96-10. Ⓜ Alma-Marceau. En été, départ toutes les 30 mn en saison, selon les tranches horaires. Durée de la promenade : 1 h 10. Prix : 8 € ; plus de 65 ans : 4 €. Le billet se prend un quart d'heure avant l'heure du départ.

9ᵉ ARRONDISSEMENT

Le 9ᵉ est trop souvent circonscrit aux grands boulevards, lesquels offrent cafés et cinémas à profusion mais manquent singulièrement d'intimité. Il faut filer vers les petites rues du côté de la place Saint-Georges, découvrir des placettes ombragées, grimper une rue des Martyrs animée, et s'offrir une pause dans le jardin minuscule mais charmant du musée de la Vie romantique. En sortant, ne pas oublier de déguster une glace juste en face, chez l'un des meilleurs glaciers de Paris, et le tour est joué !

Où dormir ?

Coups de cœur

▲ **Perfect Hotel :** 39, rue Rodier, 75009. ☎ 01-42-81-18-86. Fax : 01-42-85-01-38. Ⓜ Anvers ou Cadet. Chambres doubles à 50 € avec lavabo, 58 € avec douche et w.-c. ou bains. Un hôtel pour amoureux pas snobs qui veulent séjourner à Paris pour pas cher. Alors ce n'est pas super-clean, mais cela reste propre et l'accueil est courtois et décontracté. Une excellente adresse en somme. Les chèques ne sont pas acceptés. 10 % sur le prix de la chambre (du 1ᵉʳ novembre au 20 décembre et du 3 janvier au 28 février) offerts à nos lecteurs sur présentation de ce guide.

▲ **Hôtel Le Rotary :** 4, rue de Vintimille, 75009. ☎ 01-48-74-26-39. Fax : 01-48-74-33-42. • www.hotel-rotary.fr • Ⓜ Place-de-Clichy ou Gare-Saint-Lazare. TV. Penser à réserver. Chambres doubles de 43 à 48 € avec douche, w.-c. à l'extérieur ; 2 chambres plus spacieuses, à la déco plus « recherchée », à 67 €. Petit dej' à 6 €. À première vue, *Le Rotary* donne dans la discrétion mais certainement pas dans la banalité. Chaque chambre est différente. La verte (dite la chinoise) possède une très belle salle de bains dans les mêmes tons et un lit à baldaquin sculpté tout à fait original ; la chambre marine est noyée dans un océan de kitsch ; chambres rouge, rose, blanche... impossible de broyer du noir. Celles donnant sur l'arrière (notamment la chinoise) sont sombres, mais la déco intérieure est tellement originale... Beaucoup d'habitués, qui se sentent ici chez eux. Très bon accueil. Cartes de paiement refusées.

▲ **Hôtel des Arts :** 7, cité Bergère, 75009. ☎ 01-42-46-73-30. Fax : 01-48-00-94-42. • www.hoteldesarts.fr • Ⓜ Grands-Boulevards ou

Cadet. Parking. TV. Canal +. Chambres doubles à 84 € ; petit dej' à 6 €. Le patron, motivé et enjoué, a transformé ce modeste petit 2-étoiles en une adorable adresse de charme... Résultat, *Les Arts* combleront tout autant les bohèmes au budget serré mais sensibles aux jolies décos que les amoureux en quête d'adresses romantiques... Les chambres et les salles de bains ont été entièrement rénovées, en respectant une atmosphère début XXe siècle. C'est simple, de tous les hôtels que compte ce charmant passage, c'est notre préféré... Et de loin !

Coups de foudre

Hôtel Langlois – Hôtel des Croisés : 63, rue Saint-Lazare, 75009. ☎ 01-48-74-78-24. Fax : 01-49-95-04-43. • www.hotel-langlois.com • Ⓜ Trinité. TV. Satellite. Accès Internet. Réserver absolument, car c'est généralement complet. Chambres doubles de 109 à 130 €, selon le confort ; petit déjeuner à 11 €. Merveilleusement bien situé, et de plus il mériterait presque une visite tellement il est beau. Superbe réception avec ses boiseries anciennes et sa moquette moelleuse. On accède aux étages par un ascenseur délicieusement rétro, tout en bois et grilles en fer forgé. Chambres vraiment impressionnantes : spacieuses à souhait, d'un charme fou, et avec un cachet particulier pour chacune d'elles – meubles d'époque, décoration intérieure avec des boiseries Art déco pour certaines et cheminée en céramiques émaillées. Demandez, aux 5e et 6e étages, les chambres avec alcôve, qui font office de coin salon, ou celles qui ont un plafond mouluré d'époque. Les salles de bains sont pas mal : celles de la série se terminant par 1 sont absolument somptueuses, prévoyez du temps pour vous prélasser dans votre bain... Il n'y a que 27 chambres, donc mieux vaut réserver. Accueil simple et chaleureux.

Hôtel Chopin : 46, passage Jouffroy, 75009. ☎ 01-47-70-58-10. Fax : 01-42-47-00-70. • www.hotel-chopin.com • Ⓜ Grands-Boulevards ou Richelieu-Drouot. Au niveau du 10, bd Montmartre. TV. Réserver longtemps à l'avance. Chambres doubles de 81 à 92 € avec douche et w.-c. ou bains ; petit dej'-buffet à 7 € (avec oranges pressées). Certainement l'adresse la plus pittoresque de cet arrondissement. Un hôtel-bijou du XIXe siècle, situé au fond du passage, une véritable oasis de paix, à deux pas des Grands Boulevards. La façade datant de 1850 vaut le coup d'œil : vieilles boiseries et grande baie vitrée par laquelle on aperçoit le réceptionniste qui disparaît presque derrière son comptoir. Dans le hall, un piano Gaveau du plus bel effet. Sentiment de voyager dans une autre époque ! Les chambres recouvertes de papier peint ou de paille japonaise sont plutôt jolies mais très classiques. La vue sur les toits rappelle les tableaux impressionnistes, en particulier lorsqu'on a également droit au coucher de soleil ! Nous conseillons les chambres mansardées du 4e étage : elles ont beaucoup de charme, sont très colorées et lumineuses, car elles donnent sur la verrière du passage (et les coulisses du Grévin). Évitez en revanche celles sur cour, car vous aurez une vue imprenable et directe sur un immense... mur (ce sont cependant les moins chères) ! Et pour ne rien gâcher, l'accueil est parfait. Un petit déjeuner par chambre offert à nos lecteurs sur présentation de ce guide.

â *Hôtel du Square d'Anvers :* 6, pl. d'Anvers, 75009. ☎ 01-42-81-20-74. Fax : 01-48-78-47-45. ● www.hotel-paris-montmartre.com ● Ⓜ Anvers. TV. Satellite. Accès Internet. Wi-fi. Chambres doubles de 75 à 150 € (vue panoramique), avec douche et w.-c. ou bains ; petit dej' à 6,50 €. Nous avons eu un coup de foudre dès notre arrivée. Le square d'Anvers, au pied de l'hôtel, était plein d'enfants qui piaillaient, et nous ne percevions aucun autre bruit pour nous faire sortir de cette ambiance joyeuse. L'établissement a bénéficié de cet environnement favorable qui rehausse encore tout son charme et son accueil souriant. Les chambres du 6e étage sont irrésistibles (les plus chères), grâce à la vue à 180° sur le Sacré-Cœur, tout proche, la tour Montparnasse et la tour Eiffel, plus lointaines. Dans le même plan, large, en couleur et sans trucages ! Toutes ont d'ailleurs été rénovées. Cartes de paiement refusées. Un petit déjeuner par personne offert à nos lecteurs sur présentation de ce guide.

Coups de folie

â *Hôtel Amour :* 8, rue de Navarin, 75009. ☎ 01-48-78-31-80. Ⓜ Saint-Georges. Chambres doubles de 120 à 150 €. À peine ouvert, par l'entrebâillement d'un volet, on parlait déjà de l'*Hôtel Amour,* cet hôtel jeune et branché qui éclaire le trottoir de son néon rose. Une vingtaine de chambres aux couleurs pétantes, pour éviter de broyer du noir (une seule y échappe). Un vert pomme sur des murs illustrés dans l'une, avec baignoire aux pieds du lit, cœur sculpté dans les tables de chevet, marbre au sol... On n'est plus dans l'hôtellerie conventionnelle ! Tant que la cour du resto, flanquée de verdoyantes frondaisons, ne fait pas trop caisse de résonance, on est prêt à y déclarer notre flamme.

â *Hôtel Royal Fromentin :* 11, rue Fromentin, 75009. ☎ 01-48-74-85-93. Fax : 01-42-81-02-33. ● www.hotelroyalfromentin.com ● Ⓜ Blanche. TV. Canal +. Satellite. Accès Internet. Wi-fi. Chambres doubles à 139 € ; petit dej' à 8 €. Le salon de l'hôtel s'appelait dans les années

1930 le *Don Juan* et n'était autre qu'un célèbre cabaret. Aujourd'hui, passé la porte, « tout n'est que luxe, calme et volupté », un havre de paix un rien cosy. On aime l'atmosphère qui se dégage de la réception : vieilles affiches et meubles d'époque, ascenseur en fer forgé, splendides vitraux Art déco, bar en étain et encadrement monumental de cheminée. Dans cette ambiance, découvrez le rituel authentique de l'absinthe (petit livre en vente à l'hôtel). Les chambres, quant à elles, ont adopté un style bien sage, un décor soigné, un confort moderne et sont bien équipées. Celles des derniers étages jouissent d'une vue exceptionnelle sur Montmartre, le dôme des Invalides et la tour Eiffel. Une très bonne adresse, à l'accueil particulièrement chaleureux. Notre coup de cœur dans le quartier. Miossec ou Keziah Jones, des habitués de la maison, ne s'y sont pas trompés. Un petit déjeuner par personne et 10 % sur le prix de la chambre offerts à nos lecteurs sur présentation de ce guide.

Hôtel de La Tour d'Auvergne : 10, rue de La Tour-d'Auvergne, 75009. ☎ 01-48-78-61-60. Fax : 01-49-95-99-00. ● www.hoteltourdauvergne.com ● Ⓜ Cadet ou Anvers. TV. Satellite. Accès Internet. Wi-fi. Clim'. Chambres doubles de 100 à 190 €, selon le confort et la saison ; petit dej' à 10 €. Un 3-étoiles de charme, donnant dans une rue calme relativement proche du Sacré-Cœur. Les chambres ont évidemment tout le confort souhaité. Si vous le pouvez, demandez à en voir plusieurs car il y a différentes tailles, différentes décos (et donc différents prix) : carreaux bleus, toile de Jouy rose, rayures vertes ou taffetas mauve, il y en a pour tous les goûts. Mobilier assorti et sens du détail. On a aimé sans modération. Idéal pour une escapade amoureuse et romantique. À signaler : l'hôtel est réservé aux non-fumeurs. Bar et *room-services* 24 h/24. Petit déjeuner particulièrement intéressant. 10 % sur le prix de la chambre (hors jours fériés et salons) offerts à nos lecteurs sur présentation de ce guide.

Où manger ?

Coups de foudre

Restaurant Pétrelle : 34, rue Pétrelle, 75009. ☎ 01-42-82-11-02. Ⓜ Anvers ou Poissonnière. Service de 20 h à 21 h 30. Fermé les dimanche et lundi. Réservation obligatoire. Congés annuels : de mi-juillet à mi-août et 1 semaine à Noël. Menu fixe à 27 € sans la boisson. À la carte, compter de 50 à 65 €. Engouffrez-vous dans la chaleureuse salle à manger, parsemée d'une dizaine de tables de 6 personnes maxi. En cuisine, le patron ne prépare que des plats frais, du marché et du moment. Ici, le respect du client n'est pas un vain mot. Belle carte des vins. Au n° 28 les patrons tiennent une boutique de dégustation, ouverte de 11 h à 19 h, avec formule table d'hôtes.

|O| *La Petite Sirène de Copenhague :* 47, rue Notre-Dame-de-Lorette, 75009. ☎ 01-45-26-66-66. Ⓜ Saint-Georges. Ouvert du mardi au samedi de 12 h à 14 h 30 et de 19 h 30 à 23 h. Fermé les samedi midi, dimanche et lundi. Congés annuels : 3 semaines en août, ainsi qu'entre Noël et le Jour de l'an. Menus-ardoise à 28 € le midi et 32 € le soir avec fromage. À la carte, compter autour de 47 €. Un décor de bistrot agréable, chic, lumineux, et une ambiance légèrement tendance. Cette nouvelle cuisine de la Baltique vaut vraiment le détour. En vedette, bien sûr, le saumon, fumé à froid, parfumé au genièvre et au curry (les épices étaient connues des Danois depuis le XVIIe siècle), ou le hareng, parfumé aux épices. Pour le vin, laissez-vous guider. *Skol !*

|O| *L'Art des Choix :* 36, rue Condorcet, 75009. ☎ 01-48-78-30-61. Ⓜ Anvers ou Poissonnière. Ouvert de 12 h à 14 h 30 et de 19 h 30 à 22 h 30. Fermé les lundi soir, samedi midi et dimanche. Congés annuels : les 3 premières semaines d'août et une semaine entre Noël et le Jour de l'an. Menu du marché à 21 € (16 € avec entrée + plat ou plat + dessert), avec 2 ou 3 plats au choix, valable midi et soir. Menu-carte à 28 € (22 € avec entrée + plat ou plat + dessert). Également un menu express avec plat et verre de vin à 13 €. Il y a comme une bouffée de fraîcheur qui souffle sur ce restaurant ! Vient-elle de la déco chaleureuse avec ses murs ocre et ses anciennes affiches publicitaires ? Du chef ardéchois, ancien du *Carré des Feuillants,* qui nous met les papilles en émoi avec un menu du marché déjà bien balancé ? Ou tout simplement de la gentillesse du service ? L'alchimie est bonne et le résultat concluant ! Si vous en avez l'occasion, le resto organise de temps à autre des soirées dégustation à 38 €, accordant mets et vins, avec dégustation de 6 vins différents, commentés par un sommelier. Vraiment convivial ! Et comme il n'y a que l'entraînement pour progresser, faites un tour par la cave-épicerie du sous-sol pour continuer la pratique à domicile ! Tous les vins de la carte y sont à moitié prix.

Où boire un verre ?

🍷 *Le Limonaire :* 18, cité Bergère, au niveau du 21, rue Bergère, 75009. ☎ 01-45-23-33-33. Ⓜ Grands-Boulevards. Ouvert du mardi au dimanche, restauration de 20 h à 22 h ; spectacle à 22 h. Plats entre 8 et 9,50 €. Possibilité de prendre juste un verre ; prévoir également une participation pour le spectacle. Réservation indispensable pour manger assis, généralement 48 h avant. Un endroit amical et chantonnant, à deux pas des Folies-Bergères. On y boit un demi ou un verre de vin en écoutant un jeune auteur-compositeur-interprète ou un joueur d'orgue de Barbarie. L'endroit est géré par un collectif d'artistes, on donne ce qu'on veut. Spectacle à partir de 22 h. Apéritif maison ou café offert à nos lecteurs sur présentation de ce guide.

Main dans la main

Du boulevard du Crime au boulevard du kitsch

De la Bastille à la Madeleine, les **Grands Boulevards** épousent l'itinéraire des anciens remparts de Charles V, prolongés par ceux de Louis XIII. Quand les fortifications devinrent inutiles, Louis XIV fit aménager les espaces libérés en promenades plantées d'arbres. De riches demeures furent construites, avec de vastes jardins. Puis, au XIXe siècle, les boulevards s'urbanisèrent et se couvrirent de guinguettes et de théâtres où l'on jouait des mélos ahurissants (le célèbre « boulevard du Crime », vers la République, qui disparut dans la tourmente haussmannienne mais fut reconstitué avec panache par Carné et Prévert pour le film *Les Enfants du paradis*). Aujourd'hui, toujours succession de cafés, grandes brasseries, restaurants, cinémas et théâtres dits « de boulevard ». Ces derniers étaient spécialisés dans la comédie légère, vaguement polissonne, visant avant tout à divertir un public sans prétentions intellectuelles et ne demandant qu'à rire de choses simples, comme d'un amant dans le placard, par exemple. La grande époque des Boulevards eut lieu dans la seconde moitié du XIXe siècle. Ils symbolisaient vraiment le haut lieu de l'élégance et de la mode. Puis, vers les années 1950, ils se démocratisèrent doucement, les grandes boutiques leur préférant, dans le même temps, le faubourg Saint-Honoré et les Champs-Élysées. N'allez pas en déduire pour autant que les Boulevards, c'est fini. On peut y faire des balades un peu kitsch, au second degré, en... refaisant la tournée des passages, par exemple.

Le passage Jouffroy : on trouve de tout, comme dans une rue commerçante de province, dans cette galerie construite en 1847. Pourtant, à l'origine, sa vocation est plutôt coquine. Notez qu'à la fin du XIXe siècle le passage était réputé pour ses nombreuses prostituées, ses restaurants (eh oui !) et son musée Grévin. Aujourd'hui, les magasins n'y présentent plus un intérêt flagrant. Entre les deux parties du passage, un élégant hôtel rétro. Il est plus accueillant par le côté boulevard Montmartre, mais peut être plus intéressant côté rue de la Grange-Batelière, notamment pour les amoureux... de cinéma, qui y trouveront la librairie Cinédoc. Arrivé au bout, foncez en face dans le ***passage Verdeau***, peut-être un peu moins joli que le passage Jouffroy, mais bourré d'échoppes aux richesses incalculables : marchands d'instruments de musique, d'appareils photo anciens, librairies. *La France ancienne* propose un vaste choix de cartes postales, affiches, vieux journaux, à des prix très raisonnables. Pour une balade plus complète au travers des passages, traversez simplement le boulevard Montmartre et récupérez le *passage des Panoramas* avec la « Balade sous les verrières » (voir le 2ᵉ arrondissement).

🎬🎬 **La cité Bergère et la cité de Trévise :** depuis le Faubourg Montmartre, on peut remonter vers le nord de la ville en empruntant quelques chemins de traverse. La *cité Bergère,* ou « cité des hôtels », abrite quelques beaux spécimens du genre. Grande homogénéité dans le style Restauration, avec de belles marquises ouvragées surmontant les portes cochères. Au bout de cette cité calme, pourtant à deux pas du boulevard Poissonnière, le café-goguette *Le Limonaire* (voir « Où boire un verre ? »). Pour rejoindre la charmante **cité de Trévise,** tout près des Folies-Bergères, emprunter la rue de Trévise, puis la rue Richer. Bel ensemble architectural néo-Renaissance avec une adorable petite place ronde au centre de laquelle trois nymphes, les pieds dans l'eau, se tiennent par la main. C'est certainement l'un des endroits les plus romantiques de l'arrondissement, calme, vert et reposant, mais il n'y a malheureusement pas de bancs pour s'y asseoir...

🎬 **Les grands magasins :** qui n'a jamais rêvé devant les vitrines de Noël des grands magasins, la classe des lapins ou la ronde des ours ? La bonne idée, c'est de prendre un verre au café situé sous la coupole Haussmann au *Printemps* : moment magique pour apprécier les tons bleus de la verrière. Véritablement un must.

🎬🎬🎬 **Le palais Garnier (Opéra-Garnier) :** ☎ 01-40-01-17-89 (standard) ou 0892-89-90-90 (0,34 €/mn) pour les réservations. ● www.opera-de-paris.fr ● Ⓜ Opéra. Visite tous les jours de 10 h à 17 h (accès possible jusqu'à 16 h 30), sauf le 1ᵉʳ janvier, le 1ᵉʳ mai et les jours de représentation en matinée ou en cas de manifestation exceptionnelle. Entrée : 7 €. Pour obtenir des places, plusieurs méthodes. La plus courue : faire la queue à l'ouverture de la location, 14 jours avant le grand soir. Places entre 10 et 114 € pour les opéras, de 8 à 70 € pour les ballets. Sinon, téléphoner, mais le quota de places est limité et c'est souvent pris d'assaut. Autre possibilité : écrire au moins 6 mois à l'avance en proposant plusieurs dates et plusieurs choix de prix. On peut aussi acheter des billets dans les Fnac, Virgin et agences – mais leur nombre est assez restreint. Enfin, sachez que des places debout (en fond de parterre) sont vendues à 5 € 1 h 30 avant le début du spectacle. Tarif intéressant proposé aux moins de 28 ans pour les places restantes 15 mn avant le lever de rideau.

Vous vous rendez bien compte qu'une soirée à l'opéra ne s'improvise pas ! Par contre, si après un parcours du combattant vous avez décroché des places, c'est un moment d'une intense émotion à partager à deux.
Un conseil pour visiter l'opéra pendant la journée : venir entre 13 h et 14 h pour avoir une chance de visiter le théâtre lui-même, dont le plafond peint par Chagall reste le clou de la visite. En effet, il y a souvent des répétitions qui en empêchent l'accès. À l'heure du déjeuner, les petits rats quittent la scène. Si vous arrivez après 14 h, faites-vous préciser avant l'achat du ticket si le plafond est visible. Renseignements : ☎ 01-40-01-22-63.
Chef-d'œuvre de la grande pâtisserie architecturale du Second Empire, l'Opéra de Paris a toujours ses admirateurs. Édifié à partir de 1860 par Charles Garnier, il ne fut inauguré qu'en 1875 par Mac-Mahon comme l'apothéose de l'urbanisme d'Haussmann. À la question de l'impératrice Eugénie : « Quel style est-ce ? », Garnier répondit : « Madame, c'est du Napoléon III ! » Le jour de l'inauguration, l'architecte paya sa place comme tout le monde, en deuxième loge. Malgré son volume et ses 11 000 m^2 de superficie, l'Opéra n'a qu'une capacité de 1 971 places. En revanche, la scène peut accueillir 450 figurants. La façade principale donne son style à la place, à l'avenue et au quartier de l'Opéra.

Petit itinéraire romantique

La Nouvelle-Athènes

C'est le quartier qui s'étend autour des rues Notre-Dame-de-Lorette et des Martyrs. Charme et calme très provinciaux. Nombreux hôtels particuliers des XVIIIe et XIXe siècles. L'expression Nouvelle-Athènes provient du style néoclassique des immeubles construits pendant la Restauration, largement inspiré par la Grèce antique. Une véritable « République des arts et des lettres » s'y était établie pendant la période du romantisme triomphant, avec George Sand, Dumas, Berlioz, Delacroix, Murger, Chopin, etc. Voici quelques lieux significatifs de cette époque.

🍸 *La place Saint-Georges :* Ⓜ Saint-Georges. On y trouve une belle demeure au n° 28, dans le style romantico-gothique, et la maison de Thiers, aujourd'hui musée. Derrière ce bel édifice, le square Biscarre, un jardin de poche à peine visible de la rue. Une fois passée la petite partie réservée aux enfants, une poignée de bancs disposés en rond autour d'un bout de gazon et, un auvent en bois sous lequel s'abriter pour se chuchoter de doux serments. À un angle de rue, belle boutique d'antiquités sous une véranda.

Les rues Rodier, Milton, de l'Agent-Bailly, la cité Charles-Godon

ont conservé leur côté villageois et donnent un avant-goût de Montmartre. Au n° 3, rue de l'Agent-Bailly, un grand porche ouvre sur l'une des plus belles cours-jardins du 9e, protégée maintenant par un code d'accès. Ancien monastère du XVIIe siècle, ensuite écuries de Napoléon, puis relais de poste. Au n° 3, *rue de la Tour-des-Dames,* curieux hôtel particulier avec façade concave. En face, aux n°s 2 et 4, folies typiques du XIXe siècle. À quelques pas de là, la *Cité Condorcet,* belle ruelle pavée et privée, accessible depuis la rue du même nom. En remontant vers Pigalle, on peut essayer d'entrer dans la *Cité Malesherbes,* normalement protégée par un code mais en fait assez souvent accessible. Elle recèle de nombreux bijoux architecturaux, notamment, au n° 11, une maison réalisée par Anatole Jal, à la façade joliment peinte par Jules Jollivet. Également de belles verrières et vérandas et quelques séduisantes poignées de porte. À vous de découvrir le reste...

Cité Pigalle et Square Moncey :

avant d'aller profiter du cadre et des toiles du *musée de la Vie romantique* (voir ci-dessous), découvrons la *Cité Pigalle,* petite mais pimpante avec au bout, un mur de lierre surplombé par des lilas blancs et mauves. Théo Van Gogh y vécut, et Vincent y passa les derniers mois de son existence. Un peu plus loin, on peut admirer le *square La Bruyère* de l'extérieur, mais le *square Moncey* (rue Moncey), majestueusement haussmannien, est visible par tout un chacun. En forme de croix, avec une cour jardin au bout de chaque branche, on y jouit d'un calme appréciable.

Le musée de la Vie romantique :

16, rue Chaptal, 75009. ☎ 01-55-31-95-67. Ⓜ Saint-Georges, Blanche, Liège ou Pigalle. Ouvert de 10 h à 18 h (fermeture des caisses à 17 h 30). Fermé les lundi et jours fériés. Accès gratuit aux collections permanentes. Entrée pour les expositions temporaires : 7 € ; réductions.

Le musée de la Vie romantique n'est pas un musée au sens académique. C'est une maison, c'est un jardin, c'est 150 ans de la vie d'une famille plongée dans le monde des lettres et des arts. Dès que l'on découvre le passage bordé d'arbres et les pavés disjoints menant à un pavillon aux allures italiennes, on est tout de suite sous le charme. Habité dès 1830 par Ary Scheffer, peintre et sculpteur d'origine hollandaise, il y installe deux ateliers pour son travail et pour recevoir ses amis artistes : Delacroix, George Sand et Chopin – venus en voisins –, Liszt, Dickens, Tourgueniev... Plus tard, le philosophe Ernest Renan y épouse la nièce d'Ary Scheffer, Cornelia. Grâce à leur descendante, cette demeure deviendra un musée en 1983.

Le rez-de-chaussée du pavillon est consacré à George Sand. Souvenirs intimes : bijoux, bracelet cousu pour sa fille, aquarelles, mobilier provenant du château de Nohant... Dans le salon, le portrait le plus emblématique de George Sand par Auguste Charpentier vous accueille sur fond de musique de Chopin. Au premier étage, nombreux portraits par le maître de maison des célébrités de l'époque. Dans les deux ateliers sont organisées d'intéressantes et originales expositions temporaires. L'été, le jardin embaume les roses et le seringa, parfum suranné à l'image de ce lieu rare et touchant.

|○| ☕ ***Un Thé dans le Jardin :*** ☎ 01-40-16-16-28. Ouvert de mai à octobre, du mardi au dimanche de 11 h 30 à 17 h 30. Compter autour de 10 €. Idéal pour un « thé-à-tête » romantique, aux beaux jours, au milieu des massifs de dahlias, des rosiers et de la vigne, près de l'atelier-salon où, le vendredi, le peintre Ary Scheffer recevait Ingres, Liszt, Delacroix et George Sand, venue en voisine pour « papo-thé » ! Délicieux gâteaux provenant du salon de thé *Les Cakes de Bertrand*.

9ᵉ

10e ARRONDISSEMENT

Entre la rue du Faubourg-Poissonnière et le boulevard de la Villette, c'est un quartier dense, bourré de monde, bruyant, et pour tout dire pas très touristique. Heureusement, le canal Saint-Martin offre sa « gueule d'atmosphère » et un petit air du large bienvenu, avec ses écluses, ses ponts tournants et ses balades plantées de peupliers. Il est encore possible de se croire ici dans une image de Doisneau, surtout lorsqu'on passe à côté d'un pêcheur taciturne, gapette vissée sur la tête.

Où dormir ?

Coup de cœur

Hôtel du Nord – Le Pari Vélo : 47, rue Albert-Thomas, 75010. ☎ 01-42-01-66-00. Fax : 01-42-01-92-10. • www.hoteldunord-leparivelo.com • M République ou Jacques-Bonsergent. TV. Chambres doubles de 65 à 76 € ; familiales à 96 € ; petit dej' à 7 €. Une merveille de petit hôtel, coincé entre la place de la République et le canal Saint-Martin. Une vingtaine de chambres qu'on oserait dire d'amis, tant elles recèlent de petites attentions dans la déco, avec, en plus, un vrai sens de l'accueil et un excellent rapport qualité-prix. Tomettes au sol, poutres et pierre apparente, difficile de faire plus chaleureux. Ajouter bibelots chinés, plantes vertes qui profitent de la lumière zénithale et fresques colorées, et l'on obtient une alchimie parfaite. Pas de doute, on est plus dans une maison d'hôtes que dans un hôtel traditionnel. Chaque chambre est différente par son volume, ses couleurs, son inspiration... Le petit déjeuner (avec confiture maison) se prend au sous-sol, dans une cave voûtée. Les amoureux choisiront une petite table, les autres s'installeront à la table d'hôtes, moins intime mais tellement plus conviviale. Les patrons, cyclistes convaincus et militants, ont mis à disposition de leurs clients des vélos afin de leur faire découvrir Paris sous un autre angle. Notre coup de cœur.

Où manger ?

Coup de cœur

Pooja : 91, passage Brady, 75010. ☎ 01-48-24-00-83. M Château-d'Eau ou Strasbourg-Saint-Denis. Ouvert tous les jours de 12 h à 15 h et de 18 h à 23 h 30. Menus de 7,50 € (le midi) à 26 €. Restaurant dont le patron est originaire de l'Uttar Pradesh. Jetez-vous à l'eau car Brady et *curry* sont des mots qui vont très bien ensemble. Le menu du soir testé, avec *samoussas* et *raita*, *curry* d'agneau et *curry* au poulet, avait les « Impressions d'Inde » attendues, et la gentillesse du service évoquait celle vécue à Delhi, Madras et Calcutta. Terrasse agréable pour vibrer au rythme du passage, haut en couleur et en odeurs, avec ses échoppes d'épices indiennes et ses barbiers courtois, aux tarifs défiant toute concurrence. Il est à lui seul une invitation au voyage. Alors, qu'attendez-vous ?

Coups de foudre

|O| *Arthur :* 25, rue du Faubourg-Saint-Martin, 75010. ☎ 01-42-08-34-33. Ⓜ Strasbourg-Saint-Denis. Service de 12 h à 14 h 30 et de 19 h à 23 h 30. Fermé les samedi midi, dimanche et lundi soir. Congés annuels : en août. Formules plat + verre de vin ou 1/2 l d'eau minérale + café à 15 € le midi en semaine ou entrée + plat ou plat + dessert à 22 € ; compter autour de 27 € pour un repas à la carte sans la boisson. À deux pas des théâtres des Boulevards, le type même de l'adresse honnête. Cadre douillet – murs marron glacé, affiches et portraits de théâtre, petites lampes sur les tables et bar ventru. Cuisine classique mâtinée d'un zeste de créativité et toujours bien exécutée (filet de bœuf en portefeuille, cabillaud rôti à la sauce vierge...). Même le vin en pichet est agréable. En prime, vers 23 h, les comédiens viennent assurer l'ambiance au sortir de scène. Le patron, lui, pourra vous narrer moult anecdotes sur le monde du spectacle. Pierrot le Fou – le vrai – venait boire ici ; Albert Camus, l'auteur de *La Peste,* et Francis Huster, son interprète, sont venus y manger à... 40 ans d'intervalle.

|O| *Café Panique :* 12, rue des Messageries, 75010. ☎ 01-47-70-06-84. Ⓜ Poissonnière. Ouvert de 12 h à 14 h et de 19 h 30 à 22 h. Fermé les week-ends et jours fériés. Congés annuels : en août. Formule le midi à 19 € ; menu le soir à 30 €. À la carte, compter 31 €. Le cadre est sobre et reposant, avec ses murs décorés d'œuvres contemporaines régulièrement renouvelées. Le soir, pas d'état d'âme, un menu unique avec entrée, plat et dessert. Le midi, cette formule se décline dans une version allégée (plat + entrée ou dessert, verre de vin et café). Il n'y a qu'à se laisser guider par l'inspiration pour faire son choix : on ne se trompe jamais, c'est délicieux. Qu'il s'agisse de la queue de lotte rôtie aux artichauts, de la poitrine de veau caramélisée à l'aigre-doux ou de la mousse de pamplemousse au cacao, on est séduit par une cuisine fraîche et subtile. Quant au vin, la patronne fera pour vous

un choix judicieux. En somme, une adresse pour gens de goût(s). Apéritif maison offert à nos lecteurs sur présentation de ce guide.

Coup de folie

🍽 *Flo :* 7, cour des Petites-Écuries, 75010. ☎ 01-47-70-13-59. Ⓜ Château-d'Eau. ♿ Ouvert de 12 h à 15 h et de 19 h à 1 h. Menus de 19,90 € (servi aussi le soir à partir de 22 h 30) à 29,90 € ; plat du jour à 15 €. À la carte, compter autour de 45 €. Un grand classique de la nuit pour la choucroute. La vieille brasserie de l'Allemand Flœderer, qui date de 1886, n'a pas pris une ride... Les acteurs des théâtres des Boulevards tout proches se faisaient livrer des plats dans leur loge, notamment Sarah Bernhardt, quand elle jouait à *la Renaissance*. Superbe déco 1900, vitraux séparant les pièces, plafonds richement décorés, banquettes de cuir, limonaire, porte-chapeaux en cuivre... Plateaux de fruits de mer, formidable choucroute paysanne, andouillette grillée AAAAA, escalope de foie gras chaud aux cerises... Clientèle jeune, moins jeune, toujours gaie. Apéritif maison offert à nos lecteurs sur présentation de ce guide.

Main dans la main

🚶 *La rue du Château-d'Eau :* elle relie le boulevard Magenta à la rue du Faubourg-Saint-Denis. Au n° 39, la plus petite maison de Paris : 1,10 m de façade, un seul étage, 5 m de haut.

🚶 *Le boulevard Saint-Martin,* aux curieux trottoirs surélevés, est l'une des plus anciennes voies de passage de la ville. Il possède encore deux théâtres où se jouèrent, au XIXe siècle, tragédies et mélos : le *théâtre de la Renaissance*, tout d'abord, dont la richesse ornementale (cariatides enlacées, corniches aux angelots), due à Lalande, date de 1872. Sarah Bernhardt joua souvent dans cet établissement qu'elle dirigea, et *Cyrano de Bergerac* d'Edmond Rostand y fut créé en 1897. Le directeur du théâtre croyait si peu en cette pièce qu'il en avait fait préparer une autre en cas de four. Ce fut un triomphe ! D'autres auteurs tout aussi connus, tels Feydeau, Labiche ou Offenbach, firent honneur en leur temps à ce théâtre devenu mythique. Le *théâtre de la Porte-Saint-Martin* ensuite, né sur les décombres de la Commune en 1873, où ont tenu l'affiche Sarah Bernhardt, Marie Dorval, l'égérie de Vigny, ou encore Coquelin. C'est ici aussi que débuta la danseuse Lola Montes : elle était si belle que le roi de Bavière en tomba follement amoureux, et se suicida... Ah, l'amour !

MAIN DANS LA MAIN

🏃 *Le marché Saint-Quentin :* juste à côté de la gare de l'Est, à l'angle de la rue de Chabrol et du boulevard Magenta. Fermé le lundi. Sur 2 500 m², le marché couvert le plus grand de Paris, construit en 1865 dans le style Baltard et rénové en 1982. Poussez les grandes portes à glissière vitrée pour pénétrer dans ce brin de campagne au cœur de la ville, où vous flânerez au petit bonheur entre les étals de produits frais, surtout le dimanche matin (jusqu'à 13 h). Et il y a même un petit bistrot au milieu, pour faire une pause.

🏃 *Le passage Brady* est devenu le « Little India » et essaie, tant bien que mal, de se sauver de la dégradation. Pas facile !... mais le charme est là, ça sent bon les épices, et on aime croiser le sourire de ces Indiens et Africains qui tiennent les restaurants, salons de coiffure et petites échoppes où trônent sacs de riz basmati et étalages de fruits exotiques.

🏃 *La rue de Paradis* est la rue de la porcelaine de luxe ; prenez le temps d'y flâner un peu. Au n° 18, la façade Art déco de l'ex-musée de la Publicité vaut le détour : exubérance du frontispice et superbes céramiques ne sont qu'un avant-goût des trésors qui se cachent sous le porche (vaste panorama de la production des faïenceries de Choisy-le-Roi).

🏃 Télescopage des noms : le *passage du Désir* (entre le boulevard de Strasbourg et la rue du Faubourg-Saint-Martin) nargue la *rue de la Fidélité* à deux pas, qui, elle-même, prétend mener au... *Paradis.* Plus haut, la *rue des Petits-Hôtels* ne convie-t-elle pas à cacher les tentations adultérines ?

🏃🏃 *Le petit hôtel de Bourrienne :* 58, rue d'Hauteville, 75010. ☎ et fax : 01-47-70-51-14. Ⓜ Poissonnière, Château-d'Eau ou Bonne-Nouvelle. Ouvert toute l'année sur rendez-vous ; et sans rendez-vous du 1er au 15 juillet et du 1er au 30 septembre de 12 h à 18 h. Tarifs : 7 € ; entrée à 6 € sur présentation de ce guide.

On pousse la porte cochère du 58, rue d'Hauteville, et le bruit de l'agitation parisienne s'éteint brusquement ; on vient de changer de monde. Il suffit d'entrer dans le petit hôtel de Bourrienne, ancienne résidence du secrétaire particulier de Napoléon, pour achever de s'en convaincre. Vous entrez là dans le seul hôtel particulier d'époque Directoire qui subsiste encore dans la capitale. Parquets à l'ancienne – dont un superbe parquet marqueté – meubles d'époque, panneaux décorés de scènes à l'antique, tout est resté dans son jus. Adorable jardin d'hiver et jardin à l'arrière sur lequel donne la salle de bains. On ne visite que le rez-de-chaussée, le reste de l'hôtel étant toujours occupé. Un bien dépaysant voyage dans ce lieu chargé d'histoire qui échappa de peu à la destruction, puisque lorsque l'ancêtre des actuels propriétaires, monsieur Tuleu, acheta l'hôtel c'était dans l'optique de le détruire. Mais il s'est suffisamment attaché au lieu pour renoncer à son projet. Autrefois fréquentés par Talleyrand, Joséphine de Beauharnais et les autres, et maintenant très prisés par les réalisateurs de films d'époque.

Le canal Saint-Martin

Le canal Saint-Martin, imaginé par Louis XIV, commencé sous Napoléon Ier, terminé en 1825, reste l'un des paysages urbains les plus pittoresques et l'un des moins connus de Paris. Il a de tout temps inspiré poètes, écrivains et artistes. Ses berges ont longtemps été le cadre d'une intense activité. Plusieurs dizaines de péniches transportaient sable et charbon chaque jour, et les 9 écluses s'actionnaient à la main. Aujourd'hui, le canal, qui est en partie souterrain, ne voit plus que deux ou trois chalands par jour passer sous ses passerelles et faire jouer ses ponts tournants, et les Parisiens redécouvrent le canal, ses écluses, ses rives plantées d'arbres, ses petits squares, ponts métalliques à la vénitienne ou tournants, plans d'eau parfois plus élevés que la chaussée elle-même, qui composent l'un des plus romantiques paysages de la capitale. À nouveau dans l'air du temps, on aime longer le *quai de Jemmapes,* avec son pont tournant à l'intersection avec la rue de la Grange-aux-Belles. En pleine évolution, cafés avec terrasse, petites brocantes, boutiques de fringues, galeries d'artistes s'ouvrent régulièrement tout au long. Plaisant pour une balade à deux le soir en été, le canal devait aussi inspirer de nombreux auteurs de romans policiers, comme Simenon et Léo Malet (*M'as-tu vu en cadavre ?),* mais aussi le cinéma.

En remontant ce même quai, vous découvrez l'***hôtel du Nord*** et sa passerelle, lieu immortalisé par Marcel Carné grâce à Arletty et Louis Jouvet. « Atmosphère, atmosphère ! », oui bien sûr..., mais savez-vous que la scène fut tournée dans un décor reconstitué dans les studios de Boulogne-Billancourt ? Un décor gigantesque de 70 m de profondeur, avec un vrai canal, le tout signé Alexandre Trauner, un maître qu'admirait Picasso. Quant à l'hôtel lui-même, il est aujourd'hui transformé en resto.

Cinquante mètres plus haut, une nouvelle passerelle pour franchir le canal. D'en haut, regardez vers l'écluse... ça ne vous rappelle rien ?... des ricochets, un grand film populaire, un joli minois ?... C'est d'ici qu'***Amélie Poulain*** aime à s'adonner au lancer de galets, son passe-temps favori. De l'autre côté, deux rues qui bougent bien ces derniers temps, celle des Récollets et celle des Vinaigriers, et tout aussi agréable, le ***parc Villemin,*** avec son kiosque, ses pelouses autorisées et ses installations pour les enfants. Le parc permet de rejoindre tranquillement la gare de l'Est.

Petits itinéraires romantiques

➤ Possibilité d'effectuer une ***balade de 3 h au rythme des écluses,*** sur des bateaux qui ne font pas bateaux-mouches pour touristes. *La Guêpe*

PETITS ITINÉRAIRES ROMANTIQUES

buissonnière et *Le Canotier* partent du quai Anatole-France (près du pont de la Concorde). ☎ 01-42-40-96-97. • www.pariscanal.com • Ⓜ Solférino ; RER C : Musée-d'Orsay. Départ du musée d'Orsay à 9 h 30 tous les jours de fin mars à mi-novembre. Arrivée vers 12 h 15 dans le parc de la Villette. Vous pouvez également choisir de descendre le canal. Départ à 14 h 30 tous les jours à la même période du parc de la Villette, devant le centre « La Folie des Visites du Parc ». Ⓜ Porte-de-Pantin. Arrivée 3 h plus tard quai Anatole-France. Prix : 16 € ; réductions. Réservations indispensables par téléphone. En plus de la balade sur le canal Saint-Martin, vous vous en offrez une du même coup sur la Seine. Après le franchissement des écluses du bassin de l'Arsenal, vous passez sous la colonne de la Bastille, puis sous une voûte souterraine de 2 km. Des puits de lumière tous les 50 m laissent les rayons du soleil percer la pénombre et l'eau glauque, amplifiant l'impression de mystère et d'insolite de la balade (prévoir une petite laine). Apparaît plus clair le verbe « écluser » quand on songe que les mariniers avaient largement le temps de se boire un petit verre le temps que l'écluse se remplisse.

Le bas de Belleville

➤ Ce quartier est avant tout une atmosphère et un rythme de vie qui en font, avec l'extrême variété de sa population, un coin très vivant.
Et puis, comme toujours, votre œil exercé distinguera bien, en cours de route, quelques maisons anciennes, de belles cours-jardins, des échoppes pittoresques, des cafés d'une autre époque, patinés par la crasse et la nicotine, et de vieilles enseignes rouillées.

➤ ***Petite balade basse-bellevilloise (1 h) :*** sortez à la station de métro Belleville et commencez à descendre la ***rue du Faubourg-du-Temple.*** Dans cette succession de bazars, épiceries et friperies, on suit au fil des trottoirs bondés les traces du Belleville d'autrefois. À droite, au n° 129, la *cour de la Grâce-de-Dieu* vous offre le calme de ses vieux pavés. À gauche, au n° 108, la vieille enseigne « Aux Cent Culottes », qui surmonte aujourd'hui une boucherie, rappelle les traditions commerciales et révolutionnaires du quartier. Au niveau du n° 94, une petite incursion dans le passage Piver, pour la belle façade du théâtre du Tambour-Royal. *La Java*, l'un des 200 bals musettes d'avant-guerre, est toujours ouvert. Au n° 99, on pousse la grille de la *cour de Bretagne* pour découvrir comment le quartier est réinvesti massivement par les bobos.

11ᵉ ARRONDISSEMENT

C'est un quartier où il fait bon se perdre et découvrir au coin des rues des impasses verdoyantes, des passages secrets, des ateliers d'artisans qui sentent bon le bois et la cire. Le soir, le quartier change complètement d'aspect : il s'allume comme une fête foraine et se remplit de fêtards et noctambules en tout genre. Ne manquez pas d'aller faire un tour rue Oberkampf, qui a le vent (de la mode) en poupe et offre des cafés sympathiques au décor cosy ou d'avant-garde. En revanche, ce n'est pas là qu'on vient chercher l'intimité.

Où dormir ?

Coup de cœur

voll mit déj triple 85

🛏 **Hôtel Mondia :** 22, rue du Grand-Prieuré, 75011. ☎ 01-47-00-93-44. Fax : 01-43-38-66-14. • www.hotel-mondia.com • Ⓜ République ou Oberkampf. TV. Canal +. Wi-fi. Chambres doubles de 59 à 69 €, selon la saison ; prix négociables selon la durée du séjour, hors Salons et fêtes. Dans une petite rue calme, un bien joli hôtel à l'ambiance surannée et rétro dans les moindres détails. Accueil charmant, comme le décor : peintures au pochoir, moulures au plafond et jolis effets de vitraux, surtout dans la salle de petit déjeuner. Chambres dans le même style, confortables, avec sèche-cheveux, téléphone direct, coffre-fort personnel, glace en pied ; cheminée en marbre pour certaines. Trois chambres mansardées au 6ᵉ étage. Pour notre part, nous avons bien aimé la n° 503. 10 % sur le prix de la chambre (hors Salons et fêtes) offerts à nos lecteurs sur présentation de ce guide.

Coup de foudre

🛏 **Hôtel Beaumarchais :** 3, rue Oberkampf, 75011. ☎ 01-53-36-86-86. Fax : 01-43-38-32-86. • www.hotelbeaumarchais.com • Ⓜ Filles-du-Calvaire ou Oberkampf. TV. Canal +. Satellite. Wi-fi. Chambres doubles à 110 € avec douche ou bains. Situation idéale avec la bonne ambiance des bars de la rue Oberkampf, à deux pas de la Bastille, de la République et même du Marais. Un hôtel moderne plein de charme et aux couleurs chatoyantes. Véritable ode au soleil et aux vacances pour vous mettre de bonne humeur le matin, et accueil charmant pour vous mettre en joie le soir. Chambres tout confort, spacieuses et vraiment très colorées.

Où manger ?

Coups de foudre

|●| *Le Brespail :* 159, rue du Faubourg-Saint-Antoine, 75011. ☎ 01-43-41-99-13. Ⓜ Ledru-Rollin. Ouvert du mardi au samedi de 12 h à 14 h 30 et de 20 h à 22 h 30. Congés annuels : du 20 décembre au 20 janvier. Formules à 12 ou 15 € le midi, une autre à 24 €. À la carte, compter autour de 30 € pour un repas complet sans la boisson. Dans un petit passage, une belle petite adresse légèrement chic sans être surfaite. Une dizaine de tables se disputent les quelques mètres carrés pour offrir aux convives une douce musique de fond, le calme de la salle et le discret raffinement de la cuisine traditionnelle (magret fourré au foie gras, cassoulet, foie gras poêlé). Le chef, derrière sa petite cuisine américaine, surveille d'ailleurs la satisfaction des clients. Du familial chic, peu fréquent, qui s'agrémente de quelques tables en terrasse en été, où l'on se sent comme en famille un jour de fête. Apéritif maison (du 1er septembre au 31 mai) offert à nos lecteurs sur présentation de ce guide.

|●| *Chez Raymonde :* 119, av. Parmentier, 75011. ☎ 01-43-55-26-27. Ⓜ Parmentier ou Goncourt. Ouvert le soir du vendredi au dimanche. Congés annuels : du 1er au 15 janvier, du 1er au 15 juin et du 1er au 15 septembre. Forfait cabaret-dîner dansant, vin compris, à 55 € les vendredi et dimanche, et à 60 € le samedi. Un lieu original qui renoue avec le Paname d'antan, quand l'ouvrier parisien avait plaisir, après le turbin, à s'offrir un peu de bon temps en compagnie de sa gigolette. *Chez Raymonde,* les tables enserrent la piste de danse au parquet bien astiqué, et, les soirs de week-end, Yannick, le chef, enlace Benoît, son compère en salle, pour lancer le bal auquel chacun est invité à participer. Un accordéoniste qui change régulièrement enchaîne valses et tangos, pour le plus grand plaisir des uns et des autres. Parfois, quand la salle est timide, c'est un peu triste. La bonne idée : y venir à plusieurs. Réserver ! Coupe de champagne offerte pendant le spectacle à nos lecteurs sur présentation de ce guide.

|●| *Chez Ramulaud :* 269, rue du Faubourg-Saint-Antoine, 75011. ☎ 01-43-72-23-29. Ⓜ Faidherbe-Chaligny ou Nation. Service de 12 h à 14 h 30 et de 20 h à 23 h. Fermé les samedi midi et dimanche. Congés annuels : 1 semaine au printemps et 1 semaine à Noël (en général). Le midi, formules à 14 et 16 €,

selon le nombre de plats ; le soir, menu-carte à 29 €. À la carte, compter 40 €. Joli décor bistrot bien patiné pour une cuisine franche et copieuse, souvent innovante. Et comme il s'agit avant tout d'un bistrot, la dive bouteille est à l'honneur, mais pas n'importe laquelle : on privilégie le rapport qualité-prix. Du coup, les méconnus du Languedoc, du Sud-Ouest, des vallées du Rhône ou de la Loire sont bien mis en valeur. Pas de demi-bouteilles, mais des vins au verre et même au compteur (le demander). Très conseillé de réserver ; même le lundi soir, c'est plein. Pourtant, à la carte, l'addition grimpe vite... mais c'est si bon !

|●| *Au Village :* 86, av. Parmentier, 75011. ☎ 01-43-57-18-95. Ⓜ Parmentier. Ouvert tous les jours de 20 h à 2 h ; dernier service à minuit en semaine, 1 h les vendredi et samedi. Compter entre 25 et 30 €. Voilà un petit resto afro-antillais où il fait bon se réfugier quand Paris semble gris et terne. Les nouveaux venus ne tarderont pas à se laisser embarquer par l'ambiance, aidés des habitués (majoritairement des Africains), le joueur de kora, les cinéastes et plus ponctuellement les jazzmen. On commence la soirée par un ti-punch ou un punch au gingembre également très réjouissant, puis arrivent un *mafé*, un poulet *yassa* ou un *thiéboudienne* (mérou) pour continuer le voyage. Les assiettes sont généreuses, les conversations animées et les cœurs réchauffés. D'excellentes raisons justifiant que le *Village* soit toujours bondé... Réservation recommandée.

|●| *Le Sérail :* 9, rue Saint-Sabin, 75011. ☎ 01-47-00-25-47. Ⓜ Bastille. Ouvert à partir de 19 h, dernier service à 22 h. Fermé le lundi. Congés annuels : une quinzaine de jours vers mi-août. Compter entre 20 et 25 € à la carte. À la façon des *riad,* ces belles demeures traditionnelles *marrakchies* ou *fassies,* un bassin emplit de fraîcheur et de bien-être la salle plongée dans la pénombre. La magie opère : les lampes ajourées rapportées du souk, les murs couleur terre cuite, la lueur des bougies, que rien, et surtout pas la qualité de la cuisine, ne fait vaciller. On se croirait presque au Maroc... Tajines (notamment aux figues et aux noix), couscous, pastilla de poisson. Des plats goûteux, fins, bien présentés, servis par un personnel aux petits soins. Un rendez-vous hebdomadaire : les vendredi et samedi à 22 h pour admirer la danseuse orientale.

Coups de folie

|●| *Blue Elephant :* 43, rue de la Roquette, 75011. ☎ 01-47-00-42-00. Ⓜ Bastille. ☆ Ouvert midi et soir, jusqu'à 1 h (dernière commande à minuit). Réservation obligatoire en fin de semaine. Fermé le samedi midi. Menus à 16 et 22 € le midi ; le soir, menu dégustation à 44 € et plus ! Buffet à volonté le dimanche de 12 h à 15 h : 34 € pour les adultes (hors boissons), 2 € par année pour les enfants de 4 à 11 ans et gratuit

pour les moins de 4 ans. Un décor de catalogue de vacances, assez éloigné de la réalité quotidienne thaïlandaise : plantes tropicales, cascade, petit pont posé dans une paillote de luxe aux multiples coins et recoins, avec partout des tables espacées et un service à l'asiatique irréprochable et tout sourire. Voilà les recettes de la réussite de cet *Elephant* thaï qui sait, de plus, nous proposer une cuisine nullement édulcorée, mais avec des épices discrètement adaptées à tous les palais. Des vins qui s'adaptent superbement pour chacun des mets. Apéritif maison offert à nos lecteurs sur présentation de ce guide.

|●| *Le Villaret :* 13, rue Ternaux, 75011. ☎ 01-43-57-89-76. Ⓜ Parmentier. Service de 12 h à 14 h et de 19 h 30 à 23 h 30 (minuit et demi les vendredi et samedi). Fermé les samedi midi et dimanche. Congés annuels : en août et 10 jours en fin d'année. Menus à 21 et 26 € comprenant plat + entrée ou dessert, servis le midi ; le soir, menu dégustation à 50 €. Joël en salle et Olivier en cuisine tiennent la barre de ce bistrot épatant. Les plats choisis selon le marché et une longue carte de grands crus venus du monde entier à prix câlins donnent du bonheur à toutes les tables. On se régalera d'un petit coulis aux rougets, puis d'une papillote de palourdes au thym, ou d'une tranche de foie de veau au vinaigre de Banyuls. Le cadre, fait de poutres et vieille pierre apparente, reste simple et agréable. Belles assiettes carrées et cloche pour annoncer un plat prêt à servir. Parfait pour un repas d'affaires ou entre amis de bon goût.

Où boire un verre ?

▼ *Le Bar Sans Nom :* 49, rue de Lappe, 75011. ☎ 01-48-05-59-36. Ⓜ Bastille. ⚒ Ouvert de 18 h à 2 h (4 h les vendredi et samedi). Fermé les dimanche et lundi. Congés annuels : 15 jours vers le 15 août. Bières bouteille et cocktails de jus de fruit frais à partir de 5 €, cocktails alcoolisés autour de 9 €. Une adresse inclassable, au décor raffiné et baroque fait de tentures, d'une grande cage à oiseaux, de guirlandes reposantes et d'un piano qui trône au milieu de la pièce. Le discret fond sonore permet les discussions et les confidences autour d'un des nombreux cocktails proposés par la maison. Pour ajouter au mystère du lieu, séances de tarot de Marseille le mardi (ouverture à 17 h 30 ce jour-là, venir tôt).

Où sortir ?

▼ ♪ *Le Café Charbon :* 109, rue Oberkampf, 75011. ☎ 01-43-57-55-13. Ⓜ Parmentier. ⚒ Ouvert tous les jours de 9 h à 2 h (plus tard les jeudi, vendredi et samedi) ; dernier service à minuit. Congés annuels : les 25 décembre et 1er janvier, ainsi q'une quinzaine de jours en août (ouvert uniquement le soir). À midi, salade charbon (10,50 €) et plat du jour (14 €). La référence ! Fréquenté par les anciens branchés de la Bastoche et les nouveaux nuiteux parigots, ce troquet de quartier est devenu l'un des endroits incontournables de la capitale. Les fresques 1900 et la savante lumière tamisée recréent une atmosphère bistrot début XXe siècle. Allez, on peut le dire, ce bar a une âme. C'est plein à craquer tous les soirs ! Commander une consommation au comptoir après 19 h relève de l'exploit. Le truc pour être tranquille : plantez-vous devant une table et n'en bougez plus jusqu'à ce qu'elle se libère. Jetez-vous dessus et attendez la serveuse, le service en salle est rapide. Mais choisissez plutôt une bière.

L'Armagnac : 24, rue Jules-Vallès, à l'angle avec le 104, rue de Charonne, 75011. ☎ 01-43-71-49-43. Ⓜ Charonne. Ouvert tous les jours de 7 h 30 (10 h le week-end) à 2 h (dernier service à 23 h 30) ; le week-end, restauration de 11 h 30 à 16 h et de 19 h à minuit. Boissons autour de 3 € ; avant 22 h, demi à 2,50 €. Restauration à la carte pour environ 15 €. Dans les pas du *Café Charbon*, voici une autre adresse rétro-tendance avec ses vieilles moulures au plafond, son mobilier vieux bistrot, sa déco sans âge et ses ardoises à boire et à manger. Tartines chaudes et salades, plat du jour pas compliqué, sept bières pression, huit petits vins, de la « zique » tous azimuts (Montand, Gainsbourg..., rock et musique latino en soirée et les disques des clients), ainsi que le meilleur de la presse sur un plateau. Pas prétentieux pour deux sous. Un coin chaleur pour les naufragés de la Bastoche.

Main dans la main

Autour de la place de la Bastille

La rue de Lappe : l'une des rues les plus pittoresques de Paris. Elle avait mauvaise réputation à la fin du XIXe siècle, lorsque les apaches (les voyous de l'époque) y faisaient la loi ; bordée aussi en ce temps de bals populaires où le bourgeois venait s'encanailler. *Le Balajo* perpétue aujourd'hui cette tradition (sans les apaches). « Capitale », avec la rue de la Roquette, des fournisseurs de matériel aux cafés et restaurants, comme en témoignent les vieilles enseignes telles que « Fabrique de comptoirs en étain ».
Rue populaire pour combien de temps ? Nombreux troquets et restaurants animés, sympathiques et bruyants. Cours anciennes du vieux Paris qui ne manquent pas de charme, étonnantes même, à deux pas du trafic infernal

de la Bastille. Au n° 18, le long de la cour à gauche, ateliers « dans leur jus », gros pavés et quelques arbres. Au n° 21, vieux passage Louis-Philippe (on y trouve le café de la Danse). Au n° 41 (pousser fort la porte), étroit couloir qui mène au passage Thiéré.

La rue de la Roquette : très longue puisqu'elle va jusqu'au Père-Lachaise. Maisons anciennes, restos, boutiques, passages se succèdent tout du long. Le théâtre de la Bastille est tout proche. On ne prend pas trop de risques en y allant, si l'on aime les spectacles qui dérangent un peu.
Au n° 43, beau fronton sculpté. Cité de la Roquette, un type s'est construit la maison de ses rêves tout en style Renaissance, mâtiné de gothique. Le passage Dallery et le passage Basfroi ont fait l'objet d'une vaste réhabilitation. Une curiosité : sur le chemin du Père-Lachaise, après avoir traversé la place Voltaire, grand jardin public sur l'emplacement de l'ancienne prison de la Roquette, dont demeure le porche.
En face, à l'angle de la rue de la Croix-Faubin, cinq larges pierres plates insolites. Elles servaient d'assises à la guillotine. Les exécutions furent publiques rue de la Roquette jusqu'au début du XXe siècle.
Au n° 186, une ancienne petite cité d'artisans en brique sur deux étages, joliment restaurée et qui a étrangement échappé aux promoteurs.

La rue de Charonne : c'est l'ancien chemin qui menait au village de Charonne. Là aussi, vieux passages, maisons et boutiques anciennes récupérées par de jeunes créateurs jalonnent le parcours. À l'angle avec la rue du Faubourg-Saint-Antoine, la fontaine Trogneux, édifiée au XVIIIe siècle (marque de la crue de 1910). Au n° 26, passage l'Homme, après être passé sous le porche d'une belle demeure. Deux grosses bornes de fer à l'entrée. Le passage est bordé par les ateliers d'un ébéniste, d'un gainier d'art, d'un vernisseur au tampon, d'un tapissier et les bureaux d'un éditeur. Que de glycine en saison ! Sortie au 10, passage Josset. Au croisement avec l'avenue Ledru-Rollin, *Le Bistrot du Peintre,* troquet qui a toujours sa belle déco 1900, sa véranda en fer forgé et l'antique pub en lettres d'or : « Café : 10 centimes la tasse ».

Le faubourg Saint-Antoine

Les passages parigots du faubourg Saint-Antoine : l'une des rues les plus pittoresques de Paris. Longue, longue, elle vous mènera jusqu'à la place de la Nation. Colonne vertébrale d'un important quartier d'artisans et de petites industries. Grâce à Louis XI, qui lui accorda une franchise totale pour l'installation de tous métiers et corporations, ceux du bois et de l'ameublement s'y développèrent. C'est là que furent réalisées les premières décorations en bronze, les premières marqueteries, là enfin que naquirent les

plus beaux meubles des styles Louis XIV, Louis XV ou Louis XVI, qui, tels ceux des célèbres Boulle, allaient orner Versailles ou les palais.
De part et d'autre de cet axe, nombreux passages et ruelles étroites où vous aurez l'occasion de voir travailler ébénistes, tapissiers, doreurs, etc., souvent dans de superbes cours, bordées de belles demeures et d'hôtels particuliers. Voici un petit itinéraire au départ de la Bastille :
– Petite diversion dès le départ. À l'angle du faubourg et de la rue de la Roquette, empruntez plutôt le **passage du Cheval-Blanc** (attention les hauts talons !). Réseau inextricable de petites cours qui portent toutes des noms de mois de l'année. On ressort au n° 21 du faubourg.
– Au n° 33, remarquez le splendide immeuble de l'ex-magazine *Actuel*, aménagé dans une ancienne usine. Dans la cour, belle bâtisse rénovée, maison à encorbellement et escalier à balustres en bois du XVIIe siècle. Bambous, camélias et autres plantes ajoutent à la poésie de l'endroit.
– Au n° 56, entrez dans la superbe **cour du Bel-Air.** Une des plus séduisantes du faubourg. Bien rénovée, plantée d'arbres, façades recouvertes de vigne vierge. Escalier G, bel escalier de bois sculpté.
– Au n° 66, **passage du Chantier,** l'un de ceux qui ont le plus conservé leur aspect XIXe siècle. Gros pavés, trottoirs étroits bordés d'ateliers de polissage et de vernissage, magasins. Il débouche au 55, rue de Charenton.
– **Cour de l'Étoile-d'Or,** du XVIIIe siècle, au n° 75. À droite, derrière un rideau de verdure, maison ocre avec frise de palmettes et, au fond de la première cour, sur la façade d'une demeure ancienne, à droite, un cadran solaire datant de 1751. À gauche, adorable petite maison rose aux volets verts, qui s'est dotée d'une belle peinture en trompe l'œil.
– **Passage de la Main-d'Or :** débute au n° 133 et va jusqu'à la rue de Charonne. Nom tiré d'une vieille enseigne. Étroit, encore borné, il permet de découvrir un petit troquet d'un autre siècle.
– D'autres cours, d'autres immeubles caractéristiques, enfilades insolites, cours secrètes. À vous de les découvrir !

12ᵉ ARRONDISSEMENT

Depuis que le 12ᵉ a fait peau neuve, on oublie que l'arrondissement était autrefois mal connu et mal aimé. On aime la Promenade plantée de l'avenue Daumesnil, aménagée sur l'ancienne voie de chemin de fer qui reliait la Bastille à La Varenne-Saint-Maur. Au programme : mousse, coquelicots, fougères et bambous. De là, on saute dans le parc de Bercy, magnifique, vaste et audacieux, avec une roseraie où il fait bon musarder. Le soir, on peut aller boire un verre dans les anciens entrepôts de vin si bien convertis qu'on se croirait dans un décor de cinéma... Le succès du cour Saint-Émilion ne s'est pas fait attendre, mais il n'empêche que dès les premiers rayons de soleil, on y est royalement bien.

Où dormir ?

Coups de cœur

▲ *Nouvel Hôtel :* 24, av. du Bel-Air, 75012. ☎ 01-43-43-01-81. Fax : 01-43-44-64-13. ● www.nouvel-hotel-paris.com ● Ⓜ et RER A : Nation. TV. Chambres doubles à 75 € avec douche, 85 € avec bains. Petit dej' à 9 €. À deux pas de la place de la Nation, très bien desservi par le métro, le bus ou le RER. Voici un morceau de campagne à Paris. Passé la réception, on débouche sur un adorable jardin très fleuri. En été, on y prend son petit déjeuner ou on y paresse à l'ombre d'un néflier. Les chambres, décorées dans le style champêtre de Laura Ashley, donnent pour la plupart sur le patio ou le petit jardin. La n° 109, elle, donne dessus carrément de plain-pied. Pour ne rien gâcher, l'accueil et le service sont tout à fait charmants. Enfin, dernière anecdote : le raisin que procurent les quelques pieds de vigne dans le jardin est remis aux Vignerons de Paris, qui en tirent quelques bouteilles et renouent ainsi avec une vieille tradition. Vous l'aurez compris, à ce prix à Paris, c'est l'une de nos adresses préférées.

▲ *Agate Hôtel :* 8, cours de Vincennes, 75012. ☎ 01-43-45-13-53. Fax : 01-43-42-09-39. ● www.123france.com ● Ⓜ Nation ou Picpus. TV. Satellite. Accès Internet. Selon la saison, chambres doubles de 69 à 76 € avec bains ou douche, téléphone direct et ascenseur. À proximité du parc floral de Vincennes, petit hôtel bien tenu et accueillant. Déco et peintures déclinées sur le thème de... l'agate, bien sûr ! Pas de problèmes de bruit : la plupart des chambres donnent sur un petit jardin intérieur, les autres sont insonorisées. Au 6ᵉ étage, une chambre donne aussi sur la tour Eiffel. Un petit déjeuner par personne offert à nos lecteurs sur présentation de ce guide.

⌂ **Hôtel de la Porte Dorée :** 273, av. Daumesnil, 75012. ☎ 01-43-07-56-97. Fax : 01-49-28-08-18. • www.hoteldelaportedoree.com • Ⓜ Porte-Dorée. TV. Canal +. Satellite. Accès Internet. Wi-fi. Chambres doubles à 70 € avec douche, 80 € avec bains. Un hôtel familial très bien tenu, rénové avec goût : beau plancher et décoration soignée, différente d'une chambre à l'autre. Atmosphère intime et feutrée, qui contraste avec le bruit de la rue. Heureusement, le double vitrage vous laissera rêver amoureusement. Accueil sympa. 10 % sur le prix de la chambre (en janvier-février et juillet-août) ou une demi-bouteille de champagne (pour un séjour d'une semaine et plus) offert(s)(e) à nos lecteurs sur présentation de ce guide.

Coup de foudre

⌂ **Hôtel Belle Époque :** 66, rue de Charenton, 75012. ☎ 01-43-44-06-66. Fax : 01-43-44-10-25. • www.hotelbelleepoque.com • Ⓜ Ledru-Rollin. ♿ TV. Ouvert toute l'année. Chambres doubles avec bains de 89 à 163 €, selon la saison. Tout proche de la Bastille, hôtel de charme dans le style Art déco – quelques meubles originaux, mais surtout des reproductions. Aux 4ᵉ et 5ᵉ étages, certaines chambres ont un balcon avec vue sur les toits du quartier, pour s'endormir main dans la main, la tête dans les étoiles. Dispose d'un patio intérieur.

Où manger ?

Coups de foudre

|●| **Café Barge Restaurant :** port de la Rapée, 75012. ☎ 01-40-02-09-09. Ⓜ Gare-de-Lyon, Quai-de-la-Rapée ou Bercy. Le resto se trouve rive droite, entre le pont Charles-de-Gaulle et le pont de Bercy. Parking. Service du dimanche au vendredi de 12 h à 15 h et de 20 h à 22 h 30, et le samedi de 20 h à minuit. Compter 26 € le midi pour une entrée + un plat ou un plat + un dessert et 31 € pour le menu complet. Le soir, les prix montent respectivement à 31 et 38 € (et plusieurs plats avec supplément). Cette ancienne barge pétrolière a changé de cap : après avoir sillonné, elle a fini par jeter l'ancre et troquer sa précieuse cargaison contre quelques trésors d'Orient qui servent d'écrin à une cuisine d'inspiration méditerranéenne. Le patron a voulu en faire un rendez-vous cha-

leureux, un poil branché, une touffe décontractée. Délicieuse tarte fine à la tomate confite et chèvre frais. Après 23 h, le DJ assure le spectacle du lundi au samedi. Enfin, sachez qu'on peut aussi se contenter de venir y boire un verre. Ne pas manquer d'aller faire un tour aux toilettes, le design céramiques et hublot avec vue sur la Seine a son charme. Terrasse sur les quais, prise d'assaut aux beaux jours. Le lieu, qui a du cachet, est une escale privilégiée pour emmener sa Julie ou son Jules.

|O| *Square Trousseau :* 1, rue Antoine-Vollon, 75012. ☎ 01-43-43-06-00. Ⓜ Ledru-Rollin. 🐾 Ouvert midi et soir (service jusqu'à 23 h 30). Fermé les dimanche et lundi. Réservation chaudement recommandée. Formule entrée + plat ou plat + dessert à 15 €. Menus à 20 € (le midi uniquement) et 25 €. Carte autour de 35 €, boisson en sus. Tentures de velours rouge et rideaux de dentelle préservent des regards indiscrets. Ici, l'atmosphère et le style bistrot 1900 sont à l'honneur : superbe bar de zinc ancien, carrelage mosaïque, banquettes de moleskine rouge et plafond à moulures. Un endroit de détente et de raffinement. Clientèle élégante mais décontractée, où il n'est pas rare de croiser une tête connue. Les suggestions du jour sont affichées au mur sur de grandes ardoises. La carte change tous les mois, en fonction du marché. C'est joliment présenté, agréable en bouche, mais pas donné donné. La carte des vins, bien conçue, sort des sentiers battus. Possibilité d'acheter la sélection de la maison dans la boutique de produits qu'ils ont ouverte à côté. Terrasse prisée en été.

|O| *Le Grand Bleu Bastille :* face au 40, bd de la Bastille, port de l'Arsenal, 75012. ☎ 01-43-45-19-99. Ⓜ Bastille. ♿ Ouvert tous les jours de mars à octobre de 11 h à 1 h. Fermé le soir et le lundi d'octobre à mars. Formule à 14 € au déjeuner. À la carte, compter environ 25 € au déjeuner, 35 € le soir. À deux pas de la Bastille, quel dépaysement ! À l'ombre des platanes ou sous les tentes, le long du port de l'Arsenal, le calme est garanti ! La salle intérieure est quelconque, comme la carte (plus élaborée le soir), mais c'est le cadre aéré qui prime. À défaut d'y faire bombance, c'est bel et bien un parfum de vacances qu'on retrouve ici en été ! Un vrai plus pour Paris que de se retrouver à l'écart des voitures... Les amoureux apprécieront aussi les tables espacées. Accueil sympa.

Où manger une glace ?

🍦 *Raimo :* 59-61, bd de Reuilly, 75012. ☎ 01-43-43-70-17. Ⓜ Daumesnil. Ouvert de 9 h à minuit. Fermé le lundi. Congés annuels : en février. Glace simple, à emporter, à 3 €, double à 4 €, le litre à 26 €. Voilà une adresse qui devrait enchanter les amateurs de crèmes glacées et autres sorbets. Ici, on ne vient pas pour le cadre mais pour la qualité des produits que propose l'ardoise. Les glaces sont faites sur place depuis plus de 50 ans. Outre tous les parfums traditionnels, quelques curiosités : glace aux 4 épices, calisson et trois chocolats à fondre de plaisir...

Où boire un verre ?

Le Barrio Latino : 46-48, rue du Faubourg-Saint-Antoine, 75012. ☎ 01-55-78-84-75. Ⓜ Bastille. Service de 11 h 30 à 15 h et de 19 h 45 à 0 h 45 ; ouvert en continu jusqu'à 2 h (un peu plus tard les vendredi et samedi). Menus de 15 à 38 €. Brunch le dimanche à 26 €. Entrée payante les vendredi et samedi soir (8 €). Les magasins de meubles de la rue du Faubourg-Saint-Antoine disparaissent les uns après les autres. L'une des dernières transformations en date a donné cet immense endroit tendance latino, à la déco néobaroque soft. Sur plusieurs étages, deux bars, un restaurant, un bar cubain et un espace VIP accessible par ascenseur. Telle est la recette du (déjà) boss du *B*fly* et du *Buddha Bar*, vers les Champs, pour surfer sur la vague latino et créer un QG pour starlettes à l'autre bout de Paris. Attendez-vous à faire la queue les soirs de week-end. Un DJ chauffe l'ambiance tous les soirs à partir de 22 h 30.

Viaduc Café : 43, av. Daumesnil, 75012. ☎ 01-44-74-70-70. Ⓜ Bastille ou Gare-de-Lyon. Ouvert tous les jours de 9 h à 2 h (restauration jusqu'à minuit). Formule, le midi uniquement, à 18 €. À la carte, compter 30 €. Jazz-brunch à 25 € le dimanche de 12 h à 16 h. Cocktails à 9 €. Après avoir arpenté la Promenade plantée, offrez-vous un peu de repos dans ce néobistrot installé sous les arches du viaduc des Arts. Détendu devant une mousse, vous aurez tout le loisir de passer en revue votre enrichissante journée. Le soir, le lieu est idéal pour siroter un verre à deux, les yeux dans les yeux. Terrasse de 140 places en été. Soirées salsa le vendredi (cours de danse + DJ) sur réservation. Café offert à nos lecteurs sur présentation de ce guide.

China Club : 50, rue de Charenton, 75012. ☎ 01-43-43-82-02. Ⓜ Bastille ou Ledru-Rollin. Ouvert tous les soirs de 19 h à 2 h. Congés annuels : de fin juillet à fin août, les 24, 25 et 31 décembre, et les 1er et 2 janvier. Cocktails de 8 à 12 € environ, demi à 4,70 €. *Happy hours* de 19 h à 21 h (jusqu'à 2 h le dimanche). Vous rêvez de chasser le dragon ? Venez déjà vous asseoir dans les Chesterfields du *China Club*. Ce fumoir-bar-restaurant cosy au parfum d'ylang-ylang demeure un must d'orientalisme à Paris. En entrant, la grande salle est assez classe avec son carrelage damier, ses longs rideaux rouges et ses lumières tamisées. À l'étage, au coin d'un bon feu de cheminée, vous ferez une partie d'échecs ou jetterez un œil sur la presse internationale. Le service est assuré par de sympathiques Asiatiques et des garçons stylés. Optez pour un cocktail de fruits frais sans alcool. Au sous-sol, piano-bar ouvert du jeudi au samedi soir (entrée entre 5 et 15 €) à partir de 22 h.

Main dans la main

Autour de l'Opéra-Bastille

🚶‍♂️ *Le marché d'Aligre :* pl. d'Aligre, 75012. 🚇 Ledru-Rollin. Tous les matins sauf le lundi, mais les samedi et dimanche sont les jours les plus intéressants. L'un des marchés parisiens les plus denses, les plus vivants. À midi, entre la place d'Aligre et la rue Crozatier, c'est la folie, on fait du sur-place. L'un des moins chers aussi. Des clients, comme pour *Fauchon,* traversent Paris pour y faire leurs courses. Au printemps, la place prend des allures de marché de Provence ou d'Afrique. Toutes les ethnies s'y côtoient. On marchande dans toutes les langues. À la fin de la matinée, les prix dégringolent. La grosse cloche qui donnait le feu vert est toujours sur l'un des bâtiments du marché. C'est le paradis des fauchés. La partie du marché entre la place et la rue de Charenton propose en fin de parcours les prix les plus intéressants, mais il faut savoir choisir. Les cafés autour de la place sont bondés, animés et chaleureux.

« Un marché difficile à dénicher, mais lorsqu'on l'a trouvé, on y revient », c'est ce que disent tous les chineurs en parlant du marché d'Aligre. La fripe tient le haut du pavé, suivie de près par la brocante pure. Les affaires se font à 8 h ou à 13 h, au remballage.

Amoureux de Gervaise, allez donc jeter un œil sur l'un des derniers lavoirs parisiens, au n° 9, rue de Cotte. Sans sa cheminée de brique, on le prendrait pour une mairie de village.

🚶‍♂️ *La gare de Lyon et Le Train Bleu :* bd Diderot, 75012. ☎ 01-43-43-09-06 et 01-44-75-76-76. 🚇 Gare-de-Lyon. Tiens, il n'y aurait pas que la gare de Limoges et celle de Perpignan d'intéressantes ! Au XIXe siècle, des « esthètes » furent impressionnés par le haut beffroi baroque de la gare de Lyon. Il paraît bien petit aujourd'hui, dans son environnement de tours.

🍽 Avec son somptueux *Train Bleu* (ouvert tous les jours ; service jusqu'à 23 h), la gare mérite de figurer sur votre itinéraire. Ce n'est que profusion de dorures, moulures, peintures représentant toutes les grandes villes traversées par le train, d'une richesse invraisemblable. Les deux grandes salles, Réjane et Dorée, les salons algérien et tunisien ont bien évidemment été classés Monuments historiques. Avant vous, Coco Chanel, Cocteau, Réjane, Sarah Bernhardt, Edmond Rostand, Colette, Dalí, Jean Gabin et tant d'autres apprécièrent l'endroit. Luc Besson utilisa le cadre pour son film *Nikita*. En septembre 1992 se termina sa rénovation. Resto cher, mais on peut se rabattre sur le menu à 44 € servi midi et soir, vin compris, si l'on veut se donner, pendant une heure ou deux, l'illusion de changer d'époque. À la carte, compter 60 €. Agréable surprise pour nos lecteurs, sur présentation de ce guide une coupe de champagne est offerte pour tout repas réservé. On peut aussi se contenter d'y passer un délicieux moment à boire un thé ou un chocolat sur les Chesterfield du bar à partir de 7 h 30. L'idéal pour se faire des serments entre deux trains... Et, pas mal non plus le plateau-repas (17 €) à emporter dans le train, ou pour un pique-nique improvisé dans le parc de Bercy ; il fallait y penser !

Petits itinéraires romantiques

🌿 *La Promenade plantée* (surnommée aussi *viaduc des Arts*) *:* accessible du lundi au vendredi à partir de 8 h, les samedi, dimanche et jours fériés à partir de 9 h ; fermeture au coucher du soleil. Nombreux accès (tous les 250 m environ). Excellente idée que d'avoir repris le tracé de l'ancienne ligne de chemin de fer Bastille-Saint-Maur (4,5 km) pour y aménager depuis la gare de Lyon (au croisement de l'avenue Daumesnil et du boulevard Diderot) jusqu'au boulevard périphérique, entre porte de Vincennes et porte Dorée, cette promenade pédestre traversant tout le 12e arrondissement. Ce sont les architectes Philippe Mathieux et Jacques Vergely qui ont restauré cet ensemble.
Deux parties distinctes : l'axe longeant l'avenue Daumesnil, perché sur l'ancien viaduc transformé en jardin, puis l'axe Vivaldi (cyclo-pédestre, celui-ci), à niveau de rue ou en tranchée, avec quelques tunnels. Et jalonnant ce parcours toujours agrémenté d'arbustes, de cerisiers, de massifs fleuris et d'« amoureux qui s'bécotent sur les bancs publics » (et de « passants honnêtes »), trois ou quatre jardins spacieux, notamment le jardin de Reuilly, jolie cuvette où lézarder aux beaux jours.
Notez l'originalité du viaduc, qui permet d'observer les parties hautes des bâtiments de part et d'autre, les toits zingués et les détails d'architecture : immeubles tendance bourgeoise fin XIXe et début XXe siècle côté gare de Lyon, à dômes et frontons d'angle, balustres sculptées, et, côté nord, les ensembles plus populaires, de brique, des années 1920 ou 1930, avec leurs courettes, leurs réseaux de tuyaux-cheminées. Remarquable, le commissariat au croisement de la rue de Rambouillet : un look pas possible, avec ses trois derniers niveaux comme des ponts de paquebot, ceints de

cariatides colossales, quelle bizarrerie ! Sous vos pieds, tout au long du viaduc, 56 boutiques et galeries d'art, logées dans les anciennes voûtes et aux vitrines élégantes : vastes baies et structures de bois courbes. Sculpteur, luthier, ébéniste ou costumier se succèdent : c'est le chant des artisans !
Vous arrivez au jardin de Reuilly, que vous enjambez par une longue passerelle. Ensuite, tronçon moins charmant entre des immeubles modernes quelconques, mais très vite on descend en tranchée, 7 m en contrebas de tout, et là, c'est ravissant. Verdure, oiseaux et *tutti quanti* ! Pour finir, vous longez la calme rue du Sahel – et vous vous heurtez au périphérique, terminus. À terme, on passera dessous pour aller jusqu'au bois de Vincennes.

Près de la gare de Lyon, le nouveau quartier de Bercy

Promenade des vignobles de Bercy : 3,5 km, un peu plus de 1 h sans les arrêts, de la station de métro Bercy à celle de la Porte-Dorée. Possibilité de raccourcir de 20 mn en s'arrêtant Porte-de-Charenton. Réf. : topoguide *Paris à pied,* avec cartes, éd. FFRP.
Sans doute les dizaines de chats qui se prélassaient dans les terrains vagues ont-ils été dérangés ? De la station de métro Bercy, ne leur faites pas peur en traversant la rue de Bercy pour entrer dans le parc, à l'est du Palais omnisports (POPB). Des tulipiers de Virginie environnent le bassin sculpté par Singer dit *Canyoneaustrate.* Suivez l'allée dallée marquée d'un trait en granit poli. Dépassant un rideau de chênes, vous atteignez les grandes pelouses marquées encore du cheminement des entrepôts et des rails de la voirie.

Le *parc de Bercy,* ouvert en 1994 et aménagé dans les anciens entrepôts à vin de Bercy, abrite des arbres centenaires, d'anciennes allées pavées, ainsi que quatre entrepôts rénovés. Réalisé en plusieurs étapes et achevé en 1997, il devient, avec plus de 13 ha, l'un des deux plus grands parcs aménagés dans la ville depuis Haussmann. D'ouest en est, une prairie (où l'on peut musarder), 9 parterres thématiques parsemés de treilles et de vignes. Puis vient le Jardin romantique, de part et d'autre de la rue Joseph-Kessel, avec son lac et son jardin du Philosophe (dont les arches en pierre proviennent de l'ancien marché Saint-Germain). Une terrasse de 8 m de haut, bordée de tilleuls, sépare le parc de la voie Georges-Pompidou, et trois passerelles relient les deux côtés du jardin sans que l'on ait à poser le pied sur l'asphalte.
Enfin, au cœur de la partie ouest, une *maison du Jardinage* a été installée dans une baraque de la fin du XVIIIe siècle. Ses 130 m² sur deux étages

abritaient auparavant le service des taxes sur vins et spiritueux. Cet espace entouré de parterres permet de s'initier aux secrets du jardin. Son entrée est gratuite.

➤ À la sortie, à l'angle de la rue Paul-Belmondo, remontez par la rue de Dijon vers la place Lachambeaudie. L'*église Notre-Dame-de-Bercy* vous bénit avant le passage sous les voies ferrées. Cherchez une marque à 1 m de hauteur sur la travée du pont : elle évoque les inondations de la Seine en 1910. La rue des Fonds-Verts et la rue de Wattignies, la rue de la Brèche-aux-Loups et celle des Meuniers suivent d'anciens chemins champêtres. Observez bien les bornes anciennes. Une passerelle franchit la Petite Ceinture désaffectée pour aboutir à la porte de Charenton. Vingt minutes de balade supplémentaires vous permettent de faire un petit tour dans le *bois de Vincennes* en partant de la porte de Reuilly toute proche. La séculaire *foire du Trône* se tient en avril sur la grande pelouse longée par les anciennes fortifications de Paris. La route de la Croix-Rouge vous mène au *lac Daumesnil*, d'où un balisage rouge vous reconduit sur votre gauche à la station de métro Porte-Dorée.

🏃 Autre solution, au lieu de sortir rue Paul-Belmondo, vous empruntez l'une des passerelles qui conduisent à la partie orientale du parc et, après avoir baguenaudé dans le Jardin romantique, vous en ressortez rue François-Truffaud, à côté de la station de métro Cour-Saint-Émilion. Là, en deux pas, vous rejoignez les chais et entrepôts restaurés. D'abord la jolie **cour Saint-Émilion.** Sur votre droite, en bord de Seine, le complexe de cinéma, hypermoderne, comme le reste du quartier, qui abrite lui aussi cafés et restaurants. Si vous préférez retrouver l'ambiance « vieux chais », tournez plutôt le dos à la Seine et poussez jusqu'aux pavillons Lheureux, superbe carré encadré par la rue du même nom, l'avenue des Terroirs-de-France, la rue des Pirogues-de-Bercy et celle du Baron-Le-Roy (ah ! tous ces noms évocateurs...). Cette ville dans la ville, classée à l'inventaire supplémentaire des Monuments historiques, traversée par deux rues, d'un patio, ponctuée de platanes centenaires et dallée de plus de 17 000 pavés, se nomme maintenant **les Pavillons de Bercy** et, honte à l'État, c'est une société privée qui a financé la majeure partie des rénovations et restaurations. C'est là que vous trouverez ce bon *musée des Arts forains,* qui n'est malheureusement pas accessible aux individuels (sauf lors des journées du Patrimoine).

Le bois de Vincennes

Accès par les stations de métro : Château-de-Vincennes, Porte-Dorée et Porte-de-Charenton ; et de RER : Joinville, Fontenay-sous-Bois et Nogent. Procurez-vous la carte des sentiers nature (0,75 €) à la maison Paris-

Nature du Parc floral le week-end (☎ 01-43-28-47-63) ou à la mairie du 12ᵉ, ou le topoguide *Paris à pied,* éd. FFRP (avec cartes) : une petite balade (7 km, 2 h sans les arrêts) qui contourne le Parc floral et le lac des Minimes, depuis la station de métro Château-de-Vincennes.

Situé au-delà du périphérique, le bois de Vincennes appartient pourtant à la ville de Paris, plus précisément au 12ᵉ arrondissement, depuis 1926. C'est même la plus grande promenade parisienne. Comme au bois de Boulogne, le chêne y est l'espèce dominante parmi les 146 000 arbres. Lors de la tempête de décembre 1999, 50 000 arbres sont tombés ou ont dû être abattus. Il a fallu presque un an pour effectuer le nettoyage du site. Le reboisement est quasiment achevé ; maintenant, il faut laisser dame Nature agir.

■ *Location de vélos :* devant le lac des Minimes, juste à droite de la porte Jaune. Location de vélos le mercredi et le week-end durant l'année scolaire et tous les jours pendant les vacances scolaires. Vélos de toutes tailles, à la demi-heure ou à l'heure. Bien pratique pour les Parisiens qui ne peuvent se trimbaler les biclous des gamins dans le métro. Pas cher.

➤ *Balades :* le promeneur imprévoyant risque grandement de se perdre au fil de la centaine de kilomètres de sentiers balisés. Les allées rectilignes impeccablement dessinées sous Louis XV, héritage des routes royales qui servaient à la chasse, s'entremêlent avec des chemins plus sinueux dessinés comme une promenade à l'anglaise sous Napoléon III.

Départ de la station de métro Château-de-Vincennes, sortie Fort-Neuf, en direction du Parc floral de Paris. Face à l'esplanade Saint-Louis du château fort de Vincennes, côté est, vous trouverez un balisage bleu et jaune que vous suivrez vers le sud et la grande allée Royale, avec une belle perspective sur le château. Vers l'est, le petit circuit passe à côté de la butte aux Canons, le point le plus haut du bois. Au rond-point sud de l'allée Royale, le balisage du petit circuit coupe l'allée de la Belle-Étoile. Un sous-bois permet de croiser la route Dauphine et la route de Bourbon jusqu'à la plaine Saint-Hubert. Dans ces grandes étendues herbeuses, les dernières alouettes de Paris se donnent volontiers rendez-vous, nullement effrayées par la fréquentation sportive des terrains de jeux. Sur la N 4, ou avenue du Tremblay, l'autobus nᵒ 112 ramène les randonneurs fatigués au château de Vincennes. Attention, les passages sont peu fréquents. Commun avec le circuit jaune et rouge du grand circuit du bois de Vincennes, le petit circuit continue par la route circulaire. Il se confond avec les couleurs blanc-rouge du GR 14 pour longer le ruisseau des Minimes qui mène à la rocaille artificielle et à la cascade du lac des Minimes. Du courage, continuez encore sur un petit kilomètre le long des rives du lac par le sentier des Moines. Venus

du Limousin, ceux-ci furent à l'origine de ce domaine conventuel au XIIe siècle. Le retour se fait ensuite en traversant la route circulaire et l'avenue du Tremblay jusqu'à la station de métro Château-de-Vincennes.
– **Un observatoire ornithologique** permet de regarder les oiseaux de près, comme les faucons crécerelles. Pour cela, suivre les flèches à partir de l'esplanade du château. On découvre aussi au fil de la promenade des petites bêtes comme les campagnols. Le sud du bois regorge, suite à la tempête de 1999, de nouveaux points de vue qui permettent de se rapprocher d'une nature préservée.

■ **Barques :** les parties de canotage sont possibles dès mars, à 9,50 € l'heure pour 2 personnes. Ça se passe au lac Daumesnil (☎ 01-43-65-21-58) et au lac des Minimes (☎ 01-46-36-02-99). Celui-ci, plus enfoncé dans le bois, est resté plus sauvage que le premier, parfois très, très fréquenté.

– Et de nombreuses autres activités : on trouve de tout au bois de Vincennes ! Un temple de l'amour et sa romantique grotte au lac Daumesnil, des clubs équestres, des circuits de cyclotourisme, des aires de jeux, des terrains de boules, des parcs aménagés pour les enfants (aux squares de la Croix-Rouge et de Saint-Mandé).

🎬🚶 *L'arboretum de l'école du Breuil :* route de la Pyramide, bois de Vincennes, 75012. ☎ 01-53-66-14-00. Accès gratuit. Quelques espèces peu communes peuplent l'arboretum de l'école du Breuil, telles que l'oranger des Osages, le pin faiseur de veuves, ainsi que les cinq conifères qui perdent leurs aiguilles. Deux charmantes rivières traversent l'arboretum, qui déroule ses bosquets de chaque côté d'une belle allée centrale. Muni de la carte *sentier-nature* délivrée à l'entrée (le week-end uniquement), on traquera, parmi plus de 300 espèces et variétés différentes, le chicot du Canada, les épicéas, le prunus de Pissard, les pommiers à fleurs, etc. On peut voir et revoir sans s'en lasser, aux différentes époques de l'année, plus de 2 000 arbres. Pour les fleurs, venir en avril, et pour les feuilles à collectionner, en octobre, par exemple.

🎬🚶 *Le Parc floral de Paris :* situé sur l'esplanade du Château-de-Vincennes. ☎ 39-75 (Mairie de Paris). ● www.paris.fr ⓜ Château-de-Vincennes ; RER A : Vincennes. Accès par le bus n° 112 de Château-de-Vincennes et le n° 46 de la Porte-Dorée. Ouvert toute l'année de 9 h 30 à 17 h (en hiver) et jusqu'à 20 h l'été. Entrée : 1,50 € (3 € les jours de concerts) ; réductions ; gratuit pour les moins de 6 ans et les chômeurs.
Promenade à travers 35 ha de verdure et de fleurs. À voir : la vallée des Fleurs, la pinède, le jardin des Quatre-Saisons (où l'on peut voir des fleurs toute l'année), les bonsaïs, etc. Aire de jeux toute l'année, avec plus de

50 activités gratuites. Concerts gratuits de mai à septembre les samedi et dimanche sous le Delta (espace-concert de 1 500 places) : de juin à juillet, Paris Jazz Festival à 15 h, et en août et septembre, Classique au Vert à 16 h. Et pour les enfants, « Pestacles » de mai à septembre, tous les mercredis à 14 h 30, dans le cadre du Festival Jeune Public.

Où pique-niquer ?

– *Dans le jardin de Reuilly :* accès depuis la Promenade plantée. Ⓜ Reuilly-Diderot. Là aussi, l'un des rares jardins parisiens dont les pelouses soient accessibles à qui veut profiter de la verdure pour étaler sa serviette en papier... Un arrêt au calme avant de reprendre la marche de la Promenade plantée.

– Pour ceux qui se seraient rencontrés dans un club de gym ou sur des gradins, il existe également une « zone ouverte » dans le *parc de Bercy,* du côté du Palais omnisports. Vous avez alors le choix entre vous installer sur un banc ou sur la pelouse, un peu à l'écart des terrains de football si vous ne voulez pas voir atterrir un ballon dans votre assiette...

13ᵉ ARRONDISSEMENT

Le 13ᵉ, terre de contrastes... Balade à ne pas manquer, bien sûr, dans Chinatown et ses magasins remplis de merveilles étranges et odorantes, choux chinois, litchis, rambutans, mangoustans et autres kumquats. Mais, à côté des tours sans grand caractère de la place d'Italie, subsiste le vieux 13ᵉ, celui de la Butte-aux-Cailles et ses lacis de ruelles avec maisonnettes et jardins, s'il vous plaît. Un quartier qui a incontestablement le vent en poupe mais le phénomène de mode n'a pas encore défloré la vieille Butte, qui a encore de quoi séduire...

Où dormir ?

Coup de cœur

▲ *Résidence Les Gobelins :* 9, rue des Gobelins, 75013. ☎ 01-47-07-26-90. Fax : 01-43-31-44-05. • www.hotelgobelins.com • Ⓜ Gobelins. TV. Canal +. Satellite. Accès Internet. Wi-fi. Ouvert toute l'année. Chambres doubles à 83 € avec douche et w.-c. ou bains ; petit dej' à 8 €. Hôtel d'un bon rapport qualité-prix, niché dans une rue calme au tracé encore médiéval contrastant avec l'animation de la place d'Italie toute proche. Belles chambres dans les tons jaunes et bleus. Demandez plutôt les nᵒˢ 32, 42, 52 et 62, qui jouissent d'une vue imprenable sur le château de la Reine-Blanche. Salles de bains d'une grande propreté. Cet hôtel est une bonne adresse du quartier pour ses prix tout doux. Son plus : un petit patio pour les soirées printanières. Point Internet gratuit. Hôtel entièrement non-fumeurs. 10 % sur le prix de la chambre (à partir de la 2ᵉ nuit consécutive) offerts à nos lecteurs sur présentation de ce guide.

Coups de foudre

▲ *Résidence hôtelière Le Vert Galant :* 43, rue de Croulebarbe, 75013. ☎ 01-44-08-83-50. Fax : 01-44-08-83-69. Ⓜ Gobelins ou Corvisart. ♿ TV. Canal +. Satellite. Resto fermé les dimanche et lundi. Chambres doubles à 90 € avec douche ou bains ; studio avec kitchenette à 100 € ; petit déjeuner à 7 €. Parking privé à 10 €. Un coin de campagne basque perdu en plein 13e, face au square René-Le Gall. Chambres très agréables, à la déco classique, soignée et d'un certain charme. Les chambres les plus chères sont de véritables petits studios, avec un coin kitchenette très pratique. Toutes donnent, pour certaines même de plain-pied, sur un jardin aménagé avec une pelouse, sur laquelle poussent quelques plans de vigne de jurançon : clin d'œil au restaurant basque mitoyen, l'auberge *Etchegorry* (voir plus loin « Où manger ? Coups de foudre »), appartenant aux mêmes propriétaires. Beau petit déjeuner-buffet servi dans une *loggia*, avec vue sur le jardin. Un petit déjeuner par chambre offert à nos lecteurs sur présentation de ce guide.

Hôtel Saint-Charles : 6, rue de l'Espérance, 75013. ☎ 01-45-89-56-54. Fax : 01-45-88-56-17. ● www.hotel-saint-charles.com ● Ⓜ Corvisart.

TV. Canal +. Satellite. Ouvert toute l'année. Selon la saison, chambres doubles de 105 à 118 € avec douche et w.-c., de 115 à 138 € avec bains ; petit déjeuner-buffet à 10 € (supplément de 3 € dans la chambre). Au cœur de la Butte-aux-Cailles, un de nos quartiers préférés à Paris ! Chambres pas très grandes mais confortables, de standing et climatisées. Demandez les étages les plus hauts, pour le panorama sur l'église Sainte-Anne et le Sud parisien. Prix un peu élevés mais justifiés, surtout si vous avez pu obtenir une chambre côté cour. Mais rassurez-vous, la Butte est calme désormais... Copieux petit déjeuner-buffet à prendre dans la très agréable véranda au style design ou, dès les beaux jours, dans le patio joliment fleuri. Parking payant (sur réservation). 10 % sur le prix de la chambre offerts à nos lecteurs sur présentation de ce guide.

Où manger ?

Coups de cœur

L'Oisive Thé : 1, rue Jean-Marie-Jego, 75013. ☎ 01-53-80-31-33. Ⓜ Place-d'Italie ou Corvisart. Ouvert de 12 h à 19 h (20 h les vendredi, samedi et dimanche). Fermé le lundi. Congés annuels : en août. Brunch tous les jours à 17 € ; assiette-déjeuner à 10,50 €. Desserts entre 3 et 5,50 €. Petit salon de thé-boutique déco cadeaux, de quoi vous mettre de bonne humeur, d'autant que l'accueil est très chaleureux et la pièce bien ensoleillée. L'été, quelques tables débordent sur le trottoir.

Sukhothaï : 12, rue du Père-Guérin, 75013. ☎ 01-45-81-55-88. Ⓜ Place-d'Italie. Ouvert de 12 h à 14 h 15 et de 19 h à 22 h 15. Fermé le dimanche et le lundi midi. Congés annuels : 3 semaines en août. Menus de 10 à 12,50 € le midi, et de 19 à 23 € le soir. Compter autour de 25 € à la carte. Ce restaurant de spécialités thaïlandaises est un petit temple dédié à l'art de la table asiatique. Le cadre, avec ses jolies statuettes, gravures et peintures, est soigné, et surtout, la cuisine fait des merveilles ! Citronnelle, piment et autres épices exotiques alliées aux viandes, poissons et crustacés sont travaillés tout en finesse. Il suffit de goûter aux crevettes pimentées au lait de coco ou de déguster un bœuf sauté au basilic pour se laisser transporter le long du Mékong... et oublier l'accueil distant. Il est conseillé de réserver.

Coups de foudre

|●| ***Assis au Neuf :*** 166, bd Vincent-Auriol ou 3, pl. des Alpes, 75013. ☎ 01-45-82-69-69. Ⓜ Place-d'Italie. ♿ Ouvert tous les jours. Service de 12 h à 15 h et de 19 h 30 à 23 h 30 (minuit et demi en été). Menu à 13 € le midi, comprenant une entrée + un plat ou un plat + un dessert. À la carte, compter autour de 30 €. Un resto tout vitré avec un joli bar, gentiment branché, de grandes ardoises en guise de menus, une terrasse ouverte sur le boulevard (chauffée en hiver), une équipe dynamique, une cuisine inventive... Un coin de modernité dans le quartier ! La cuisine proposée a des accents méditerranéens, avec des salades goûteuses et des plats créatifs et savoureux. Poissons bien cuisinés et desserts réussis. Une bonne carte des vins, avec de très jolies trouvailles, et une sélection de vins au verre qui change tous les jours, notamment de la vallée du Rhône. En plus, un service souriant. Pourvu que ça dure !

|●| ***Chez Paul :*** 22, rue de la Butte-aux-Cailles, 75013. ☎ 01-45-89-22-11. Ⓜ Place-d'Italie ou Corvisart. Service de 12 h à 14 h 30 (15 h le dimanche) et de 19 h 30 à minuit. Congés annuels : du 24 décembre au 3 janvier. Prévoir autour de 35 € ; vins à prix raisonnables. Sympathique néobistrot établi sur la Butte depuis plus de 10 ans. Cadre sobre mais agréable, pour une excellente cuisine de bistrot. Accueil chaleureux. Le patron fait montre d'un humour discret, et ce ne sont pas les bonnes idées qui lui manquent. Carte assez fournie : terrine de queue de bœuf, cochon de lait rôti à la sauge, sans oublier les suggestions du jour sur le tableau noir. Et puis, quelle purée ! Délicieux desserts.

|●| ***Etchegorry :*** 41, rue de Croulebarbe, 75013. ☎ 01-44-08-83-51. Ⓜ Corvisart ou Les Gobelins. ♿ Service de 12 h à 14 h 30 et de 19 h 30 à 22 h 30. Fermé les dimanche et lundi. Congés annuels : 2 semaines en août. Conseillé de réserver. Menus à 19,50 € au déjeuner, puis de 26 à 32,50 €. Sous la jolie façade fleurie, on lit une vieille inscription : « Cabaret de Mme Grégoire ». Il y a près de deux siècles se restauraient ici Victor Hugo, Béranger, Chateaubriand et bien

d'autres poètes. Charme d'antan quasi intact, décor rustique et chaleureux, fenêtres donnant sur le square Le Gall, on se croirait en province ! Cuisine basco-béarnaise authentique : piperade comme au pays de Soule, *chipirons* à l'encre et *piquillos* à la morue, fromage de brebis à la confiture de cerises noires, délicieuse île flottante aux pralines roses, qui vient rivaliser avec le gâteau basque fondant... Tout est fait maison, même le pain de campagne. Digestif maison offert à nos lecteurs sur présentation de ce guide.
🍴 *Paradis Thaï :* 132, rue de Tolbiac, 75013. ☎ 01-45-83-22-26. Ⓜ Tolbiac. ⚕ Ouvert tous les jours de 12 h à 14 h 30 et de 19 h à 23 h 15. Menus à 9,90 € le midi et à 39,80 € pour 2 personnes. Voici LE resto chic et élégant de Chinatown ! Jolie déco, éclairage étudié, nappes blanches, vaisselle du pays, hôtesses en habits traditionnels... Bref, l'endroit idéal pour dîner en amoureux. La cuisine est à la hauteur du décor et de l'addition. Les saveurs de basilic, citronnelle et autres herbes aromatiques se bousculent à chaque coup de baguettes, avec des plats parfois très épicés, comme en Thaïlande, et d'autres plus doux pour les estomacs occidentaux susceptibles. Une très bonne adresse pour son rapport qualité-authenticité-dépaysement-déco.

Où boire un verre ?

🍸 *Le Batofar :* 11, quai François-Mauriac, 75013. ☎ 01-56-29-10-33. Ⓜ Quai-de-la-Gare. Ouvert tous les jours sauf parfois les dimanche et lundi soir, jusqu'à 4 h ou 6 h. Entrée : entre 8 et 12 €. Consos de 2 à 7 €. Les flancs carmins du célèbre navire-phare (retraité de la mer du Nord) continuent de battre aux rythmes (hip-hop décalé, électro pour initiés) de la nuit parisienne. Et ça fait 5 ans que ça dure. On craignait qu'avec une nouvelle équipe à la barre le rafiot ne se perde un peu dans la mer des sarcasmes. Erreur ! Il continue à faire preuve d'une belle vitalité et garde son cap : être un écrin en acier brut pour les nouveaux talents. La population s'est rajeunie. La proue reste l'espace de décompression pas toujours confortable et, aux beaux jours, le *Bato* investit les quais pour des après-midi soleil et musique inimitables.
🍸 *La Guinguette Pirate :* face au 11, quai François-Mauriac, 75013. ☎ 01-53-61-08-49. • www.guinguetepirate.com • Ⓜ Bibliothèque-François-Mitterrand ou Quai-de-la-Gare. Au pied de la Bibliothèque nationale de France. Ouvert de 19 h à 2 h (jusqu'à l'aube les vendredi et samedi). Fermé les dimanche et lundi. Entrée : de 6 à 12 € selon la programmation, gratuit le mercredi ; verre à partir de 3 €. Côté resto, formules dîner-concert à 24 et 30 €. Philippe est le capitaine de cette *Dame de Canton,* véritable jonque traditionnelle construite en Chine à

l'aube des années 1980. Sur le pont, côté bar, on a le vent en poupe, tandis que dans les fonds de cale, ça discute devant quelques petits plats. De juin à septembre, belle terrasse sur les quais, ouverte tous les jours. Si l'équipe éponyme qui s'occupait de la programmation depuis 10 ans a pris le large, la jonque est toujours bien ancrée dans la fête et continue de faire entendre ses sirènes : concerts de jazz manouche, musique tzigane, latino cubaine, africaine, reggae, chanson française... Également des soirées thématiques proposées autour du slam, de carnets de voyage, d'impro théâtrale ou de dégustation de vin...

Où se faire une toile ?

■ *Cinéma Mk2 Bibliothèque :* 128-162, av. de France, 75013. Ⓜ Bibliothèque-François-Mitterrand. Quatorze salles dans cet immense complexe oblong, éclos du bitume il y a quelques années. Jusque-là, on ne voit pas la vie en rose mais en blanc de blanc. Dans ces salles obscures, un petit plus pour les amoureux qu'un accoudoir de fauteuil ne saurait séparer : Martin Szekely a innové des fauteuils pour deux, dans toutes les salles. Idéal pour fricoter !

Main dans la main

La Butte-aux-Cailles

« La Butte », pour les habitués. Cernée par les tours du secteur Italie et de la Glacière, elle occupe une place à part à Paris. La rue du Moulin-des-Prés indique que, de Gentilly aux Gobelins, des moulins à eau jalonnaient le cours de la Bièvre. Jean-Jacques Rousseau aimait aller herboriser le long de ses rives et admirer la petite rivière de la butte qui la borde. Benjamin Franklin vint lui-même assister à l'atterrissage de la montgolfière de Pilâtre de Rozier. On recouvrit progressivement la Bièvre. Elle n'avait plus très bonne réputation à cause des tanneries qui y lavaient les cuirs et laissaient flotter dans le quartier une odeur nauséabonde. Presque tous les habitants de la Butte-aux-Cailles y travaillaient.
Voici donc quelques sites insolites. Oh ! pas de monuments grandioses, de boutiques prestigieuses, non ! Quelque chose d'indéfinissable, une atmosphère un peu magique parfois. Peut-être les dernières heures d'une époque. En tout cas, une promenade architecturale au travers de tous les styles : des pavillons Art déco, des exemples intéressants d'architecture sociale, des cités-jardins, des rues villageoises...

MAIN DANS LA MAIN 193

🏃 Dans le petit jardin du dispensaire, près du métro Corvisart, à l'angle de la rue Barrault, une ***statue*** émouvante rappelle que des centaines d'enfants vivaient alors dehors. Hector Malot fait d'ailleurs traverser la Butte-aux-Cailles à Rémi dans *Sans famille*. Le passage Barrault, à gauche, n'est pas tendre aux talons aiguilles.

13ᵉ

🏃 La rue des Cinq-Diamants (du nom d'une ancienne taverne) mène à la ***rue de la Butte-aux-Cailles*** (le centre historique de la Butte). On a élargi les trottoirs, planté des pommiers. Carrefour de village. Tout autour, des voies paisibles, bordées de maisons basses : rues Buot, Michal, Alphand, passage Boiton... Le genre de rues où des amoureux adoreraient se voler un baiser...
Au n° 58 de la rue des Cinq-Diamants, à l'angle de la rue de la Butte-aux-Cailles, on trouve un immeuble baptisé « la tour de Pise ». Il peine en effet à se tenir droit, bâti qu'il fut sur un sous-sol percé de carrières. Bienfaisantes carrières ! Sans elles, on aurait déjà remplacé maisonnettes et jardinets par des immeubles de 10 étages et des tours en verre-miroir.

🏃 ***Rue Vergniaud,*** à l'angle de la rue Daviel, curieuse église campagnarde des antoinistes, religion théosophique fondée en 1913 par Louis Antoine, un Belge pétri de spiritisme.

🏃 Ne manquez pas, au passage, rue Daviel, au n° 10, l'ensemble architectural à colombages, sortes de constructions de style anglo-normand. Appelée aussi la ***Petite Alsace,*** cette cité ouvrière ouverte en 1913 comporte 40 pavillons à la disposition de cité-jardin. Tout un mythe dû à Walter et l'abbé Viollet. En face, une série de coquettes villas peintes et fleuries vous dépaysent totalement : Irlande, Angleterre ou Paris enchanté ? À propos, au-dessus de la Petite Alsace se découpe la silhouette en dents de scie de la ***Petite Russie,*** une dizaine de pavillons identiques et qui donnent sur une vaste terrasse inaccessible (pour cause de digicode). À l'origine, des logements fournis à ses chauffeurs par une compagnie de taxis. Pourquoi la Petite Russie ? Parce qu'une majorité d'entre eux étaient des Russes blancs qui avaient fui la révolution d'Octobre (en 1917, il restait encore une ou deux compagnies en activité à Paris).

🏃🏃 ***La Cité florale :*** un bijou méconnu. Construite en forme de triangle en 1928 sur des prés anciennement inondés par la Bièvre. Ce qui a donné le lieu-dit Glacière, puisque l'on y patinait l'hiver et que l'on y conservait la glace. Des noms de rues qui nous chantent allègrement aux oreilles. La *rue des Orchidées* et ses beaux pavillons Art déco, la tranquille *rue des Glycines* (avec une placette plantée d'un cerisier), celle *des Liserons,* couverte de lierre, les rues *des Volubilis, des Iris,* le square *des Mimosas...* Un havre de paix exubérant de verdure, comme une enclave de résistance au cœur d'un quartier bétonné. Les maisons sont le plus souvent en brique de tons

13ᵉ ARRONDISSEMENT — 194

différents, et leurs toits en tuiles mécaniques plus ou moins orangées, ce qui confère à ces ruelles une diversité chromatique assez originale.

La rue de la Fontaine-à-Mulard : vers la fin de la rue, cité HLM Brillat-Savarin (construite en 1951). Bel exemple rénové d'architecture sociale et d'utilisation de la brique ordinaire comme élément de décoration. Les derniers étages forment de vastes niches avec balcon en demi-lune et motifs peints sur les murs.

La place de l'Abbé-Georges-Hénocque (ex-place des Peupliers) est entourée de rues paisibles mélangeant plusieurs styles architecturaux, comme la *rue Dieulafoy,* bordée de charmantes maisons aux curieux toits pointus (construites en 1912 par l'Association fraternelle des employés et ouvriers du Chemin de fer français).

Les Gobelins

Quartier agréable aux frontières de Mouffetard et du Quartier latin. À cheval sur deux arrondissements, deux rues du 13ᵉ (Broca et Pascal) y vont même faire une escapade de curieuse façon : elles plongent et se glissent presque souterraines sous le boulevard de Port-Royal.
Toute la vie, d'ailleurs, tournera autour de la Bièvre jusqu'au début du XXᵉ siècle. Celle-ci coulera longtemps à découvert, et nombre de tanneries et mégisseries s'installeront sur ses bords (une rue des Tanneries en témoigne encore). Un teinturier, Jean Gobelin, y implanta un atelier au XVᵉ siècle et fit fortune avec la découverte de la teinture d'écarlate, tirée de la cochenille. Sa nombreuse descendance finit par posséder tant de terres et de maisons qu'on disait alors « aller aux Gobelins ».
Notez que, déjà au XVIᵉ siècle, des « écologistes » se plaignaient de la pollution de la Bièvre. De 1671 à 1906, il n'y eut pas moins de 35 ordonnances et décrets visant à la réduire. Le quartier était très pauvre, et ce n'est pas un hasard si Victor Hugo y situa plusieurs épisodes des *Misérables*. En 1896, l'école d'imprimerie et d'arts graphiques Estienne s'installa à l'angle de la rue Abel-Hovelacque et du boulevard Auguste-Blanqui. En 1910, tous les tanneurs, teinturiers, fabricants de papier furent expropriés, et la Bièvre définitivement couverte. Par la suite, de nombreuses rénovations transformèrent le visage du quartier.
Aujourd'hui, bien que les immeubles de luxe (certes parfois de bon goût) aient proliféré et qu'il reste peu de vestiges historiques, avec un peu d'imagination en empruntant quelques bouts de rue (rue des Gobelins, par exemple), vous effectuerez dans le quartier une balade paisible et agréable.

🎭 Une curiosité à côté de la manufacture des Gobelins (42, av. des Gobelins, 75013) : le **château de la Reine-Blanche,** du XVIe siècle, dont pendant longtemps personne ne soupçonna l'existence. C'est ici, dit-on, que se déroula le bal des Ardents où Charles VI perdit le peu de raison qu'il lui restait. Depuis la petite rue Gustave-Geffroy, on peut voir la tour octogonale qui renferme un bel escalier à vis. De l'autre côté, au travers des grilles du n° 17 de la rue des Gobelins, on aperçoit un porche surmonté d'un étage à encorbellement. Ceci dit, un promoteur a mis la main sur tout le pâté de maisons et le château a été saucissonné en appartements de standing. Noter aussi, au n° 19 de la rue des Gobelins, une belle maison de la fin du XIVe siècle. Fenêtres à meneaux en pierre et, dans la cour, une petite tour avec un escalier à rampe verticale.

En contrebas de la rue Gustave-Geffroy, le square René-Le-Gall marque ce qui était autrefois l'« île aux Singes » entre les deux bras de la rivière. Les bateleurs avaient l'habitude d'y laisser gambader leurs singes savants sans craindre de les voir s'échapper. À deux pas, au n° 12 du boulevard Arago, une bien belle façade Art nouveau, toujours ornée de ses mosaïques.

🎭 **La Cité fleurie :** 65, bd Arago, 75013. Ⓜ Glacière. Des années de bataille acharnée pour sauvegarder l'un des derniers bols d'air du quartier, devenu Monument historique. La cité est composée d'une trentaine d'ateliers construits dans les années 1878 avec les matériaux de l'Exposition universelle. C'est un jardin extraordinaire, une jungle d'arbustes, de rosiers, de tilleuls centenaires, qui descend en pente douce vers la rue Léon-Maurice-Nordmann. Au fond, des taillis, des pelouses, une vieille maison basse aux tuiles patinées. De prestigieux occupants – Eugène Grosset, créateur du graphisme Larousse « Je sème à tout vent », Gauguin, Modigliani, Rodin, Bourdelle, Maillol – fréquentèrent assidûment les lieux. Les restaurations entreprises n'ont pas porté atteinte au caractère de la Cité fleurie. L'installation d'un digicode à l'entrée en restreint malheureusement l'accès.

🎭 **La Cité verte :** 147, rue Léon-Maurice-Nordmann, 75013. Ⓜ Glacière. Ici encore, un digicode a eu raison des curieux : avis aux amoureux des lieux, il faut se préparer à la frustration. Une vieille ruelle pavée tout en longueur, bordée d'ateliers d'artistes bâtis de bric et de broc et noyés dans la verdure. L'un d'eux possède même un escalier extérieur en colimaçon. Le célèbre sculpteur Henry Moore travailla un temps ici. L'ensemble, un peu sauvage et désordonné, possède beaucoup de charme. Là aussi, les promoteurs se mirent à saliver, mais, après une âpre lutte, les artistes obtinrent le classement du site. En face, au n° 152, petite cité des Vignes, charmante mais elle aussi fermée. On rappelle que ce quartier s'appelait déjà la Glacière autrefois, car c'est ici, dans les prés inondés par la Bièvre, que les

Parisiens recueillaient en hiver la glace qu'ils stockaient ensuite dans des glacières pour les jours chauds.

Autour de la BNF

– La réhabilitation des **bords de Seine,** avec la prolongation de la circulation pédestre et cycliste jusque vers Ivry (et au-delà), la piscine (voir plus bas), le maintien de l'activité festive des péniches, jonque, bateau-phare et autres lieux de perdition du port de la gare : tous les ingrédients sont réunis pour faire de ce périmètre la (nouvelle) plage de Paris. Qu'on se le dise !

Où se jeter à l'eau ?

– *Piscine Seine-Est :* port de la gare, en contrebas de la BNF. Arrimée au quai, sur la Seine, la nouvelle piscine est alimentée en partie par l'eau de celle-ci, filtrée et purifiée, avant que celle-ci ne soit à nouveau traitée et rejetée, plus propre donc. Il s'agit là d'un véritable complexe aquatique, avec bassin de 25 x 10 m, toit ouvrant (couvert en hiver, donc), pont-solarium de 300 places, espaces de détente, spa, etc. Les horaires, en dehors des matinées réservées aux scolaires, sont assez étendus, en particulier en juillet-août, avec des nocturnes jusqu'à 24 h les mardi et vendredi. (Pour les horaires plus complets et les tarifs, voir le portail de la Mairie de Paris : ● www.paris.fr ●) Petite restauration. 🧍 Les installations sont entièrement accessibles aux handicapés. Deux emplacements de stationnement leur sont réservés sur le quai – bravo ! Le site est idéal, l'environnement prestigieux : tout est réuni pour faire de cette piscine un lieu vivant, ludique, convivial, sportif... On plonge ?

Un 13ᵉ bizarre, rénové, campagnard

Compris dans le quadrilatère formé par les avenues d'Italie et des Gobelins, les boulevards Saint-Marcel et de l'Hôpital, la Seine et le boulevard Masséna, c'est le quartier du 13ᵉ qui a subi le plus de bouleversements, mais il reste quand même des gens et des coins qui vous ressemblent, bons et chaleureux. Il faut partir à pied les chercher, le cœur ouvert. Disponible.
Le quartier ne possède que peu de « monuments ». C'est vrai, c'est donc dans les détails insolites, les petites annotations, les clins d'œil que son charme se révélera... Et puis, la vie continue. Maintenant, pour le prix d'un ticket de métro, on peut faire un voyage en Extrême-Orient ou découvrir les

UN 13e BIZARRE, RÉNOVÉ, CAMPAGNARD

dernières tendances de l'architecture contemporaine, dans une partie de l'arrondissement en bordure de Seine qui ne manque pas d'atouts.

🯅 Dans le quartier de la rue Nationale : passez la rue de Patay. Verdoyant jardin de la ligne circulaire. Rue des Terres-au-Curé : quel drôle de nom ! Aspiré par la rue du Château-des-Rentiers, puis le passage National, bordé de petits pavillons. On s'étonne qu'il y ait encore tant de choses horizontales.

Voilà la *rue Nationale,* presque humaine, et l'étroit **passage Bourgoin.** Ça sent bon le chèvrefeuille, les liserons, les rosiers grimpants. De part et d'autre, une longue succession de maisonnettes pimpantes, de cabanons avec de gracieux jardinets, l'ensemble joliment entretenu, dans un désordre vivant, naturel. Familles ouvrières visiblement, vieille population du 13e et quelques écrivains connus. La rénovation aseptisée et les pierres de taille bien récurées n'ont visiblement pas encore achevé le quartier.

🯅🯅🯅 *Chinatown* : vous abordez maintenant le quartier asiatique annoncé par les magasins en forme de pagodes sur la terrasse des Olympiades. Ne pas croire que réside ici une communauté homogène : elle se compose de Vietnamiens, Laotiens, Cambodgiens, Chinois, qui ont au moins autant de différences entre eux que les peuples d'Europe. Les Chinois, qui forment environ 80 % de cette communauté, sont eux-mêmes divisés. Ceux du Cambodge ne se reconnaissant pas dans ceux de Canton ou de Hong Kong et vice versa. Ceux de Taïwan sont considérés comme des snobs et des frimeurs par les autres. Pour la plupart, les pancartes sont en trois langues : chinois, vietnamien et thaï. Les Asiatiques représentent maintenant plus de 13 % de la population du 13e. Ils ont beaucoup surpris les Français en détruisant le cliché du réfugié désespéré, du *boat-people* martyr, en imposant l'image d'une communauté dynamique et organisée.

Les coutumes traditionnelles sont toujours présentes. Vous serez ainsi surpris de voir de nombreuses fenêtres ouvertes, alors qu'il fait froid dehors. L'explication : les esprits des ancêtres doivent pouvoir entrer ou sortir librement.

Venez donc dans cette partie du 13e voir comment les Asiatiques ont subtilement détourné l'horreur du béton en le parant de couleurs vives et en y insufflant une vie et une activité démentes. Dans les deux grands supermarchés de l'avenue d'Ivry (*Tang,* au n° 48, et *Paris-Store,* au n° 44), faites, comme eux, emplette de fruits exotiques, de soja, de toutes les variétés de riz, d'oreilles de porc laquées, etc.

– Possibilité de visiter deux **temples bouddhiques.** Le premier se trouve rue du Disque, une des rues souterraines de la terrasse des Olympiades (entrée au niveau du n° 70, av. d'Ivry). Ouvert tous les jours de 9 h à 18 h. Grande inscription « Autel du culte de Bouddha ». Musique traditionnelle les lundi, mercredi et vendredi après-midi. Il est d'usage de laisser une obole dans le tronc de l'autel (en faisant un vœu). L'autre temple se situe sur la terrasse même, un peu plus loin que le resto *Asia Palace*. Ouvert tous les jours de 9 h à 12 h et de 14 h à 16 h. C'est l'*amicale des Teochew* (prononcer « chao chou ») en France, une communauté de la région de Canton. Ici, on enlève ses chaussures à l'entrée. Fresques sculptées dans un marbre gris. Tous les après-midi a lieu un rituel bouddhique.

14e ARRONDISSEMENT

Brassens a cassé sa pipe, ses chats se sont enfuis sur la pointe des coussinets, mais il flotte encore dans le 14e un air de chanson rebelle, un je-ne-sais-quoi d'anar, de résolument « contre ». On attrape un peu de l'atmosphère d'autrefois à *La Coupole,* quand le 14e était un nid à talents, un réservoir de génies aux doigts barbouillés de peinture ou d'encre, Picasso, Modigliani, Zadkine, Apollinaire ou Max Jacob, qui tutoyaient les anges dans leurs ateliers et tiraient le diable par la queue ! À ne pas manquer : les pelouses immenses du parc Montsouris, les habitants un brin farceurs des catacombes et, surtout, le cimetière du Montparnasse. Tous les amoureux du monde devraient rendre une petite visite à la sculpture de Brancusi, *Le Baiser* : deux amants de pierre enlacés sur la pierre tombale de deux jeunes artistes montparnos, amis du sculpteur, qui s'étaient suicidés ensemble.

Où dormir ?

Coups de cœur

▲ **Cecil Hôtel :** 47, rue Beaunier, 75014. ☎ 01-45-40-93-53. Fax : 01-45-40-43-26. ● www.cecilhotel.net ● Ⓜ Porte-d'Orléans. TV. Câble. Wi-fi. Ouvert toute l'année. Mieux vaut réserver à l'avance. Chambres doubles à 80 € avec douche ou bains ; copieux petit dej'-buffet à 8 €. Sophie, une enfant du 14e, François « le Savoyard » et Peachy, le labrador, ont tout compris en misant sur la qualité de l'accueil... et leur bon goût dans la déco des chambres. Chacune, décorée avec détail, possède son univers : « Léopard », « Île de Ré », « Violette » ou « Romantique »... à vous de choisir ! Et que dire des nombreuses petites attentions qui font la différence, comme le petit dej' servi jusqu'à 12 h, le brin de muguet déposé le 1er mai (ou les chocolats à Pâques), ou ce guide maison sur tout ce qu'il faut voir et faire dans le quartier (restos, balades...). Ils réservent même des places de parking dans la rue ! Et le matin, c'est la presse qui vous attendra sur la terrasse calme et ensoleillée. À la fois originale et apaisante, cette adresse offre un très bon rapport qualité-prix. Établissement non-fumeurs. Un petit dej' par chambre (les vendredi, samedi et dimanche) offert à nos lecteurs sur présentation de ce guide.
▲ **Hôtel Mistral :** 24, rue Cels, 75014. ☎ 01-43-20-25-43. Fax : 01-43-21-32-59. ● mistralhotel.multima

nia.com • Ⓜ Gaîté. TV. Accès Internet. Wi-fi. Chambres doubles à 57 € avec lavabo (douche et w.-c. à l'étage), de 72 à 75 € avec douche et w.-c. ; petit déjeuner-buffet copieux à 6,50 €. Installé dans une rue isolée, derrière le cimetière du Montparnasse, cette adresse reste un bon plan. Sartre et Simone de Beauvoir y vécurent quelque temps. Bien entendu, liberté mutuelle oblige, ils y habitaient des chambres séparées ! Aujourd'hui, on apprécie tout particulièrement cet hôtel familial joliment aménagé avec son hall, sa belle salle de petit dej' et son adorable véranda donnant sur une cour intérieure. Chambres simples et propres dont quelques-unes donnent sur le patio. Cuisine à disposition. Accueil adorable. Pas d'ascenseur. 10 % sur le prix de la chambre (en août) et, pour les séjours du week-end, un petit déjeuner (le lundi matin) offert à nos lecteurs sur présentation de ce guide.

Coup de foudre

🛏 *Hôtel des Bains :* 33, rue Delambre, 75014. ☎ 01-43-20-85-27. Fax : 01-42-79-82-78. • www.hotel-des-bains-montparnasse.com • Ⓜ Vavin ou Edgar-Quinet. Parking payant. TV. Canal +. Satellite. Câble. Chambres doubles de 80 à 103 €, selon le confort ; petit déjeuner à 7,50 €. Parking autour de 12 €. C'est une cure de jouvence en plein Paris. Un hôtel à la façade discrète mais au charme indéniable tourné autour de l'art contemporain. Les chambres, sur rue ou sur cour, sont décorées avec goût et parfaitement tenues. Véritable harmonie des tons, qui se retrouvent même sur les couvre-lits et les appliques murales. Particularité de l'hôtel : le luxe à portée de toutes les bourses. Suites calmes et confortables, surtout celles situées dans une dépendance au fond de la cour. Un endroit qu'on aime bien. Un excellent rapport qualité-prix, à l'accueil serviable et plein de cachet. 10 % sur le prix de la chambre (les vendredi, samedi et dimanche en juillet-août) offerts à nos lecteurs sur présentation de ce guide.

Coups de folie

🛏 *Hôtel Unic Renoir :* 56, rue du Montparnasse, 75014. ☎ 01-43-20-96-04. Fax : 01-43-22-42-09. • www.paris-hotel-unic.com • Ⓜ Montparnasse-Bienvenüe ou Edgar-Quinet. TV. Canal +. Câble. Accès Internet. Wi-fi. Chambres doubles de 70 à 230 €, selon le confort, la catégorie et la saison. En plein cœur de Montparnasse, cette adresse surprend avec d'un côté son hôtel classique, sans surprise, propre et élégant mais manquant un peu de personnalité et proposant certaines chambres un peu étriquées, et de l'autre, cette surprenante allée au calme, bordée de chambres-appartements en rez-de-chaussée ou en duplex. Préférer cette partie « résidence », aux intérieurs élégants, spacieux, romantiques, certes un peu plus chère mais beaucoup plus agréable. Accueil poli. Salle de petit déjeuner lumineuse sous véranda. Réservation indispensable.

🛏 **Lenox Montparnasse :** 15, rue Delambre, 75014. ☎ 01-43-35-34-50. Fax : 01-43-20-46-64. • www.hotellenox.com • Ⓜ Vavin ou Edgar-Quinet. Parking payant. TV. Satellite. Accès Internet. Wi-fi. Chambres doubles de 135 à 170 €, selon le confort et la période. Petit déjeuner-buffet à 14 €. Élégante, accueillante et moderne, cette adresse combine une ambiance de goût, avec son beau bar au rez-de-chaussée, ses chambres soignées aux grands miroirs et mobilier d'époque, et son accueil diligent et souriant. Chaque chambre est personnalisée avec des tissus soyeux et des couleurs beiges ou bordeaux en passant par le rose. On préfère celles à partir du 4e étage, avec leur petite vue. Un hôtel qui a du cachet, comme on dit ! Attention tout de même au prix du petit déjeuner et à certaines chambres plus petites.

Où manger ?

Coup de foudre

🍽 **Vin et Marée :** 108, av. du Maine, 75014. ☎ 01-43-20-29-50. Ⓜ Gaîté. ♿ Ouvert tous les jours jusqu'à 23 h. L'adresse est réputée : pensez à réserver. Formules à 18,50 et 24,50 €, hors week-end. Prévoir un minimum de 45-50 € pour un repas à la carte sans la boisson. Ici, vous n'aurez que du poisson, rien que du poisson, servi en terrasse couverte ou à l'intérieur, dans un cadre cossu (longues et moelleuses banquettes de velours rouge et grande fresque exaltant l'exubérance des Indes). Une grande ardoise sur laquelle vous découvrirez le plat du jour et les idées du chef. Poisson à la cuisson parfaite, préparé et servi avec une rigueur très professionnelle. Quelques plats appréciés, dont le steak de thon et les solettes de sable. Sélection de vins intéressante, avec quelques propositions au verre. Desserts pas en reste avec, en vedette incontestée, le baba de Zanzibar. En prime, un service vraiment souriant qui change des habituelles brasseries. Apéritif maison offert à nos lecteurs sur présentation de ce guide.

Coup de folie

🍽 **Le Pavillon Montsouris :** 20, rue Gazan, 75014. ☎ 01-43-13-29-00. RER B : Cité-Universitaire. Ouvert midi et soir jusqu'à 22 h 30. Congés annuels : 2 semaines pendant les vacances scolaires de février. Menu-carte à 49 € servi midi et soir. Belle architecture des années 1880 au mélange verre et acier rehaussé d'un décor colonial. Des clients célèbres : Mata Hari intriguait au 1er étage, Lénine y mangeait après avoir fini d'écrire un discours sous le kiosque du parc, les Montparnos le fréquentaient assidûment, Louis Jouvet y rencontra Marcel Carné pour négocier leur première collaboration, Jean-Paul Sartre y déjeunait chaque samedi midi, etc. L'intérêt est surtout de pouvoir manger l'été sur la terrasse, merveilleusement située sur le parc. Le foie gras maison et la pièce de filet de bœuf figurent parmi les réussites maison, mais la cuisine dans l'ensemble n'est pas à la hauteur du cadre bucolique. Accueil toujours pétillant d'Yvan Courault, l'hôte des lieux.

Où boire un verre ?

🍸 *Le Dôme :* 108, bd du Montparnasse, 75014. ☎ 01-43-35-25-81. Ⓜ Vavin. Ouvert de 12 h à 15 h et de 19 h à 0 h 15. Fermé les dimanche et lundi en août. Compter 80 € pour un repas complet ! Terrasse agréable, lampes Tiffany, chaises en osier, plantes vertes. Décor signé Slavik à tous les coups. Aux murs, intéressante collection de photos rappelant la grande époque et sa faune d'alors. C'est le plus touristique et le plus chicos des grands cafés de Montparnasse. Jean-Paul Sartre aimait y venir l'après-midi. Et dans l'assiette, poisson et fruits de mer.

🍸 *Le Rosebud :* 11 bis, rue Delambre, 75014. ☎ 01-43-35-38-54. Ⓜ Vavin ou Edgar-Quinet. Ouvert tous les jours de 19 h à 2 h. Congés annuels : en août. Cocktail à 11 €. Restauration à la carte uniquement : compter 20 € environ. Dans les années 1950, Jean-Paul Sartre et la bande de Montparnasse venaient souvent y prendre un verre. Ce bar, au cadre 1930 joliment agencé, accueille aujourd'hui une clientèle d'artistes-peintres, d'écrivains et de journalistes. Les tables de style bistrot baignent dans une douce pénombre, propice aux confidences. L'endroit est idéal pour souffler après une journée mouvementée. Le bar en L rend possible les face-à-face entre les consommateurs. Les serveurs aux cheveux grisonnants n'ont pas leur pareil pour concocter d'excellents cocktails : commandez un bloody mary et vous comprendrez ! Et n'oubliez pas le tartare, mythique lui aussi.

Où sortir ?

♫ *Dancing de La Coupole :* 100-102, bd du Montparnasse, 75014. ☎ 01-43-20-14-20. Ⓜ Vavin. Wi-fi. Soirées les mardi, vendredi et samedi ; quelquefois le jeudi. Entrée (avec conso) : 10 € le mardi (soirée salsa à partir de 21 h 30, avec cours de 19 h 30 à 21 h 30), 10 € le vendredi (soirée latino de 21 h 45 jusqu'à 5 h 30, avec cours de 19 h 45 à 21 h 45) et le samedi (de minuit à 6 h). Consos de 8 à 10 €. Depuis des années, le *Dancing* fait chalouper Montparnasse sur des rythmes latinos. La soirée salsa commence dès 19 h 30 le mardi, avec des cours pour les débutants. Puis le DJ latino se met aux platines, remplacé une fois par mois par un concert de musiciens cubains. Le 1er jeudi du mois est consacré au Brésil, avec un cours de samba de 20 h à 22 h suivi d'une soirée... brésilienne. La nuit du samedi se partage entre R'n'B, musiques noires américaines et house garage.

Café-théâtre d'Edgar : 58, bd Edgar-Quinet, 75014. ☎ 01-42-79-97-97. ● www.edgar.fr ● Ⓜ Edgar-Quinet. Spectacles tous les soirs à 20 h et 21 h 30, dans les deux salles. Fermé le dimanche. Places à 15 ou 18 € ; pour les étudiants : 11 ou 12 €, sauf les vendredi et samedi. Un des plus anciens et des plus populaires cafés-théâtres de Paris. Décor un peu bricolé où passent des spectacles assez peu révolutionnaires mais d'une qualité toujours soutenue : one-man shows fantaisistes et humoristiques, pièces de théâtre, spectacles pour enfants...

Où écouter de la musique ?

♪ *Le Petit Journal Montparnasse :* 13, rue du Commandant-Mouchotte, 75014. ☎ 01-43-21-56-70. ● www.petitjournal-montparnasse.com ● Ⓜ Montparnasse-Bienvenüe. ♿ Parking payant. Ouvert sans interruption de 7 h à 1 h (2 h les vendredi et samedi). Fermé le dimanche. Entrée (avec une conso) : de 20 à 25 € selon la tête d'affiche. Consos à partir de 8 €. Formule dîner + concert autour de 60 €, en fonction de la programmation. Mammouth des nuits jazz, le club parisien prend un virage de plus en plus français. Claude Bolling, Moustaki ou Dany Brillant se tapent fréquemment le bœuf dans ce bar musical, dont le frère jumeau est sur le boulevard Saint-Michel. De par la disposition des tables, qui encerclent la scène, on est toujours bien placé. L'acoustique est soignée.

Main dans la main

Montparnasse

À partir de 1900, c'est l'âge d'or de la bohème : poètes, écrivains, artistes, réfugiés politiques y débarquent en masse – Modigliani et Utrillo, qui émigrent de Montmartre, Max Jacob, Apollinaire, Paul Fort, Cendrars, Lénine, qui y prépare le grand soir, et Trotski, qui phosphore sur les moyens d'empêcher Staline de dévoyer la révolution russe. C'est vrai que Montpar, alors, est un village. Les ateliers d'artistes se nichent dans les impasses fleuries. Après la Grande Guerre, le quartier attire de plus en plus de monde. Beaucoup viennent de très loin. Hemingway, Foujita, Soutine, Zadkine, Braque, Chagall, Picasso, Rouault, Klee fréquentent les grands cafés populaires. C'est l'âge d'or de l'école de Paris, époque où Paname était la capitale intellectuelle du monde.

Montparnasse continuera cependant à vivre sur sa réputation et à attirer les foules. Son aura intellectuelle aurait pu continuer à se diluer lentement dans l'alcool de ses bistrots sans dommage, mais les rois du béton en décidèrent autrement. Exit la vieille gare Montparnasse d'où, une fois, une locomotive décida toute seule d'aller boire un verre en face.

Le boulevard du Montparnasse, de la place Bienvenüe au boulevard Raspail, reste animé tard dans la nuit et aligne bon nombre d'usines à films, de restos et grands cafés pour tous les goûts.

La Gaîté : rue qui débute boulevard Edgar-Quinet et se termine avenue du Maine. On l'emprunte presque obligatoirement quand on rejoint Plaisance-Pernety. Elle rappelle que Montparnasse fut un quartier de plaisir très couru au XIXe siècle, avec ses cabarets, guinguettes, théâtres, bals, cafés, etc. Une jolie fresque murale à la brasserie *La Liberté* (angle Gaîté-Edgar-Quinet) en témoigne encore (Jean-Paul Sartre, qui habitait à côté, venait y tremper son croissant).

Vestiges de la Belle Époque : le *théâtre du Montparnasse* avec sa belle façade sculptée et ses cariatides. En face, le vieux *théâtre de la Gaîté-Montparnasse,* enserré dans un immeuble à la façade également ouvragée, est classé à l'inventaire des Monuments historiques.

Petite balade architecturale

Si Montparnasse n'est plus le quartier d'artistes qu'il fut naguère, il reste cependant de superbes traces de ce passé créatif et bouillonnant. Il faut seulement savoir les débusquer dans de petites rues discrètes. Pour peu qu'il fasse beau, Paris prend des allures de toile impressionniste. Première étape : à la station de métro Vavin, devant le fantastique *Balzac* de Rodin.

Au n° 26, **rue Vavin,** un édifice assez fascinant, construit en 1912 par l'architecte Henri Sauvage. Immeuble à gradins, totalement recouvert de céramique blanche, avec une abondante végétation à tous les niveaux.

🏃 Pas loin, au 216, bd Raspail, s'élève le *studio Raspail,* surmonté d'appartements et d'ateliers. Construit en 1932 suivant une conception très cubiste. Pour son inauguration comme cinéma d'essai, il projeta *Vampyr* de Carl Dreyer.

🏃 Magnifique façade ouvragée en céramique au 31, **rue Campagne-Première,** chef-d'œuvre de l'Art nouveau (1911). Masques et guirlandes de roses.

🏃 Reprenez le boulevard Raspail et empruntez à droite la **rue Schœlcher.** Au n° 5, vous admirerez la très belle façade : tous les balcons et fenêtres présentent une forme différente. Œil-de-bœuf formant balcon encadré d'une frise de fruits dégringolant en cascade. Au n° 11 bis, rigueur géométrique des appartements et ateliers avec avancées ou décrochements de fenêtres.

🏃 Aux n°s 21-23, **rue Froidevaux,** immeubles d'ateliers. Immenses bow-windows recouverts d'une mosaïque de petits carreaux de céramique (1929).

🏃 Faites un petit tour du côté de l'Observatoire pour apprécier l'architecture originale des ateliers aux n°s 3, 3 bis, 5 et 7, **rue Cassini.** En face, au n° 12, quelques appartements et ateliers avec une frise sculptée très « réalisme socialiste ».

🏃 Au 126, **boulevard du Montparnasse,** passer sous un porche monumental ; au fond de la deuxième cour, splendide maison avec ateliers d'artistes. Au n° 120 bis, décor de mosaïque à fleurs sur la façade.

Petits itinéraires romantiques

Plaisance, Pernety

Vieux quartier populaire rattaché à Paris depuis à peine un siècle. *Grosso modo* circonscrit dans le triangle formé par la rue Vercingétorix et l'avenue du Maine. Longtemps un village. Le nom des rues témoigne d'un passé laborieux et artisanal : rue du Moulin-Vert, rue du Moulin-de-Beurre (aujourd'hui disparue).
Partez à pied dans le quartier. Avec un peu de sensibilité, vous découvrirez encore plein de choses, des rues et des maisons insolites, une accumulation de petits détails et toujours des sourires chaleureux.

🏃 Au centre de l'imposante **place de Catalogne,** œuvre de Ricardo Bofill, une étrange *fontaine* (surtout qu'elle ne fonctionne pas toujours), dessinée par Shamaï Haber. Quand elle fonctionne, ça produit un curieux plan d'eau incliné (assez pittoresque la nuit, quand c'est éclairé).

14e ARRONDISSEMENT

🏃 *La rue Vercingétorix* a quasiment perdu toutes ses maisons, mais elle y a gagné un agréable square bordé d'ateliers d'artistes. Une curiosité : au n° 105, une belle boulangerie à l'ancienne, *Le Moulin de la Vierge,* avec une décoration en émail sur la devanture et un beau plafond intérieur. Classée, la boulangerie a sauvé la maison qui la coiffe. Comblez un petit creux en y achetant sa « fougasse aux anchois et olives ». Vraiment délicieuse !
Au n° 16, rue de Gergovie, atelier de Shamaï Haber. Admirez ses œuvres remarquables en fer forgé.
Là-bas, presque au boulevard extérieur, apparaît la petite gare provinciale et anachronique d'Ouest-Ceinture. Un coup au cœur ! Aurait-on rouvert la Petite Ceinture ? Non, bien sûr ! Il ne reste que le pavillon, ainsi qu'une pancarte.
Sinon, du côté de la station de métro Pernety subsistent quelques rues villageoises : cité Bauer, rues Plaisance, Pernety, des Thermopyles, avec de vieux bistrots et encore quelques artisans.

🏃 Pour finir, rue d'Alésia, en face d'un monumental complexe immobilier et coincée derrière une station-service, une curieuse et étroite ruelle semble vouloir prendre la tangente. Peut-être à la recherche du soleil qu'on lui refuse. C'est l'*impasse Florimont.* Il y a longtemps, un jeune homme, un grand sourire sous une grosse moustache, un regard franc, des jolis mots et des rêves plein la tête, débarqua tout au fond, chez une certaine Mme Jeanne. Il y resta quelque temps, de 1944 à 1966, goûtant la chaleur et l'amitié des habitants de l'impasse. Puis le petit jeune grandit et fit chanter pendant près de trente ans tous les cœurs de France. Il mourut en 1981, laissant une centaine de chansons immortelles. La maison de Mme Jeanne est toujours là, au fond de l'impasse, au n° 9. Si vous vous approchez de la grille et levez la tête, alors vous apercevrez la fenêtre de la chambre du poète où il composa ses toutes premières chansons. Bonjour, monsieur Brassens !
Malheureusement, le petit immeuble à l'entrée de l'impasse risque d'être démoli, et la plaque commémorative de Brassens avec. En attendant, les amoureux de Georges se mobilisent contre les bulldozers de la mairie et espèrent bien préserver la mémoire de leur « copain ». Affaire à suivre !

Denfert-Rochereau

Au sud de Montparnasse, vieux quartier là aussi avec un certain charme. Peu atteint par la rénovation. Un coin intéressant pour son côté provincial et son calme. Sa position assez centrale dans l'arrondissement, à mi-chemin entre Montparnasse et Montsouris, permet en outre d'atteindre à pied tous les points d'intérêt.

🐾 *Les villas :* une jolie balade, tout à fait insolite. Bien peu de Parisiens connaissent cette partie du 14ᵉ et ses îlots de verdure et de charme. Descendez, de Denfert-Rochereau, l'avenue du Général-Leclerc sur le trottoir de gauche. Peu après l'hospice, au n° 19, une grande grille de fer forgé annonce la **villa Adrienne**. À l'origine, en 1880, ce n'était qu'un grand square pris sur d'anciennes carrières, avant que des constructions ne voient le jour 15 ans plus tard. Elles étaient sans doute destinées à un usage communautaire, sorte de cité-jardin édifiée par un industriel un peu humain. Un côté Chelsea, avec son grand jardin ouvert au milieu et ses maisons de brique à deux ou trois étages, la plupart croulant sous le lierre, avec des jardinets sauvages. Au lieu d'un numéro, chacune d'entre elles porte un nom de peintre, de savant ou d'auteur : Watteau, Poussin, Lavoisier, Lulli, Molière, Racine.

Rue Hallé, les maisons font tout à coup un harmonieux dos rond pour s'aménager une gentille placette. Quelques autres coins campagnards du quartier : *villa Hallé, villa Boulard* (rue Boulard).

Avenue René-Coty, entre Denfert et la rue Hallé, une curieuse petite construction sur une butte herbeuse. C'est le « regard » d'un aqueduc souterrain du XVIIᵉ siècle passant sous les maisons du quartier (ancien aqueduc d'Arcueil).

🐾 *La rue Daguerre :* la rue-marché la plus célèbre du 14ᵉ. Agnès Varda, qui l'habite depuis plus de 50 ans, l'avait filmée avec amour il y a une trentaine d'années dans *Daguerréotypes*. La rue a cependant subi, depuis, un sacré lifting et s'est fait ravaler la chaussée. Plus de bordures de trottoir ; plus de marchandes des quatre-saisons, mais toujours une certaine animation et des prix parmi les plus intéressants du quartier. Trotski, qui habita un temps la rue, s'y promenait avec son cabas. Calder eut son premier atelier au n° 22, et celui de César n'était pas très loin non plus.

Alésia

Au sud de la rue d'Alésia, bordée par l'avenue du Général-Leclerc et la rue de l'Amiral-Mouchez, un quartier offrant de superbes balades architecturales et bucoliques.

🐾 Dans la **rue de la Tombe-Issoire** vous trouverez, à gauche, au n° 83, une tranquille cité d'artistes dans la verdure. Empruntant la provinciale rue de l'Aude, vous atteignez la *rue des Artistes* (accessible également par un escalier de l'avenue René-Coty). Au n° 1 de la **rue de l'Aude,** un cabinet d'architecte occupe l'ancien atelier d'un peintre. Ça faisait 40 ans que le terrain était en vente mais ne trouvait pas preneur du fait de sa configuration difficile. Le peintre réussit à élever cette curieuse habitation sur quatre niveaux dans un style original. Aux n°s 3, 5 et 7, *impasse Gauguet,* trois ateliers d'artistes des années 1930. Le peintre Nicolas de Staël occupa l'un d'eux.

🐾 *La villa Seurat :* à la hauteur du n° 101 de la rue de la Tombe-Issoire. Impasse bordée de jolies maisons des années 1925, qui connurent de prestigieux locataires. Henry Miller séjourna au n° 18 de 1934 à 1938 et y écrivit *Tropique du Cancer.* Miller, interdit pour littérature obscène dans tous les pays anglophones, en était réduit à éditer ses livres à Paris et à les vendre quasiment sous le manteau. Anaïs Nin et Lawrence Durrell vivaient avec lui. Son voisin du dessus était Soutine. Gromaire travailla également dans la villa.

🐾 *Balade chez les « privilégiés » :* au n° 53 de l'avenue Reille débute une petite rue, probablement l'une des plus coquettes de Paname : le *square Montsouris.* Tout au début, l'atelier du peintre Ozenfant, la première œuvre de Le Corbusier à Paris, en 1922. Elle a perdu son toit en dents de scie et un peu de son intérêt architectural. Enchantement ensuite que de fouler les gros pavés de la rue, entre les deux rangées d'ateliers et de pavillons bourgeois hibernant sous leur abondante végétation.
Tout au bout, au 14, rue Nansouty, admirez les lignes très pures et l'élégance de la *villa Guggenbühl.*
Rue Georges-Braque, au n° 6, résidence-atelier de l'artiste. Au n° 7, villa-atelier Reist en brique, avec une grande verrière qui date des années 1920. La rue du Parc-de-Montsouris et la villa du même nom alignent également de grandes demeures bourgeoises croulant sous les glycines et le chèvrefeuille. Aux n°s 6-10, hôtel particulier rococo flanqué de faïences aux motifs bigarrés ayant appartenu à Michel Morphy, auteur de romans populaires. Un décor de rêve ! Le regretté Coluche habitait rue Gazan.

Comme Harold et Maude

🐾🐾🐾 *Le cimetière du Montparnasse :* petite visite au boulevard des allongés. Ouvert de 8 h (8 h 30 le samedi, 9 h les dimanche et jours fériés) à 17 h 30 (18 h en été).
Créé en 1824, c'est le troisième de la capitale en superficie, mais l'un des plus intéressants du point de vue de la qualité des occupants. C'est fou le nombre de gens connus qui ont choisi de reposer à l'ombre de la tour.
Quelques noms : Baudelaire, Serge Gainsbourg, les sculpteurs Rude, Houdon et Bourdelle, l'amiral Dumont d'Urville, Robert Desnos, Camille Saint-Saëns, Proudhon (« La propriété, c'est le vol »), Sainte-Beuve, l'actrice Maria Montez, Jean-Paul Sartre, Guy de Maupassant, Dreyfus (de l'affaire), Bartholdi (le *Lion de Belfort* de la place Denfert-Rochereau), Soutine, Tzara,

Albert Cohen, auteur de l'inoubliable *Belle du seigneur* (très beau roman d'amour à offrir de toute urgence).
Beaucoup d'éditeurs : Plon, Larousse, et notre très ancien patron, Louis Hachette. Un petit musée à ciel couvert.
Ne passez pas à côté du **petit cimetière,** qu'on rejoint par la *rue Émile-Richard,* la seule rue de Paris sans habitants vivants, sans boutiques, sans maisons, propice aux discrets arrêts de voiture des couples que l'on disait « illégitimes ». Les barrières antistationnement et l'évolution des mœurs ont contribué à réduire le nombre de ces véhicules tous feux éteints et pourtant fort occupés. Un effort encore : le petit cimetière présente la tombe la plus fascinante de Montparnasse. Entrée par la porte côté Raspail. Allez tout droit, puis tournez à droite, vous ne pouvez manquer M. Pigeon, l'inventeur de la lampe du même nom. Marchez sur la pointe des pieds pour ne pas les déranger. Dans un lit monumental et baroque, M. Pigeon lit tranquillement un livre à la lumière de sa fameuse lampe. À côté de lui, sa femme dort paisiblement. Un hymne à la félicité conjugale.

Où pique-niquer ?

– *Dans le parc Montsouris :* deuxième parc parisien après celui des Buttes-Chaumont. Ce fut l'un des cadeaux du baron Haussmann aux Parisiens, car il ne savait que faire de ce terrain troué comme du gruyère. Délicieusement vallonné, avec ses grandes pelouses accessibles au public et où il est toléré de pique-niquer, des bosquets touffus, des arbres rares, le parc est malheureusement traversé par le RER. Oh ! une blessure discrète ! En bas du jardin, un grand lac artificiel. Quand le soleil perce les nuages, le parc Montsouris reste un endroit merveilleux pour bronzer et se reposer main dans la main. Sans aucun doute le plus bel espace vert de l'arrondissement. Une aubaine pour les couples.

– *Dans le parc de la Cité internationale universitaire :* ☎ 01-44-16-64-00. ● www.ciup.fr ● (programme des activités : théâtre, concerts, conférences). Ⓜ Porte-d'Orléans ; RER B : Cité-Universitaire. Ouvert au public toute la journée. Cette cité U pas comme les autres accueille 5 500 étudiants, chercheurs et artistes en provenance de 130 pays différents, y compris 30 % de Français. Elle est, pour le promeneur, une ville-jardin : installée sur une quarantaine d'hectares de verdure, constituée de quartiers typiques et proposant une offre culturelle très riche.
La cité a compté quelques locataires célèbres, comme Michel Jobert, Raymond Barre, le couturier Pierre Balmain, Habib Bourguiba, Léopold Senghor, M. M' Bow (ancien directeur de l'Unesco), Hissène Habré, etc. Toujours dans la rubrique *people,* elle continue d'accueillir régulièrement de

nombreux tournages : *Julie Lescaut, Les Sœurs fâchées, Les Brigades du Tigre...* On peut profiter du parc en s'installant au soleil ou à l'ombre des arbres, usage classique des espaces verts, ou encore regarder de plus près la trentaine de pavillons, bâtis généralement dans le style du pays, ce qui donne un kaléidoscope pittoresque de toutes les architectures. Ainsi, la maison d'Italie possède un vrai charme méditerranéen, avec ses arcades et son grand fronton. Le pavillon de la Suisse, construit par Le Corbusier, est un prototype des Cités radieuses que l'architecte bâtira après la guerre : pilotis qui dégagent le rez-de-chaussée, grande baie vitrée, toit-jardin. Un chef-d'œuvre architectural de la cité. Certaines maisons ont été rebaptisées du nom du généreux donateur, comme celle de l'Allemagne, appelée à présent Heinrich-Heine. La Fondation Biermans-Lapôtre, où l'on trouve plus de Belges et de Luxembourgeois qu'ailleurs, présente une façade d'inspiration flamande. Une bonne idée pour faire un tour du monde sans aller trop loin.

15e ARRONDISSEMENT

Ce n'est certes pas le quartier où l'on va spontanément se promener en touriste : de grandes avenues, des rues et des immeubles sans grand caractère. Mais, comme toujours, il y a des surprises à cueillir : du côté de l'impasse du Labrador, vous allez sûrement envier les petits veinards qui y ont pavillon et jardin. Le 15e possède aussi deux épatants poumons : le parc Georges-Brassens (le poète, en 1968, habitait rue Santos-Dumont) et le parc André-Citroën. Les paysagistes ont su, dans ce dernier, garder des endroits sauvages où les graminées poussent au petit bonheur la chance, et où l'on peut, au printemps, improviser des goûters champêtres au chant des grenouilles, entre un massif d'iris presque noirs et un buisson d'aubépines en fleur.

Où dormir ?

Coups de cœur

🛏 *Hôtel de l'Avre :* 21, rue de l'Avre, 75015. ☎ 01-45-75-31-03. Fax : 01-45-75-63-26. • www.hoteldelavre.com • Ⓜ La Motte-Picquet-Grenelle. 🐾 TV. Canal +. Satellite. Wi-fi. Ouvert toute l'année. Chambres doubles de 77 à 89 € avec douche ou bains ; petit déjeuner à 7,80 €. Coup de cœur pour cet hôtel de charme à prix relativement doux, situé dans une ruelle étroite à 150 m du bruyant carrefour de La Motte-Picquet-Grenelle. Son heureux propriétaire accueille avec chaleur chacun de ses hôtes dans une ambiance qu'il qualifie lui-même de maison de campagne : chambres personnalisées à l'atmosphère champêtre, où la déco a été pensée avec goût dans les moindres détails. Celles donnant sur le jardin sont particulièrement agréables et possèdent une grande salle de bains. Toutes les chambres ont été rénovées. Pour un réveil ensoleillé, prenez votre petit déjeuner dans le patio en lézardant sur des chaises longues. Deux parkings sont à moins de 5 mn de l'hôtel. 10 % sur le prix de la chambre (le week-end) offerts à nos lecteurs sur présentation de ce guide.

🛏 *Hôtel Kyriad :* 15, rue Mademoiselle, 75015. ☎ 01-42-50-20-46. Fax : 01-48-56-01-83. • www.kyriad.com • Ⓜ Commerce ou Félix-Faure. TV. Canal +. Satellite. Ouvert toute l'année. Selon l'exposition, doubles entre 77 et 83 € (sur jardin) avec bains ou douche ; petit dej' à

6 €. Cet hôtel calme et bien situé est surtout fréquenté par les habitués et ceux qui connaissent les bonnes adresses ! Havre de paix isolé de l'agitation de la vie parisienne. Un bon nombre de chambres privilégiées donnent sur un petit jardin intérieur verdoyant. Veinards ! Ce sont celles qu'on préfère. Confortables, avec un décor sobre. Certaines ont des poutres apparentes. Radio, minibar et sèche-cheveux.

Coup de foudre

▸ **Villa Toscane :** 36-38, rue des Volontaires, 75015. ☎ 01-43-06-82-92. Fax : 01-43-06-66-80. ● hotoscane@yahoo.fr ● Ⓜ Volontaires. TV. Restauration de 12 h 15 à 14 h 15 et de 20 h à 22 h 30. Fermé les samedi midi et dimanche. Congés annuels : les 3 premières semaines d'août. Chambres doubles de 90 à 99 € ; petit déjeuner à 12 €. La *Villa Toscane*, avec ses 7 chambres, se rapproche plus de la pension de famille que de la formule hôtel classique. Et c'est justement là son charme ! Les chambres, plutôt petites, sont presque un exemple de la lutte contre la standardisation : à l'heure où l'on épure la décoration, ici, on joue la carte de la surcharge. Murs tendus de tissus fleuris, meubles années 1930, lits en fer forgé... sans oublier pourtant le confort moderne (sèche-cheveux et coffre-fort). Attention, précisez votre heure d'arrivée, car la réception n'est pas toujours ouverte. Fait aussi restaurant, bonne cuisine italienne.

Coups de folie

🛏 **Hôtel du Parc Saint-Charles :** 243, rue Saint-Charles, 75015. ☎ 01-45-57-83-86. Fax : 01-45-53-60-68. ● www.hotelduparcstcharles.com ● Ⓜ Balard ; RER C : Boulevard-Victor. À l'angle de la rue Leblanc. Parking payant. TV. Canal +. Satellite. Câble. Accès Internet. Wi-fi. Ouvert toute l'année. Chambres doubles de 89 à 177 € selon la saison. Demi-pension de 30 à 41 €. Petit dej' à 12 €. Professionnalisme et amabilité sont les maîtres mots de cette maison tenue par un jeune hôtelier. Chambres très calmes et luxueusement réaménagées. Décoration contemporaine sans aucune faute de goût. Excellent petit déjeuner. Possibilité de room-service chaud jusqu'à 22 h 15 et de demi-pension avec le *Bistrot d'André* juste en face ! Une belle adresse. Un petit déjeuner par chambre offert à nos lecteurs sur présentation de ce guide.

🛏 **Aberôtel Montparnasse :** 24, rue Blomet, 75015. ☎ 01-40-61-70-50. Fax : 01-40-61-08-31. ● www.aberotel-paris-hotel.com ● Ⓜ Volontaires ou Sèvres-Lecourbe. 🐾 TV. Satellite. Accès Internet. Wi-fi. Selon la saison et la taille de la chambre, compter de 70 à 135 € pour une double ; petit déjeuner-buffet à 8 €. Il se dégage une grande sérénité de cet hôtel 3 étoiles au charme discret, situé dans une rue calme. Les chambres, sagement modernes et climatisées, ont un léger parfum d'Extrême-Orient grâce à quelques détails de décoration. Dans l'agréable patio fleuri baigné d'une couleur ocre, on peut siroter un verre ou prendre son petit déjeuner. Atmosphère feutrée, doublée d'un accueil courtois. Une chambre accessible aux personnes handicapées au rez-de-chaussée.

Où manger ?

Coups de cœur

|●| *Banani :* 148, rue de la Croix-Nivert, 75015. ☎ 01-48-28-73-92. Ⓜ Félix-Faure. Service de 12 h à 14 h 30 et de 19 h 30 à 23 h. Fermé le dimanche midi. Menus à 10 et 16 € le midi, 26 € le soir. À la carte, compter 25-30 €. À l'entrée, un Ganesh en or plante le décor ; au fond, idéal pour les dîners en amoureux, une fresque de temple hindou. Boiseries chaudes, lumières en demi-teintes et alcôves contribuent largement au charme de l'endroit. Dans l'assiette, toutes les saveurs indiennes sans chichis ni faux-semblant : de vraies épices savamment dosées, des *tandooris* extra-frais et tendres, des *byrianis* comme là-bas et d'excellents *massalas* ! Goûter la bière blonde indienne, elle se défend pas mal ! Apéritif maison offert à nos lecteurs sur présentation de ce guide.

|●| *Le Bordj du 15ᵉ :* 80, rue de la Procession, 75015. ☎ 01-47-34-54-69. Ⓜ Pasteur ou Volontaires. Service de 12 h à 15 h et de 19 h à 23 h 30. Fermé les samedi midi, dimanche midi et lundi soir. Congés annuels : 15 jours début août. Menus de 13,50 €, le midi, à 32 € (apéritif et vin compris). Couscous de 11 à 17 €. Dans 2 salles sobres mais coquettes, on savoure une cuisine qui marie harmonieusement les saveurs maghrébines et françaises. Les salades copieuses et variées côtoient les délicieux bricks, bien garnis. Également des grillades et les incontournables couscous. Pas gras pour un sou. Pour les amoureux, une table « spéciale confidences ». Quant au service, il est tout simplement charmant. Apéritif maison offert à nos lecteurs sur présentation de ce guide.

Coups de foudre

|●| *Beurre Noisette :* 68, rue Vasco-de-Gama, 75015. ☎ 01-48-56-82-49. Ⓜ Lourmel, Balard ou Porte-de-Versailles. Service de 12 h à 14 h 15 et de 19 h à 23 h. Fermé les dimanche et lundi. Congés annuels : la

1re semaine de janvier et 3 semaines en août. À midi, formule entrée + plat ou plat + dessert à 18 € et menu à 22 € ; le soir, menu à 32 €. Compter 38 € à la carte sans le vin. Cette petite rue plutôt excentrée est un échantillon représentatif de l'arrondissement, qui concentre de plus en plus d'adresses innovantes. Avec ses 2 salles sages et soignées, le *Beurre Noisette* en fait partie, grâce à un jeune chef qui conjugue habilement quelques spécialités du terroir (foie gras poché au vin rouge et épices, épaule d'agneau confite au citron...) et une cuisine plus inventive. En dessert, on s'est autant régalé des quenelles au chocolat, déjà un classique de la maison, que des madeleines au miel qui les accompagnent.

🍴 *Le Troquet :* 21, rue François-Bonvin, 75015. ☎ 01-45-66-89-00. Ⓜ Sèvres-Lecourbe ou Cambronne. Service de 12 h à 14 h et de 19 h 30 à 23 h. Fermé les dimanche et lundi. Réservation conseillée. Congés annuels : 1 semaine en mai, 3 semaines en août et 1 semaine à Noël. Menus à 24 et 28 € le midi, 30 et 38 € le soir. Vins à partir de 18 €. Une rue perdue dans le 15e, un décor de bistrot avec dessins satiriques de *L'Assiette au beurre* et une vaste salle aux tables nappées de rouge et blanc. Un service qui porte l'accent basque et, circulant entre les tables, des plats qui ont du nez, du goût et surtout du (très) bon. Tout est imaginatif et exquis. Qualité, simplicité et convivialité, voilà la belle devise de l'endroit.

🍴 *L'Os à Moelle :* 3, rue Vasco-de-Gama, 75015. ☎ 01-45-57-27-27. Ⓜ Lourmel. Parking payant. Ouvert jusqu'à 23 h 30 (minuit les vendredi et samedi). Fermé les dimanche et lundi. Congés annuels : 1 mois l'été et 1 semaine l'hiver. Menus à 16 et 32 € le midi ; menu dégustation à 38 € le soir. Thierry Faucher, ancien du *Crillon,* joue à merveille une partition bistrotière façon grand chef. Son menu dégustation à quatre services offre un bel os à ronger. Selon ses achats au marché de Rungis, on pourra déguster, par exemple, la crème de langoustine au chorizo et le foie de veau poêlé au vinaigre de Banyuls. Carte des vins bien choisie, à des prix qui ne surchauffent pas l'addition.

🍴 *Restaurant Stéphane Martin :* 67, rue des Entrepreneurs, 75015. ☎ 01-45-79-03-31. Ⓜ Félix-Faure, Charles-Michels ou Commerce. Service de 12 h à 14 h et de 19 h 30 à 23 h. Fermé les dimanche et lundi. Congés annuels : 1 semaine en février, 3 semaines en août, à Noël et au Jour de l'an. Menus à 15 et 20 € au déjeuner, puis de 27 à 32 €. Il y a ces tables de quartier qui dépannent et celles pour lesquelles on remonterait toute la ligne 6 du métro pour aller y dîner. Celle-ci en fait partie, avec un menu du déjeuner (3 plats, vin et café compris) particulièrement compétitif et un excellent menu-carte. La cuisine talentueuse, fine et inventive, suit le marché, les tendances et les saisons. Les musts sont servis toute l'année : émincé de foie gras de canard cru aux herbes folles, jarret de porc braisé au miel d'épices et embeurrée de chou rouge, moelleux au chocolat et caramel d'orange. Le tout agrémenté d'une ronde de pains maison (au thym, au sésame, nature...). Le cadre est classieux et les teintes chaleureuses, le service courtois quoiqu'un peu long. Mais franchement, pour ce prix-là, on y retourne demain ! La table tout de suite à droite en entrant se prête tout particulièrement aux confidences car elle est bien isolée du reste de la salle. La formule déjeuner est particulière.

|●| *Le Bélisaire :* 2, rue Marmontel, 75015. ☎ 01-48-28-62-24. Ⓜ Convention ou Vaugirard. Ouvert de 12 h à 14 h et de 20 h à 22 h 30. Fermé les samedi midi et dimanche. Congés annuels : 1 semaine en avril, 3 semaines en août et 1 semaine pour les fêtes de fin d'année. Le midi, menu à 19 €. Menu-carte le soir à 30 €. Menu découverte à 35 € le samedi soir et à 37,50 € en semaine. Dans une rue au calme provincial. Enfin un nom de restaurant, rare et poétique, qui ne sonne pas creux. Bélisaire était un général byzantin du Ve siècle, vainqueur des Vandales et des Ostrogoths. Voilà une bonne maison, tenue par une équipe enjouée, qui ignore la cuisine grossière pour les foules du samedi soir. Un vieux zinc à l'entrée, un joli buffet de province dans un coin, un plancher comme à la maison, les deux salles plairont sans doute aux amoureux bohèmes. On y sert une cuisine française revue et corrigée selon les modes, avec des plats plutôt copieux et finement préparés, des sauces onctueuses et légères :

ravioles de volaille et d'huîtres de Saint-Vaast au beurre blanc, poisson. Accueil jeune (comme la clientèle), plein de gentillesse, de naturel et de jovialité.

|●| *Je Thé...me :* 4, rue d'Alleray, 75015. ☎ 01-48-42-48-30. Ⓜ Vaugirard. Service de 12 h à 14 h 30 et de 19 h 15 à 22 h 15. Fermé les dimanche et lundi. Congés annuels : 2 semaines en août et du 23 décembre au 3 janvier. Menu à 23 € le midi ; le soir, menu-carte à 33 €. C'est avec délice qu'on franchit la porte de cette ancienne épicerie fin XIXe siècle, aux allures de maison de poupée, avec son carrelage d'époque et son joyeux bric-à-brac. En prime, les amoureux apprécieront l'atmosphère intimiste et les tables suffisamment espacées pour ne pas prendre à témoin leurs voisins lors de déclarations enflammées ! Les plats, qu'on choisit à l'ardoise, sont d'une grande fraîcheur côté mer. On se régale aussi de viandes traditionnelles harmonieusement relevées, comme les rognons au cognac ou les ris de veau grand-mère. Côté douceurs, savoureux baba au rhum, sablé aux fruits rouges façon crumble... Le tout servi avec une grande gentillesse.

|●| *Le River Café :* 146, quai de Stalingrad, 92130 Issy-les-Moulineaux. ☎ 01-40-93-50-20. RER C : Issy-Val-de-Seine. Au niveau du pont d'Issy. Fermé le samedi midi. Formule à 26 € et menu à 31 €. Certains penseront qu'il s'agit là d'une adresse légèrement surfaite, et ils n'ont pas com-

plètement tort. De prime abord, ce n'est pas le coin le plus romantique, avec un paysage industriel plutôt bétonné. Mais dès lors qu'on embarque sur la péniche en contrebas, c'est dans la verdure qu'on se retrouve. Repas servis à bord, en intérieur ou en terrasse l'été, sur le pont. Les malins arriveront assez tôt pour décrocher l'une des tables le long de la baie vitrée, de loin les plus agréables avec leur vue directe sur l'eau. Car vous avez déjà compris qu'on vient ici surtout pour le cadre. Cuisine assez bateau, mais quelques lueurs d'originalité dans la carte : par exemple, œufs pochés et caviar d'artichaut ou coulis de poivron acidulé en entrée, qui peuvent être suivis de queues d'écrevisses au riz rouge de Camargue, beurre de laitue de mer. Vins un peu chers, mais il suffit de digérer en se laissant bercer par le roulis...

Coup de folie

|●| *La Plage :* port de Javel-Haut, 75015. ☎ 01-40-59-41-00. Ⓜ Javel-André-Citroën. Du pont de Grenelle, descendre le long de la Seine, direction pont Mirabeau. Compter autour de 40 € à la carte. Pas de menu pour le moment. Ah ! quel bel emplacement pour cette plage parisienne ! L'architecture en teck, la vaste terrasse fleurie aux beaux jours, les larges baies vitrées qui laissent le regard se perdre sur la Seine et la tour Eiffel, c'est bien un air de vacances qu'on respire ici, suffisamment loin des klaxons et du tumulte citadin. La carte, qui change régulièrement, est aguichante. Lors de notre dernier passage, le suprême de poulet jaune en croûte de poivre avec sa tombée d'épinards frais nous a bien séduits. L'été dehors, l'hiver au coin du feu, les amoureux (ou ceux en passe de le devenir) trouveront l'endroit agréable pour laisser libre cours à leurs pensées. Les prix ont un peu tendance à chavirer, mais c'est toujours moins cher que d'aller à Saint-Tropez !

Où boire un verre ?

▼ *Couleurs de Vigne :* 2, rue Marmontel, 75015. ☎ 01-45-33-32-96. Ⓜ Convention ou Vaugirard. Ouvert le lundi de 17 h à 23 h et du mardi au vendredi à partir de 10 h 30. Fermé les week-ends et jours fériés. Congés annuels : du 15 juillet au 15 août. Verre de vin à 2 ou 3 € ; compter entre 6 et 45 € pour une bouteille. Assiettes et plats chauds à 8,50-10 €. Un chouette petit bar à vin où le chaleureux patron, monsieur Alain, tel un cupidon discret, décoche des ballons en guise de flèches. Pour décupler les ambitions amoureuses et attiser les désirs secrets, voici d'enivrants crus à prix doux, sélectionnés avec soin chez les viticulteurs français, et que l'on accompagne volontiers d'assiettes de charcuterie et de fromage aux saveurs authentiques du terroir. Une adresse aussi insolite qu'exceptionnelle pour un très bon rapport qualité-prix. Réservation recommandée et achat de bouteilles possible. Verre de vin offert à nos lecteurs sur présentation de ce guide.

Où se détendre à deux ?

■ *Sauna :* au *Novotel Paris tour Eiffel*, 61, quai de Grenelle, 75015. ☎ 01-40-58-20-00. Ⓜ Charles-Michels ou Bir-Hakeim. Ouvert de 8 h à 21 h (de 10 h à 18 h le dimanche). Compter 14 € par personne pour l'accès à la piscine et au sauna (aquazen). Moins cher pour les clients de l'hôtel. Il est suffisamment rare de trouver des saunas mixtes pour signaler celui-ci, planqué dans la tour de cet hôtel de luxe. En tout, 3 saunas : un pour hommes, l'autre pour femmes et le troisième mixte. Bref, il y en a pour tous les goûts ! Il ne vous reste plus qu'à entrer dans une douce torpeur...

Main dans la main

Un urbanisme dense et plutôt éclectique où les arpenteurs de bitume pourront toutefois dénicher quelques curiosités entre les deux bols de chlorophylle de l'arrondissement : Georges-Brassens et André-Citroën. La rue Lecourbe était l'ancien grand chemin de Bretagne. Les maisons s'arrêtaient là. Après, c'était le village de Vaugirard. Une de ces maisons s'appelait la Folie. On disait alors : « Je t'aimerai jusqu'à la Folie, mais je te quitterai à Vaugirard. »

Autour de la tour et de la gare Montparnasse

🏃 *Le jardin Atlantique :* accès par des ascenseurs extérieurs situés des deux côtés de la gare Montparnasse (boulevard de Vaugirard et sur la rue du Commandant-Mouchotte) ; accès également par la place des Cinq-Martyrs-du-Lycée-Buffon, à l'arrière de la gare (terminus du bus n° 91). Ⓜ Montparnasse-Bienvenüe, Gaîté ou Pasteur.
Original, ce jardin sur dalle de plus de 3 ha se trouve au-dessus des voies ferrées. Une allée bordée de grands arbres curieux conduit à une fontaine. Tennis, aires de repos traversées par un petit ponton verdoyant au printemps.

15e ARRONDISSEMENT

🎭🎭 *Le chemin du Montparnasse et la cité d'artistes « du 21 » :* 21, av. du Maine, 75015. Ⓜ Montparnasse-Bienvenüe (sortie pl. Bienvenüe). Une allée pavée se terminant en rond-point, une vingtaine d'ateliers croulant sous la verdure. C'est l'un des derniers témoignages de ce que fut le Montparnasse des artistes, ce quartier populaire et convivial où il faisait si bon vivre. Lieu chargé d'histoire aussi. Jugez-en : on y trouvait la cantine de Marie Vassilieff, créée pour nourrir les artistes désargentés. En janvier 1917, Max Jacob y organisa un repas pour fêter la démobilisation de Braque. Autour de la table il y avait, excusez du peu, Blaise Cendrars, Matisse, Picasso, Juan Gris, Fernand Léger. Modigliani, qui n'avait pas été invité, y vint quand même, et le repas faillit mal finir. Les autres jours venaient Zadkine, Apollinaire, Soutine, Chagall, Raymond Radiguet, etc. Marcel Gromaire y créa aussi son *académie*. L'ami des peintres, le photographe Marc Vaux, reprit son atelier par la suite et y installa le musée du Montparnasse. Jean-Marie Serreau, un des précurseurs du théâtre populaire, y avait son atelier. Roger Blin, qui fit connaître Beckett aux Français en montant *En attendant Godot*, y travailla de 1945 à 1953. Le photographe Roger Pic reprit ensuite leur atelier. La cité est aujourd'hui occupée par des artistes, des artisans, des galeries et plusieurs associations qui lui redonnent vie.

Autour du parc Georges-Brassens

🎭🎭 *La Ruche :* au 52, rue de Dantzig, empruntez le passage de Dantzig. Ⓜ Porte-de-Versailles. Superbe bâtiment en rotonde construit par Gustave Eiffel pour l'Exposition de 1900. Il fut, avec *le Bateau-Lavoir*, l'un des hauts lieux de la création artistique du XXe siècle. En effet, le pavillon des vins fut racheté par un mécène et mis à la disposition, moyennant un loyer modique, d'artistes fauchés. Chagall, Soutine et Léger y vécurent. La Ruche fut, à maintes reprises, l'objet de la convoitise des bulldozers. Aujourd'hui restaurée, elle abrite toujours des peintres et sculpteurs. Attention, la Ruche ne se laisse voir qu'à travers ses grilles, et seules quelques ouvertures exceptionnelles permettent de se promener dans ce jardin délicieux, à peine entretenu, au milieu des sculptures les plus diverses.

🎭 *La villa Santos-Dumont :* coincée entre la rue des Morillons et la rue de Vouillé, à l'angle avec la rue de Brancion. Petite allée pavée bordée de jolies maisons basses en brique, entrelacées de vigne vierge. Bref, un cadre « à la Marcel Carné ». De 1889 à 1991, la famille du fondateur de la villa habita le coin ! Vingt-cinq pavillons élevés dans les années 1920 sur ce qui n'était encore, sous Napoléon III, que vignes et champs de blé. Zadkine a habité 10 ans au n° 3 avant de partir pour la rue d'Assas ; le sculpteur Guérin travaillait au n° 13, relayé à sa mort par Bouquillon. Quant à Fer-

nand Léger, il a occupé le n° 4, et, au n° 10, on trouve un contemporain, le dessinateur Franck Margerin. Au n° 15, belles mosaïques composées par Gatti, qui habita ici.
Ce lieu calme au passé prestigieux avait aussi séduit Georges Brassens, mort en 1981 (eh oui, déjà !), qui vécut les dernières années de sa vie au 42, rue Santos-Dumont (après avoir habité au 9, impasse Florimont, dans le 14e).

Le parc Georges-Brassens : à l'angle de la rue des Morillons et de la rue Brancion. Ⓜ Porte-de-Vanves. Ce parc est construit à l'emplacement des abattoirs de Vaugirard. Souvenir de cette époque révolue, les deux énormes taureaux en bronze qui surveillent l'entrée principale.
La conception même du parc est une véritable réussite. Les pavillons en fer longeant la rue Brancion ont été conservés et restaurés. Les architectes ont utilisé avec intelligence cette structure pour construire une crèche ultramoderne. Une pièce d'eau entoure la grande horloge, datant des abattoirs (sur l'une des façades, on trouve toujours l'inscription « Vente à la criée »). Apportez votre voilier miniature et montrez-lui ce dont vous seul êtes capable ! Une autre idée géniale : le *jardin des Senteurs,* le long de la rue des Morillons. Conçu à l'intention des aveugles, le bruit des petites fontaines leur permet de se diriger avec aisance, et, le long du parcours, les horticulteurs ont sélectionné des plantes dont les parfums vous titillent agréablement les narines. Des étiquettes en braille et alphabet classique les identifient toutes. En tant que voisins, on peut vous affirmer que mai est le meilleur moment pour s'y promener.
Les amateurs de livres anciens se régaleront, car les samedi et dimanche matin se tient une *foire aux livres* sous les pavillons de la rue Brancion. De superbes affaires à réaliser (arrivez de bonne heure, tous les « pros » savent cela !).
Enfin, le 2e vignoble parisien après Montmartre compte 700 pieds de vigne (pineau noir pour être précis) plantés en 1985.
Après tout, la France a « oublié » d'enterrer l'ami Georges sur la plage de Sète. C'était bien la moindre des choses que de lui dédier ce joli parc.

Où pique-niquer ?

– *Dans le parc André-Citroën :* entrées rue Balard, quai André-Citroën, rue de la Montagne-de-l'Espérou, rue Cauchy, etc. Ⓜ Place-Balard ; RER C : Boulevard-Victor ; Ⓣ Pont du Garigliano-Bd Victor. ♿ partiel : la grande pelouse, le jardin blanc et le jardin noir. Ouvert de 8 h à la tombée de la nuit ; de mi-mai à fin août, ouvert de 7 h 30 à 21 h 30 (à partir de 9 h les week-ends et jours fériés).

Inauguré fin 1992, le parc occupe les anciens terrains des usines Citroën et couvre 14 ha. Œuvre des architectes Patrick Berger, Jean-Paul Viguier, Jean-François Jodry et des paysagistes Gilles Clément et Alain Provost, c'est le plus grand parc créé depuis Haussmann. C'est une sorte de Versailles moderne, disent ses admirateurs les plus fervents : deux serres, un axe symétrique, une large perspective sur la Seine, de vastes pelouses (où il fait bon s'installer pour casser une petite croûte discrètement) et beaucoup d'eau (en jets, fontaines, bassins, canaux, bosquets...). C'est un peu flatteur, mais le parc n'en est pas moins très agréable, à l'image de celui de Le Nôtre qui avait voulu une ville de verdure pour répondre à la ville de pierre, de l'autre côté du château.

Le parc se divise *grosso modo* en trois : le *Jardin blanc* (appelé ainsi pour ses plantes à floraison blanche), un petit carré côté rue Saint-Charles, dans le genre verdure tenue d'une main de béton (murs un peu trop contraignants, allées en granit, jardins en contrebas) ; puis le *Jardin noir*, un petit carré ; pour finir, accès au grand parc proprement dit.

Travail sur l'espace absolument remarquable, renforcé par sa superbe dimension sonore : les jeux d'eau comme au *Grand Rex*, le glouglou des cascatelles, les bassins des magnolias. L'eau, ici, court partout ou presque, alliée aux mystérieux jardins organisés par thèmes et par symboles, pas toujours évidents pour le promeneur. Le *Jardin en mouvement* évolue au gré des saisons, rosiers divers, fusains, ronces du Tibet et une magnifique bambouseraie. C'est là notre partie préférée, un gentil désordre végétal domestiqué par les lignes rigoureuses du parc, un petit délit de fuite autorisé et temporisé par la discipline globale des jardins. Pour méditer ou tout simplement se chuchoter tout bas ces mots doux dont vous avez le secret, il y a ces « confessionnaux de verre », ces petites serres qu'on atteint par des passerelles.

➢ Le parc accueille le **ballon *Eutelsat*** qui, en s'élevant à 150 m d'altitude, permet d'admirer Paris et ses alentours (jusqu'à 40 km !) pendant environ une dizaine de minutes. Retenu au sol par un câble, il s'agit du plus grand ballon au monde puisqu'il peut contenir à son bord 30 passagers. Horaires : tous les jours de 9 h jusqu'à 35 mn avant la fermeture du parc ; le ballon volant en fonction des conditions météorologiques, mieux vaut appeler avant au : ☎ 01-44-26-20-00. Tarifs : 10 € pour un adulte (12 € les week-ends et jours fériés).

16e ARRONDISSEMENT

En 1859, année du rattachement des communes limitrophes à Paris, les villages d'Auteuil et de Passy devaient constituer le 13e arrondissement. Ce fut alors un tollé de protestations de la part des habitants : en effet, jusqu'alors, Paris n'étant divisé qu'en douze arrondissements, on disait d'un couple vivant en concubinage : « Ils se sont mariés dans le 13e. »
L'arrondissement est truffé d'allées courbes, d'oasis de verdure et d'habitations magnifiques. Certaines « villas » (ces impasses très chic habitées par des familles modèles) recèlent des trésors de buissons, de jardinets, de massifs de fleurs, de courettes où l'on aimerait bien se poser un moment, comme le font d'impertinents piafs. Hélas, les digicodes et les gardiens veillent au grain...

Où dormir ?

Coup de cœur

🏨 *Hôtel Boileau :* 81, rue Boileau, 75016. ☎ 01-42-88-83-74. Fax : 01-45-27-62-98. • www.hotel-boileau.com • Ⓜ Exelmans ou Porte-de-Saint-Cloud. ♿ Parking payant. TV. Câble. Accès Internet. Wi-fi. Ouvert toute l'année. Chambres doubles de 65 à 92 € selon saison et Salons. Dans une petite rue très calme, non loin de Roland-Garros et du Parc des Princes, ce charmant hôtel propose des chambres de goût, aux teintes beiges et marron, de tout confort et bien tenues. Notre préférence va à la n° 222, calme et décorée d'estampes. La n° 223 donne sur cour. Toutes sont différentes. Atmosphère « lumière tamisée, tableaux anciens et moquette dans le couloir » pour cette adresse bien plaisante. Salles de bains modernes et salle du petit déjeuner ouvrant sur un petit patio. Accueil délicieux. 15 % sur la chambre (du 15 juillet au 31 août) ou un petit dej' par chambre offert(s) à nos lecteurs sur présentation de ce guide.

Coup de foudre

🏨 *Queen's Hotel :* 4, rue Bastien-Lepage, 75016. ☎ 01-42-88-89-85. Fax : 01-40-50-67-52. • www.queens-hotel.fr • Ⓜ Michel-Ange-

Auteuil. TV. Câble. Accès Internet. Wi-fi. Une vingtaine de chambres climatisées, dont sept avec baignoire balnéo. Compter de 105 à 145 € selon la saison et le confort. Prestations de qualité (Internet, clim', blanchisserie, permanence 24 h/24...) pour cet hôtel soigné, où il n'y a pas de place perdue, aux chambres aménagées avec goût, portant le nom d'un peintre contemporain dont une œuvre se trouve exposée à l'intérieur. Certaines possèdent un petit balcon – qui font de cet établissement calme, au côté « bourgeois-accessible », une bonne adresse. Recommandé de réserver au moins un mois à l'avance. Belle vue des 5e et 6e étages donnant sur la villa Michel-Ange. Un petit déjeuner par chambre (en janvier-février et du 15 juillet au 31 août) offert à nos lecteurs sur présentation de ce guide.

Coups de folie

⌂ **Hôtel Gavarni :** 5, rue Gavarni, 75016. ☎ 01-45-24-52-82. Fax : 01-40-50-16-95. ● www.gavarni.com ● Ⓜ Passy. TV. Satellite. Accès Internet. Wi-fi. Chambres doubles de 130 à 180 € selon la saison, petit dej'-buffet inclus. À 1 mn de la rue de Passy, caché dans une rue tranquille, cet hôtel concentre charme, gentillesse et bon goût. Les chambres modernes (écran plasma, salle de bains élégantes, Internet...) ont su conserver le côté Art déco des lieux. Couleurs patinées, tissus raffinés et déco fleurie, chaque chambre a son propre cachet... La n° 403 par exemple, tout en longueur, nous a conquis. Certaines possèdent de plus petites salles de bains. Équipe jeune et accueillante. Une adresse qui a tout d'un nid d'amour !... et tout particulièrement dans les chambres des 5e et 6e étages, avec vue sur la tour Eiffel (comme la suite Eiffel). Un petit déjeuner par chambre offert à nos lecteurs sur présentation de ce guide.

⌂ **Hôtel Nicolo :** 3, rue Nicolo, 75016. ☎ 01-42-88-83-40. Fax : 01-42-24-45-41. ● hotel.nicolo@wanadoo.fr ● Ⓜ Passy ou La Muette. Parking payant. TV. Câble. Accès Internet. Chambres doubles de 119,50 à 170,20 €, selon le confort. Au fond d'une cour d'immeuble bourgeois, une découverte que ce discret et calme hôtel à deux encablures de la rue de Passy et de la tour Eiffel. L'accueil est charmant. L'entrée, pleine de cachet, et la déco rappellent le voyage, et surtout l'Asie. Des chambres modernes, élégantes et personnalisées. Coloré et fleuri, aux jolis objets répartis ici et là, l'hôtel charme par son intimité. Une vraie bonne surprise ! Dans la cour, miniterrasse avec mobilier en teck. Conseillé de réserver. 20 % sur le prix de la chambre (en août) offerts à nos lecteurs sur présentation de ce guide.

Où manger ?

Coup de foudre

🍴 *La Gare :* 19, chaussée de la Muette, 75016. ☎ 01-42-15-15-31. Ⓜ La Muette. Ouvert tous les jours de 12 h à 15 h et de 19 h à minuit (dernière commande à 23 h 30). Congés annuels : à Noël. Menus à 18 € le midi en semaine, puis à 30 et 35 €. Une ancienne gare qui joue les belles ferroviaires ! La salle des pas perdus a judicieusement été transformée en bar (avec une charmante petite terrasse), où il est bien vu de siroter un *mojito* sur un air de salsa, et les voies et ballast au sous-sol, en restaurant. L'espace est remarquable, avec une immense terrasse donnant sur les voies de chemin de fer l'été, et les banquettes confortables. Cuisine apparente. Quant au poulet de Bresse avec purée, en direct de la rôtissoire, sans être aussi savoureux que celui de grand-mère, il se mange sans déplaisir, tout comme la noix d'entrecôte d'Argentine sauce béarnaise ou le lieu jaune aux pointes d'asperges vertes. Apéritif maison offert à nos lecteurs sur présentation de ce guide.

Coups de folie

🍴 *Le Chalet des Îles :* Porte de la Muette, lac inférieur du bois de Boulogne, 75016. ☎ 01-42-88-04-69. Ⓜ Rue-de-la-Pompe ; RER C : Av. Henri-Martin. En voiture depuis la porte de La Muette, prendre la direction du carrefour des Cascades. Menus à 23 € (2 plats) et 30 € le midi en semaine. À la carte, compter environ 50 €. On ne peut espérer de voyage plus romantique que cette courte traversée sur le lac pour rejoindre le restaurant, noyé dans la verdure du bois de Boulogne. À la nuit tombée, quand les promeneurs sont partis, on se croirait presque dans un conte de fées. Ce chalet en jette vraiment avec ses boiseries vert et rouge, ses tables rondes propices aux confidences, son feu de cheminée et sa terrasse sur le lac pour les jours ensoleillés. Oui, c'est très fleur bleue, mais on passe un moment enchanteur, d'autant plus que la cuisine est fraîche et savoureuse.

🍴 *Cristal Room Baccarat :* 11, pl. des États-Unis, 75016. ☎ 01-40-22-11-10. Ⓜ Boissière ou Iéna. ♿ Ouvert tous les jours sauf le dimanche, de 8 h 30 à 10 h, de 12 h à 14 h 30 et de 20 h à 22 h 30 (dernier service) ; le samedi, service continu de 12 h à 18 h. À deux, compter 150 € pour un repas avec le vin. Dans l'ancien hôtel particulier de Marie-Laure de Noailles, redécoré par Philippe Starck pour la fameuse cristallerie Baccarat. Lustre marin à l'entrée, tapis incrustés de lumière, portraits en médaillon qui contrastent avec brique apparente, toilettes fantasmagoriques et service de verres « Harcourt ». Mais on vient surtout pour Thierry Burlot, le jeune chef. Après ses galops d'essai au *XV* et à l'*Emporio Armani Caffé,* sa carte tendance gastro reste simple. Plats de saison et inspiration du marché sont ici célébrés avec modestie. Le chef est breton, et ça se sent ! Ses poissons sont parfaitement préparés et bien servis. Carte des vins variée, pas chiche et bien assortie. Au moment du dessert, toutes les sensations de votre enfance se réveillent sous vos papilles. Le caramel fleur de sel, la réglisse ou le cacao Araguani des poires Belle-Hélène… un régal ! Ambiance décontractée, service jeune, tout sourire et disponible qui (r)assure. Ils sont heureux, ça se voit. Et nous aussi !

Où manger une glace ?

Pascal le Glacier : 17, rue Bois-le-Vent, 75016. ☎ 01-45-27-61-84. Ⓜ La Muette. Ouvert de 10 h 30 à 19 h. Fermé les dimanche et lundi. Congés annuels : en août. Cornet double à 4 € ; 11 € le pot d'un demi-litre. Pascal Combette est un glacier génial dont les créations valent largement celles de *Berthillon*. Exigeant, il ne travaille que des fruits de grande qualité, n'utilise que de l'eau minérale et arrête la production de certains parfums quand il ne trouve pas les fruits à la hauteur de son exigence. Ses sorbets (orange sanguine, mirabelle, mangue…) nous glacent de bonheur. Côté glaces, sa vanille de Tahiti et son chocolat noir-cannelle vous titillent les papilles. *Pascal,* un glacier qui vous rendra givré. Cornets à emporter d'avril à octobre.

Où boire un verre ?

Hôtel Raphaël : 17, av. Kléber, 75016. ☎ 01-53-64-32-00. Fax : 01-53-64-32-01. • www.raphael-hotel.com • Ⓜ Kléber. Parking payant. Café, thé ou soda autour de 10 €, cocktails autour de 21 €. Un luxueux palace de la capitale qui fait également salon de thé tous les jours de 10 h à 23 h. Une terrasse de 300 m² au 7e étage, à la végétation luxuriante, est ouverte en été. On peut s'y prélasser tranquillement au soleil, même si les rumeurs étouffées de la ville nous parviennent au loin. Quant à la vue, elle est splendide et s'étend sur 360°. Endroit très intimiste car les tables sont espacées et certaines même isolées. Lieu finalement peu connu des Parisiens.

Sir Winston : 5, rue de Presbourg, 75016. ☎ 01-40-67-17-37. Ⓜ Charles-de-Gaulle-Étoile. Ouvert de 9 h à 2 h-3 h (4 h le week-end). Demi à 5 €, cocktails à partir de 7 € et large gamme de whiskies à prix variables. Brunch musical (gospel, jazz ou blues), le dimanche de 12 h à 16 h, à 24 € sur réservation. À une enjambée de l'Étoile, un pub à l'élégance très *British* et baroque, tendance cosy-intimiste-tamisée. Grand bouddha à l'accueil. Des bougies éclairent les visages de jeunes B.C.B.G. très ouest-parisiens qui posent dans de gros fauteuils bien confortables. DJ tous les soirs.

Où danser ?

♪ *L'Étoile :* 12, rue de Presbourg, 75016. ☎ 01-45-00-78-70. Ⓜ Charles-de-Gaulle-Étoile. Le club est ouvert tous les jours sauf le dimanche, de 23 h à 4 h ou 5 h. Entrée gratuite du lundi au mercredi et à 20 € (avec une conso) du jeudi au samedi. Le mardi, cocktails et petits cadeaux offerts aux filles. Boissons entre 15 et 20 €. Multifonction, *L'Étoile* abrite une boîte au sous-sol et un resto-bar classieux à l'étage, où l'on fait payer au prix fort le tête-à-tête avec l'Arc de Triomphe et une myriade de stars : Mick Jagger, Pamela Anderson ou Jean Reno. Décolletés des beaux quartiers, dos nus et talons aiguilles pour les filles, look chic ou branché pour les garçons... c'est le sésame pour franchir l'entrée.

16e

Main dans la main

Auteuil

Chateaubriand, Victor Hugo ou les Goncourt vinrent au village d'Auteuil pour se mettre au vert. Il subsiste de cet ancien village quelques auberges, des villas calmes et sereines, un jardin et l'atmosphère champêtre des jours de marché.

🚶 *Le jardin Sainte-Périne :* entrée rue Mirabeau. Ⓜ Mirabeau. Difficile de soupçonner la présence d'un parc à l'anglaise aussi grand et agréable. On y trouve de vastes pelouses (libres d'accès), un théâtre de verdure, des platanes, érables, frênes, tilleuls et de gros massifs d'iris, dahlias, azalées, etc.
– Vous sortez du parc au 114 bis, av. de Versailles. Encore quelques pas sur le même trottoir, et vous trouvez, au n° 122, le fronton forgé de la *villa de la Réunion*. Deux rues paisibles desservent de beaux hôtels particuliers avec beaucoup de verdure. C'est écrit sur tous les tons : « Interdit au public »... Au n° 142, autre réalisation de Guimard, de 1905. C'est l'apogée de l'Art nouveau. Richesse inventive des balcons et des gouttières du haut. Remarquable escalier intérieur.

16ᵉ ARRONDISSEMENT

🏃🏃 *Les Trois Villas* : entrées rue Parent-de-Rosan, 25, rue Claude-Lorrain (av. Georges-Risler, seul accès libre) et rue Boileau. Un must ! Non pas une, mais trois villas ensemble : ***villa Dietz-Monnin*, *villa Émile-Meyer*** et ***villa Cheysson*.** Elles se suivent, créant un nid isolé des grands boulevards Exelmans et de Versailles et accueillent 67 petits pavillons à un étage maximum, aux jardinets bardés de lierre. Impossible d'y circuler en voiture : les ruelles pavées sont bien trop étroites. Ça vaut vraiment le détour, car c'est aussi calme et tranquille qu'un village et franchement charmant, surtout au printemps lorsque les lilas, glycines et toutes les autres fleurs colorent et parfument le quartier. Atmosphère beaucoup plus populaire que dans les villas du « haut » 16ᵉ et au moins, ici, on peut se promener !

🏃🏃🏃 *Le hameau Boileau* : 38, rue Boileau, 75016. L'un des plus typiques de ce quartier. On n'a pas du tout l'impression d'être à Paris, quand on a la chance de pouvoir y entrer. Et oui ! L'entrée est protégée par un code... Dédale de petites avenues bordées de maisons plus ou moins cossues, certaines avec de très beaux jardins. Il y en a même une, avenue Despreaux, dissimulée derrière un rideau de bambous géants ! Ici aussi, quelques glycines de-ci de-là. Si vous ne parvenez pas à entrer, profitez au moins de la *rue Boileau*. C'est l'ancienne rue des Garennes, où gambadaient les lapins. Au n° 67, Gustave Eiffel avait installé son laboratoire aérodynamique.

➤ Au carrefour de la rue Molitor, prenez à droite, pour un petit bijou :

🏃🏃 *La villa Molitor* : 10, rue Molitor et rue Chardon-Lagache. Les deux entrées sont protégées par des digicodes... Absolument charmante et quasi-intacte depuis son ouverture, en 1837. L'une des plus prestigieuses du 16ᵉ arrondissement, qui a accueilli un certain nombre de stars, dont notre Johnny national. La voie, bordée d'arbres, s'enroule autour d'un lampadaire, fait sa place, avant de ressortir au 10, rue Molitor, où s'élève l'IUFM. Des hôtels particuliers, bien sûr entourés de jardins, du lierre, toujours, des balustrades et une véranda au n° 10. Si vous passez au mauvais moment et que Sésame ne s'ouvre pas, rattrapez-vous à la *villa Boileau,* rue Molitor, de l'autre côté de la rue Boileau. Bien plus petite et moins tape-à-l'œil, elle a le mérite cependant d'être accessible à tout un chacun. Belles villas, certaines en brique et d'autres en pierre, toutes avec un petit bout de jardin.

🏃🏃 *Les serres d'Auteuil* : 1 bis, av. de la Porte-d'Auteuil et 1, av. Gordon-Bennett, 75016. ☎ 01-40-71-74-00. Ouvert tous les jours de 10 h à 17 h (18 h en été). Entrée gratuite. Les serres ont été construites à la fin du XIXᵉ siècle sur les anciennes pépinières de Louis XV. Nostalgie assurée et ambiance des tropiques garantie, surtout dans la serre principale, le *palmarium,* et dans la serre équatoriale. Ce sont les deux serres les plus importantes par leur volume et par la taille des plantes. Magnifique palmier des

Canaries, de 15 m de hauteur. Dans le bassin évoluent des carpes japonaises (ou *coi*). Jardin d'hiver et serres d'exposition. En août on peut assister à d'excellents concerts. Jardin botanique de la Mairie de Paris, on peut y admirer des collections de plantes toute l'année (orchidées, azalées, cactus...). Un endroit où roucouler en paix, et en plus très original pour la capitale.

Le jardin des Poètes : av. du Général-Sarrail, 75016. Jouxte les serres. Ouvert de 9 h à 17 h. Petite balade poétique et romantique entre 48 stèles où sont gravés les vers de Ronsard, Villon, Lamartine, à la gloire de mère Nature. Il abrite le buste de *Victor Hugo* par Rodin.

La villa Montmorency : entrée principale au 12, rue Poussin, 75016. Ah ! que voilà un bel exemple de villa bien gardée ! Il vous faudra sacrément ruser pour contourner le cerbère qui contrôle l'entrée. Merveilleuse petite cité de 80 villas. Émile Pereire l'installa dans les jardins du château de Boufflers qu'il avait racheté pour boucler le chemin de fer de ceinture de Paris. L'idée était de protéger une forme idéale de logement de plaisance. Le cahier des charges était draconien, pour en sauvegarder l'aspect originel. On ne badine donc pas avec le règlement intérieur : toutes les maisons doivent obligatoirement avoir un jardin, aucun commerce dans l'enceinte, interdit « aux dames de mauvaise vie d'y posséder une villa et d'y exercer leur art ». Avis : Sarah Bernhardt, Victor Hugo, Henri Bergson et André Gide honorèrent ces six grandes avenues.

La Fondation Le Corbusier : 8-10, sq. du Docteur-Blanche, 75016. ☎ 01-42-88-41-53. Ⓜ Jasmin. Ouvert le lundi de 13 h 30 à 18 h, du mardi au vendredi de 10 h à 12 h 30 et de 13 h 30 à 18 h (17 h le vendredi), et le samedi de 10 h à 17 h. Fermé en août, ainsi qu'entre Noël et le Jour de l'an. Entrée : 3 € ; tarif réduit sur présentation de ce guide. Charles-Édouard Jeanneret Gris, dit Le Corbusier, est sûrement l'un des précurseurs de l'architecture et de l'urbanisme modernes. La Fondation est installée dans les villas Jeanneret et La Roche, œuvres du maître (1923), qui lui a légué l'ensemble de ses biens. La première villa, construite pour le banquier suisse Raoul La Roche (Le Corbusier fut suisse avant de se faire naturaliser français), est ouverte à la visite et propose une exposition permanente de peintures, sculptures et meubles. Blocs blancs aux lignes marquées de pans de verre, dans le style « puriste » de l'architecture moderne. L'autre villa abrite un centre de documentation ouvert au public de 13 h 30 à 18 h (17 h le vendredi), uniquement sur rendez-vous. Le Corbusier affectionnait aussi la peinture, mais ce sont surtout des élèves architectes que vous croiserez sur place.

La villa Beauséjour : 7, bd Beauséjour, 75016. Accès libre. Au n° 7, les fondateurs de la villa avaient élu domicile. Sur la gauche, maison dans le style néoclassique, de 1927, avec trois portes-fenêtres. Au fond de l'allée sur la droite, loin de la rumeur, comme on dit, se cachent quatre « chalets », avec rondins de bois et frises sur un soubassement de brique. Le dernier au fond, le n° 6, est entièrement en bois. Il s'agit d'isbas russes construites pour l'Exposition universelle de 1867 pour présenter les produits russes, puis remontées ici. Elles ont été inscrites à l'inventaire des Monuments historiques en 1992, vingt ans après l'échec d'un projet de construction d'un immeuble de 9 étages sur le site ! On joue souvent du piano le soir, au fond des villas en bois, quand ce ne sont pas les oiseaux qui y chantent. Mme Récamier et Chateaubriand eurent ici leur maison de campagne, à l'époque où tout ce quartier n'était qu'un vaste parc.

Passy

La rue Raynouard : Balzac vécut sept ans au n° 47 sous le pseudonyme de Mme veuve Breugnol, afin d'échapper à ses créanciers. Aujourd'hui, la **maison de Balzac** abrite un musée consacré à l'écrivain et à la fameuse Mme Hanska, que Balzac épousa après dix-huit ans d'échanges épistolaires assidus. Le jardin est à lui seul un petit poème où il fait bon musarder. Un havre de paix à ne manquer sous aucun prétexte.
– Au n° 43, un adorable escalier dégringole de la colline, enfoui sous la verdure.

La rue Berton : une des rues les plus anachroniques de Paris, et des plus charmantes. Étroite, avec des becs de gaz coudés, les murs couverts de lierre, ses pavés rappellent les calèches du passé. Entre la rue Berton et le musée du Vin, pittoresque passage des Eaux. L'hôtel particulier si bien gardé de la rue d'Ankara fut celui de la princesse de Lamballe, puis du docteur Blanche, qui soigna notamment les maladies mentales de Nerval et Maupassant. Aujourd'hui, il abrite l'ambassade de Turquie.

Le théâtre du Ranelagh : 5, rue des Vignes, 75016. ☎ 01-42-88-64-44. ● www.theatre-ranelagh.com ● Ⓜ La Muette. Compter 22 à 28 € la place ; 10 € pour les moins de 26 ans. Théâtre et cinéma d'art et d'essai (occasionnellement). Un mécène décora la salle de l'ancien théâtre de 1750 – où Rameau avait donné des concerts – de boiseries dans un style Renaissance flamande d'une incomparable beauté et y fit représenter pour la première fois en France, en 1900, *L'Or du Rhin*, de Wagner. Ce théâtre extraordinaire (classé) sert d'écrin également à des expositions ou des tournages de films.

Le musée Marmottan-Monet : 2, rue Louis-Boilly, 75016. ☎ 01-44-96-50-33. ● www.marmottan.com ● Ⓜ La Muette ; RER C : Boulainvilliers.

Ouvert de 10 h à 18 h (fermeture des caisses à 17 h 30). Fermé le lundi, ainsi que les 1er mai, 25 décembre et 1er janvier. Entrée : 7 € ; réductions. Le ravissant hôtel particulier de l'historien d'art Paul Marmottan contient des collections très diverses des périodes médiévales, du XIXe siècle et du début du XXe siècle. Mais son plus grand intérêt vient d'un ensemble exceptionnel d'œuvres impressionnistes, notamment de Monet et de Berthe Morisot.

Petit itinéraire romantique

Le bois de Boulogne

16e

Sur les 856 ha, plusieurs arbres bicentenaires, comme le fameux chêne rouvre du Pré-Catelan, qui fait 6,60 m de circonférence. L'espèce dominante est le chêne. C'est Philippe Auguste qui achète à l'abbaye de Saint-Denis ce vestige de la forêt de Rouvray (de « robuterum », chênes). En 1852, Napoléon III fait don du bois à la Ville de Paris et Haussmann le réaménage au goût du jour (enfin, de Napoléon III, qui se piquait d'horticulture depuis son exil anglais !) : grottes, cascades, chemins sinueux, pagodes, lacs et même un chalet suisse d'origine, entièrement remonté : décors de rêve pour scènes pittoresques ! Récemment, la Ville de Paris a ajouté aux allées cavalières et aux pistes pour cyclistes des parcours sportifs qui sont très fréquentés. La nuit aussi, mais il ne s'agit pas des mêmes sports ! Pour votre gouverne, sachez que le Bois a toujours eu une réputation un peu sulfureuse : le château de Madrid, aujourd'hui disparu, abrita les amours illégitimes de François Ier avec la Belle Ferronnière, puis avec la duchesse d'Étampes. Au XVIIIe siècle, on s'y retrouvait en cachette, on s'y battait en duel. Un endroit très vivant, quoi !
De la place de l'Étoile, un des chemins pour atteindre le bois de Boulogne consiste à descendre l'avenue Foch, où se trouvent les appartements les plus chers de la capitale.
Le lac Inférieur, ou Grand Lac (location de canots), d'une superficie de 11 ha, entoure deux îles, réunies par un pont. La plus grande renferme le café-restaurant du *Chalet des Îles* (voir « Où manger ? Coups de folie »).
Le carrefour des Cascades (1,2 km du carrefour du Bout-des-Lacs) est situé entre le lac Inférieur et le lac Supérieur ou Petit Lac.
➤ Le bois de Boulogne se fait à pied, certains le disent. Vous pouvez faire son tour complet en randonneur pédestre de grandes vertus (12 km, 4 h sans les arrêts et en circuit en partant de la station de métro Porte-Maillot). Vous pouvez aussi le traverser en 6 km et 2 h de la station de métro Porte-Maillot à la station Porte-d'Auteuil, par l'hippodrome et le moulin de Long-

16ᵉ ARRONDISSEMENT

champ, la Grande Cascade et les serres d'Auteuil. Balades sympathiques en suivant le balisage jaune et rouge du GR de pays. Réf. : topoguide *Paris à pied*, éd. FFRP, avec cartes.

Le parc de Bagatelle : bois de Boulogne. ☎ 01-40-67-97-00. Métro jusqu'à la station Porte-Maillot, puis bus n° 244, pour entrer par la grille d'honneur, allée de Longchamp. Autre entrée par la grille de Sèvres : métro jusqu'à la station Pont-de-Neuilly, puis bus n° 43. Ouvert tous les jours de 8 h (9 h le week-end) à 19 h (20 h en été). Plein tarif : 1,50 €.
Parc de 24 ha qui entra dans l'histoire au XVIIIᵉ siècle comme lieu de plaisir et de rendez-vous galants.
Quelque 10 000 rosiers issus de 1 000 variétés différentes offrent un spectacle magnifique de fin mai à fin septembre. Depuis un siècle, s'y déroule tous les ans le concours international des roses nouvelles. Le jardin mérite aussi une promenade au début du printemps pour y admirer les 1 200 000 bulbes qui tapissent les grandes pelouses, et, à la fin de l'été, c'est le potager décoratif que l'on peut visiter. Même en hiver, ce parc romantique demeure enchanteur, grâce à la variété de ses perspectives, à la beauté de ses bassins animés par de craintives poules d'eau, de placides canards et des cygnes majestueux. La diversité des paysages y est pour beaucoup : jardins à l'anglaise, à la française, belvédère dominant les alentours, ainsi que le kiosque de l'impératrice et les gloriettes.
Près de la grille de Sèvres, aux abords d'une belle construction en brique rouge surplombée de clochetons (le restaurant du parc), on peut, aux beaux jours, faire un arrêt thé-goûter sous les frondaisons ombragées.
Expositions temporaires et manifestations grand public.

Le Pré-Catelan : bois de Boulogne. Une légende attribue l'origine du nom à l'histoire d'Arnault Catelan, jeune troubadour chargé de porter des essences et des liqueurs provençales à Philippe le Bel, qui habitait à Passy. Le jeune musicien fut assassiné par l'escorte envoyée par le roi. Les bandits espéraient trouver de l'or dans la cassette ; ils furent démasqués par l'odeur des parfums dont ils s'étaient aspergés. Une pyramide surmontée d'une croix fut élevée sur le lieu du crime. Au cœur du bois de Boulogne, le jardin du Pré-Catelan est un havre de paix, propice à la détente et aux langoureuses étreintes. De nombreux recoins pour pique... niquer !

Le jardin Shakespeare : bois de Boulogne, dans l'ancien théâtre de verdure du Pré-Catelan. Mini-jardin de poche, très soigné, qui se visite surtout à la belle saison, en amoureux au soleil. En pleine verdure, éloigné des voitures et de toute nuisance sonore, c'est magique, surtout que les nombreuses variétés de fleurs sont celles citées dans l'œuvre de Shakespeare. Évidemment, le week-end vous ne serez pas tout seul.

Où pique-niquer ?

– Entre le pont de Grenelle et celui de Bir-Hakeim, au milieu de la Seine, une étroite bande de terre appelée **l'île aux Cygnes** (accès par le pont de Bir-Hakeim). En effet, Louis XIV y fit transporter des cygnes pour le plaisir des yeux. Moins réjouissant, on y avait enterré les protestants massacrés lors de la Saint-Barthélemy. Vous y découvrirez une *statue de la Liberté*, modèle réduit de celle de New York.
Un tuyau : muni d'un Opinel et d'un bon morceau de pain de campagne, passez chez *Flo Prestige* (102, av. du Président-Kennedy, 75016, en face de l'allée aux Cygnes) acheter deux tranches de foie gras et une bouteille de champagne avec deux flûtes en plastique, et installez-vous sur l'un des nombreux bancs face à la rive de votre choix... Alors, elle est pas belle, la vie ?

17ᵉ ARRONDISSEMENT

C'est drôle comme un quartier peut changer de couleur selon que l'on se dirige vers l'ouest ou l'est. Prenez le 17ᵉ, par exemple : assoupi comme un gros matou côté parc Monceau (lequel, soit dit en passant, appartient au 8ᵉ), avec ses boulevards calmes et ses gens chic, et ses gamins qu'on dirait tout droit sortis de la B.D. *Les Triplés*. Vers Villiers, par contre, et la rue des Batignolles, le quartier s'éveille, s'anime, avec des rues-marchés vivantes, de nature à réveiller toutes les envies.

17ᵉ Où dormir ?

Coup de cœur

🛏 **Eldorado Hôtel :** 18, rue des Dames, 75017. ☎ 01-45-22-35-21. Fax : 01-43-87-25-97. ● www.eldoradohotel.fr ● Ⓜ Place-de-Clichy. Accès Internet. Wi-fi. Chambres doubles de 60 à 70 €, selon la saison et le confort. L'*Eldorado Hôtel* porte bien son nom ! Derrière une façade discrète mais colorée, on découvre une adresse à la déco africano-kitsch de certaines chambres, aux meubles éclectiques et au style moderne. Le charme des lieux donne envie de voyager. La cour intérieure abrite un « pavillon » (maisonnette) aux chambres calmes et exotiques. Sur place, un bar à vin, *Le Bistrot des Dames*, toujours bondé, qui sert dans la cour en été. Accueil chaleureux et ambiance décontractée, propice aux rencontres. Un morceau de campagne à Paris... à prix compétitifs. Réservation 3 semaines à l'avance recommandée.

Coups de foudre

🛏 **Hôtel Jardin de Villiers :** 18, rue Claude-Pouillet, 75017. ☎ 01-42-67-15-60. Fax : 01-42-67-32-11. ● www.jardindevilliers.com ● Ⓜ Villiers. Parking payant. TV. Canal +. Satellite. Accès Internet. Chambres doubles climatisées, à un prix spécial sur présentation de ce guide : 125 €, petit dej' inclus, au lieu de 165 €. Pas un bruit dans la discrète rue Claude-Pouillet, au cœur du « quartier-village » de Villiers. Tournée vers la verdure et les fleurs, cette adresse est un vrai p'tit bonheur avec son jardinet, l'accueil diligent, la déco de chasse, plutôt moderne et de bon goût, et ces chambres récemment rénovées, toutes avec clim' et baignoire. Les tissus soignés fleurissent et colorent les intérieurs, et si elle est libre, demandez le n° 45, plus grande, avec balcon... et au même prix !

≜ *Hôtel Tilsitt Étoile :* 23, rue Brey, 75017. ☎ 01-43-80-39-71. Fax : 01-47-66-37-63. • www.tilsitt.com • Ⓜ ou RER A : Charles-de-Gaulle-Étoile. Parking payant. TV. Canal +. Satellite. Accès Internet. Wi-fi. Chambres doubles de 139 à 155 €, selon la saison et la catégorie ; belles promos toute l'année, dont une réduction le week-end à partir de 2 nuits, ou le prix du petit déjeuner-buffet inclus. Dans une petite rue au calme, à quelques minutes à pied de l'Arc de Triomphe, le *Tilsitt* est une adresse pleine de charme comme on les aime. L'accueil serviable, jeune et poli, est à l'image du style moderne, raffiné et coloré, du hall aux chambres, en passant par le salon. Voyez les chambres lumineuses, fraîches, aux détails décoratifs soignés. Une préférence pour celles, romantiques, des derniers étages sous les combles, avec minibalcon et vue sur les jardins-terrasses voisins. Une adresse plaisante, vivante et de goût, où il est agréable de constater qu'on ne force pas sur les prix.

Coup de folie

≜ *Hôtel de Banville :* 166, bd Berthier, 75017. ☎ 01-42-67-70-16. Fax : 01-44-40-42-77. • www.hotelbanville.fr • Ⓜ Porte-de-Champerret ou Pereire. TV. Canal +. Satellite. Câble. Accès Internet. Wi-fi. Chambres doubles à 250 €. Pas vraiment *Routard*, nous direz-vous ? Certes, mais cette adresse de charme, de confort et à l'accueil irréprochable compte parmi les plus belles de Paris au lieu de tomber dans le luxe aseptisé. Ici, on mise sur le raffinement, et ça se voit ! Superbe hall décoré dans un style contemporain, aux matériaux élégants et avec un piano à queue à l'entrée où la patronne, tous les mardis soir, donne son récital. Les chambres somptueuses (nos préférées : « Amélie », « Marie » et « Prélude »), décorées avec raffinement, accueillent des salles de bains merveilleuses, dont certaines ouvertes avec rideau. Une adresse de goût, pour se faire plaisir... et pas si chère que cela dans sa catégorie. Les amoureux se laisseront tenter, pour quelques euros de plus, par la suite, à la hauteur de sa prétention ! 10 % sur le prix de la chambre offerts à nos lecteurs sur présentation de ce guide.

Où manger ?

Coups de folie

|◐| **Le Sud :** 91, bd Gouvion-Saint-Cyr, 75017. ☎ 01-45-74-02-77. Ⓜ Porte-Maillot. Ouvert de 12 h à 14 h et de 19 h à 23 h. Fermé le dimanche. Congés annuels : les 3 dernières semaines d'août et 10 jours entre Noël et le Jour de l'an. Compter aux alentours de 50 € à la carte, sans le vin ; bourride à 28 €. Accueilli par le chant des grillons, on pénètre par un couloir dans un ravissant patio provençal joliment coloré, où quelques oliviers jouent les figures locales. Ce qui, par beau temps, fait oublier momentanément la capitale. Avec les plats, le repas prend carrément un air de vacances. Tomates farcies au chèvre et herbes de Provence, rôti de thon frais, brandade de morue... et la spécialité de la maison, une bouillabaisse toulonnaise montée à l'aïoli. Aux beaux jours, *Le Sud* est pris d'assaut, et on est prié de réserver... 48 h à l'avance ! L'hiver, en période de salons, la chaleur est toujours là, et c'est parfois la surchauffe (nombreux hôtels à proximité). Possibilité d'attendre au 1ᵉʳ étage : verrière, petits salons et feu de cheminée en hiver. Apéritif maison offert à nos lecteurs sur présentation de ce guide.

|◐| **Caïus :** 6, rue d'Armaillé, 75017. ☎ 01-42-27-19-20. Ⓜ Argentine ou Ternes. Service de 12 h à 15 h et de 19 h 30 à 22 h 30. Fermé les samedi midi et dimanche. Congés annuels : en août. Formule déjeuner à 23 € (entrée + plat). Menu-carte à 38 €. Compter 50 € à la carte. Caïus Demarthe, l'arrière-grand-père de Jean-Marc Notelet, peut être fier de son petit-fils, qui lui a dédié son resto. Le premier où il se sente bien, dans ses murs comme dans sa tête. Du noir et du brun, de l'espace et de la lumière, tout à la fois, des parfums d'épices et des ardoises qui annoncent la couleur, insérées dans de belles boiseries de chêne clair. Cet ancien chimiste, qui s'amuse à jouer au « sorcier des épices » tout en restant attaché à certaines valeurs essentielles, a su créer un univers à la fois déconcertant et rassurant. De son passage chez Meneau à Vézelay et Boyer à Reims, ce « perturbateur serein » a retenu l'art de dépouiller les plats, pas les clients. Des plats « simples » qui ont tous une histoire, nés le matin en cuisine de la confrontation avec une équipe cosmopolite, mariages osés mais joyeux et réussis, comme celui de la betterave et de la guimauve, de la poire cocotte et de la fève tonka. Il donne des cours, si ça vous amuse, mais pas de recettes. Ou alors des recettes pour se passer de recettes. Les dialogues entre l'Est et l'Ouest, le Nord et le Sud se poursuivent jusque dans la présentation des mets, dans des bols de faïence blanche épurée

ou des assiettes carrées vert céladon. Belle carte de vins du Languedoc. Service attentionné et en même temps très souple.

Salon de thé

Le Stübli : 11, rue Poncelet, 75017. ☎ 01-42-27-81-86. Ⓜ Ternes. Ouvert, pour le salon de thé, du mardi au samedi de 9 h à 18 h 30 (19 h 30 pour la pâtisserie) et le dimanche de 9 h à 12 h 30 (13 h pour la pâtisserie). Brunch du mardi au samedi de 9 h à 11 h 30 et le dimanche jusqu'à 12 h 30. Fermé le lundi. Congés annuels : en août. Formule déjeuner à 15,50 € ; plat du jour et assiettes composées à partir de 9,80 € ; petit dej' de 11,50 à 14,50 € ; brunch à 26,50 € ; pâtisseries entre 5 et 6 €. *Sachertorte, Linzertorte, Strudel,* forêt-noire... les mille et une douceurs du monde germanique sont à la parade dans cette pâtisserie qui fait aussi salon de thé (au 1er étage). Lorsque le temps est clément, quelques tables posées à même le trottoir permettent de bruncher à l'autrichienne, tout en vivant en direct la grande animation de cette rue piétonne commerçante qui attire le Tout-17e.

Où boire un verre ?

James Joyce's Pub : 71, bd Gouvion-Saint-Cyr, 75017. ☎ 01-44-09-70-32. Ⓜ Porte-Maillot. ♿ Ouvert tous les jours de 11 h à 2 h. La bière pression est à 4,50 € et la pinte à 6,50 €. Cuisine irlandaise servie en continu de 12 h à 21 h (plats autour de 10 €). *Live music* les vendredi et samedi à partir de 21 h. Voici un bar qui sent bon le malt et l'imprimerie. Alliance du whisky et de la littérature – James Joyce est l'écrivain le plus célèbre d'Irlande –, l'établissement accueille aussi bien les amateurs d'alcool de qualité que les futurs prix Goncourt. Pas de complexes si vous ne faites partie d'aucune de ces deux familles, vous ne serez pas le seul. Avant d'entrer, jetez un œil sur la belle façade, puis admirez la décoration des 2 étages, très cosy. La carte est bien fournie et les prix restent corrects. À signaler, dans les whiskies, un bon *Black Bushmill* (6,10 €).

Bar panoramique de l'hôtel Concorde La Fayette : 3, pl. du Général-Koening, 75017. ☎ 01-40-68-51-31. Ⓜ Porte-Maillot. Ouvert de 16 h à 2 h. À partir de 21 h 30, tarif de nuit pour les boissons : 21,50 €, avec ou sans alcool. Ça décolle avec l'altitude ! Et si on faisait un tour par le ciel ? Allez, en route pour une incursion romantique au royaume du kitsch. C'est en effet presque un épisode *love boat* qui vous attend là-haut, au 33e étage en sortant de l'ascenseur : d'abord, la température chute de 10 °C, mais ça, c'est un détail, juste une bonne occase de vous blottir contre votre *target* ! Ambiance tamisée, moelleuses banquettes demi-lune qui font toutes face à l'immense baie vitrée. En fond sonore, de langoureuses notes déversées par un beau piano blanc, un improbable Clayderman aux commandes, le tout reflété par un plafond réfléchissant... Et à vos pieds, l'ouest de Paris qui s'offre à vous (s'installer le plus à gauche possible, sinon vous ne profiterez que des embouteillages de la porte Maillot). Clientèle essentiellement internationale et aisée, mais fallait-il le préciser ? Dommage que les prix des cocktails s'envolent avec l'altitude !

Où écouter de la musique ?

♪ *Nouveau Jazz-Club Lionel-Hampton* : *Le Méridien Étoile,* 81, bd Gouvion-Saint-Cyr, 75017. ☎ 01-40-68-30-42. • www.jazzclub-paris.com • Ⓜ Porte-Maillot. Ouvert tous les soirs. Piano-bar le week-end de 18 h à 21 h, concerts à partir de 22 h 30 (22 h le dimanche) les autres soirs. Entrée + conso : à partir de 23 €. Consos : 13 €. Fondé par Moustache, figure emblématique du jazz à la française, le *Jazz-Club* a ouvert en 1976 et sa scène a été canonisée un jour de novembre 1984, lorsque le regretté Lionel Hampton, disparu en août 2002, accepta de prêter son nom au lieu. L'effet produit fut fulgurant. La renommée du jazzman fit des étincelles. Toutes les stars internationales du jazz et du r'n'b se pressèrent à la porte du club : Fats Domino, Cab Calloway, Screamin' Jay Hawkins, Dee Dee Bridgewater, Dizzy Gillespie, BB King, entre autres, contribuèrent à créer cette atmosphère unique à Paris. L'endroit s'est fait refaire une beauté il n'y a pas si longtemps. Le jazz, lui, ne bouge pas. Funk, soul, r'n'b, blues... toutes les combinaisons possibles de la musique noire américaine ou du jazz à la française pour un public qui en redemande sans cesse au hasard des soirs et de la programmation.

Main dans la main

Vers le quartier des Batignolles

Le village des Batignolles, car c'est ainsi qu'on l'appelle encore, a conservé une grande partie de son caractère provincial. Il ne fut d'ailleurs rattaché à Paris que par un décret de Napoléon III, en 1860. Ce cadeau de Nouvel An ne plut pas beaucoup aux Batignollais, qui décidèrent de garder les traditions de leur village. Là, quelques petits fermiers et de modestes artisans vivaient en compagnie de bourgeois parisiens qui y avaient établi leur résidence secondaire, l'air y étant réputé très sain. La famille de Paul Verlaine habitant au n° 45, rue Lemercier, le futur poète passa son enfance dans ce quartier et fit ses études au lycée Chaptal, sur le boulevard des Batignolles. Stéphane Mallarmé, surnommé le « prince des poètes », réunissait à son domicile, au n° 89 du même boulevard, toute l'intelligentsia parisienne de l'époque à ses mardis littéraires.

Petit itinéraire romantique

Allez flâner dans le quartier des Épinettes. La **cité des Fleurs** fut dessinée en 1847, entre l'avenue de Clichy et le n° 59 de la rue de La Jonquière (Ⓜ Brochant), avec obligation pour chaque propriétaire de planter au moins trois arbres à fleurs dans son jardin. D'où son nom. L'écologie, ça existait déjà. Le résultat est tout bonnement fabuleux : des petites maisons de deux ou trois étages avec jardin privatif vous époustoufleront. C'est la campagne, avec des réalisations architecturales très variées ! Le calme, les petits oiseaux, les marrons qui tombent à l'automne. Enfin, le rêve pour le Parisien assoiffé d'air pur.

17ᵉ

On aime bien la **rue des Dames** aussi. Chaleureuse, animée avec un vieux fond populaire. Où mène-t-il donc, le vieux passage Geoffroy-Didelot ? Au n° 10, **rue Nollet**, vécut Verlaine de 1851 à 1865. Une pensée émue pour Jacques Brel qui habita au n° 28, **rue Lemercier,** petite cité paisible. Jardinets bordant une voie grossièrement pavée, immeubles discrets. Feuilles, fleurs et douceur de vivre.

La longue *rue Legendre,* une ex-voie romaine, vous conduira à l'adorable petite **place du Docteur-Félix-Lobligeois.** Le rêve, une vraie petite place provinciale avec une église (Sainte-Marie-des-Batignolles), et des arbres. Le top du top, ce sont les bancs publics pour se reposer ou se poser le temps d'échanger un baiser. Nous, on adore. Certains veinards ont leur balcon donnant sur cette verdure. L'intérieur de l'église ne casse pas trois pattes à un sacristain, mais l'entrée a un petit charme naïf, avec ses grosses colonnes blanches. Derrière l'église, le **square des Batignolles,** mignon, propret et sympathique. C'est le plus grand des squares de quartier voulus par Napoléon III. Tous les éléments typiques de l'esthétique paysagère de l'époque y sont rassemblés : pièce d'eau, rivière artificielle, allées tortueuses, etc.
Et de l'autre côté de la rue Cardinet, ça bouge ! Même si le Comité des Jeux olympiques a retenu Londres au détriment de Paris pour accueillir les prochains Jeux de 2012, un gigantesque chantier a malgré tout commencé sur les terrains Cardinet : dans un premier temps (mi-2007), un parc de 4,3 ha

(une étendue comparable au parc Monceau voisin par exemple). À terme (2012 ?), ce sont locaux commerciaux, quelque 3 500 logements et des équipements publics qui seront construits, une fois que l'État aura cédé à la Ville les terrains appartenant à la SNCF et à Réseau ferré de France ; quant au parc, il couvrira alors une surface de 10 ha. Attention, quartier en mutation. À suivre de près, donc...

Le passage Geffroy-Didelot : un petit passage reliant la rue des Dames et le boulevard des Batignolles, véritable havre de paix au milieu de l'agitation du quartier. Quelques commerces, une galerie, des ateliers...

18e ARRONDISSEMENT

La butte Montmartre, incontournable Mont-Saint-Michel parisien, mérite un pèlerinage en amoureux, avec le funiculaire qui se donne des airs de petit train des Andes ! On snobera la place du Tertre et ses déprimants croqueurs de touristes pour s'égarer dans les ruelles autour du square de Saint-Vincent et son jardin sauvage. Entre deux murs squattés par le lierre et la glycine, un musée insolite et d'étonnantes perspectives sur Paris par-delà les vignes. On ne manquera pas la rue des Abbesses, qui monte au zénith des endroits à la mode, ni le marché de la rue Lepic, animé et popu. Le cimetière de Montmartre est un must du batifolage, avec ses bustes signés Rodin, la tombe d'amoureux célèbres, comme la Dame aux camélias, alias Alphonsine Plessis, ou Berlioz le séducteur. Sur celle de Stendhal, cette épitaphe engageante : « Vivre, aimer, être milanais. » Tout un programme !

Où dormir ?

Coups de foudre

Ermitage Hôtel : 24, rue Lamarck, 75018. ☎ 01-42-64-79-22. Fax : 01-42-64-10-33. • www.ermitagesacrecoeur.fr • Ⓜ Lamarck-Caulaincourt. Parking payant. Chambres doubles à 90 € avec douche et w.-c. ou bains ; également une double à 72 € avec douche, w.-c. à l'extérieur ; petit déjeuner compris, servi uniquement dans la chambre. Ici, on n'est pas dans un hôtel mais dans une vraie maison, dans l'une des parties les plus villageoises de Montmartre. Cet hôtel particulier Napoléon III offre à ses hôtes 12 chambres, très soignées et surchargées, à tissu anglais fleuri, décorées dans un style bonbonnière avec bibelots, statuettes et tableaux aux murs. Deux d'entre elles donnent de plain-pied sur un jardinet, quatre autres offrent une vue inhabituelle sur Paris ; ce sont bien sûr celles qu'il faut réserver en priorité. Il y a même une petite salle à manger à votre disposition. C'est tellement cosy que pour un peu vous prétendriez avoir une résidence secondaire à Paris... Cartes de paiement refusées.

Regyn's Montmartre : 18, pl. des Abbesses, 75018. ☎ 01-42-54-45-21. Fax : 01-42-23-76-69. • www.paris-hotels-montmartre.com • Ⓜ Abbesses. TV. Canal +. Satellite. Accès Internet. Wi-fi. Il n'y a que

22 chambres, alors il vaut mieux réserver. Doubles de 84 à 89 € avec douche ou bains et w.-c., à 104 ou 109 € pour celles des 4e et 5e étages, qui offrent une vue absolument exceptionnelle sur Paris puisqu'on embrasse tout le sud (donc la plupart des monuments) d'un seul regard. On ne peut mieux placé sur la place des Abbesses. Sa localisation et sa vue exceptionnelle sur Paris des 4e et 5e étages font toujours de ce 2-étoiles un incontournable du quartier. On pourrait cependant regretter que la déco des chambres commence un petit peu à dater et mérite un sacré coup de rafraîchissement. 10 % sur le prix de la chambre offerts à nos lecteurs sur présentation de ce guide.

▪ **Hôtel Roma Sacré-Cœur :** 101, rue Caulaincourt, 75018. ☎ 01-42-62-02-02. Fax : 01-42-54-34-92. ● www.hotelroma.fr ● Ⓜ Lamarck-Caulaincourt. Parking payant. TV. Satellite. Chambres doubles de 87 à 120 €, selon la taille ; de début mars à fin juin, les prix vont de 100 à 140 €. Une bonne surprise au pied de la Butte. Rafraîchi en 2004, cet hôtel offre un bouquet de couleurs, du hall aux chambres. Du jaune, de l'orange, du bleu, du vert... une déco fraîche et conviviale. Salles de bains très réussies, entièrement rénovées dans le goût méditerranéen. Coup de cœur pour les chambres nos 703 et 704 au 7e étage, agrémentées de grandes terrasses avec une vue plongeante sur le Sacré-Cœur, idéal pour un petit déjeuner romantique. Chambres climatisées pour la plupart.

▪ **Hôtel Prima Lepic :** 29, rue Lepic, 75018. ☎ 01-46-06-44-64. Fax : 01-46-06-66-11. ● www.hotel-paris-lepic.com ● Ⓜ Blanche ou Abbesses. Au pied de la Butte. Parking payant. TV. Satellite. Wi-fi. Chambres doubles avec douche et w.-c. ou bains, sur cour ou sur rue, de 110 à 160 € (de 140 à 160 € pour celles avec lit à baldaquin). En plein cœur de la pittoresque rue Lepic, à une enjambée du café d'*Amélie Poulain*. Idéal point de départ pour découvrir Montmartre et son atmosphère. L'hôtel entièrement rénové séduit par sa déco *Marie-Claire Maison* au charme douillet (couleurs chaleureuses, tissus fleuris, moquette épaisse et salles de bains confortables). Chambres personnalisées, ne manquant pas de romantisme, surtout celles avec lit à baldaquin. Hall et salle de petit déjeuner style jardin d'hiver, avec trompe-l'œil et mobilier en fer forgé. Accueil attentif. Une de nos meilleures adresses dans cette catégorie. Un ticket « Bâteau Mouche » par personne offert à nos lecteurs sur présentation de ce guide.

▪ **Timhotel Montmartre :** 11, rue Ravignan (pl. Émile-Goudeau), 75018. ☎ 01-42-55-74-79. Fax : 01-42-55-71-01. ● www.timhotel.com ● Ⓜ Abbesses ou Pigalle. TV. Satellite. Câble. Accès Internet. Wi-fi. Chambres doubles avec douche et w.-c. ou bains de 85 à 160 €, selon la situation, le confort et la saison. Sur une place adorable et romantique à souhait, un bel hôtel tout rénové. Tous les étages sont dédiés à un peintre : du rez-de-chaussée au 5e, vous aurez le choix entre Toulouse-Lautrec, Utrillo, Dalí, Picasso, Renoir ou Matisse. Vue sur la place ou sur la capitale, à partir du 4e étage. Les nos 517 et 417 sont particulièrement agréables, en raison de leur vue panoramique. L'adresse des amoureux au budget confortable. Hôtel entièrement climatisé. Un petit déjeuner par chambre offert à nos lecteurs sur présentation de ce guide.

Où manger ?

Coup de cœur

Le Gastelier : 1 bis, rue Tardieu, 75018. ☎ 01-46-06-22-06. M Anvers ou Abbesses. Ouvert tous les jours sauf le lundi. Congés annuels : en août. Sandwichs autour de 4 €. Tarte salée avec une salade verte à 7,50 € ; avec un verre de vin : 9,10 €. Plat du jour style langue de bœuf, à déguster près de la fenêtre pour profiter de la vue imprenable sur la plus grosse meringue de Paris. Clubs-sandwichs au pain complet. Macarons ou (bonnes) pâtisseries à choisir en vitrine pour terminer. Tout ce qu'il faut sinon pour flemmarder en terrasse ou pour pique-niquer ensuite dans le jardin Louise-Michel, fameuse communarde, au pied du... Sacré-Cœur.

Coups de foudre

Paris Bohème : 181, rue Ordener, 75018. ☎ 01-46-06-64-20. M Guy-Môquet ou Jules-Joffrin. Ouvert tous les jours. Menu le midi en semaine à 14 €. À la carte, le soir et le week-end, compter autour de 27 €. On entre par un bar à l'ancienne, qui ne paie pas de mine, pour découvrir à l'arrière une surprenante salle aux allures de bistrot-brasserie. Le cadre boisé, aux grands miroirs, nous transporte dans une atmosphère début XXe siècle. Aux beaux jours, on profite des tables situées dans la partie patio, vraiment agréables. L'accueil serviable côtoie une cuisine simple, efficace et assez traditionnelle, affichée sur un petit menu qui change quotidiennement : pièce de bœuf à la béarnaise, aiguillettes de veau au miel, blanquette de veau, gâteau aux trois chocolats... et même des huîtres fraîches pour les amateurs. Le midi, les tarifs restent en dessous des prix du marché pour le quartier, ce qui est bien appréciable. Bon choix de vins à prix raisonnables, dont beaucoup disponibles en demi-bouteille. Conseillé de réserver.

Le Maquis : 69, rue Caulaincourt, 75018. ☎ 01-42-59-76-07. M Lamarck-Caulaincourt. Ouvert tous les jours sauf le dimanche. Formule à 14 € le midi, menus à 19 et 29 € (apéritif compris pour ce dernier) ; autrement, les entrées sont à 10 €, les plats à 16 € et les desserts à 7 €. Décor sobre et de bon goût, où l'on apprécie l'atmosphère et l'accueil courtois, toujours jovial. De vieilles photos sur les murs ajoutent une touche de charme. Dans cette atmosphère feutrée, ou en terrasse l'été, cuisine familiale de qualité qui compte pas mal de poisson : morue poêlée à la purée, rognons de veau à la moutarde et tarte fine feuilletée aux pommes pour finir en beauté. Les desserts ne sont pas en reste, et pour cause : le patron est pâtissier et le pain est fait maison. Apéritif maison offert à nos lecteurs sur présentation de ce guide.

|●| *L'Oriental :* 76, rue des Martyrs, 75018. ☎ 01-42-64-39-80. Ⓜ Pigalle. Fermé les dimanche et lundi. Congés annuels : de fin juillet à fin août. Le midi, une formule plat et boisson à 14,50 €. Menu « gastronomique » à 34 €, comprenant l'apéro. À la carte, prévoir autour de 30 € pour combler un gros appétit. À deux pas de Pigalle, une adresse qui change des pièges à touristes du quartier. Dans leur petit resto à la déco orientale sobre et élégante, Serge et Salika Kaci concoctent avec sérieux une cuisine marocaine sincère et authentique. Couscous et tajines sont tout particulièrement réussis, à la cuisson juste, parfumés et tout simplement savoureux. La pastilla au poulet ou aux figues, les anchois à l'orientale ou le brick aux légumes sont également sans reproche. Réservation conseillée le week-end, surtout si vous voulez profiter du délicieux cadre *Mille et Une Nuits* des deux petites salles en sous-sol. Service souriant et attentionné. Apéritif maison offert à nos lecteurs sur présentation de ce guide.

|●| *Soleil Gourmand :* 10, rue Ravignan, 75018. ☎ 01-42-51-00-50. Ⓜ Abbesses, Blanche ou Pigalle. Ouvert tous les jours. Accroché au pied de la Butte, ce *Soleil* séduit par... ses gourmandises ! On se réchauffe à ses rayons en grignotant de belles tartes salées et bricks grillés au four. Sinon, on trouvera des plats du jour originaux, concoctés avec le plus grand soin par les chefs. On se gardera bien de ne pas oublier les glaces et sorbets (pétales de rose, lait d'amande, safran-miel...) en provenance du *Pic à Glace*, qui fournit pas mal de grands restaurants. Décor *Côté Sud*, avec mobilier en fer forgé. Et on peut y acheter vases, cadres et paniers. Coin épicerie. Clientèle montmartroise fidèle. Cartes de paiement refusées.

Où boire un verre ?

🍸 *La Fourmi :* 74, rue des Martyrs, 75018. ☎ 01-42-64-70-35. Ⓜ Pigalle ou Abbesses. Ouvert tous les jours. Un ancien bistrot remis au goût du jour – murs patinés, bar en étain, chaises récupérées à droite et à gauche, lustre hérisson... – pour une clientèle Paris-Paname décidément courtisée ces temps-ci. Les libellules sont jolies, les garçons conquis, et la musique *world-tendance* favorise les transports vers d'autres extrémités. On bouquine *Libé, Lylo*, on se refile le tuyau de la prochaine soirée sous un pont, dans une impasse ou sous les étoiles, et on apprécie à sa juste valeur l'accent chantant de la table voisine : « *I love Paris !* »

Où sortir ?

∞| ***Au Soleil de la Butte :*** 32, rue Muller, 75018. ☎ 01-46-06-18-24. Réservations : ☎ 06-15-10-90-89 ou 06-89-88-49-22. • www.chansonsdefrance.com • Ⓜ Abesses, Anvers ou Château-Rouge. Spectacle à 21 h le dernier lundi du mois ainsi que les 2e et dernier mardis, mercredis et jeudis du mois. Spectacle à 13 € (10 € pour les adhérents). Dîner avant le spectacle (ou après avec les artistes) tout compris à 16 €. Ce bistrot en coin, au pied d'un des plus célèbres escaliers de la Butte, héberge en son sous-sol les spectacles organisés par *L'Association des chansons de France,* un groupe de 60 artistes amateurs ou professionnels, interprètes ou compositeurs qui ont à cœur de faire revivre le formidable patrimoine de la chanson française, de Fréhel et Bruant à Brassens et Barbara, sans oublier Lapointe, Piaf ou Ferrat et tous ceux dont on a toujours les ritournelles dans la tête mais dont le nom a déserté les mémoires. Chaque soirée, 6 ou 7 artistes se produisent sans micro, sans sono, s'accompagnant eux-mêmes ou se faisant épauler par un pianiste, dans la grande tradition montmartroise. Poésie, rires, nostalgie, gouaille parigote, émotions, les chansons sont reprises en chœur par un public ravi de pouvoir participer. Le lundi, scène ouverte à tous. Possibilité de dîner avec les artistes, plats de bistrot corrects.

∞| ***Le Lapin Agile :*** 22, rue des Saules, 75018. ☎ 01-46-06-85-87. • www.au-lapin-agile.com • Ⓜ Lamarck-Caulaincourt. « Veillée » tous les soirs sauf le lundi, de 21 h à 2 h. Entrée + une conso : 24 €, puis 6 à 7 € la boisson ; entrée à 17 € (+ une conso) pour les étudiants en semaine. Le doyen des cabarets de Montmartre. Rien n'a changé ici ! Pas un coup de pinceau n'est venu recouvrir la vieille patine des murs noircis par la fumée des pipes et du vieux poêle. Toujours la même chaleur de l'accueil. Murs chargés de souvenirs et témoignages émouvants : le vieux christ devant lequel « priait » Max Jacob, la une de *L'Illustration* sur l'affaire du tableau peint par un âne, des aquarelles et peintures de Fernand Léger et André Gill, des poèmes autographes de Bruant, etc. Si vous arrivez à 21 h, vous aurez le temps, dans la demi-pénombre, de découvrir ce petit musée de l'art et de la poésie. Le spectacle commence à 21 h 15. Ici débutèrent des grands : Pierre Brasseur et Annie Girardot récitaient des poèmes. Brassens chanta ici pour la première fois, mais n'eut guère de succès et partit au bout de 3 semaines. Claude Nougaro y fit un stage de cinq ans et Jean-Roger Caussimon y resta dix ans. Aujourd'hui, *Le Lapin Agile* est un peu au cabaret ce qu'a été *La Chance aux chansons* à la TV. De jeunes chanteurs, vedettes de demain, font revivre ensemble les belles et vieilles chansons françaises. Avec une qualité musicale et une émotion réelles, non dénuées d'humour, comme le veut la tradition. Puis chaque interprète chante son propre répertoire. Un excellent spectacle de 4 h où le touriste français ou étranger abandonne rapidement son rôle passif pour intégrer la fête des chœurs. Cartes de paiement refusées.

Main dans la main

18e *Montmartre*

On vous en supplie, laissez tomber la voiture ! De toute façon, vous passerez des heures à chercher une place pour la garer et vous finirez sur un trottoir. Il y a un funiculaire pour ceux que rebutent les escaliers de la Butte (ça rime !), depuis la place Suzanne-Valadon (Ⓜ Anvers). Ou alors prenez le *Montmartrobus,* hyper-pratique. Il sillonne tout Montmartre, de Pigalle à Jules-Joffrin, en empruntant toutes les rues intéressantes (de 8 h à 20 h). Au fait, chères lectrices, ça paraît idiot de le rappeler, mais chaussez des souliers à talons plats... Nombreuses sont les rues pavées !

Le Sacré-Cœur : c'est l'inévitable et énorme pâtisserie qui trône sur la Butte (et la carte postale la plus vendue). Cette basilique résulta d'un « vœu national » exprimé par l'Église catholique pour expier les crimes de la Commune de Paris... On ne pouvait pas être plus clair. La basilique fut édifiée avec de la pierre de Château-Landon (au sud-est de Paris) qui, sous l'effet de l'eau de pluie, sécrète une substance blanche (le calcin) que l'on pourrait prendre pour de la peinture. Plus il pleut, plus le Sacré-Cœur est blanc... La montée dans la *coupole* vaut le coup (entrée payante : 5 € et 300 marches raides et étroites). Entrée par la gauche de l'église, à l'extérieur. Ouvert de 9 h à 18 h (19 h en été). De là-haut, panorama circulaire admirable, qui permet de surplomber les gentils jardins et potagers habituellement cachés par de hauts murs, le vieux cimetière et le beau chevet de Saint-Pierre.

La place du Tertre : elle existait déjà au XIVe siècle. Aux nos 1, 3 et 9, belles demeures du XVIIIe siècle. Au no 5 siégea la première mairie de

Montmartre, en 1790. Le matin, au lever du soleil, on a l'impression de traverser une place de village. Le soir, c'est le métro à 18 h. Dire que c'est un endroit touristique est d'une évidente banalité. Surdose de vendeurs de croûtes, de crayonneurs de portraits (deux peintres au mètre carré, c'est réglementé !), de bistrots chers, etc. Cependant, vous y trouverez une animation, des couleurs, des lumières particulières.

Le musée de Montmartre : 12, rue Cortot, 75018. ☎ 01-49-25-89-37. • www.museedemontmartre.fr • Ⓜ Lamarck-Caulaincourt ou Anvers. Ouvert de 10 h à 18 h. Fermé le lundi. Entrée : 5,50 € ; réductions ; entrée à tarif réduit (4,50 €) accordée à nos lecteurs sur présentation de ce guide.

L'un des musées parisiens les plus charmants. Le musée est installé dans la belle maison de Claude de La Rose (dit Rosimond), comédien qui remplaça Molière à la tête de sa troupe et qui poussa le mimétisme jusqu'à mourir sur scène comme lui ! Très jolie cour-jardin avec portail de ferme et une sculpture contemporaine de l'artiste belge Delporte. En 1875, Auguste Renoir loue une partie de cette maison de campagne en décrépitude et y peint plusieurs de ses chefs-d'œuvre, dont le plus connu est *Le Bal du moulin de la Galette,* que l'on peut admirer au musée d'Orsay. Suzanne Valadon et son fils le peintre Maurice Utrillo habitèrent l'atelier du 2ᵉ étage. Raoul Dufy, Emile Bernard y séjournèrent également sans oublier Francisque Poulbot qui immortalisa la bouille des gosses de Montmartre.

Nombreux témoignages de la riche vie des cabarets d'antan, tableaux, affiches truculentes et originales. Des fenêtres du musée, on aperçoit la fameuse vigne de la Butte. Expos temporaires mettant en avant les artistes qui ont fait l'histoire de la Butte.

La halle Saint-Pierre : 2, rue Ronsard, 75018. ☎ 01-42-58-72-89. • www.hallesaintpierre.org • Ⓜ Anvers ou Abbesses. ♿ Ouvert tous les jours de 10 h à 18 h. Fermé en août. Entrée pour l'ensemble des expositions : 7 € ; tarif réduit : 5,50 €. Pour nos lecteurs, une entrée à tarif réduit accordée en présentant le *Guide du routard*.

Au pied du Sacré-Cœur et face au marché Saint-Pierre, les anciennes halles Saint-Pierre possèdent une superbe architecture métallique du XIXᵉ siècle, très bien rénovée, et dont l'habillage graphique a été confié à Speedy Graphito. La halle Saint-Pierre a pour vocation de privilégier la création contemporaine et, dans cet esprit, organise plusieurs expositions temporaires par an. Son rez-de-chaussée abrite une galerie d'art brut contemporain (accès libre), qui expose de jeunes artistes différents chaque mois, et un auditorium. Vous trouverez également dans la halle Saint-Pierre une *librairie* spécialisée dans l'art, très bien fournie, et un agréable et lumineux salon de thé-restaurant.

Petit itinéraire romantique

Le jeu consiste à faire tout le tour de Montmartre en évitant le maximum de voitures et de touristes, sans repasser par la place du Tertre.

➤ Empruntez la *rue Saint-Rustique,* déjà une oasis de calme à 20 m de la place du Tertre. La plus ancienne rue de Montmartre, sans trottoirs, avec gros pavés, ruisseau axial, bordée de croquignolettes maisons provinciales.

➤ *Rue des Saules,* ne pleurez pas, il n'y en a plus. Alors, laissez-vous glisser vers un petit point rose qui, en grandissant, se transforme en coquette auberge de campagne. Vous avez maintenant rendez-vous avec le « château des Brouillards ». Déjà, la *rue de l'Abreuvoir* a détourné vos pas, entre une rangée de demeures villageoises fleuries et un grand parc sauvage. On devine, dans la grande courbe et la dépression que forme le bout de la rue, l'ancien emplacement de l'abreuvoir aux chevaux. La source était un peu plus loin. N'hésitez cependant pas à faire un petit crochet par la *rue Cortot,* au n° 6, si vous souhaitez vous recueillir dans la *chambre d'Erik Satie,* transformée en minuscule musée. Quelques pas plus loin, au n° 22, la *maison d'Aristide Bruant* et son jardin baptisé « le vélodrome », dans lequel il faisait de la bicyclette.

➤ *L'allée des Brouillards* commence timidement au milieu du virage. Très étroite, en escalier, bordée d'une balustrade de pierre et de pavillons croulant sous le lierre. Derrière les hauts murs, que de jardins secrets ! Si, malheureusement, il n'est plus nécessaire d'attendre la levée du brouillard pour apercevoir le « château », il reste que le coin a bien du charme. Pour faire craquer les amoureux, c'est l'endroit idéal. Le château en question est en fait une folie construite au XVIIIe siècle pour un riche aristocrate. Gérard de Nerval y habita en 1846. Renoir occupa un temps un pavillon au n° 8 de l'allée.

La placette située à l'angle de la rue Girardon et de l'allée des Brouillards a été baptisée, en mars 1997, *place Dalida* (avec son buste). Hommage mérité à la grande chanteuse populaire qui habitait non loin, rue d'Orchampt.

➤ Tout au bout, vous atteignez le **square Suzanne-Buisson**. Style Art déco, tout en terrasse, très romantique le soir, à la lueur des réverbères. Bordé de quelques pavillons, avec une fontaine au milieu. Devant un tel calme, la statue de saint Denis en perd la tête tout en regardant les joueurs de boules. Sortie avenue Junot.

➤ *L'avenue Junot :* les Champs-Élysées de Montmartre. Les maisons les plus chères du quartier. Vous n'y rencontrerez jamais trop de monde. Anormalement large. Percée en 1910 à travers le « maquis », un terrain parsemé d'arbres et recouvert de baraques et cabanons en planches. Poulbot et de nombreux peintres y habitèrent. C'était la campagne à Paris, avec potagers, basses-cours et chèvres. Aujourd'hui, beaux échantillons, tout du long, de l'architecture moderne et Art déco des années 1920. Nougaro y avait sa grande maison, tout en ocre.

➢ Sur la Butte, le dernier survivant des grands moulins de Montmartre, le **moulin de la Galette** (à l'angle des rues Girardon et Lepic), construit en 1640. À la fin du XIXe siècle, il devint l'attraction d'un fameux bal populaire, immortalisé par Renoir. Toulouse-Lautrec venait y boire un saladier de vin chaud aromatisé de cannelle et s'encanailler avec les apaches.

➢ Au 11, av. Junot, dans le **hameau des Artistes,** de gros pavillons et ateliers se dissimulent derrière des jardins de rêve (attention, pique-nique interdit, c'est une propriété privée !). Un dernier escalier mène à la rue Lepic. Au n° 13 habita Poulbot.
Au n° 23, une nouvelle échappée vers le 65, rue Lepic. Re-ruelle, re-jardins, re-mystère de la nuit. Ainsi ce gros rocher au milieu du chemin, qui semble arrêter vos pas. La vingtaine d'arbres qui se trouve là est le dernier vestige du bois de Montmartre, le fameux maquis. Revenez en arrière pour rejoindre la **villa Léandre** à laquelle on accède par le 23 bis, av. Junot. Cossue, monstrueuse de paix et de tranquillité, insolente de verdure, cette villa semble défier les époques et se fixer dans un immuable instant privilégié. Max Ernst y séjourna un moment. En bas de l'avenue Junot, c'est le retour dans le temps présent avec le flot des voitures de la rue Caulaincourt.

➢ Face à la villa Léandre, prenez plutôt la rue Simon-Dereure pour avoir le plaisir de repasser dans l'allée des Brouillards, puis la rue Girardon à gauche jusqu'à la **rue Saint-Vincent,** l'une des plus pittoresques de la Butte, chantée par tous les poètes, dont Aristide Bruant. Bordée d'un côté par le modeste **cimetière Saint-Vincent** (où sont enterrés Utrillo et Marcel Aymé), de l'autre par un trottoir surélevé, avec rampe en fer. Aristide Bruant habita au n° 30. Dans cette rue, un petit bois planté depuis 1985. Un panneau à l'entrée indique : « Ne vous étonnez pas de l'aspect de ce jardin. Depuis 1985, nous laissons ici la végétation évoluer librement. » Ouvert uniquement les lundi et samedi après-midi, si le temps le permet !
Carrefour des rues Saint-Vincent et des Saules, l'un des endroits les plus charmants de Montmartre. Sur la colline dégringolent les dernières **vignes** de la Butte. Elles couvrirent longtemps toutes ses pentes et produisaient un petit vin appelé « picolo » (d'où le verbe « picoler »). C'est un cépage de gamay. L'occasion, dans la 1re quinzaine d'octobre (en général, le 1er dimanche), d'une grande fête des Vendanges. Anatole, le garde champêtre de la commune libre de Montmartre, est là, bien sûr, pour s'assurer de la bonne marche des choses. C'est à chaque fois la fête de l'amitié. Au moins 300 litres sont récoltés, qui donnent quelques centaines de bouteilles de

clos-montmartre vendues aux enchères au profit des Anciens de la Butte. Un défilé des associations, haut en couleur, termine la fête. La commune, qui fait vieillir le vin dans les caves mêmes de la mairie, en vend également.

➤ Après la rue Saint-Vincent, empruntez sur la droite la *rue du Mont-Cenis,* qui fut longtemps la seule voie d'accès au nord de la Butte. Elle reliait l'abbaye de Montmartre à celle de Saint-Denis. Au n° 22, Berlioz habita une maison paysanne de 1834 à 1836.

➤ Rejoignez la *rue du Chevalier-de-La-Barre.* Saluez au passage ce brave Jean-François Lefèvre, chevalier de La Barre, libre penseur, victime de l'intolérance, qui fut roué, puis décapité pour avoir refusé de saluer une procession religieuse. Le tracé de sa rue est d'ailleurs assez anarchique. Elle démarre en rue, se transforme en escalier puis, au croisement avec la rue Paul-Albert, devient finalement voie piétonne. Ce carrefour, la nuit, dans le pâle halo des réverbères, est l'un des coins les plus romantiques de la Butte. Pour descendre, vous avez le choix entre l'abrupt passage Cottin ou la rue du Chevalier, large et placide, qui se rétrécit brutalement avec un pittoresque surplomb jusqu'à la rue Ramey. Pour aller au plus court, vous pouvez aussi suivre la rue Paul-Albert.

➤ Traversez ensuite les jardins du Sacré-Cœur pour gagner la *rue Gabrielle,* puis, plus loin sur la droite, l'escalier du Calvaire. Adorable petite **place du Calvaire**.

➤ **La rue Poulbot :** ancienne « impasse Traînée », déjà ruelle au XIVᵉ siècle, elle musarde, campagnarde et tortueuse à souhait. Elle porte donc le nom du célèbre créateur du « gamin de Montmartre » qui orne tant de chaumières de par le monde.

➤ Empruntez un petit bout de la *rue Norvins.* Au n° 22, il y a toujours *La Folie Sandrin,* l'ancienne maison d'aliénés où venait se faire soigner Gérard de Nerval. À l'angle de la rue Ravignan, un peu cachée, une fontaine édifiée en 1835, avec une jolie façade Renaissance.

➤ **La place Jean-Baptiste-Clément :** elle évoque l'ancien maire de Montmartre pendant la Commune de Paris et l'auteur d'une des plus belles chansons françaises, *Le Temps des cerises.* Savez-vous combien il gagna pour cette chanson ? 14 francs ! Plus de dix ans après les terribles massacres perpétrés par les Versaillais, ce fut pourtant la mélodie qui fit de nouveau gonfler les cœurs. Pendant toutes ces années, la Commune avait été complètement occultée par le pouvoir et enfouie dans l'inconscient du peuple. Personne ne s'y trompa ! Derrière cette chanson apparemment anodine, tout le monde reconnut, au travers de l'image des cerises, l'allusion au drapeau rouge et à l'espoir renaissant. Au milieu du square, un cerisier a été planté en souvenir.

PETIT ITINÉRAIRE ROMANTIQUE 249

➢ La petite et étroite *rue de la Mire* rappelle ensuite que le méridien de Paris passe juste là. À emprunter pour rejoindre la rue Ravignan. En bas de celle-ci, la *place Émile-Goudeau,* l'une des plus charmantes de la Butte. Au n° 13, le célèbre *Bateau-Lavoir,* où tant d'artistes séjournèrent. Malheureusement, à peine classé, il brûla. Aujourd'hui, des ateliers modernes sans grand charme l'ont remplacé en respectant cependant l'architecture primitive : un étage sur la place et trois donnant sur un joli jardin extérieur, rue Garreau. Une petite boutique, à côté, raconte l'histoire du *Bateau-Lavoir.* Un de ses premiers locataires fut un certain Pablo Ruiz Blasco, connu plus tard sous le nom de Picasso. Son atelier était dans un désordre effarant. Original et iconoclaste, il aimait à dire « mon espèce de boîte à ordures » en parlant de sa somptueuse villa. C'est au *Bateau-Lavoir* que Picasso peignit les fameuses *Demoiselles d'Avignon* qui n'étaient ni demoiselles ni d'Avignon, puisque l'artiste avait, avant tout, voulu représenter les prostituées du Barrio Chino à Barcelone (carrer d'Avinyo !). Formes cassées, recomposées, Picasso bouscula les techniques habituelles au point que ses propres amis crurent à un canular. C'était la naissance du cubisme... D'autres locataires prestigieux furent des « passagers du *Bateau* » : Van Dongen, André Salmon, Pierre Mac Orlan, Max Jacob, Juan Gris, etc. Sur la place, fontaine Wallace.

18ᵉ

➢ La petite *rue d'Orchampt,* calme, paisible, très provinciale, abritait l'hôtel particulier de Dalida.

➢ *Rue Durantin,* plusieurs artistes travaillent dans des boutiques sur rue, donnant l'occasion de les voir à l'œuvre. Au n° 24, l'un d'entre eux fabrique d'originaux mobiles et de drôles de machines animées qui rappellent les œuvres de Tinguely.

🏃 En poursuivant main dans la main votre balade jusqu'à la place des Abbesses, vous tomberez nez à nez avec le *Mur des je t'aime,* une création du poète et musicien Frédéric Baron. « Je t'aime », en 311 écritures manuscrites différentes et décliné en 280 langues sur de la lave émaillée, voilà l'aboutissement de 8 années d'un travail dont le but (plutôt touchant) n'est autre que de faire partager un message d'amour et de fraternité. En venant à bout de son projet, Frédéric Baron, en association avec Claire Kito, sait qu'il ne changera pas le monde, mais il invite les promeneurs et, bien sûr, tous les amoureux, à jeter un regard naïf sur ce symbole tout simple et charmant. Certains le trouveront peut-être un peu cucu, mais nous, on aime bien, et nos amoureux au cœur pur apprécieront sans doute la démarche personnelle de ce poète, qui est avant tout une invitation au rêve. • www.lesjetaime.com •

➢ *La rue Lepic :* elle part de la place Blanche et grimpe en épousant lascivement le contour de la colline. Van Gogh habita au n° 54 et Jean-

Baptiste Clément au n° 112. Le bas de la rue, entre la place Blanche et la rue des Abbesses, est un marché animé. Après vos courses, ne manquez pas d'aller, au n° 12, boire un verre au *Lux Bar,* qui possède une superbe décoration murale en céramique de 1910, représentant *Le Moulin-Rouge.* Presque en face, au n° 9, une entrée de service en demi-coupole du *Moulin Rouge Palace,* bien rouillée. Au n° 16 s'ouvre le passage Lepic, bordé de jolis pavillons avec des jardins cachés. Un peu plus haut, la **place des Abbesses** possède l'une des deux dernières stations de métro style Guimard avec verrière.

🏃 *Le musée de l'Érotisme :* 72, bd de Clichy, 75018. ☎ 01-42-58-28-73. Ⓜ Blanche ou Pigalle. 🏃 Ouvert tous les jours de 10 h à 2 h. Entrée : 8 € ; tarif réduit : 6 € sur présentation de ce guide.
Pas un sex-shop de plus dans ce Pigalle déjà bien pourvu en échoppes coquines et sexodromes en tout genre. Non (!), un vrai musée, né de la passion de trois collectionneurs pour l'érotisme et l'art érotique. Leurs trouvailles sont exposées sur 7 étages. Au sous-sol, on s'amuse ! D'illustrations grivoises en photos polissonnes et autres détournements phalliques plutôt lourds de symboles, la paillardise dans tous ses états. Revenu à la surface (et au-dessus de la ceinture !), on vous invite à un tour du monde de l'art traditionnel érotique. Parmi la riche collection, de beaux bustes et masques de cérémonie *yoruba,* ethnie africaine très prolifique dans le domaine, côtoient des poteries précolombiennes, des représentations du culte shintoïste (beaux bronzes), le diable obscène du Mexique, les amulettes votives de Thaïlande ou des lampes à huile de yak du Tibet (la flamme se consume dans le vagin de la tigresse). Au 2ᵉ étage, très belle exposition permanente sur les maisons closes. Les derniers étages sont voués à l'art contemporain avec des expos temporaires, renouvelées fréquemment. Des peintres renommés y exposent régulièrement. Dans le genre, ce musée est vraiment super. Leurs fondateurs passent leur vie à courir le monde (avec le *Guide du routard,* nous ont-ils dit !) pour dénicher quelque statuette érotique ou miniature hindoue. Il faut les encourager...

➢ *L'avenue Frochot :* en vérité dans le 9ᵉ arrondissement (mais le détour vaut le coup !), elle débute à l'angle des rues Frochot et Victor-Massé. L'une des petites merveilles de ce quartier qui, décidément, ne nous ménage pas ses surprises. Allez-y le soir, vers minuit, lorsque vous aurez une surdose de néons meurtriers, de racolages sordides et de hot-dogs tièdes et fades. Bordée de grosses villas cossues avec de croquignolets jardins, charmante place ronde entourée d'arbres, d'ateliers d'artistes. Ici même vécut le grand réalisateur Jean Renoir. Un simple grand panneau publicitaire sépare cet itinéraire « spécial amoureux romantiques » de la place

Pigalle. Les bruits mêmes semblent s'arrêter au panneau. Surréaliste mais, malheureusement, il faudra attendre que quelqu'un sorte, car ils ont installé un code !

🎬 *Le Moulin Rouge :* 82, bd de Clichy, 75018. Ⓜ Blanche. Mentionnons ce célèbre *Moulin Rouge,* mais celui de Nini Patte-en-l'air, Grille d'Égout, Valentin le Désossé et de... la Goulue n'existe plus, hélas ! Rappelons que dans les bals, à la fin du XIXe siècle, les danses étaient provocantes, voire carrément obscènes. Chahut et cancan, menés de manière endiablée, étaient sans ambiguïté – le cancan surtout, dansé une jambe en l'air, l'index de la danseuse désignant, à l'insu du sergent de ville chargé de faire régner la décence, un entrejambe qui se laissait deviner...

Comme Harold et Maude

🎬 *Le cimetière de Montmartre :* entrée av. Rachel. Ouvert de 8 h (8 h 30 le samedi, 9 h le dimanche) à 17 h 30 (18 h en été). Il est venu s'installer naturellement dans une ancienne carrière de plâtre. Il renferme son pesant de célébrités et se révèle aussi intéressant par la beauté de ses sculptures et l'architecture de certaines tombes. Dès l'entrée, avenue Rachel, tout de suite à droite, *Sacha Guitry.* Sa tombe est toujours fleurie ; par qui ? Dans les deux premières allées à gauche, tombe toute simple de *Louis Jouvet* et celle d'*Alphonsine Plessis,* la Marguerite Gautier de *La Dame aux camélias.* Un des derniers locataires : *Michel Berger.* Un panneau à l'entrée indique l'adresse : « Au rond-point, à gauche. »

Pour ceux qui s'intéressent aux œuvres délirantes ou tout simplement pittoresques, essayez de trouver la tombe émouvante de l'architecte *Laurecisque* (1re division), sculpté entre sa femme et son fils morts très jeunes, la réplique du *Moïse* de Michel-Ange sur la tombe du banquier *Osiris* (3e division), la tombe hexagonale d'un certain *Devange* (17e division). Le mausolée consacré à *Delphine Fix* (3e division) vaut le déplacement : son visage est splendide. Dans la 26e division, les amateurs de gags trouveront une tombe *Pajot-Sommier* !

19e ARRONDISSEMENT

Franchement, pour la balade, ici, on a le choix ! Il y a bien sûr le charme rétro du parc des Buttes-Chaumont, ses ponts, ses collines, sa grotte et sa cascade, à moins que l'on ne préfère le parc résolument moderne de la Villette, avec des ribambelles d'endroits où faire un pique-nique ou bien improviser une petite sieste au soleil. Dans les deux cas, vous ne serez pas tout seul... Si vous recherchez le calme, allez donc prendre le frais le long du canal de l'Ourcq, ou explorer les rues provinciales et fleuries du quartier de la Mouzaïa.

Où manger ?

Coup de foudre

|●| *Le Relais des Buttes :* 86, rue Compans, 75019. ☎ 01-42-08-24-70. M Place-des-Fêtes ou Botsaris. Fermé les samedi midi et dimanche. Congés annuels : en août et une semaine entre Noël et le Jour de l'an. Menu à 32 € servi midi et soir ; à la carte, compter autour de 45 € sans le vin. Si la cuisine n'a pas la créativité de celle de certains confrères, son classicisme n'est pas pour déplaire. Point fort de la carte orchestrée par Marc Gautron : la fraîcheur des produits employés, ainsi que la netteté des préparations de la viande et des abats (rognons de veau aux girolles), et surtout du poisson (pavé de bar de ligne à la crème de basilic, crabe farci aux morilles...). Grand plus : une cour-terrasse à fréquenter aux grandes chaleurs et un feu de cheminée l'hiver. Le menu est plus original et d'un bon rapport qualité-prix. Livre de cave en constante amélioration. Ambiance d'une auberge de province au charme discret loin de toute réputation tapageuse. Café offert à nos lecteurs sur présentation de ce guide.

Coup de folie

|●| *Chez Vincent :* 5, rue du Tunnel, 75019. ☎ 01-42-02-22-45. M Buttes-Chaumont ou Botzaris. Ouvert seulement le soir de 19 h 30 à 1 h. Fermé le dimanche. Réservation impérative. Congés annuels : les 2e et 3e semaines d'août. Formules à 35 et 40 €. Dans une petite rue

entre les anciens studios de la SFP et les Buttes-Chaumont se cache un surprenant restaurant italien. Salle classique mais chaleureuse avec, au milieu, un bar où sont réunis tous les ingrédients pour d'excellents *antipasti* que le chef prépare devant vous. Des amuse-gueules vous feront patienter jusqu'à l'arrivée des plats, copieux. Pâtes fraîches maison, carpaccio sublime. C'est un peu cher, d'accord, mais il est impossible de ne pas se laisser emporter par le vent de folie qui souffle sur la cuisine, ainsi que dans l'esprit de ces Italiens délurés, diables de *commediante* ! Ces formules dégustation sont aussi généreuses et lyriques que les airs d'opéra ou de variétés italiennes qui emplissent la salle tous les soirs. Flatterie ou vérité, le patron aime à raconter que Leonardo Di Caprio y fait des virées lors de ses visites à Paris.

Où boire un verre ?

Café Chéri(e) : 44, bd de la Villette, 75019. ☎ 01-42-02-02-05. Ⓜ Belleville. Ouvert tous les jours. Bières de 2,50 à 3,50 € ; cocktails autour de 7 €. Une des adresses incontournables de ce quartier popu-branché. Le café fait le plein dès que le soleil pointe son nez, avec sa grande terrasse prise d'assaut par une clientèle éclectique. Grande salle à la déco de bric et de broc, mélange d'objets de récup' et de lustres néobaroques. En soirée, le *Chéri(e)* revêt ses plus beaux atours avec un habit de lumière rouge baiser, qui crée une atmosphère intime et sied bien au teint des jeunes filles en goguette. Un DJ anime la soirée à coup de musique électro et quelques concerts sont parfois organisés. Belle carte de cocktails en tout genre et excellents rhums arrangés pour échauffer l'ambiance. Définitivement cool et tendance, même si l'adresse est de plus en plus courue et attire une faune plus frime que relax. Apéritif maison offert à nos lecteurs sur présentation de ce guide.

Le Café de la Musique : 213, av. Jean-Jaurès, 75019. ☎ 01-48-03-15-91. Ⓜ Porte-de-Pantin. ♿ Ouvert tous les jours de 8 h à 2 h (1 h les dimanche et lundi). Demi à 5 € en salle. Brunch à 21 € les dimanche et jours fériés. Situé dans l'enceinte même de la Cité de la Musique, le café lancé par les frères Costes, décoré par Élisabeth de Portzamparc, a eu ses détracteurs... Si certains appréciaient le cadre design de ce bistrot postmoderne, d'autres le trouvaient « déjà vu », voire *eighties* ! Clientèle plutôt branchée, cuisine dans le vent et une grande terrasse bien ensoleillée maintenant à flot cet élégant bistrot qui a su s'imposer dans ce quartier en pleine évolution.

Le Café Parisien : 2, pl. de Rhin-et-Danube, 75019. ☎ 01-42-06-02-75. Ⓜ Danube. Ouvert de 7 h 30 à 1 h 30. Fermé le dimanche. Gentille cuisine de bistrot : formule du midi à 12,50 € (plat, dessert, café), salades gourmandes et tartines de pain Poilâne autour de 7 €. Demi à 1,90 €. On l'adore, ce café de quartier, où règne une ambiance chaleureuse, où les gens se connaissent et se parlent et où, au moindre rayon de soleil, on sort les tables. Plein d'affiches de cinéma aux murs. Concerts certains soirs.

Où se détendre à deux ?

■ *Hammam Medina Center :* 43-45, rue Petit, 75019. ☎ 01-42-02-31-05. • www.hammam-medina.com • Mixte le samedi, avec port du maillot de bain obligatoire, et ouvert de 10 h à 21 h. Premier forfait à 39 € (entrée, gommage, savon noir et délices orientaux) ; second forfait à 55 € (massage à l'huile d'amande douce en plus) et enfin, forfait oriental à 65 € (avec enveloppement au rhassoul). Tous donnent droit à peignoir, serviettes, paréos et chaussures antidérapantes. Hammam aux belles dimensions avec plusieurs salles tièdes et chaudes et un bassin d'eau froide. Décoration irréprochable, mais dommage que l'éclairage ne soit pas un chouïa plus tamisé. En arrivant, n'oubliez pas de suspendre votre clef (de casier) au tableau afin d'être sûr d'être appelé pour le passage au khessa (le gant de gommage). Après avoir procédé à toutes les ablutions de rigueur, il ne vous reste plus qu'à vous prélasser dans la vaste et douillette salle de repos. C'est également là que se déroulent les massages. Enfin, ne prévoyez rien d'autre qu'une soirée calme et tendre en sortant de ce havre de volupté et de détente.

Où se faire une toile ?

■ *Cinéma Mk2 Quai de Loire :* 7, quai de la Loire, 75019. Ⓜ Jaurès, Stalingrad. Séparé du ciné Quai de Seine par le bassin de la Villette. Rigolo comme tout, cette navette fluviale qui fait la liaison entre les deux rives. Sur le modèle du Mk2 bibliothèque (13e), des *love seats* ont été conçus dans une salle, pour que les amoureux restent lovés l'un contre l'autre pendant la séance. Bien vu !

Main dans la main

🚶 *L'église Saint-Serge :* 93, rue de Crimée, 75019. Ⓜ Laumière. Ravissante église russe, fort peu connue et qui provoque un réel dépaysement. Intérieur, comme à l'accoutumée, splendide ; atmosphère tamisée, beaucoup de charme et de sérénité ! L'église est fermée en dehors des offices (tous les jours à 18 h et le dimanche à 10 h).

🏃 En haut de Belleville, il y a bien une station de métro Place-des-Fêtes, mais il n'y a plus de place ni de fêtes. Montez-y quand même pour le pittoresque **regard de la Lanterne,** à l'angle des rues Compans et Augustin-Thierry. Construit en 1583, il constituait la tête de l'aqueduc des eaux de Belleville.

🏃 Finissez sur un grand sourire : au n° 11 de la **rue des Fêtes,** superbe folie du XVIIe siècle, maison de campagne des aristos de l'époque, avec mascarons (figures sculptées), balcon et belle toiture. Au n° 13, un couloir étroit mène à l'une des dernières cités-jardins du coin. Magnifique ! Étonnant ! Une quinzaine de maisons avec des jardins exubérants de lilas, des arbres, un gigantesque marronnier, un kiosque en bois et... un calme complet. Malheureusement, un digicode ne laisse guère de chances de la voir !

Petit itinéraire romantique

Ici, pas de monuments grandioses ou d'architectures particulières, mais plein de jardins secrets au fond desquels se nichent d'adorables pavillons recouverts de lierre.

19[e]

🏃🏃 **Les villas de la Mouzaïa :** 2 km, 45 mn sans les arrêts, de la station de métro Porte-de-Pantin ou Pré-Saint-Gervais à la station Botzaris. Réf. : topoguide *Paris à pied* avec cartes, éd. FFRP.
Sur les hauteurs de Chaumont et de Belleville, il fait bon se perdre à la saison des fleurs. Les ruelles ont pour noms « villas » ou « allées » et se succèdent encombrées de glycines, de lilas, de seringas et de rosiers. Bref, toutes les odeurs des grands-mères se respirent le long des voies piétonnes. De la station de métro Porte-de-Pantin, vous contournez le lycée d'Alembert pour remonter les *allées* piétonnes *Arthur-Honegger* et *Darius-Milhaud.* Cette inspiration musicale invite à écouter les oiseaux qui adorent se cacher dans les haies des petits jardins ou dans les tulipiers des allées. Par les rues Goubet et d'Hautpoul, les panoramas plongent en contrebas sur l'espace vert du cimetière de la Villette. La rue Manin longe le parc des Buttes-Chaumont pour parvenir aux hauteurs de Belleville qui dominent l'est de Paris (128,50 m). Continuez plutôt par la rue Compans jusqu'à la curieuse *rue Miguel-Hidalgo.* Les noms de Bellevue, Belleville s'expliquent par les panoramas sur Paris et les constructions basses des petites villas bâties sur les pentes recouvrant les anciennes carrières « d'Amérique ».
Au sud de la place Rhin-et-Danube, promenez-vous par les villas qui donnent sur les rues de l'Égalité et de la Liberté, ainsi que sur la belle rue de

Mouzaïa. Suivant votre humeur, vagabondez par la luxuriante villa de Bellevue où les moulins tournaient au vent... il y a un demi-siècle. La *villa Amalia* est l'une des plus belles : bordée de vieux réverbères et d'arbres, c'est une enfilade de petits jardins fleuris. Dans la *villa de Fontenay*, les rosiers débordent sur la voie de passage et font comme une tonnelle. Dans la *villa du Progrès*, le progrès vous fait face, béton et grues. Contraste garanti ! Puis *villa Émile-Loubet*, en pente, d'un charme tout provincial, et *villa Bellevue*, plus colorée, dont les toits des maisons se superposent en escalier. Idem pour la *villa des Lilas*. La *villa de la Renaissance* offre de jolies portes couvertes de lierre (n° 9, par exemple). Plus secrète. Perspective intéressante dans la *villa Danube*, elle aussi bordée de belles maisons. La *villa Marceau* est plus cossue. Dans la *villa Laforgue*, au bout de l'allée, saisissement en se retournant : de la verdure à perte de vue. Mais où est donc passé Paris ? La *villa Boërs* donne sur le clocher de l'église. Mignon tout plein ! Les rues de Bellevue et Arthur-Rozier conduisent à la *villa Albert-Rohida* qui redescend par un escalier surréaliste sur la rue de Crimée. Vous voici bientôt arrivé à l'est du parc des Buttes-Chaumont et à la station de métro Botzaris.

Un canal qui se prend pour la mer

Le bassin de la Villette fut creusé au début du XIXe siècle et inauguré en grande pompe en 1808, le jour anniversaire du sacre de Napoléon Ier. Au XIXe siècle, il servit souvent de patinoire lors des hivers rigoureux. Aujourd'hui, ses bords ont été aménagés en agréable promenade. Le paysage industriel s'est quasi estompé pour céder la place à la classique architecture des quartiers « rénovés ».
Deux énormes *entrepôts* montaient la garde au fond du bassin. L'un d'eux a brûlé. Noble et solide bâtisse filmée dans *Diva*. Une architecture carrée, compacte, avec des tuiles rouges. Les péniches déchargeaient sur le quai du sucre, du charbon et du sable. Le sucre était stocké là, puis il cessa de l'être il y a dix ans. Aujourd'hui, l'entrepôt restant est transformé en lofts, ateliers d'artistes ou studios photo, et abrite des restos chicos-branchés.

Le pont de Crimée est le dernier pont-levis de Paris. Il fonctionne avec de drôles de roues articulées sur des colonnes grecques à crémaillère. La société qui le construisit créa également les ascenseurs hydrauliques de la tour Eiffel. Des dates de naissance partout sur les colonnes et la belle plaque en céramique de la maisonnette à l'entrée du pont, pour rappeler son âge vénérable : 1885. Vous trouverez aussi un marché ensoleillé, à côté, les dimanche et jeudi matin, place Joinville.

Le parc de la Villette

Porte-de-Pantin. Accessible aussi par le nord. Ⓜ Porte-de-la-Villette ou Corentin-Cariou. Parc éclairé et gardienné tous les jours 24 h/24, l'accès au public est autorisé de 6 h à 1 h. Propose des visites guidées afin de se lancer à la conquête de cet univers nouveau et surprenant (individuels, du 1er mars au 31 octobre, le mercredi à 15 h ; groupes, sur réservation). Informations : ☎ 01-40-03-75-75 (parc et Grande Halle). Un pavillon d'accueil, situé à l'entrée Porte-de-Pantin, facilite l'orientation des visiteurs dans cet immense dédale.

Le parc s'étend sur 55 ha, ce qui en fait, par sa taille, le plus grand parc parisien. Il recouvre complètement l'ancien site du marché national de la viande, entre la porte de Pantin et la porte de la Villette, au confluent du canal de l'Ourcq et du canal Saint-Denis. Il comprend la *Cité des Sciences et de l'Industrie,* la *Cité de la Musique* et la *Grande Halle,* le *Théâtre Paris-Villette,* le *Théâtre international de langue française,* ainsi que le *Zénith,* la *Géode,* le *Cinaxe,* l'*Argonaute,* le *Trabendo,* des pavillons d'exposition, des espaces pour les chapiteaux de cirque et de cabaret.

Vaste ensemble réalisé entre 1984 et 1997 et, disons-le, assez réussi, tant pour le contenu des Cités que pour l'architecture des bâtiments et du parc lui-même. Sur plus de 3 km de promenades offerts aux piétons comme aux cyclistes, il égrène une dizaine de jardins à thèmes, à la croisée des chemins entre l'ancien et le futur, les arts et la science, la nature et la ville.

Le parc est l'œuvre de Bernard Tschumi, qui dut se dépatouiller avec la présence d'équipements et les énormes édifices que sont la Cité des Sciences, le Zénith, la Cité de la Musique et la Grande Halle. Il allait donc la jouer moderne en dessinant un parc au concept révolutionnaire, une première ! D'abord, quadrillez les 35 ha de lignes imaginaires, plan d'un vaste damier aux cases de 120 m de côté, il planta à chaque intersection des folies : 25 édifices cubiques de 10,80 m d'arête, plus ou moins éclatés, augmentés ici d'une tourelle, d'un escalier extérieur, là éventrés, creux – clins d'œil aux constructivistes russes. S'y trouvent un point d'information, une buvette, diverses activités... Complétant cette géométrie, deux axes piétons est-ouest et nord-sud traversent le parc, reliant la porte de Pantin à celle de la Villette, et Paris à la banlieue (en fait, le périph') en longeant le canal de l'Ourcq : lignes d'abscisses et d'ordonnées. Puis deux « prairies », cercle et triangle, vastes plages vertes. Enfin, rompant l'ordre rigide mais toujours fantaisiste, un chemin courbe et bleu, traversant les jardins des Miroirs, des Vents et des Dunes, des Bambous (superbe bambouseraie), des Voltiges, etc. Multiples sont les atmosphères qui se succèdent, souvent ludiques, aux essences variées, agrémentées de jeux d'eau, de sculptures : c'est la « promenade cinématique ». Car, sans s'en douter, on parcourt une gigan-

tesque bobine, jetée là par Tschumi, et ce chemin qui serpente à nos pieds, c'est la bande-son bordant la succession de jardins... images géantes du film !
Toujours dans le parc, de la mi-juillet à fin août, le *cinéma en plein air* : reprises de classiques et de films d'auteurs ; les *bals-concerts,* également en plein air et en accès libre, consacrés aux musiques du monde ; et, au printemps, dans la Grande Halle et à la Cité de la Musique, le *Festival Latitude Villette,* consacré aux musiques du monde. Se renseigner pour les programmes : ☎ 01-40-03-75-03.

Balade sur le bassin de la Villette et le canal Saint-Martin

La Guêpe buissonnière et Le Canotier : ce sont des bateaux bien sympas, qui ne font pas du tout bateaux-mouches pour touristes. Depuis 25 ans, ils sillonnent les canaux de Paris, la Seine, mais aussi la Marne. Plutôt une bonne idée de descendre (ou remonter) le canal en péniche ! Pourquoi ne pas prendre le temps de vivre et de savourer des moments de calme, de détente, 3 h durant, au rythme des écluses qui glougloutent avec bonheur ? Pour la description détaillée du parcours, se reporter à la partie « 10ᵉ arrondissement ».
Départ, donc, du parc de la Villette, puis franchissement du célèbre pont de Crimée (dernier pont-levis à Paris) ; on peut ensuite admirer désormais la belle rotonde de Ledoux.
➤ De fin mars à mi-novembre :
– *du parc de la Villette* : à 14 h 30 tous les jours. Départ de « la folie des visites du parc », au cœur du parc (Ⓜ Porte-de-Pantin).
– *Du musée d'Orsay* : à 9 h 30 tous les jours. Départ quai Anatole-France, le long du parking du musée d'Orsay (Ⓜ Solférino).
➤ Le reste de l'année : le dimanche essentiellement.
Renseignements : *Paris-Canal,* 19-21, quai de la Loire, 75019. ☎ 01-42-40-96-97. Prix : 16 €. Réservations indispensables par téléphone.

Où pique-niquer ?

– *Aux Buttes-Chaumont :* un autre poumon de Paris. Ⓜ Buttes-Chaumont, Botzaris et Laumière. Anciennes carrières de gypse dont la réputation était immense. Il en était régulièrement expédié aux États-Unis, d'où le nom de quartier d'Amérique encore donné à tout le territoire situé entre la rue Manin, la rue de Mouzaïa et le parc (la station de métro Rhin-et-Danube

est aussi aménagée dans une ancienne carrière). Les Buttes enthousiasmèrent Aragon qui s'écria : « Jardins, vous êtes les femmes de l'esprit ! » En plein Paris, le parc présente vraiment un visage imprévisible. Une véritable « montagne », mélange de roches et de béton, trône au milieu, reliée par un pont suspendu et un autre en brique. Sur son sommet, un petit temple d'où vous embrasserez un panorama splendide. Tout autour, un lac, nourri par les eaux du canal Saint-Martin tout proche. Avec leurs cascades, leurs rigoles qui traversent les chemins, leurs balustrades en ciment imitant les branches d'arbres, leur terrain accidenté, les Buttes-Chaumont représentent un lieu de sortie idéal pour les amoureux en mal de nature. En hiver, quand le lac est gelé, mais aussi le reste de l'année, car vous adorerez la balade sur le lac. Ça dure à peine 5 mn et vous rejoignez le bas du belvédère (les mercredi, samedi et dimanche après-midi seulement). Lorsque les beaux jours reviennent, le samedi voit son lot de mariés défiler pour se faire prendre en photo sur le lac (de quoi vous donner des idées !). Il y a aussi les concerts sous le kiosque.
La célèbre grotte-cascade, fermée en 1945 devant les risques d'éboulement, est à nouveau ouverte au public. Une machinerie permettait de monter l'eau du canal et de la faire retomber en une superbe cascade. Vendeurs de gaufres et balades en charrette à âne complètent le plaisir. Notez la vieille piste de patins à roulettes entourée d'une rampe en fer, du temps où les loisirs étaient codifiés. En été, nombreux concerts en plein air.

20ᵉ ARRONDISSEMENT

Maurice Chevalier chantait déjà le charme de Ménilmuche... Bien sûr, depuis les années 1930, le quartier a changé, et les pelleteuses ont eu raison de bon nombre de petites maisons, certes insalubres mais pittoresques. Heureusement, des associations tenaces résistent à l'appétit des promoteurs. Ce qui fait la force de ce quartier, c'est le mélange de ses populations. Ici cohabitent sans façons Chinois, Asiatiques, Maghrébins, Arméniens, ce qui donne au 20ᵉ un air de Babel. Au marché de Belleville, les nems dorés côtoient les *makrout* dégoulinantes de miel, la soubressade apostrophe le saucisson, la coriandre rivalise avec la menthe dans un match amical de parfums. De quoi improviser un pique-nique amoureux sur la terrasse-belvédère du parc de Belleville, qui offre une vue magnifique sur Paris, les méandres de la Seine et la tour Eiffel posée comme un point d'exclamation.

Où dormir ?

Coup de cœur

Hôtel Paris Gambetta : 12, av. du Père-Lachaise, 75020. ☎ 01-47-97-76-57. Fax : 01-47-97-17-61. ● www.hotelparisgambetta.com ● Ⓜ Gambetta. Dans une petite rue tranquille qui mène au Père-Lachaise. Parking payant. TV. Canal +. Satellite. Accès Internet. Chambres doubles de 72 à 86 €, selon la taille, l'exposition et la saison, avec douche et w.-c. ou bains. Un 2-étoiles agréable. Chambres toutes rénovées, plus que correctes, avec un grand lit aménagé en alcôve. Toutes sont équipées d'un minibar. Une bonne petite adresse, calme et douillette, dans un quartier peu touristique mais agréable à parcourir. Accueil charmant. Le nouveau patron a complètement repris son hôtel en main et est très à cheval sur la propreté. Un petit déjeuner par chambre ou 10 % sur le prix de la chambre (du 15 juillet au 20 août) offert(s) à nos lecteurs sur présentation de ce guide.

Où manger ?

Coup de foudre

Le Zéphyr : 1, rue du Jourdain, 75020. ☎ 01-46-36-65-81. Ⓜ Jourdain. Service de 10 h à 2 h (dernière commande à 23 h 30). Menus à 13,50 € le midi, 20 € le soir ; assiette de dégustation autour d'un produit aux environs de 18 € ; à la carte, compter 38 € pour un repas. Bouteilles de 17 à 23 €, pots de vin autour de 16 €. « Zéphyr » : vent doux et agréable, brise légère. Cette définition correspond très bien à la cuisine qu'on pratique ici mais ne suffit pas à donner une idée exacte de l'établissement. Dans son décor Art déco de 1928 superbement conservé, *Le Zéphyr* brille d'une flamme naturelle mais modeste dans ce quartier populaire connaissant des « faims de mois » parfois difficiles. La preuve, ce menu du midi comprenant entrée, plat et dessert ! Que les gourmets se rassurent, midi et soir on y propose aussi un menu plus élaboré, ainsi qu'une belle carte aux intitulés élégants et une jolie sélection de desserts. Côté vins, plus de 40 références et pots de vin abordables. En résumé, on a rarement vu un lieu qui allie aussi bien une cuisine légère et une bonne gouaille de quartier dans un décor de cette classe !

Salon de thé

Le Damier : 29, rue Saint-Blaise, 75020. ☎ 01-43-72-16-95. Ⓜ Porte-de-Bagnolet. Ouvert uniquement le midi en semaine, jusqu'à 17 h. Congés annuels : 3 semaines en août. Plat du jour autour de 9 €. Formule 2 plats à 11 €. Cette adresse sans prétention ne désemplit pas le midi, et propose à ses habitués des plats consistants et classiques : ragoûts de viande, andouillette, endive au jambon, tarte Tatin maison. La patronne a du caractère mais sait aussi être souriante. De passage l'après-midi dans cette agréable rue piétonne de l'îlot Saint-Blaise, on se laisse tenter par un thé (choix restreint) et une pâtisserie. Mini-terrasse aux beaux jours.

Où boire un verre ?

La Maroquinerie : 23, rue Boyer, 75020. ☎ 01-40-33-35-05. Ⓜ Gambetta. Bar-restaurant ouvert de 18 h à 2 h (service de 19 h à minuit). Fermé le dimanche. Congés annuels : en août. Compter 15 à 18 € à la carte, sans le vin. Dans les hauts de Ménilmontant, une ancienne maroquinerie reconvertie en salle de concert, café et resto. On sirote son verre assis dans la cour sous le soleil, debout au comptoir, ou à l'abri. Une bien belle adresse. Également une vraie salle de concert habitée par une bonne programmation éclectique tendance rock, chanson, électro. Tarifs démocratiques.

Main dans la main

Le vieux village de Charonne

Annexé en 1860, c'est l'un des moins connus des Parisiens. Aujourd'hui, nous vous convions à une promenade calme et nostalgique. Choisissez une de ces douces journées de printemps, quand les cerisiers sont en fleur...

🏃 Descendez à la station de métro Gambetta et empruntez la *rue des Prairies* (titre d'un beau film avec Gabin). Elle a conservé quelques vieilles demeures du temps du village, mais connaît à l'heure actuelle une urbanisation galopante. Pas si vilain que ça d'ailleurs, un peu d'imagination s'exprime même de temps à autre dans certaines constructions. Au n° 11, de petits immeubles à l'architecture intéressante : céramiques de couleur, rupture de tons, escalier extérieur en colimaçon, bow-window. La rue des Prairies se termine en coude au-dessus de celle de Bagnolet de façon spectaculaire. Thiers fit raboter la *rue de Bagnolet* pour que les charrettes de matériaux utilisés lors de la construction de son enceinte puissent grimper la pente. Résultat : de gros murs de soutènement furent édifiés tout au long du parcours, et le niveau des maisons domine la chaussée. En face, de l'autre côté, deux maisons typiques avec petits escaliers en fer à cheval.

🏃 *L'église Saint-Germain-de-Charonne :* 4, pl. Saint-Blaise, 75020. Tiens, une articulation sympathique : le bus n° 76, qui part de Saint-Germain-l'Auxerrois, passe devant Saint-Germain-de-Charonne et vous permet, en outre, de traverser des tas de quartiers intéressants en cours de route (le Marais, le vieux 11e, tout le village de Charonne). Bon, c'est notre église préférée à Paris. Adorable, émouvante sur son tertre avec son petit cimetière de campagne. Édifiée au XIIe siècle, reconstruite au XVe, puis amputée au XVIIIe de ses travées. Quelques rajouts au XIXe siècle en font un petit chef-d'œuvre d'asymétrie. Le presbytère est entouré d'un beau jardin.

🏃 *La rue Saint-Blaise :* l'axe principal du vieux village depuis toujours. La perspective sur l'église depuis la place des Grès, tout en bas, est l'une des plus charmantes de Paris. Très jolies maisons basses, tout du long, magnifiquement restaurées. Au n° 25, un bel escalier extérieur avec auvent. Quelques pâtisseries et salons de thé vendent de délicieuses tourtes et tartes à des prix modérés.
À l'angle des rues Saint-Blaise et Vitruve, la croquignolette place des Grès. À gauche, dans un renfoncement, l'un des premiers porches livre un gentil jardin intérieur. En continuant le passage, joli square.

➤ Vous voilà maintenant *rue Vitruve,* qui marque la limite du village.

➤ *La rue de la Réunion* qui vous attend au bout, de l'autre côté de la rue de Bagnolet, offre une entrée secrète, en belle pierre de taille, pour le cimetière du Père-Lachaise. D'un côté des immeubles du XIXe siècle, de l'autre des bâtiments ondulants. Engagez-vous dans le jardin au fond à droite, qui abrite une véritable mare. Enfoncez-vous dans la verdure jusqu'à rejoindre la rue de Lesseps où, du côté rue de Bagnolet, la belle villa du même nom vous offre une rare architecture en brique rouge. Au n° 83, pénétrez un instant dans une arrière-cour pavée avec escalier en pierre et petit jardin...

🏃 S'il vous reste un peu de jambes, parachevez votre petite balade en beauté en rendant visite à *la Campagne à Paris.* C'est à la station de métro Porte-de-Bagnolet. Rue des Montibœufs, il y avait, dans la première moitié du XIXe siècle, une importante carrière de gypse. En 1908, on construisit dessus une centaine de pavillons bon marché pour les ouvriers : « la Campagne à Paris ». Accès depuis la place Octave-Chanute par des escaliers. Les adorables rues Irénée-Blanc et Jules-Siegfried sont bordées de croquignolettes maisons en pierre meulière ou brique. Au printemps, les lilas embaument, les papillons volètent, donnant au vieux quartier un air de villégiature.

Petits itinéraires romantiques

Ménilmuche

🏃 Départ à la station de métro Père-Lachaise, pour s'engouffrer dans la *rue des Amandiers.* On s'échappe *rue des Partants,* sur sa droite, pour commencer l'ascension. À gauche, une petite place avec une fontaine Wallace, derrière laquelle se cache le poétique jardin des Mûriers d'où l'on entendra les oiseaux au printemps.

On poursuit courageusement la remontée pour rejoindre :

🏃 *La rue Gasnier-Guy,* qui assure de fortes émotions aux conducteurs non avertis. Moins risqué à pied, on en profite pour humer l'atmosphère de cette rue typique et découvrir son mini-jardin de quartier sur la gauche qui résonne au doux nom de Papilles et Papillons. Arrivé en haut, on tombe sur une curieuse maison à l'architecture en faux rondins de bois en plâtre. C'est aujourd'hui une crèche. On contourne complètement la butte qui se présente devant nous, par la gauche.
De l'autre côté, la rue de la Cloche, prolongée par la rue de la Voulze, mène sur une petite colline dominant le carrefour et finit en escalier. Prenons plutôt le passage étroit, grossièrement pavé avec ruisseau central, qui mène *rue Villiers-de-L'Isle-Adam.*

20e ARRONDISSEMENT

🚶 *La villa de l'Ermitage* ne déçoit pas son monde. Un havre de paix où les habitations sont à hauteur d'hommes et les courettes pleines de surprises. À savourer lentement. Une association se bat pour préserver le lieu, alors mot d'ordre : « Respect ! ». Arrivé rue de l'Ermitage, on file par la droite jusqu'aux pittoresques escaliers de la rue (plutôt passage !) Fernand-Raynaud que l'on descend allègrement jusqu'à la *rue des Cascades.*

🚶 À droite en bas, le célèbre *regard Saint-Martin* de la rue des Savies. Une sérénité villageoise se dégage de l'ensemble. Un « regard » qui donne envie d'y voir de plus près maintenant. Jouxtant la terrasse, un escalier étroit mène *rue des Cascades,* toujours bordée de quelques vieilles maisons typiquement bellevilloises. Ce regard était celui d'un aqueduc qui apportait l'eau à Paris au début du XVIIe siècle. Il permettait aux habitants du quartier de se servir au passage. Vous découvrez un autre regard au n° 17, rue des Cascades, dans la cour d'un ensemble moderne. Charmante *rue des Savies* avec ses grosses bornes. C'est ici que l'on tourna *Casque d'or* avec Simone Signoret et Serge Reggiani. En bas de la *rue de la Mare,* vieux paysage urbain classique : le pont biscornu en escalier qui franchit le chemin de fer de la Petite-Ceinture.

🚶 On ne peut malheureusement plus entrer dans la *villa Castel* (mais essayez quand même !), au 16, rue de Transvaal. Alors on contemple à travers la grille les croquignolettes maisons qui se succèdent, avec perrons, fenêtres ouvragées ou à balustres et ferronneries. Un calme total. Au fond, on imagine le petit jardin où François Truffaut tourna une scène de *Jules et Jim.* Des autres villas, il ne reste que les enseignes (celle des « Faucheurs » au 11, rue des Envierges, et la belle grille de la villa Ottoz au 43, rue Piat).

🚶 De la *rue Piat,* beau panorama sur Paris.

Belleville

Belleville est un grand village où se mêlent toutes les cultures et tous les genres : peintres et sculpteurs en quête d'inspiration, stars en mal d'intimité, artisans et vieux Bellevillois à la recherche du temps perdu.

■ *Belleville ça se visite !* : 1, rue Robert-Houdin, 75011. ☎ 01-43-57-49-85. Fax : 01-48-06-27-41. • www.ca-se-visite.fr • Balade : 12 € plein tarif ; 10 € tarif réduit et sur présentation de ce guide. Nombre minimum de participants : 5. Association proposant, sur réservation uniquement, des découvertes de Belleville de façon originale : pendant 2 h à 2 h 30, on découvre des coins inattendus du grand Belleville

(10ᵉ, 11ᵉ, 19ᵉ et 20ᵉ arrondissement) en rencontrant des habitants du coin : artisans, commerçants, artistes vous diront leur vision de Belleville. Les accompagnateurs révélateurs de quartiers, habitants passionnés qui vous diront tout sur Belleville et vous feront découvrir les aspects les plus inattendus du quartier. Ils vous rappelleront ce qu'était la fameuse *Descente de la Courtille* ou vous expliqueront le pourquoi des noms « rue des Cascades », « rue de la Mare », etc. Parmi les balades proposées : « Belleville d'hier et d'aujourd'hui », « Les cours et les artistes du Haut-Belleville », « La face cachée du canal Saint-Martin »... Demandez leur calendrier trimestriel des promenades. Bonne balade !

🏃 *La rue Jouye-Rouve* arbore fièrement de beaux pavés rénovés. Au n° 13, un immeuble moderne avec deux bustes d'hommes au-dessus du porche, une entrée monumentale et un escalier qui mène au jardin. Arrivé rue de la Ferme-de-Savy, on longe le parc de Belleville par le passage de Pékin, qui est une rue en U.

🏃 Retrouvez la *rue de Belleville* qui n'a pas, à ce niveau, trop changé. Le n° 38 aligne quatre courettes en enfilade. Au n° 40, on a rénové dans le genre nouveau riche bellevillois, avec moult réverbères. Au n° 39 et au n° 41, les anciennes enseignes peintes achèvent de s'estomper sur les façades patinées. Avant d'atteindre la rue des Pyrénées, une plaque sur une maison, au n° 72, rappelle qu'Édith Piaf naquit là... sur les marches du perron.

🏃 Au n° 63 du *boulevard de Belleville,* on (re)découvre *Le Zèbre de Belleville.* Cet ancien et célèbre cinéma, puis salle de concert qui reçut Higelin, Les Têtes Raides... fermé pendant 10 ans, a été restauré avec son beau balcon en bois. Sauvé et réouvert en 2002 à l'initiative de Francis Schœller, ce n'est plus un cinéma, mais bien une salle de spectacles dédiée au monde du cirque que l'on découvre. Renseignements et réservations : ☎ 01-43-55-55-55.

Comme Harold et Maude

Le cimetière du Père-Lachaise

🏃🏃 16, rue du Repos, 75020. Ⓜ Père-Lachaise ou Philippe-Auguste. Entrée principale boulevard de Ménilmontant, au bout de la rue de la Roquette. En été, ouvert de 8 h à 18 h (à partir de 8 h 30 le samedi et 9 h les dimanche et jours fériés) ; le reste de l'année, ouvert de 8 h à 17 h 30 (à partir de 8 h 30 le samedi et 9 h le dimanche). Visite guidée tous les samedis, en principe à 14 h 30 (durée : 2 h environ), et occasionnellement les mardi et dimanche. De nombreuses visites thématiques sont organisées. Leur programme est disponible dans toutes les mairies d'arrondissement. Enfin, vous trouverez gratuitement des plans généraux à la conservation, ainsi que des propositions d'itinéraires (écrivains, maréchaux de l'Empire, musiciens...).

Une destination de promenade unique. Un fol après-midi en compagnie des morts les plus sympathiques de la terre. Tour à tour tragiques, joyeux, sinistres, ludiques, avec parfois une sacrée dose d'étrange et de sensualité (mais oui !). Quand le Père-Lachaise fut créé, en 1804, les Parisiens, habitués à se faire enterrer dans et à côté des églises, marquèrent des réticences à s'expatrier aussi « loin » de Paris. C'est pourquoi les autorités eurent recours au marketing et organisèrent, de façon très publicitaire, le transfert des restes d'Héloïse et Abélard, Molière et La Fontaine en 1817. La perspective d'être enterré auprès de morts aussi illustres provoqua évidemment un engouement, teinté de snobisme, pour la nouvelle nécropole. Les urbanistes de l'époque, ne manquant pas d'humour, baptisèrent une des rues bordant le cimetière « rue du Repos » !

Allons rejoindre la bande rigolote de nécrophiles, fétichistes de statues, mystiques divers, pervers, amants à la recherche de plaisirs érotiques, voyeurs (corollaires des précédents), poètes, amoureux de la chlorophylle, dames patronnesses des greffiers, mères de famille avec leurs enfants, adorables petits vieux, simples promeneurs, etc.

Peut-être rencontrerez-vous l'un de ces extraordinaires spécialistes du Père-Lachaise, toujours prêts à donner des infos ou à vous raconter une belle anecdote. Entrez par le boulevard de Ménilmontant.

– Bizarrement, la tombe de *Colette,* l'une des premières à gauche de l'avenue du Puits, n'est pas submergée de chats larmoyants. Retour dans l'avenue principale à gauche. *Musset* possède évidemment une épitaphe en forme de poème : « Mes chers amis, quand je mourrai, plantez un saule au cimetière... » Problème pour ses fans, tous les saules plantés meurent rapidement. À côté, la tombe de notre ennemi commun : le baron *Haussmann.* L'ingénieur *Le Bas,* qui érigea l'obélisque de la Concorde, nous explique pédagogiquement comment il pratiqua. En face, des gens connus : *Arago, Ledru-Rollin. Félix Faure,* mort à l'Élysée, dans les bras d'une courtisane, est représenté sur son tombeau, enveloppé dans le drapeau de l'alliance franco-russe. On ne résiste pas à l'envie de vous rappeler l'anecdote : « Le président a-t-il toujours sa connaissance ? » « Non, elle est partie par l'escalier ! »

– Au milieu de l'avenue, le *monument aux morts.* Une légende prétend que le jour de l'inauguration, les autorités exigèrent que le drap qui couvrait le monument ne soit pas complètement enlevé, afin que la foule ne fût pas horrifiée par les fesses nues des statues. En continuant tout droit après

COMME HAROLD ET MAUDE

Félix Faure, la tombe de *Falguière*. Le *Balzac* de Rodin (celui du carrefour Raspail-Montparnasse) n'ayant pas plu, on demanda à Falguière d'en réaliser un autre. À l'inauguration, Rodin, beau joueur, vint assister au triomphe de son collègue. Ce fut Rodin que la foule applaudit. Avant de mourir, son rival reconnut : « C'est lui qui avait raison ! »

C'est de la terrasse devant, en contemplant Paris, que Rastignac (le héros des « Scènes de la vie privée » de Balzac, vous vous souvenez ?) s'écria : « À nous deux, Paris ! » Évidemment, depuis, les arbres ont poussé...

– Redescendez vers l'avenue du Puits et l'allée longeant la rue du Repos pour rendre visite à une grande amoureuse, la comédienne *Rachel*.

– Un peu plus loin, le tombeau du peintre *Pissarro*. Au-dessus, *Héloïse et Abélard* sont désormais réunis pour l'éternité. Curieusement, les infortunés amants moururent à 63 ans tous deux, à vingt-deux ans d'intervalle. Héloïse obtint l'autorisation, même abbesse, de rejoindre Abélard dans la tombe. La légende raconte que celui-ci ouvrit les bras pour la recevoir !

– *Jim Morrison*, chanteur des Doors, est un peu excentré dans la 6e division. De l'avenue Casimir-Périer, empruntez les chemins Serré et Maison, jusqu'au carrefour avec le chemin de Lesseps. En principe, ses fans flèchent l'itinéraire à la craie. Par quel hasard ce chanteur célèbre, qui avait lu Artaud (ce qui donnait une teinte surréaliste à ses chansons), est-il venu échouer à Paris pour mourir dans une sordide chambre d'hôtel, bourré d'alcool et de drogue ? Tombe qui fut quelque temps ornée du buste du chanteur, aujourd'hui dépouillée, objet d'un véritable culte. Mais les graffitis et les messages sont désormais systématiquement nettoyés (un gardien y veille !).

20[e]

Après le chemin de la Vierge, les chemins *Molière* et *La Fontaine* mènent évidemment à nos deux grands écrivains... qui ne sont peut-être pas là. Il est douteux, vu les conditions de liquidation des cimetières parisiens à la fin du XVIIIe siècle, que l'on ait pu réellement retrouver leurs ossements. Sur le tombeau de La Fontaine... une fable, bien sûr !

– Chemin Denon (11e division), on découvre *Chopin*. Son cœur est à Varsovie, muré dans un pilier d'église. Une charmante Muse de la musique lui tient compagnie. Ses admirateurs lui cassent régulièrement un doigt (sitôt replâtré). En face, le regretté *Pierre Desproges* qui n'a pas trop mal choisi son site. Pas loin, d'autres musiciens, dont *Bellini*.

– Dans la transversale n° 3, dans le quartier limitrophe à l'avenue circulaire (97e division), tombe d'*Édith Piaf*, toujours très fleurie bien qu'elle ne se trouve pas dans une ligne intérieure. Elle est à la hauteur de la famille *Léger*. *Modigliani* est en face, un peu plus à l'ouest, à la hauteur du caveau Kanjovneff.

– Division n° 44, *Simone Signoret* et *Yves Montand* reposent dans une sépulture très simple. Ils ont précédé *Mouloudji* et *Gilbert Bécaud*, voisins de *Sarah Bernhardt*.

— *Marie Trintignant,* dont la mort a vivement frappé les esprits, repose depuis le 6 août 2003 à l'angle des 43e et 23e divisions, à côté de *Daniel Toscan du Plantier.*
— Carrefour avenue des Thuyas, sur la gauche, vous ne pourrez manquer la tombe la plus mégalo du Père-Lachaise : le phallus de *Félix de Beaujour,* diplomate fortuné à défaut d'être célèbre, qui n'a pas laissé grandes traces dans l'histoire. Il vit là l'occasion de passer à la postérité. Haut de 20 m, il sert de repère pour situer le Père-Lachaise des hauteurs de Paris.
— Descendez le chemin du Mont-Louis jusqu'à l'intersection avec l'avenue de la Chapelle pour admirer l'une des sculptures les plus intéressantes du cimetière : la pietà sur la tombe de *Cino del Duca,* celui qui fit rêver des millions de jeunes filles avec le journal *Nous deux*. Pietà extraordinaire de réalisme, pour la première fois représentée debout.

Où pique-niquer ?

— **Dans le parc de Belleville** (ouvert de 8 h 30 à 17 h 30 – 21 h 30 en été), qui offre une vue imprenable sur la capitale. Lorsque vous l'abordez de la rue Bisson, vous découvrez avant tout l'escalier monumental (aux réminiscences architecturales années 1930). Succession de plates-formes avec bassins en demi-lune, cascatelles en escaliers, jets d'eau. Installés sur un banc avec Paris à vos pieds, vous lui ferez tourner la tête !

Nos meilleures chambres d'hôtes en France

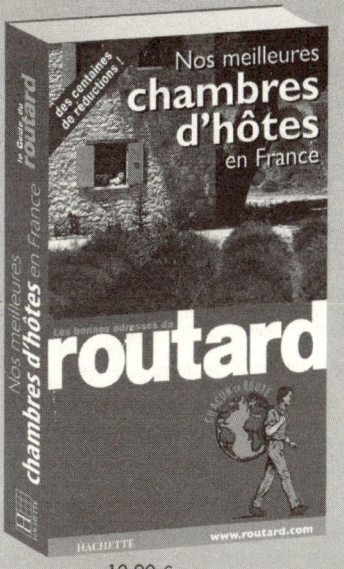

1500 adresses à la campagne, à découvrir en amoureux ou avec des enfants.

INDEX THÉMATIQUE :
- adresses avec piscines
- trésors d'œnologie
- activités sportives
- adresses insolites

12,90 €

HACHETTE

LES COUPS DE CŒUR DU **routard**

Nos meilleurs hôtels et restos en France

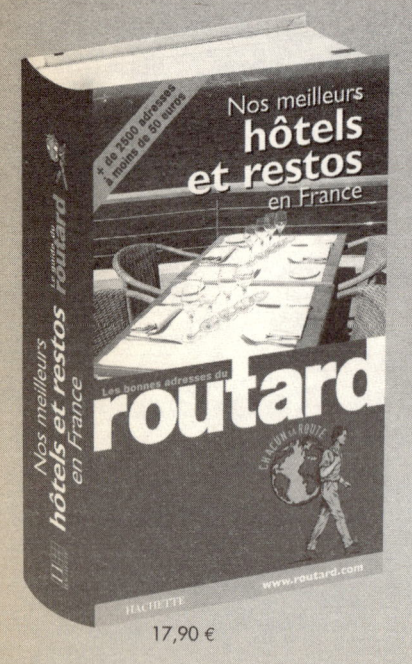

4 000 établissements de qualité sélectionnés pour leur originalité et leur convivialité.

- des cartes régionales en couleurs
- index thématique : catégorie de prix, piscine, parking et terrasse.

17,90 €

HACHETTE

routard ASSISTANCE
L'ASSURANCE VOYAGE INTEGRALE A L'ETRANGER

VOTRE ASSISTANCE « MONDE ENTIER » LA PLUS ETENDUE

RAPATRIEMENT MEDICAL **ILLIMITÉ**
(au besoin par avion sanitaire)
VOS DEPENSES : MEDECINE, CHIRURGIE, (env. 1.960.000 FF) **300.000 €**
  HOPITAL, GARANTIES A 100% SANS FRANCHISE
  HOSPITALISE : RIEN A PAYER ! … (ou entièrement remboursé)
BILLET GRATUIT DE RETOUR DANS VOTRE PAYS : **BILLET GRATUIT**
  En cas de décès (ou état de santé alarmant) **(de retour)**
  d'un proche parent, père, mère, conjoint, enfant(s)
*BILLET DE VISITE POUR UNE PERSONNE DE VOTRE CHOIX **BILLET GRATUIT**
  si vous êtes hospitalisé plus de 5 jours **(aller - retour)**
  Rapatriement du corps – Frais réels **Sans limitation**

RESPONSABILITE CIVILE «VIE PRIVEE» A L'ETRANGER

Dommages CORPORELS (garantie à 100%) ....(env. 4.900.000 FF) **750.000 €**
Dommages MATERIELS (garantie à 100%) ....(env. 2.900.000 FF) **450.000 €**
(dommages causés aux tiers) **(AUCUNE FRANCHISE)**
EXCLUSION RESPONSABILITE CIVILE AUTO : ne sont pas assurés les dommages causés ou subis par votre véhicule à moteur : ils doivent être couverts par un contrat spécial : ASSURANCE AUTO OU MOTO.
ASSISTANCE JURIDIQUE (Accident) ....(env. 1.960.000 FF) **300.000 €**
CAUTION PENALE .... (env. 49.000 FF) **7500 €**
AVANCE DE FONDS en cas de perte ou de vol d'argent ..(env. 4.900 FF) **750 €**

VOTRE ASSURANCE PERSONNELLE «ACCIDENTS» A L'ETRANGER

Infirmité totale et définitive (env. 490.000 FF) **75.000 €**
Infirmité partielle – (SANS FRANCHISE) **de 150 € à 74.000 €**
 (env. 900 FF à 485.000 FF)
Préjudice moral : dommage esthétique (env. 98.000 FF) **15.000 €**
Capital DECES (env. 19.000 FF) **3.000 €**

VOS BAGAGES ET BIENS PERSONNELS A L'ETRANGER

Vêtements, objets personnels pendant toute la durée de votre voyage à l'étranger : vols, perte, accidents, incendie, (env. 6.500 FF) **1.000 €**
Dont APPAREILS PHOTO et objets de valeurs (env. 1.900 FF) **300 €**

À PARTIR DE 4 PERSONNES
TARIFS
"Spécial Famille"
Nous consulter Tél. : 01 44 63 51 00
Souscription en ligne : www.avi-international.com

INDEX DES HÔTELS, RESTOS, BARS ET BOÎTES

– A –

A Priori Thé (2e) 61
Aberôtel Montparnasse (15e) 212
Agate Hôtel (12e) 177
Albion (Hôtel d' ; 8e) 141
Altitude 95 (7e) 134
Amore Mio (5e) 100
Amorino (4e) 82
Amour (Hôtel ; 9e) 156
Angélina (1er) 47
Appartement Café (L' ; 3e) 68
Appart (L' ; 8e) 143
Arbre à Cannelle (L' ; 2e) 59
Argenson (Hôtel d' ; 8e) 141
Armagnac (L' ; 11e) 174
Art des Choix (L' ; 9e) 158
Arthur (10e) 164
Arts (Hôtel des ; 9e) 154
Assis au Neuf (13e) 190
Atelier Maître Albert (L' ; 5e) .. 102
Atlas (L' ; 5e) 103
Autobus Impérial (L' ; 1er) 45
Avre (Hôtel de l' ; 15e) 211

– B –

Bains (Hôtel des ; 14e) 200
Bains (Les ; 3e) 68
Banani (15e) 213
Banville (Hôtel de ; 17e) 233
Bar du Murano (3e) 68
Bar panoramique de l'hôtel
  Concorde La Fayette (17e) .. 235
Bar Sans Nom (Le ; 11e) 173
Barrio Latino (Le ; 12e) 180
Bastide Odéon (La ; 6e) 116
Batofar (Le ; 13e) 191
Beaumarchais (Hôtel ; 11e) ... 170
Bélisaire (Le ; 15e) 215
Belle Époque (Hôtel ; 12e) 178
Berthillon (4e) 81
Best Western Aramis Saint-
  Germain (6e) 114
Best Western Gaillon Opéra
  (Hôtel ; 2e) 58
Best Western Premier Eiffel
  Park Hotel (7e) 131
Beurre Noisette (15e) 213

Bilboquet (Le ; 6ᵉ) 119
Blue Elephant (11ᵉ) 172
Boileau (Hôtel ; 16ᵉ) 221
Bonne Nouvelle (Hôtel ; 2ᵉ) 57
Bordj du 15ᵉ (Le ; 15ᵉ) 213
Brasserie Bofinger (4ᵉ) 80
Brespail (Le ; 11ᵉ) 171
Bretonnerie (Hôtel de la ; 4ᵉ) 77

– C –

Ca d'Oro (1ᵉʳ) 44
Café Barge Restaurant (12ᵉ) 178
Café Charbon (Le ; 11ᵉ) 173
Café Chéri(e) (19ᵉ) 253
Café de la Musique
 (Le ; 19ᵉ) 253
Café de la Nouvelle Mairie (5ᵉ) 104
Café de l'Esplanade (7ᵉ) 133
Café Delmas (5ᵉ) 106
Café des Hauteurs (7ᵉ) 134
Café des Isles (Le ; 5ᵉ) 101
Café des Lettres (Le ; 7ᵉ) 133
Café du Trésor (Le ; 4ᵉ) 82
Café Jacquemart-André (8ᵉ) 144
Café Marly (Le ; 1ᵉʳ) 47
Café Maure de la mosquée
 de Paris (Le ; 5ᵉ) 103
Café Moderne (2ᵉ) 59
Café Panique (10ᵉ) 165
Café Parisien (Le ; 19ᵉ) 253
Café-théâtre d'Edgar (14ᵉ) 203
Caïus (17ᵉ) 234
Caron de Beaumarchais
 (Hôtel ; 4ᵉ) 78
Caveau de la Huchette (5ᵉ) .. 105

Cecil Hôtel (14ᵉ) 199
Chalet des Îles (Le ; 16ᵉ) 223
Champ-de-Mars (Hôtel du ;
 7ᵉ) 130
ChantAirelle (5ᵉ) 101
Charlotte de l'Isle (La ; 4ᵉ) 81
Chevaliers (Hôtel des ; 3ᵉ) 66
Chez Germaine (7ᵉ) 132
Chez Janou (3ᵉ) 67
Chez Léna et Mimile (5ᵉ) 102
Chez Paul (13ᵉ) 190
Chez Ramulaud (11ᵉ) 171
Chez Raymonde (11ᵉ) 171
Chez Vincent (19ᵉ) 252
China Club (12ᵉ) 180
Chopin (Hôtel ; 9ᵉ) 155
Clos Médicis (Hôtel Le ; 6ᵉ) .. 114
Closerie des Lilas (La ; 6ᵉ) ... 118
Club des Poètes (7ᵉ) 134
Comptoir Paris-Marrakech
 (Le ; 1ᵉʳ) 47
Couleurs de Vigne (15ᵉ) 216
Coupe-Chou (Le ; 5ᵉ) 103
Cristal Room Baccarat (16ᵉ) 223
Cygne (Hôtel du ; 1ᵉʳ) 42

– D –

Damier (Le ; 20e) 261
Dancing de La Coupole (14e) 202
Danube (Hôtel du ; 6e) 113
Dessous de la Robe (Les ; 1er) 44
Deux Magots (Les ; 6e) 119
Djakarta Bali (1er) 46
Dôme (Le ; 14e) 202
Dôme du Marais (Le ; 4e) 80
Doobie's (Le ; 8e) 144
Drouant (Le ; 2e) 60
Duc de Saint-Simon (Hôtel ; 7e) 132
Duc des Lombards (Le ; 1er) 48

– E –

Eldorado Hôtel (17e) 232
Envol Québécois (L' ; 5e) 105
Ermitage Hôtel (18e) 239
Espérance (Hôtel de l' ; 5e) 96
Etchegorry (13e) 190
Étoile (L' ; 16e) 225

– F –

Fables de la Fontaine (Les ; 7e) 133
Familia Hôtel (5e) 97
Fermette Marbeuf (La ; 8e) ... 142
Flo (10e) 166
Flora Danica Restaurant (8e) .. 143
Flora Danica's butik (8e) 144
Forum (Le ; 8e) 144
Fourmi (La ; 18e) 242
Fumoir (Le ; 1er) 48

– G –

Gare (La ; 16e) 223
Gastelier (Le ; 18e) 241
Gavarni (Hôtel ; 16e) 222
Gelati d'Alberto (5e) 104
Globe (Hôtel du ; 6e) 113
Grand Bleu Bastille (Le ; 12e) .. 179
Grandes Écoles (Hôtel des ; 5e) 98
Grands Hommes (Hôtel des ; 5e) 99
Guinguette Pirate (La ; 13e) .. 191

– H –

Harry's Bar (2e) 61
Henri IV (Hôtel ; 5e) 99
Henri-IV (Hôtel ; 1er) 42
Heure gourmande (L' ; 6e) 118

– J –

James Joyce's Pub (17e) 235
Jardin de Varenne (Le ; 7e) .. 139
Jardin de Villiers (Hôtel ; 17e) 232
Je Thé...me (15e) 215
Jeanne-d'Arc, Le
  Marais (Hôtel ; 4e) 76

– K –

Kong (1er) 45
Kyriad (Hôtel ; 15e) 211

– L –

Ladurée (8e) 143
Langlois – Hôtel des
  Croisés (Hôtel ; 9e) 155
Lapérouse (6e) 118
Lapin Agile (Le ; 18e) 243
Lenox Montparnasse (14e) ... 201
Limonaire (Le ; 9e) 158
Lindbergh (Hôtel ; 7e) 131
Little Italy Caffè (2e) 59
Loir dans la Théière
  (Le ; 4e) 81
Londres-Eiffel (Hôtel de ; 7e) .. 131
Londres Saint-Honoré (Hôtel ;
  1er) 43
Louis II (Hôtel ; 6e) 115
Louis Vins (5e) 100
Lutèce (Hôtel de ; 4e) 78

– M –

Ma Bourgogne (4e) 82
Maison de l'Amérique latine
  (La ; 7e) 134
Maquis (Le ; 18e) 241
Mariage Frères (6e) 117
Maroquinerie (La ; 20e) 261
Marronniers (Hôtel des ; 6e) .. 114
Mavrommatis le Restaurant

(5e) 103
Méditerranée (La ; 6e) 117
Michelet-Odéon (Hôtel ; 6e) .. 112
Minerve Hôtel (5e) 97

Mistral (Hôtel ; 14e) 199
Mondia (Hôtel ; 11e) 170
Muguet (Hôtel ; 7e) 129

– N –

Nesle (Hôtel de ; 6e) 112
New Orient Hôtel (8e) 141
Nice (Hôtel de ; 4e) 76
Nicolo (Hôtel ; 16e) 222
Nodaïwa (1er) 45
Nord – Le Pari Vélo (Hôtel du ; 10e) 164
Notre-Dame (Hôtel de ; 5e) 98
Nouveau Jazz-Club Lionel-Hampton (17e) 236
Nouvel Hôtel (12e) 177

– O –

Oisive Thé (L' ; 13e) 189
Oriental (L' ; 18e) 242

Os à Moelle (L' ; 15e) 214

– P –

Panthéon (Hôtel du ; 5e) 99
Paradis Thaï (13e) 191
Parc Saint-Charles (Hôtel du ; 15e) 212
Parc Saint-Séverin (Hôtel ; 5e) 99
Paris Bohème (18e) 241
Paris France (Hôtel ; 3e) 66
Paris Gambetta (Hôtel ; 20e) ... 260
Pas de Calais (Hôtel ; 6e) 115
Pascal le Glacier (16e) 224
Pavillon Montsouris (Le ; 14e) 201
Père Fouettard (Le ; 1er) 46

Perfect Hotel (9e) 154
Petit Journal Montparnasse (Le ; 14e) 203
Petit Journal Saint-Michel (Le ; 5e) 105
Petit Lutétia (Le ; 6e) 116
Petit Moulin (Hôtel du ; 3e) 67
Petite Sirène de Copenhague (La ; 9e) 158
Pied de Cochon (Au ; 1er) 46
Place du Louvre (Hôtel de la ; 1er) 43
Plage (La ; 15e) 216
Pooja (10e) 164

INDEX DES HÔTELS, RESTOS, BARS ET BOÎTES

Porte Dorée (Hôtel de la ; 12e) 178
Prima Lepic (Hôtel ; 18e) 240
Procope (Le ; 6e) 116
Pulp (Le ; 2e) 61

- Q -

Queen's Hotel (16e) 221

- R -

Raimo (12e) 179
Raphaël (Hôtel ; 16e) 224
Ravaillac (Le ; 4e) 79
Regent's Hôtel (6e) 113
Regyn's Montmartre (18e) 239
Relais des Buttes (Le ; 19e) .. 252
Relais du Louvre (Hôtel Le ; 1er) 44
Relais Saint-Sulpice (Hôtel ; 6e) 115
Résidence hôtelière Le Vert Galant (13e) 188
Résidence Les Gobelins (13e) 188
Restaurant Pétrelle (9e) 157
Restaurant Stéphane Martin (15e) 214
River Café (Le) 215
Roma Sacré-Cœur (Hôtel ; 18e) 240
Rosebud (Le ; 14e) 202
Rotary (Hôtel Le ; 9e) 154
Royal Fromentin (Hôtel ; 9e) .. 156

- S -

Saint-Charles (Hôtel ; 13e) 189
Saint-Dominique (Hôtel ; 7e) . 130
Saint-Jacques (Hôtel ; 5e) 97
Saint-Louis Marais (Hôtel ; 4e) 77
Saint-Merry (Hôtel ; 4e) 78
Saints-Pères (Hôtel des ; 6e) 115
Sélect Hôtel (5e) 98
7e Art (Hôtel du ; 4e) 77
Sérail (Le ; 11e) 172
Silk & Spice (2e) 60
Sir Winston (16e) 224
Soleil de la Butte (Au ; 18e) .. 243
Soleil Gourmand (18e) 242
Sorbonne (Hôtel de la ; 5e) 96
Square d'Anvers (Hôtel du ; 9e) 156
Square Trousseau (12e) 179
Stübli (Le ; 17e) 235
Sud (Le ; 17e) 234
Sukhothaï (13e) 189
Sunset & Sunside Jazz Club (1er) 48

– T –

Table des Gourmets
  (La ; 4e) 79
Taverne du Nil (La ; 4e) 79
Thé dans le Jardin (Un ; 9e) . . 163
Tilsitt Étoile (Hôtel ; 17e) 233
Timhotel Montmartre (18e) 240
Timhotel Palais-Royal-Louvre
  (2e) 58
Tour d'Auvergne (Hôtel de
  la ; 9e) 157
Train Bleu (Le ; 12e) 181
Troquet (Le ; 15e) 214
Tulipe (Hôtel de la ; 7e) 130

– U –

Unic Renoir (Hôtel ; 14e) 200

– V –

Varenne (Hôtel de ; 7e) 130
Verneuil (Hôtel ; 7e) 132
Viaduc Café (12e) 180
Victoires Opéra (Hôtel ; 2e) 58
Villa Toscane (15e) 212
Village (Au ; 11e) 172
Villaret (Le ; 11e) 173
Vin et Marée (14e) 201
Vin Sobre (Le ; 5e) 101
Vivienne (Hôtel ; 2e) 57

– Z –

Zéphyr (Le ; 20e) 260
Ziryab – restaurant de l'Institut
  du monde arabe (Le ; 5e) .. 104

INDEX CULTUREL

– A –

ABBÉ-GEORGES-HÉNOCQUE
  (place de l') 194
ABBESSES (place des) 250
ABREUVOIR (rue de l') 246
ACADÉMIE FRANÇAISE (l') .. 124
ADRIENNE (villa) 207
AGENT-BAILLY (rue de l') 162
ALÉSIA (quartier d') 207
ALEXANDRE-III (pont) 147
ALIGRE (marché d') 181
AMANDIERS (rue des) 263
ANDRÉ-CITROËN (parc) 219
ARÈNES DE LUTÈCE (les) .. 111
ARTISTES (hameau des) 247
ARTISTES DU 21 (cité d') 218
ARTS (pont des) 127
ARTS DÉCORATIFS (les ;
  musée Nissim-de-
  Camondo) 148
ATLANTIQUE (jardin) 217
AUBRIOT (rue) 92
AUDE (rue de l') 207
AUTEUIL (quartier d') 225
AUTEUIL (serres d') 226

– B –

BAGATELLE (parc de) 230
BAGNOLET (rue de) 262
BALZAC (maison de) 228
BARRES (rue des) 85
BASTILLE (place de la) 174
BATEAU-LAVOIR (le) 249
BATEAUX-MOUCHES 153
BATEAUX-VEDETTES DU
  PONT-NEUF 53
BATIGNOLLES (quartier des) ... 236
BATIGNOLLES (square des) 237
BEAUBOURG (quartier de) 83
BEAUCE (rue de) 74
BEAUSÉJOUR (villa) 227
BEAUTREILLIS (rue) 87
BEAUVAIS (hôtel de) 85
BEL-AIR (cour du) 176
BELLEVILLE (bas de) 169
BELLEVILLE (boulevard de) ... 265
BELLEVILLE (parc de) 268
BELLEVILLE (quartier) 264
BELLEVILLE (rue de) 265
BELLEVILLE (Zèbre de) 265
BERCY (nouveau quartier
  de) 183
BERCY (parc de) 183, 187
BERCY (Pavillons de) 184
BERCY (vignobles de) 183

BERGÈRE (cité) 160
BERTON (rue) 228
BIBLIOTHÈQUE MAZARINE 124
BIBLIOTHÈQUE NATIONALE
  DE FRANCE (BNF) 196
BILLETTES (cloître des) 84
BOILEAU (hameau) 226
BOULOGNE (bois de) 229
BOUQUINISTES (les) 54
BOURBON (quai de) 90
BOURGOIN (passage) 197
BOURRIENNE (petit hôtel
  de) 167
BRADY (passage) 167
BRANLY (musée du quai ;
Arts et civilisations d'Afrique,
  d'Asie, d'Océanie et des
  Amériques) 137
BRETAGNE (rue de) 74
BREUIL (arboretum de l'école
  du) 186
BROUILLARDS (allée des) ... 246
BRUNEI (hôtel particulier du
  sultan de) 50
BUCI (marché de) 123
BUTTE-AUX-CAILLES (la) 192
BUTTE-AUX-CAILLES (rue
  de la) 192
BUTTES-CHAUMONT (parc
  des) 258

– C –

CALVAIRE (place du) 248
CAMPAGNE À PARIS (la) 263
CAMPAGNE-PREMIÈRE
  (rue) 205
CANETTES (rue des) 125
CARDIN (collection 1900 de
  Pierre) 151
CARNAVALET (musée) 69
CASCADES (rue des) 264
CASSINI (rue) 205
CASTEL (villa) 264
CATALOGNE (place de) 205
CATHERINE-LABOURÉ
  (jardin de) 139
CERNUSCHI (musée) 149
CHAMP-DE-MARS (le) 136
CHAMPS-ÉLYSÉES (les) 145
CHAMPS-ÉLYSÉES (quartier
  des) 145
CHAMPS-ÉLYSÉES (théâtre
  des) 146
CHANOINESSE (rue) 89
CHANTIER (passage du) 176
CHARLEMAGNE (rue) 86
CHARLES-V (rue) 87
CHARLES-GODON (cité) 162
CHARLOT (rue) 74
CHARONNE (rue de) 175
CHARONNE (vieux village
  de) 262
CHASSE ET DE LA NATURE
  (musée de la) 72
CHÂTEAU-D'EAU (rue du) ... 166
CHERCHE-MIDI (rue du) 125
CHEVAL-BLANC (passage
  du) 176
CHEVALIER-DE-LA-BARRE
  (rue du) 248

INDEX CULTUREL

CHEVAUX DE MARLY (Les) 151
CHEYSSON (villa) 226
CHINATOWN 197
CHOISEUL (passage) 64
CITÉ (île de la) 53, 88, 127
CITÉ FLEURIE (la) 195
CITÉ FLORALE (la) 193
CITÉ INTERNATIONALE
 UNIVERSITAIRE (parc de
 la) 209
CITÉ VERTE (la) 195
CLUNY (jardin médiéval de
 l'hôtel de) 108

CŒUR (maison de Jacques) 84
COGNACQ-JAY (musée) 70
COLBERT (galerie) 63
COLOMBE (rue de la) 89
COMMERCE-SAINT-ANDRÉ
 (cour du) 120
CONCORDE (place de la) 150
CONTRESCARPE (place de
 la) 106
CORDERIE (rue de la) 75
CORTOT (rue) 246
CRIMÉE (pont de) 256
CYGNES (île aux) 231

– D –

DAGUERRE (rue) 207
DAMES (rue des) 237
DAMIETTE (rue) 62
DAUPHINE (place) 53
DENFERT-ROCHEREAU
 (quartier) 206

DÉSIR (passage du) 167
DIETZ-MONNIN (villa) 226
DOCTEUR-FÉLIX-
 LOBLIGEOIS (place du) 237
DURANTIN (rue) 249

– E –

EGINHARD (rue) 87
EIFFEL (tour) 135
ÉMILE-GOUDEAU (place) 249
ÉMILE-MEYER (villa) 226
ENFANTS-ROUGES (marché
 des) 74
ERMITAGE (villa de l') 264
ÉROTISME (musée de l') 250
ÉTOILE-D'OR (cour de l') 176
EUTELSAT (ballon) 220

– F –

FAUBOURG-DU-TEMPLE
 (rue du) 169
FAUBOURG-SAINT-ANTOINE
 (rue du) 175
FERRONNERIE (rue de la) 55
FÊTES (rue des) 255

FIDÉLITÉ (rue de la) 167
FLAMEL (maison de Nicolas) 73
FLEURS (cité des) 237
FLEURS (quai aux) 89
FLORIMONT (impasse) 206
FONTAINE-À-MULARD (rue de la) 194
FRANÇOIS-MIRON (rue) .. 84, 85
FRANCS-BOURGEOIS (rue des) 93
FROCHOT (avenue) 250
FROIDEVAUX (rue) 205
FÜRSTENBERG (place de) .. 123

– G –

GAÎTÉ (rue de la) 204
GALETTE (moulin de la) 247
GARNIER (palais) 160
GASNIER-GUY (rue) 263
GAUGUET (impasse) 208
GEFFROY-DIDELOT (passage) 238
GEOFFROY-L'ASNIER (rue) 85
GEORGES-BRASSENS (parc) 218, 219
GOBELINS (les) 194
GRAND-CERF (passage du) 65
GRAND PALAIS (le) 147
GRAND VÉFOUR (le) 51
GRANDS BOULEVARDS (les) 159
GRANDS MAGASINS (les) . . 160
GRAVILLIERS (rue des) 75
GUISARDE (rue) 125

– H –

HALLES (jardin des) 56
HALLES (quartier des) 52
HAMEAU DES ARTISTES (le) 247
HISTOIRE NATURELLE (muséum national d') 107
HÔTEL-DE-VILLE (rue de l') 85

– I –

ÎLE-DE-FRANCE (square de l') 89
ÎLE-SAINT-LOUIS (théâtre de l') 91
INNOCENTS (fontaine des) 55
INSTITUT DE FRANCE 124
INVALIDES (quartier des) 138

– J –

JACQUEMART-ANDRÉ
 (musée) 147
JEAN-BAPTISTE-CLÉMENT
 (place) 248
JEMMAPES (quai de) 168
JEU DE PAUME (galerie
 nationale du) 150
JOUFFROY (passage) 159
JOUR (rue du) 55
JOUYE-ROUVE (rue) 265
JUIF (vieux quartier) 92
JUNOT (avenue) 246

– L –

LAMBERT (hôtel) 90
LANTERNE (regard de la) 255
LAPPE (rue de) 174
LATIN (Quartier) 108
LÉANDRE (villa) 247
LE CORBUSIER (Fondation) ... 227
LEMERCIER (rue) 237
LEPIC (rue) 249
LIONS-SAINT-PAUL (rue des) 87
LOUVOIS (square) 63
LOUXOR (obélisque de) 150
LUTÈCE (arènes de) 111
LUTÉTIA (hôtel) 126
LUXEMBOURG (jardin du) .. 121, 126
LYON (gare de) 181

– M –

MADELEINE (passage de la) 152
MADELEINE
 (quartier de la) 151, 152
MAIN-D'OR
 (passage de la) 176
MARAIS (nord du) 69
MARCHÉ-SAINT-HONORÉ
 (place du) 50
MARCHÉ-SAINTE-
 CATHERINE (place du) 94
MARE (rue de la) 264
MARMOTTAN-MONET
 (musée) 228
MAYENNE (hôtel de) 88
MAZARINE (bibliothèque) 124
MÉNILMONTANT 263
MICHEL-LE-COMTE (rue) 73
MILTON (rue) 162
MIRE (rue de la) 249
MK2 QUAI DE LOIRE
 (cinéma) 254
MOLIÈRE (passage) 72
MOLITOR (villa) 226
MONCEAU (parc) 147, 150
MONCEAU (quartier du parc) 147
MONCEY (square) 162
MONSIEUR-LE-PRINCE
 (rue) 121

INDEX CULTUREL

MONTAGNE-SAINTE-GENEVIÈVE (rue de la) 109
MONT-CENIS (rue du) 248
MONTMARTRE (cimetière de) 251
MONTMARTRE (musée de) ... 245
MONTMARTRE (quartier) 244
MONTMORENCY (villa) 227
MONTORGUEIL (rue) 62
MONTPARNASSE (boulevard du) 205
MONTPARNASSE (chemin du) 218
MONTPARNASSE (cimetière du) 208
MONTPARNASSE (quartier ; 14e) 203
MONTPARNASSE (quartier ; 15e) 217
MONTSOURIS (parc) 209
MOUFFETARD (rue) 106
MOULIN ROUGE (Le) 251
MOUZAÏA (villas de la) 255
MUR DES JE T'AIME (le) 249
MUSÉUM NATIONAL D'HISTOIRE NATURELLE (5e) 107

– N –

NATIONALE (rue) 197
NISSIM-DE-CAMONDO (musée ; Les Arts décoratifs) .. 148
NOLLET (rue) 237
NORD (hôtel du) 168
NORVINS (rue) 248
NOTRE-DAME (tours de) 88
NOUVELLE-ATHÈNES (la) ... 161

– O –

ODÉON (quartier de l') 120
ODÉON (théâtre de l') 121
OPÉRA-BASTILLE (quartier de l') 181
OPÉRA-GARNIER (l') 160
ORANGERIE (musée de l') 49
ORCHAMPT (rue d') 249

– P –

PAGODE (La) 139
PAIX (rue de la) 50
PALAIS GARNIER (le) 160
PALAIS ROYAL (le) 49
PALAIS-ROYAL (quartier du) 49
PALAIS-ROYAL (théâtre du) ... 51
PALAIS SOUBISE (le) 71
PANORAMAS (passage des) ... 64
PARADIS (rue de) 167
PARC FLORAL DE PARIS 186

PARC-ROYAL (rue du) 70
PARTANTS (rue des) 263
PASSY (quartier) 228
PASTOURELLE (rue) 74
PATRIARCHES (passage des) .. 106
PAVÉE (rue) 93
PAYENNE (rue) 70
PERCHE (rue du) 74
PÈRE-LACHAISE (cimetière du) 265
PERNETY 205
PETIT-MONTMORENCY (hôtel du) 125
PETIT-MUSC (rue du) 88
PETIT PALAIS (Le ; musée des Beaux-Arts de la Ville de Paris) 147
PETITE ALSACE (la) 193
PETITE RUSSIE (la) 193
PETITS-CARREAUX (rue des) ... 62
PETITS-HÔTELS (rue des) .. 167
PETITS-PÈRES (place des) ... 63

PHOTOGRAPHIE (maison européenne de la) 86
PIAT (rue) 264
PICASSO (musée) 71
PIGALLE (cité) 162
PLAISANCE 205
PLANTES (Jardin des) 107
POÈTES (jardin des) 227
POITOU (rue du) 74
PONT-LOUIS-PHILIPPE (rue du) 86
PONT-NEUF (le) 53
POSTES (passage des) 106
POULBOT (rue) 248
PRAIRIES (rue des) 262
PRÉ-CATELAN (le) 230
PRINCES (passage des) 64
PRINCESSE (rue) 125
PROMENADE PLANTÉE (la ; viaduc des Arts) 182
PUBLICIS DRUGSTORE CHAMPS-ÉLYSÉES 146

– Q-R –

QUARTIER LATIN (le) 108
QUINCAMPOIX (rue) 83
RANELAGH (théâtre du) 228
RASPAIL (studio) 205
RAYNOUARD (rue) 228
RÉCAMIER (square) 140
REINE (pavillon de la) 95
REINE-BLANCHE (château de la) 195
REUILLY (jardin de) 187

RÉUNION (rue de la) 263
RODIER (rue) 162
RODIN (musée) 138
ROHAN (cour de) 120
ROHAN (hôtel de) 72
ROI-DE-SICILE (rue du) 92
ROQUETTE (rue de la) 175
ROSIERS (rue des) 92
RUCHE (La) 218

– S –

SACRÉ-CŒUR (le) 244
SAINT-ANDRÉ-DES-ARTS
  (îlot) 120
SAINT-ANTOINE (faubourg) 175
SAINT-ANTOINE (rue) 88
SAINT-BERNARD (quai) 107
SAINT-BLAISE (rue) 262
SAINT-ÉMILION (cour) 184
SAINT-ÉTIENNE-DU-MONT
  (église) 109
SAINT-GEORGES (place) 161
SAINT-GERMAIN-DE-
  CHARONNE (église) 262
SAINT-GERMAIN-DES-PRÉS
  (église) 123
SAINT-GERMAIN-DES-PRÉS
  (quartier) 122
SAINT-GERVAIS-SAINT-PAUL
  (quartier) 84
SAINT-HONORÉ (rue) 55
SAINT-JULIEN-LE-PAUVRE
  (église) 110
SAINT-LOUIS (île) 90
SAINT-LOUIS (quais de l'île) 95
SAINT-LOUIS-EN-L'ÎLE
  (rue) 91
SAINT-MARTIN (boulevard) .. 166
SAINT-MARTIN (canal) 168, 258
SAINT-MARTIN (regard) 264
SAINT-MÉDARD (église) 107
SAINT-MERRI (église) 83
SAINT-MERRI (rue) 84
SAINT-PAUL (église) 87
SAINT-PAUL (passage) 87
SAINT-PAUL (rue) 87
SAINT-PAUL (village) 86
SAINT-PIERRE (halle) 245
SAINT-QUENTIN (marché) ... 167
SAINT-ROCH (église) 51
SAINT-RUSTIQUE (rue) 246
SAINT-SERGE (église) 254
SAINT-SÉVERIN (église) 108
SAINT-SULPICE (quartier) 125
SAINT-VINCENT (cimetière) ... 247
SAINT-VINCENT (rue) 247
SAINTE-CROIX-DE-LA-
  BRETONNERIE (rue) 91
SAINTE-GENEVIÈVE
  (montagne) 110
SAINTE-MARIE (église
  réformée de) 88
SAINTE-PÉRINE (jardin) 225
SAINTONGE (rue de) 74
SANTOS-DUMONT (villa) 218
SAULES (rue des) 246
SAVIES (rue des) 264
SCHŒLCHER (rue) 205
SEINE (quais de) 111
SEURAT (villa) 208
SHAKESPEARE (jardin) 230
SOUBISE (palais) 71
SOURDIS (ruelle de) 74
STRAVINSKI (bassin Igor) 83
SULLY (hôtel de) 94
SUZANNE-BUISSON(square) 246

– T –

TEMPLE (quartier du) 74
TEMPLE (rue du) 73, 84
TERTRE (place du) 244
TOMBE-ISSOIRE (rue de la) .. 207
TOUR EIFFEL (la) 135

TRAIN BLEU (Le) 181
TRÉVISE (cité) 160
TROIS VILLAS (les) 226
TUILERIES (balade aux) 54
TUILERIES (jardin des) 49

– U-V-Z –

URSINS (rue des) 89
VAVIN (rue) 204
VENDÔME (place) 50
VERCINGÉTORIX (rue) 206
VERDEAU (passage) 159
VERGNIAUD (rue) 193
VÉRO-DODAT (galerie) 51
VERRIÈRES (balade sous
 les) 63
VERT-GALANT (square du) 53
VERTUS (rue des) 75
VIE ROMANTIQUE (musée
 de la) 162
VIEILLE-DU-TEMPLE (rue) 92
VIGNES DE MONTMARTRE

 (les) 247
VILLEMIN (parc) 168
VILLETTE (bassin
 de la) 256, 258
VILLETTE (parc de la) 257
VILLIERS-DE-L'ISLE-ADAM
 (rue) 263
VINCENNES (bois de) 184
VISCONTI (rue) 124
VITRUVE (rue) 262
VIVIENNE (galerie) 63
VOLTA (rue) 75
VOSGES (place des) 94
ZADKINE (musée) 121
ZÈBRE DE BELLEVILLE (Le) .. 265

Les **Routards** parlent aux **Routards**

Faites-nous part de vos expériences, de vos découvertes, de vos tuyaux.
Indiquez-nous les renseignements périmés. Aidez-nous à remettre l'ouvrage à jour.
Faites profiter les autres de vos adresses nouvelles, combines géniales... On adresse un exemplaire gratuit de la prochaine édition à ceux qui nous envoient les lettres les meilleures, pour la qualité et la pertinence des informations. Quelques conseils cependant :
– Envoyez-nous votre courrier le plus tôt possible afin que l'on puisse insérer vos tuyaux sur la prochaine édition.
– N'oubliez pas de préciser l'ouvrage que vous désirez recevoir.
– Vérifiez que vos remarques concernent l'édition en cours et notez les pages du guide concernées par vos observations.
– Quand vous indiquez des hôtels ou des restaurants, pensez à signaler leur adresse précise et, pour les grandes villes, les moyens de transport pour y aller. Si vous le pouvez, joignez la carte de visite de l'hôtel ou du resto décrit.
– N'écrivez si possible que d'un côté de la lettre (et non recto verso).
– Bien sûr, on s'arrache moins les yeux sur les lettres dactylographiées ou correctement écrites.
En tout état de cause, merci pour vos nombreuses lettres.

Le Guide du routard : 5, rue de l'Arrivée, 92190 Meudon

e-mail : guide@routard.com
Internet : www.routard.com

---

1. Henri IV
9. Perfect Hotel
   Hôtel le Rotary
10. Hôtel du Nord - Paris Vélo
11. Hôtel Mondia
17. Eldorado Hôtel

Photocomposé par MCP - Groupe Jouve
Imprimé en France par Hérissey
Dépôt légal n° 77542-12/2006
Collection n° 22 - Édition n° 01
24/1462/1
I.S.B.N. 2.01.24.1462-1